本書由國家古籍整理出版基金資助出版

清代江南機器製造局檔案彙編 二

上海市檔案館 編

上海交通大學出版社
SHANGHAI JIAO TONG UNIVERSITY PRESS

江南製造總局

九、江南製造局添築廠房路面地基的契據、執照、糧串、地形圖等有關文書

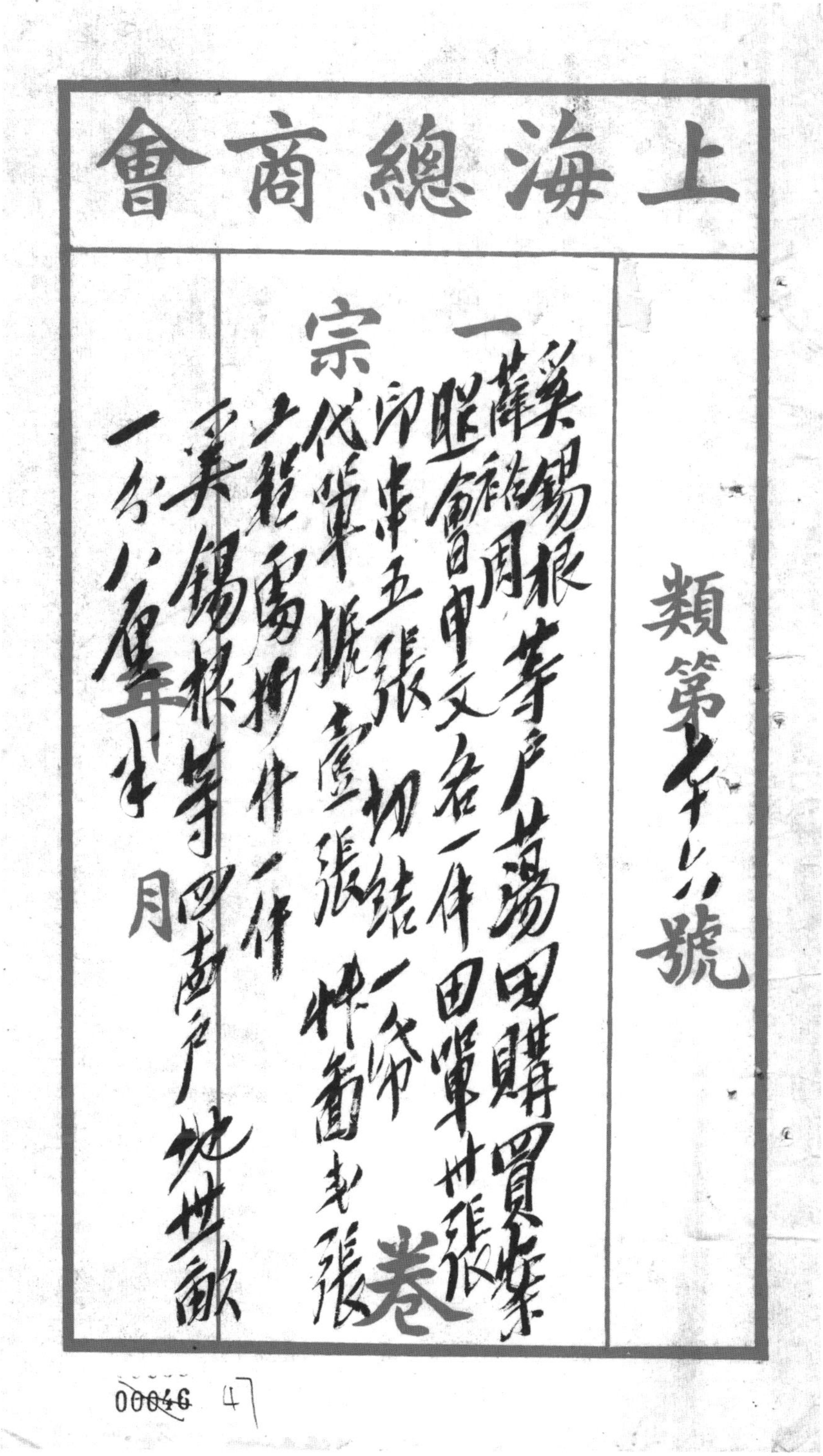

上海總商會

類第七十六號

一宗

奚錫根
薛裕周等户蕩田購買案
照會申文各一件 田單廿張
印串五張 切結一紙
代單據壹張 執圖弍張
工程局[illegible]件一件
奚錫根等四户地廿畝
一分八厘半

卷

年 月

00046 47

上海總商會第七十六號奚錫根、薛裕周等户蕩田購買案卷封面（時間不詳）

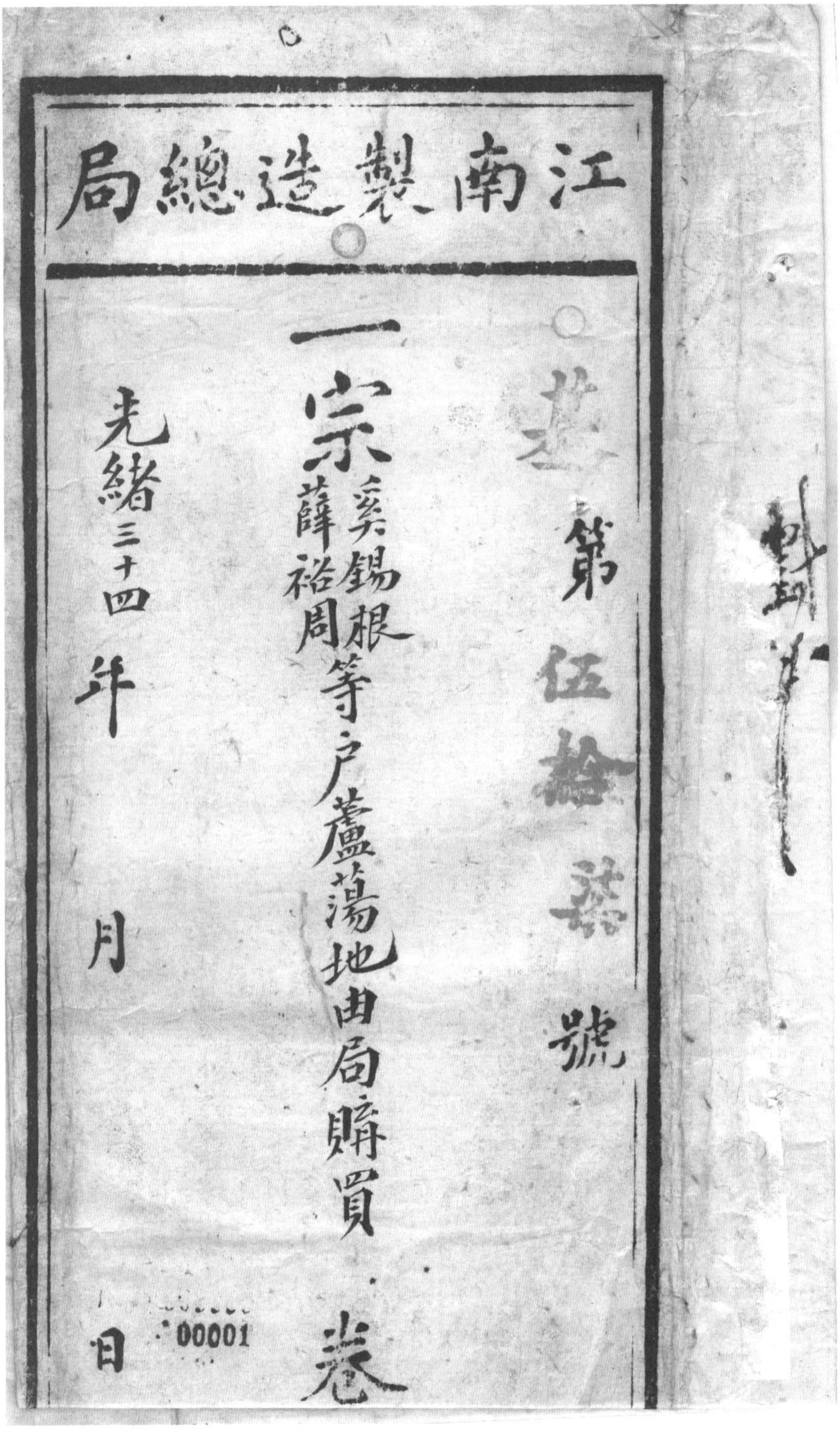
江南製造總局
基字第伍拾柒號
一宗奚錫根薛裕周等户蘆蕩地由局購買卷
光緒三十四年 月 日
00001

江南製造總局基字第五十七號奚錫根、薛裕周等户蘆蕩地由局購買卷封面（1908年，光緒三十四年）

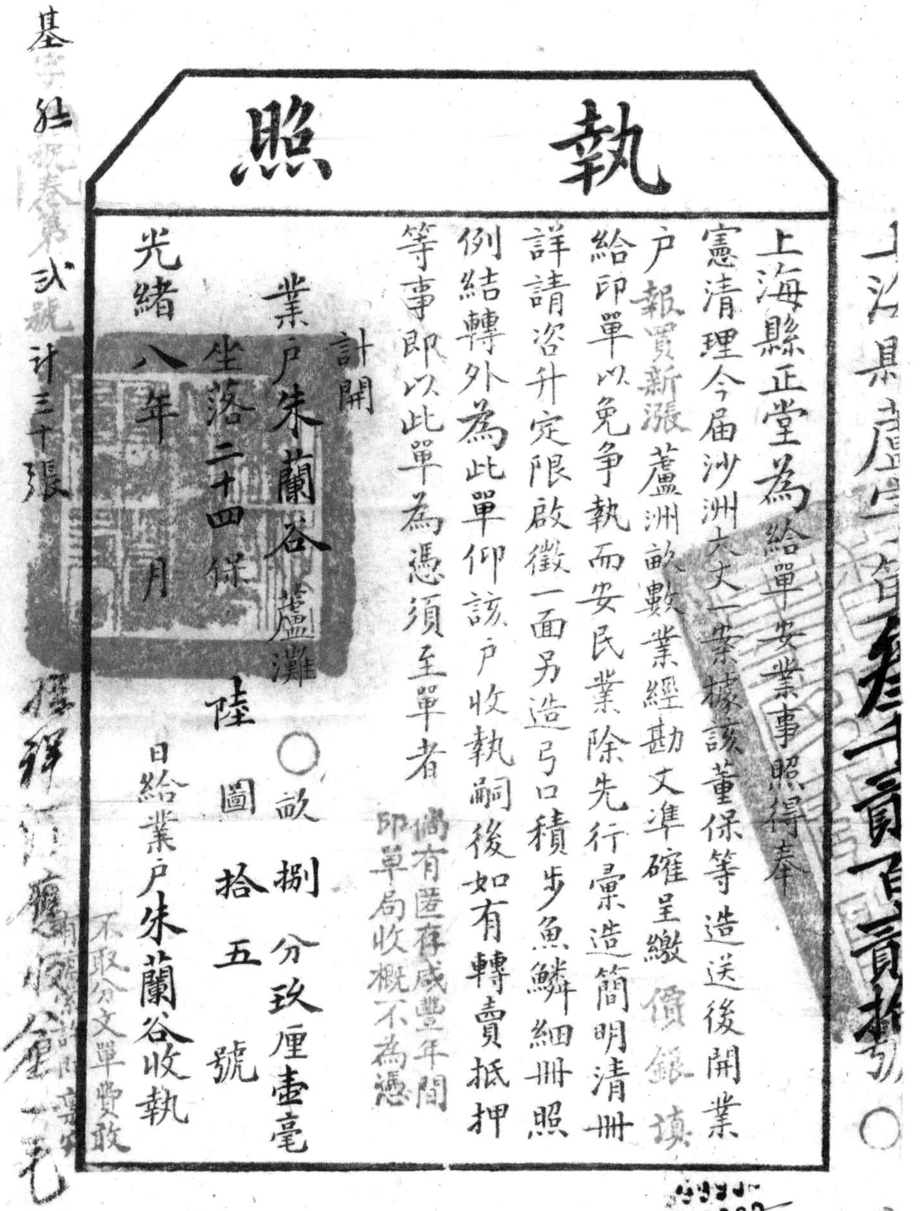

執照

上海縣正堂為給單安業事照得奉
憲清理今屆沙洲大丈一案據該董保等造送後開業
戶報買新漲蘆洲畝數業經勘丈準確呈繳價銀塡
給印單以免爭執而安民業除先行彙造簡明清冊
詳請咨升定限啟徵一面另造弓口積步魚鱗細冊照
例結轉外為此單仰該戶收執嗣後如有轉賣抵押
等事即以此單為憑須至單者

倘有匿存咸豐年間印單局收概不為憑

計開
業戶朱蘭谷 蘆灘 ○畝 捌分玖厘壹毫
坐落二十四保 陸圖 拾五號

光緒八年 月 日給業戶朱蘭谷收執

不取分文單費

朱蘭谷蘆灘執照（1882 年，光緒八年）

江南製造總局

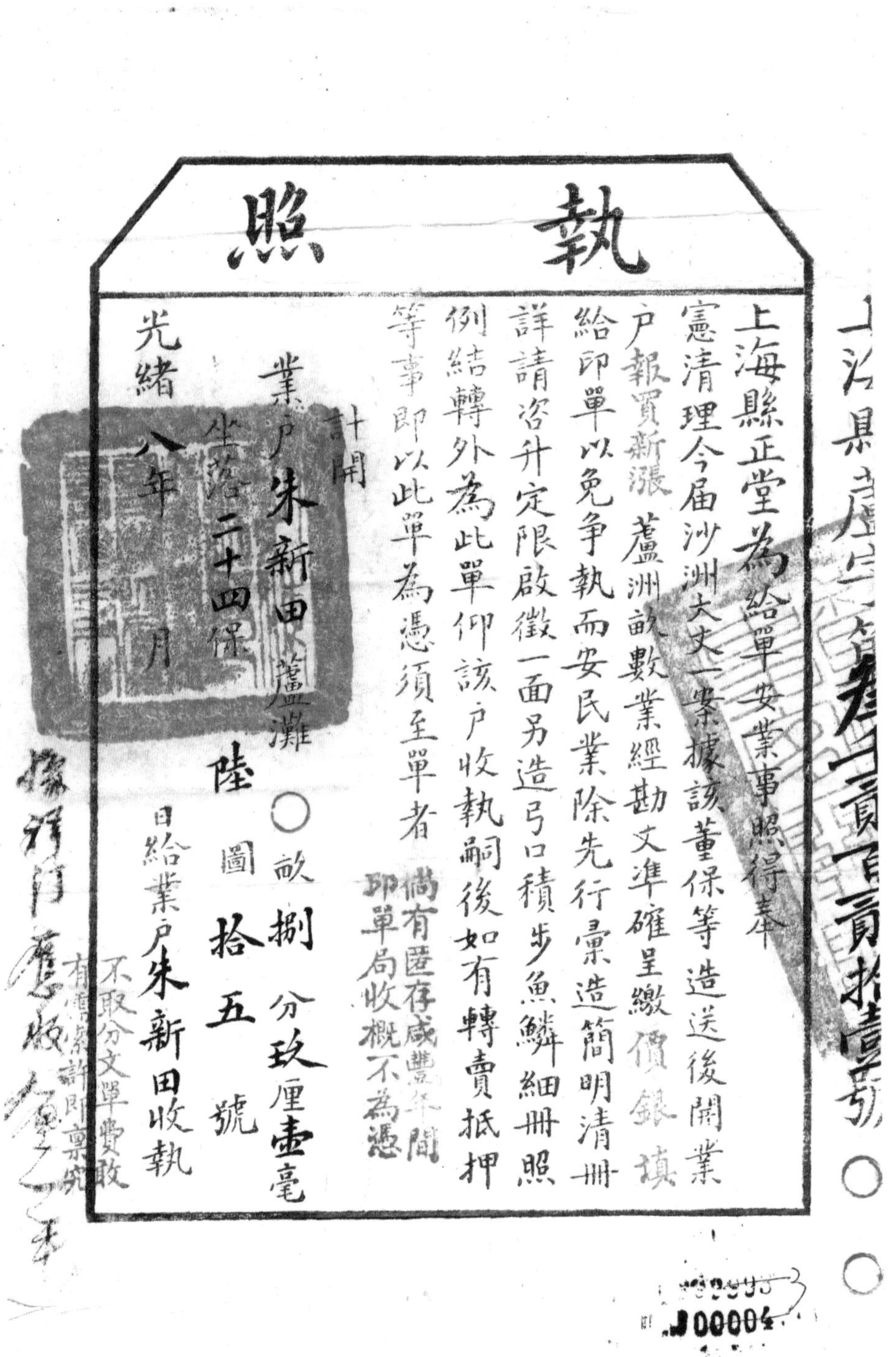
執照

上海縣正堂為給單安業事照得奉
憲清理今屆沙洲大丈一案據該董保等造送後開業
戶報買新漲蘆洲畝數業經勘丈準確呈繳價銀填
給印單以免爭執而安民業除先行彙造簡明清冊
詳請咨升定限啟徵一面另造弓口積步魚鱗細冊照
例結轉外為此單仰該戶收執嗣後如有轉賣抵押
等事即以此單為憑須至單者

倘有匿存咸豐年間印單局收概不為憑

計開

業戶朱新田蘆灘陸畝捌分玖厘壹毫

坐落二十四保　圖拾五號

日給業戶朱新田收執

不取分文單費敢有需索許即稟究

光緒八年　月

朱新田蘆灘執照（1882年，光緒八年）

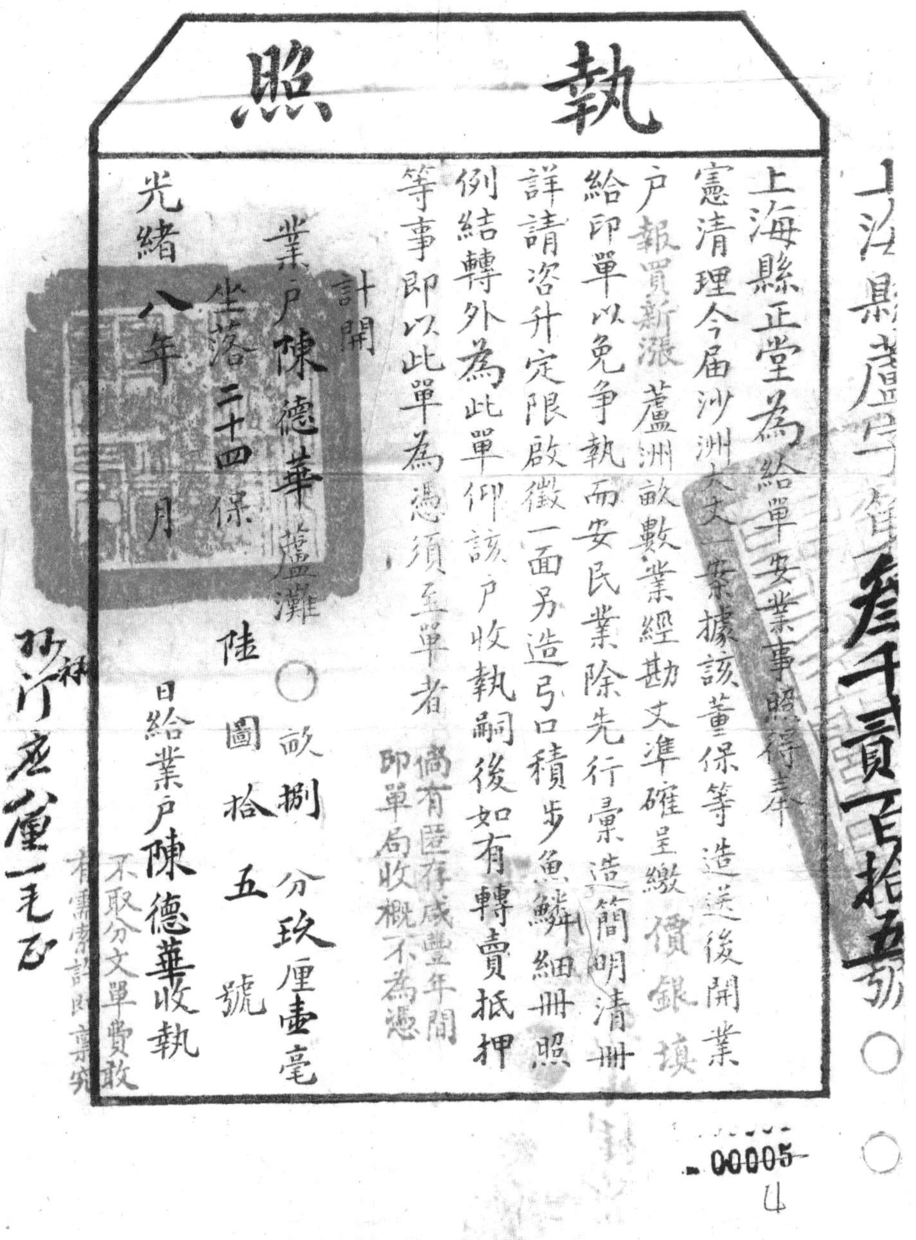

執照

上海縣正堂為給單安業事照得本
憲清理今屆沙洲大丈一案據該董保等造送後開業
戶報買新漲蘆洲畝數業經勘丈準確呈繳價銀填
給印單以免爭執而安民業除先行彙造簡明清冊
詳請咨升定限啟徵一面另造弓口積步魚鱗細冊照
例結轉外為此單仰該戶收執嗣後如有轉賣抵押
等事即以此單為憑須至單者

倘有匿存咸豐年間印單局收概不為憑

計開
業戶陳德華蘆灘 ○ 畝捌分玖厘壹毫
坐落二十四保 陸圖拾五號

光緒八年 月 日給業戶陳德華收執
不取分文單費敢有需索許即稟究

上海縣蘆字 叁千貳百拾五號

00005

4

陳德華蘆灘執照（1882 年，光緒八年）

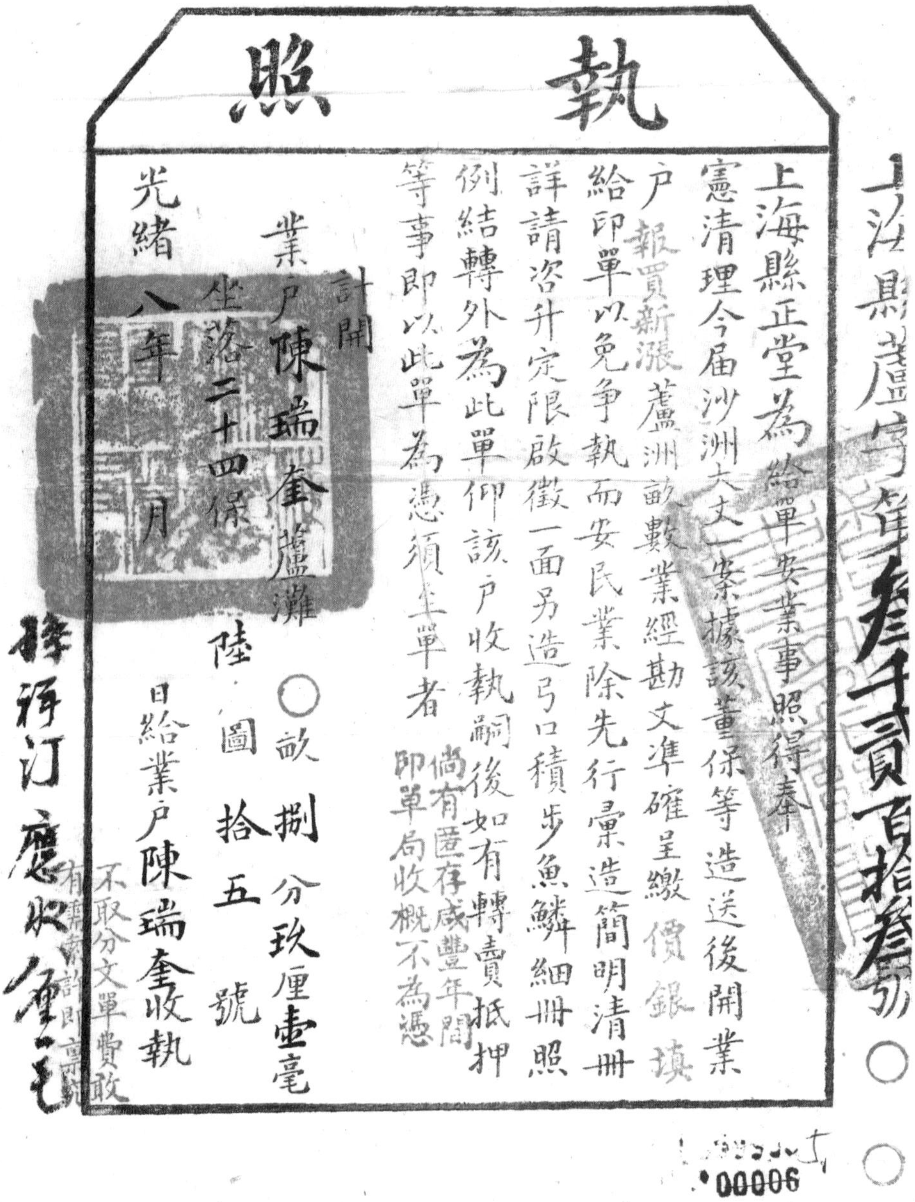
上海縣蘆字第叁千貳百拾叁號

執照

上海縣正堂爲給單安業事照得奉
憲清理今届沙洲丈案據該董保等造送後開業
戶報買新漲蘆洲畝數業經勘丈準確呈繳價銀填
給印單以免爭執而安民業除先行彙造簡明清冊
詳請咨升定限啟徵一面另造弓口積步魚鱗細冊照
例結轉外爲此單仰該戶收執嗣後如有轉賣抵押
等事即以此單爲憑須至單者

倘有匿存咸豐年間
印單局收概不爲憑

計開
業戶陳瑞奎蘆灘
坐落二十四保陸圖拾五號
○畝捌分玖厘壹毫

光緒八年　月　日給業戶陳瑞奎收執

不取分文單費

陳瑞奎蘆灘執照（1882年，光緒八年）

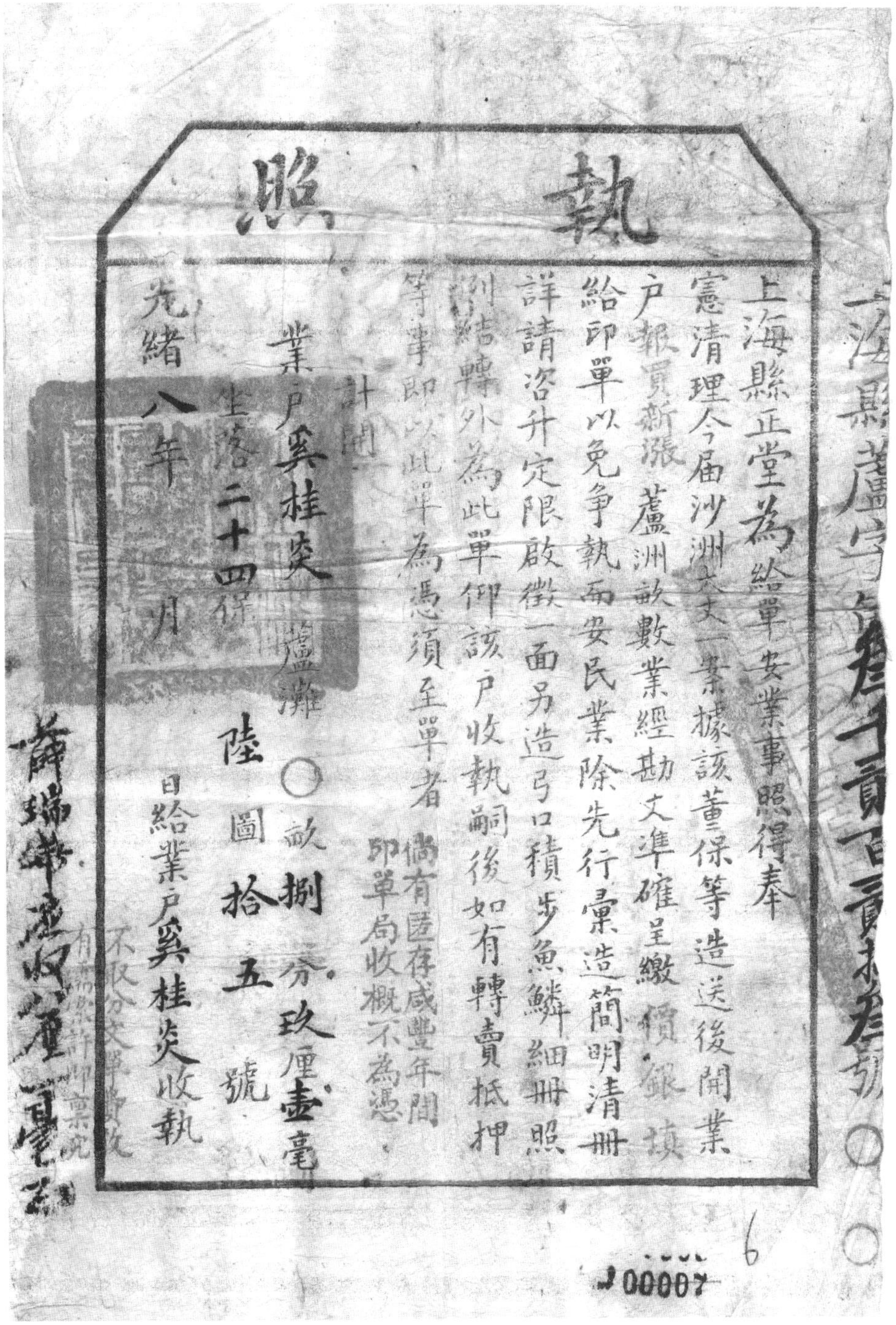

執照

上海縣正堂為給單安業事照得奉
憲清理今届沙洲丈一業據該董保等造送後開業
戶報買新漲蘆洲畝數業經勘丈準確呈繳價銀須
給印單以免爭執而安民業除先行彙造簡明清冊
詳請咨升定限啟徵一面另造弓口積步魚鱗細冊照
例結轉外為此單仰該戶收執嗣後如有轉賣抵押
等事即以此單為憑須至單者

倘有匿存咸豐年間
印單局收概不為憑

計開
業戶奚桂炎　蘆灘　〇畝捌分玖厘壹毫
坐落二十四保　陸圖拾五號

光緒八年　月　日給業戶奚桂炎收執

奚桂炎蘆灘執照（1882 年，光緒八年）

執照

上海縣正堂……
遵濟……今届沙擱……一案據該……保等遵造後開業
……户……測畝數……勘……准……呈繳價……填
給印單以免爭執而安民業除……行彙造簡明清冊
詳請咨升定限啟徵一面另造……魚鱗細冊照
例結轉外為此單仰該户收執嗣後如……轉賣抵押
等事即以此單為憑須至單者
倘有匿在咸豐年間印單局收概不為憑
業户陳良玉
……二十四保……蘆灘
陸圖拾五號
……畝捌分玖厘壹毫
光緒八年……月……日給業户陳良玉收執

陳良玉蘆灘執照（1882 年，光緒八年）

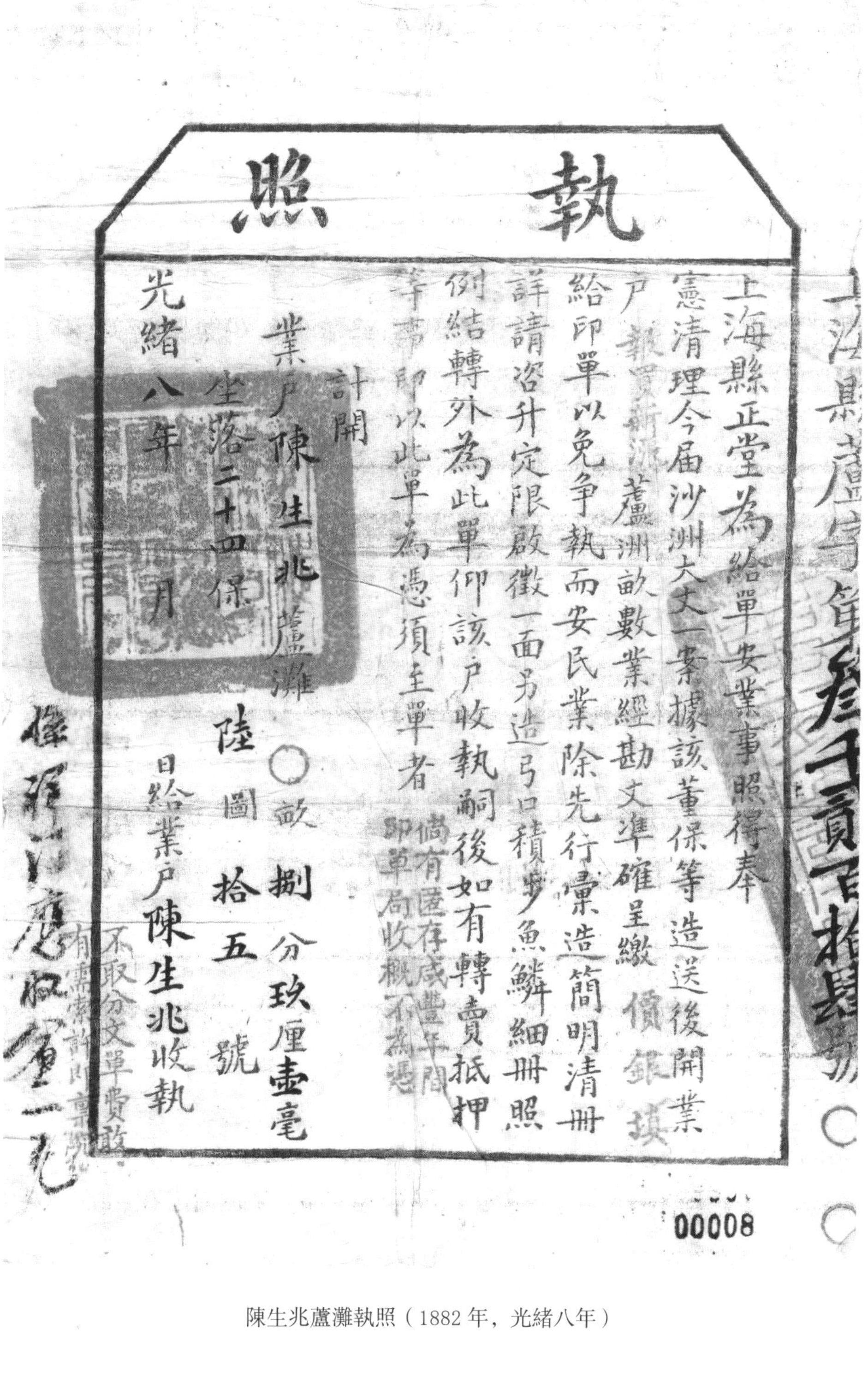
執照

上海縣正堂為給單安業事照得奉
憲清理今届沙洲大丈一案據該董保等造送後開業
戶報買新漲蘆洲畝數業經勘丈準確呈繳價銀填
給印單以免爭執而安民業除先行彙造簡明清冊
詳請咨升定限啟徵一面另造弓口積步魚鱗細冊照
例結轉外為此單仰該戶收執嗣後如有轉賣抵押
等事即以此單為憑須至單者

倘有匿存咸豐年間印單局收概不為憑

計開

業戶陳生兆蘆灘 ○畝 捌分玖厘壹毫

坐落二十四保 陸圖 拾五號

光緒八年 月 日給業戶陳生兆收執

不取分文單費

00008

陳生兆蘆灘執照（1882 年，光緒八年）

江南製造總局

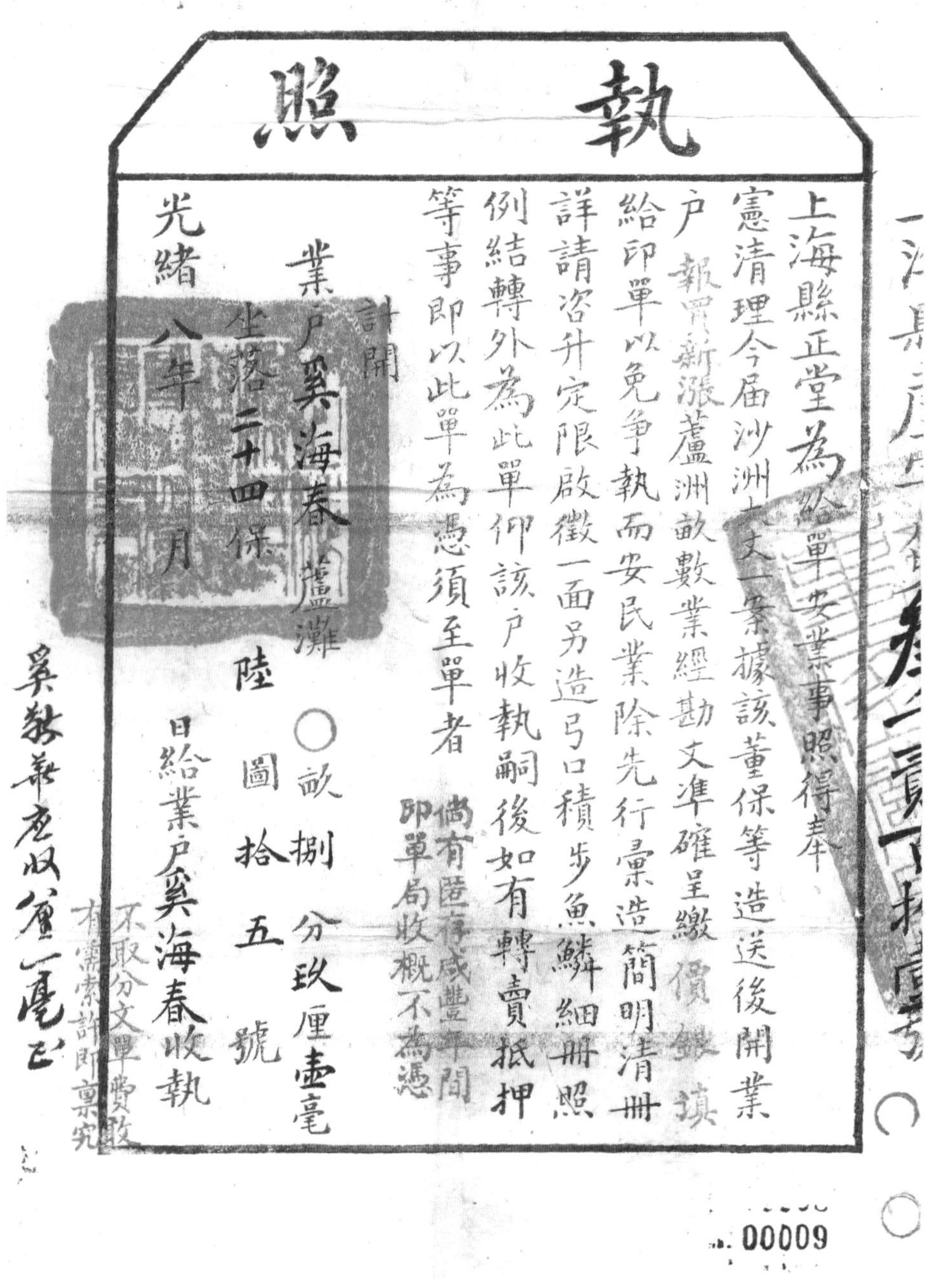
執照

上海縣正堂為給單安業事照得奉
憲清理今屆沙洲土丈一案據該董保等造送後開業
戶報買新漲蘆洲畝數業經勘丈準確呈繳價銀填
給印單以免爭執而安民業除先行彙造簡明清冊
詳請咨升定限啟徵一面另造弓口積步魚鱗細冊照
例結轉外為此單仰該戶收執嗣後如有轉賣抵押
等事即以此單為憑須至單者

倘有匿存咸豐年間
印單局收概不為憑

計開
業戶奚海春 蘆灘
坐落二十四保 陸 圖 拾 五 號
○畝捌分玖厘壹毫

光緒八年 月 日給業戶奚海春收執

不取分文單費
有需索許即稟究

00009

奚海春蘆灘執照（1882 年，光緒八年）

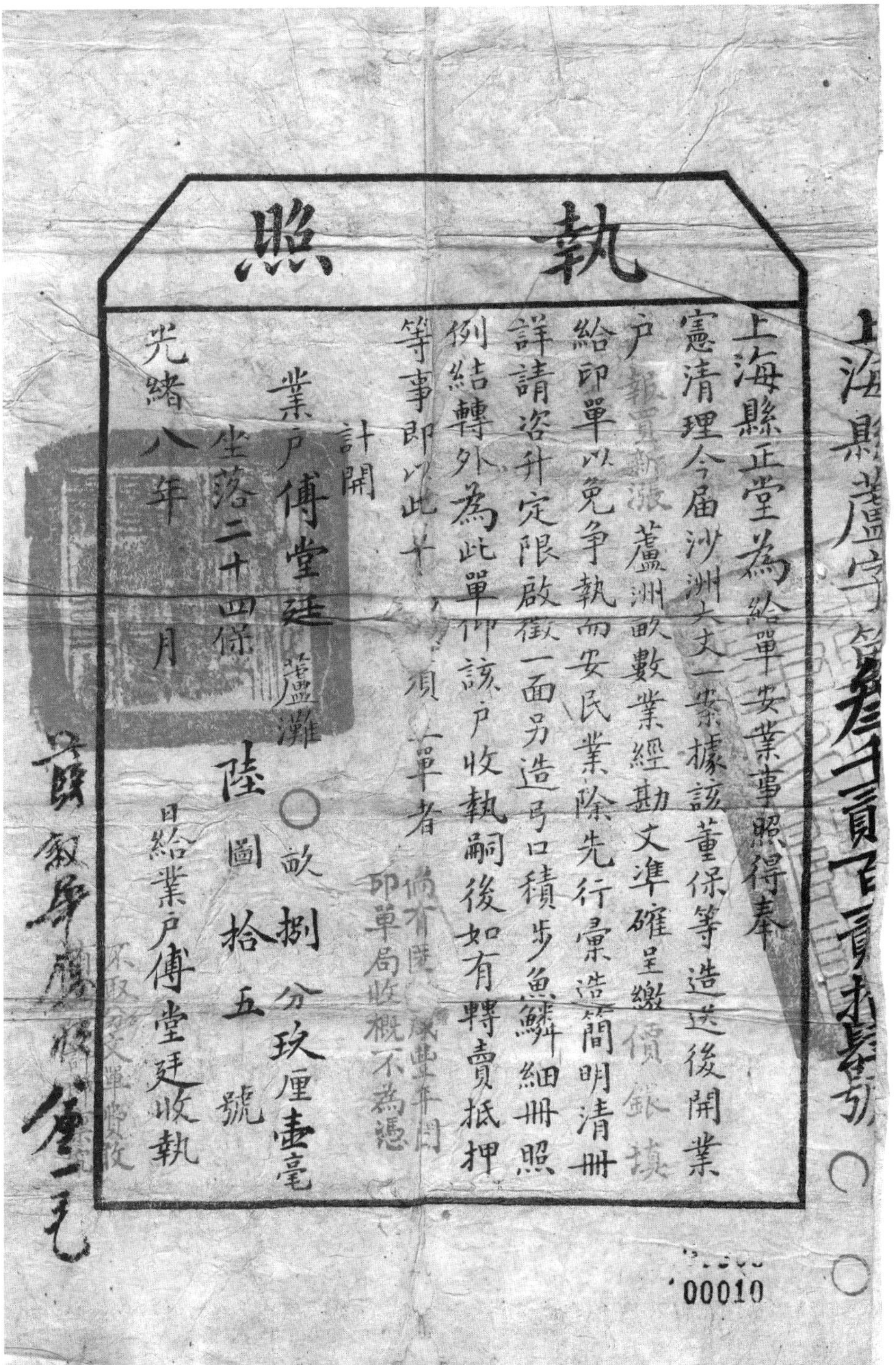

執照

上海縣正堂為給單安業事照得奉
憲清理今屆沙洲丈案據該董保等造送後開業
戶報灘蘆洲畝數業經勘文準確呈繳價銀填
給印單以免爭執而安民業除先行彙造簡明清冊
詳請咨升定限啟徵一面另造弓口積步魚鱗細冊照
例結轉外為此單仰該戶收執嗣後如有轉賣抵押
等事即以此單者

計開
業戶傅堂廷蘆灘
坐落二十四保陸圖拾五號
畝捌分玖厘壹毫

光緒八年　月　日給業戶傅堂廷收執

00010

傅堂廷蘆灘執照（1882年，光緒八年）

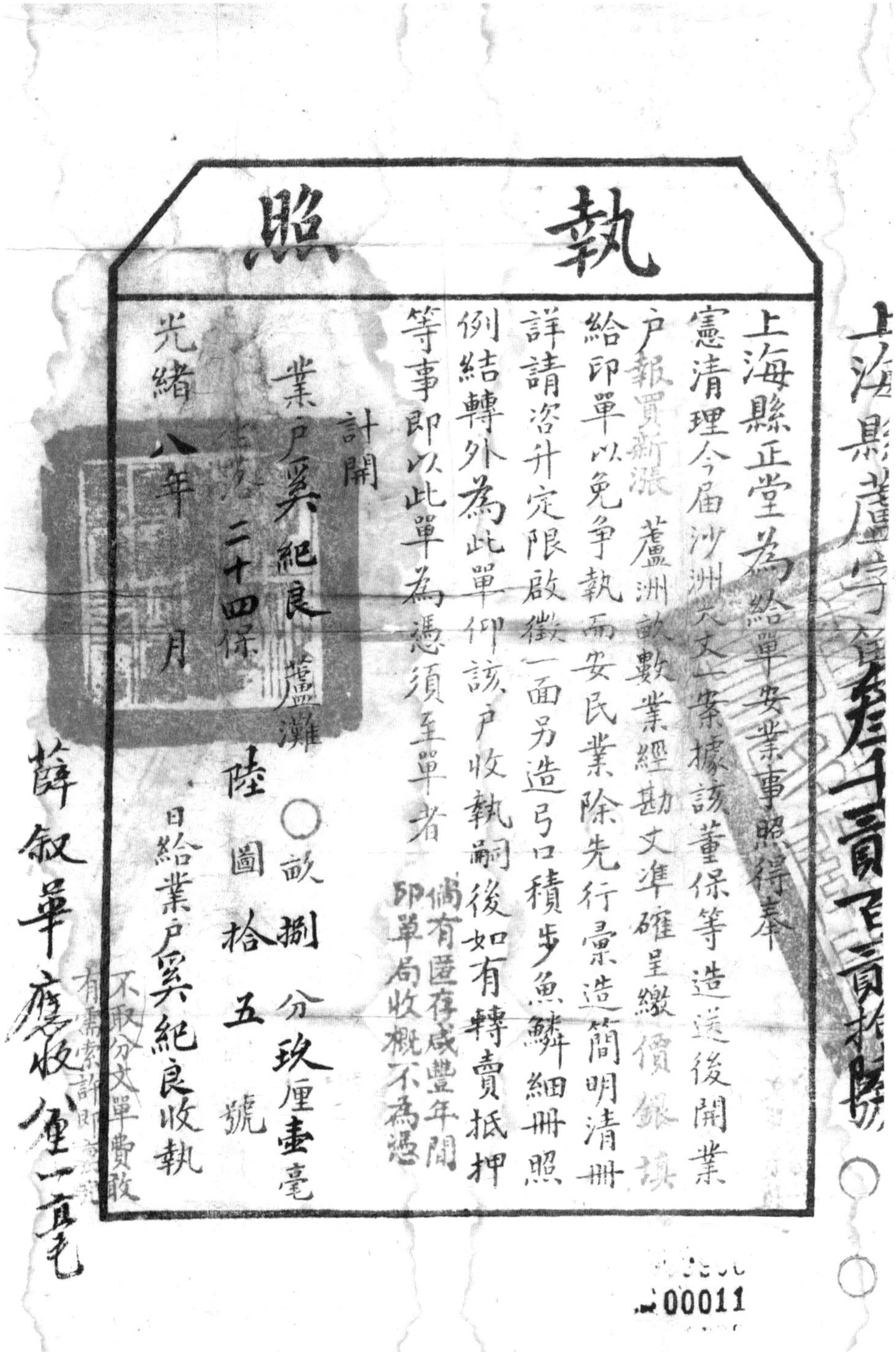

執照

上海縣正堂為給單安業事照得奉
憲清理今届沙洲共丈一案據該董保等造送後開業
戶報買新漲蘆洲畝數業經勘丈準確呈繳價銀塡
給印單以免爭執而安民業除先行彙造簡明清冊
詳請咨升定限啟徵一面另造弓口積步魚鱗細冊照
例結轉外為此單仰該戶收執嗣後如有轉賣抵押
等事即以此單為憑須至單者

倘有匿存咸豐年間
印單局收概不為憑

計開
業戶奚紀良 蘆灘 ○畝捌分玖厘壹毫
坐落二十四保 陸圖拾五號

光緒八年 月 日給業戶奚紀良收執

不取分文單費敢
有需索許即稟究

薛叙華蘆收八厘一直毛

奚紀良蘆灘執照（1882年，光緒八年）

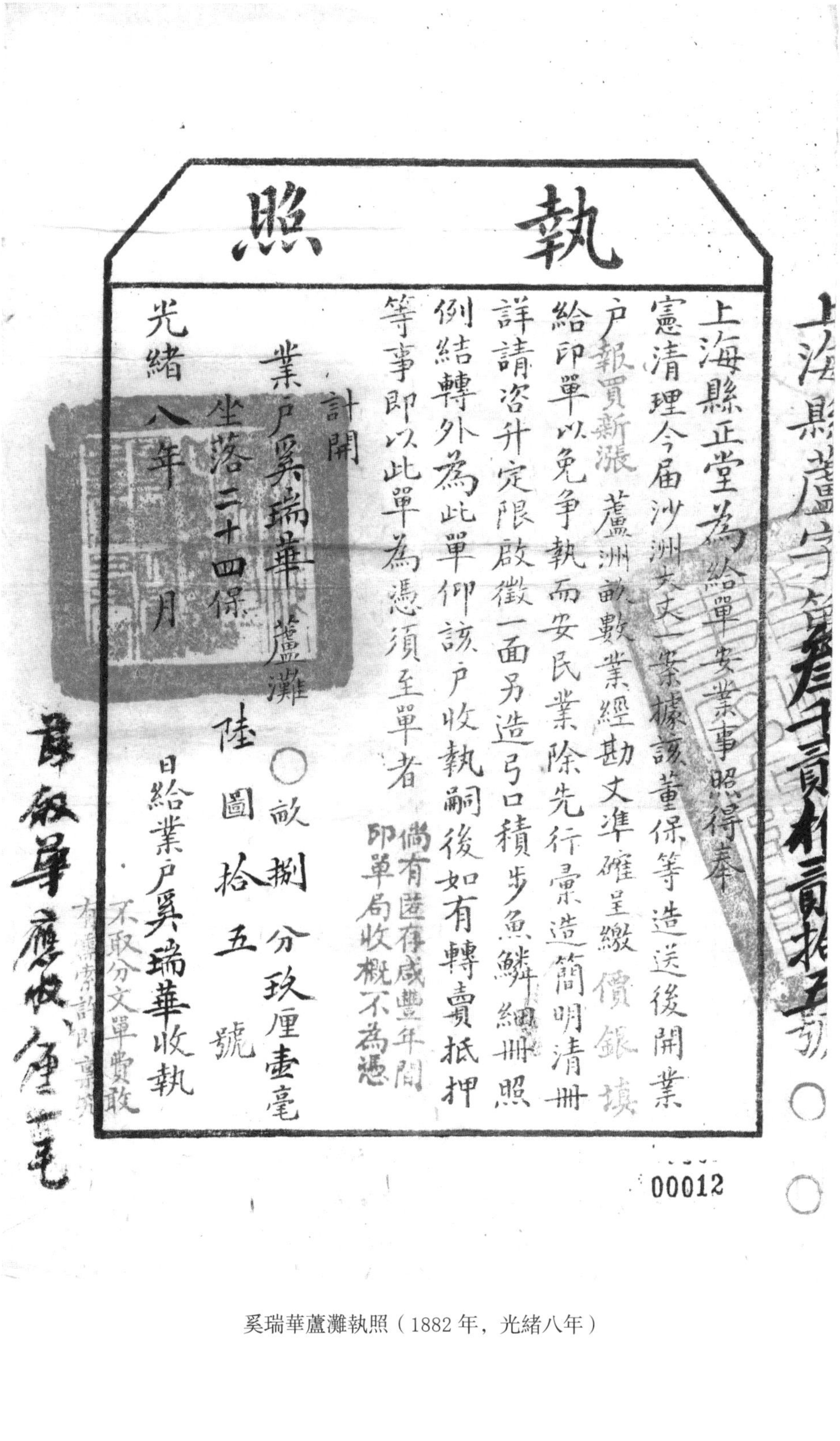
執照

上海縣正堂為給單安業事照得奉
憲清理今屆沙洲丈丈一案據該董保等造送後開業
戶報買新漲蘆洲畝數業經勘丈準確呈繳價銀塡
給印單以免爭執而安民業除先行彙造簡明清冊
詳請咨升定限啟徵一面另造弓口積步魚鱗細冊照
例結轉外為此單仰該戶收執嗣後如有轉賣抵押
等事即以此單為憑須至單者

備有歷存咸豐年間印單局收概不為憑

計開

業戶奚瑞華 蘆灘

坐落二十四保 陸圖拾五號

畝 捌分玖厘壹毫

光緒八年 月 日給業戶奚瑞華收執

不取分文單費敢

上海縣蘆字第……號

00012

奚瑞華蘆灘執照（1882 年，光緒八年）

江南製造總局

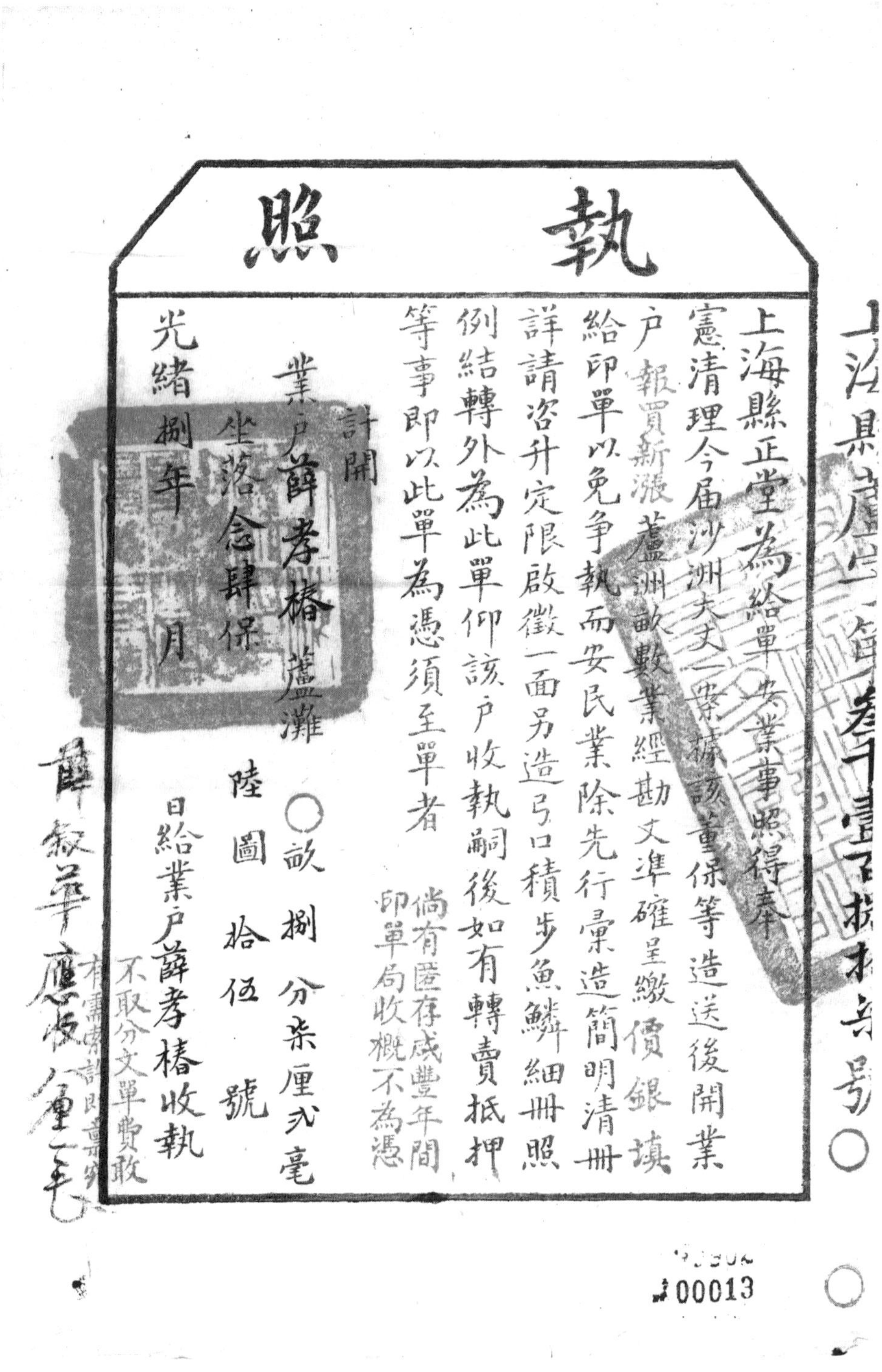

執照

上海縣正堂為給單安業事照得奉
憲清理今届沙洲大丈一案據該董保等造送後開業
戶報買新漲蘆洲畝數業經勘丈準確呈繳價銀填
給印單以免爭執而安民業除先行彙造簡明清冊
詳請咨升定限啟徵一面另造弓口積步魚鱗細冊照
例結轉外為此單仰該戶收執嗣後如有轉賣抵押
等事即以此單為憑須至單者

尚有匿存咸豐年間
印單局收概不為憑

計開
業戶薛孝椿蘆灘
○畝捌分柒厘貳毫
坐落念肆保陸圖拾伍號

光緒捌年 月 日給業戶薛孝椿收執

不取分文單費敢
有需索許即禀究

薛叔華應收

薛孝椿蘆灘執照（1882年，光緒八年）

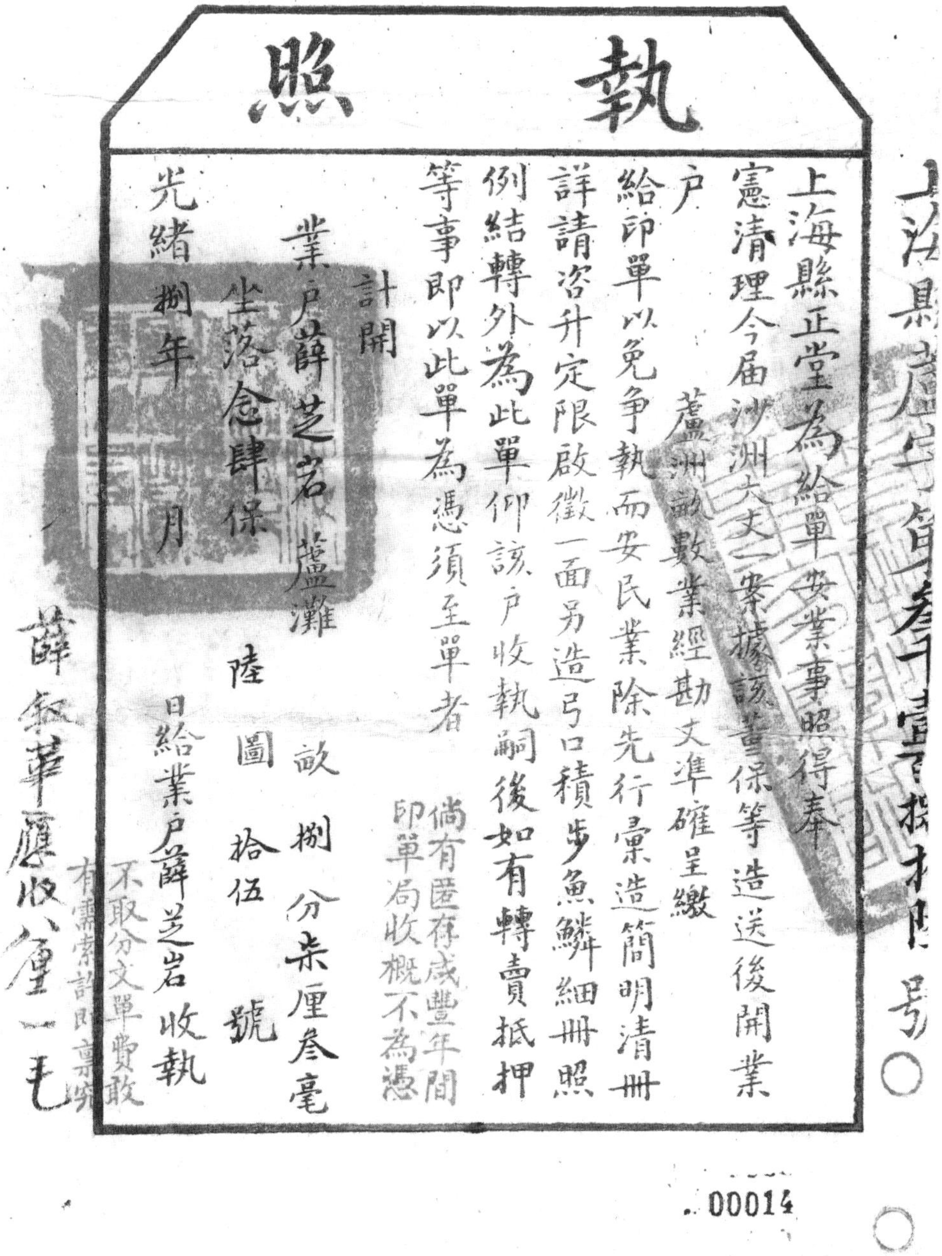
執照

上海縣正堂為給單安業事照得奉
憲清理今届沙洲丈一案據該董保等造送後開業
戶　蘆洲畝數業經勘丈準確呈繳
給印單以免爭執而安民業除先行彙造簡明清冊
詳請咨升定限啓徵一面另造弓口積步魚鱗細冊照
例結轉外為此單仰該戶收執嗣後如有轉賣抵押
等事即以此單為憑須至單者
倘有匿存咸豐年間印單局收概不為憑

計開
業戶薛芝岩　蘆灘　畝捌分柒厘叁毫
坐落念肆保　陸圖　拾伍號

光緒捌年　月　日給業戶薛芝岩收執
不取分文單費敢有需索許即禀究

薛芝岩蘆灘執照（1882年，光緒八年）

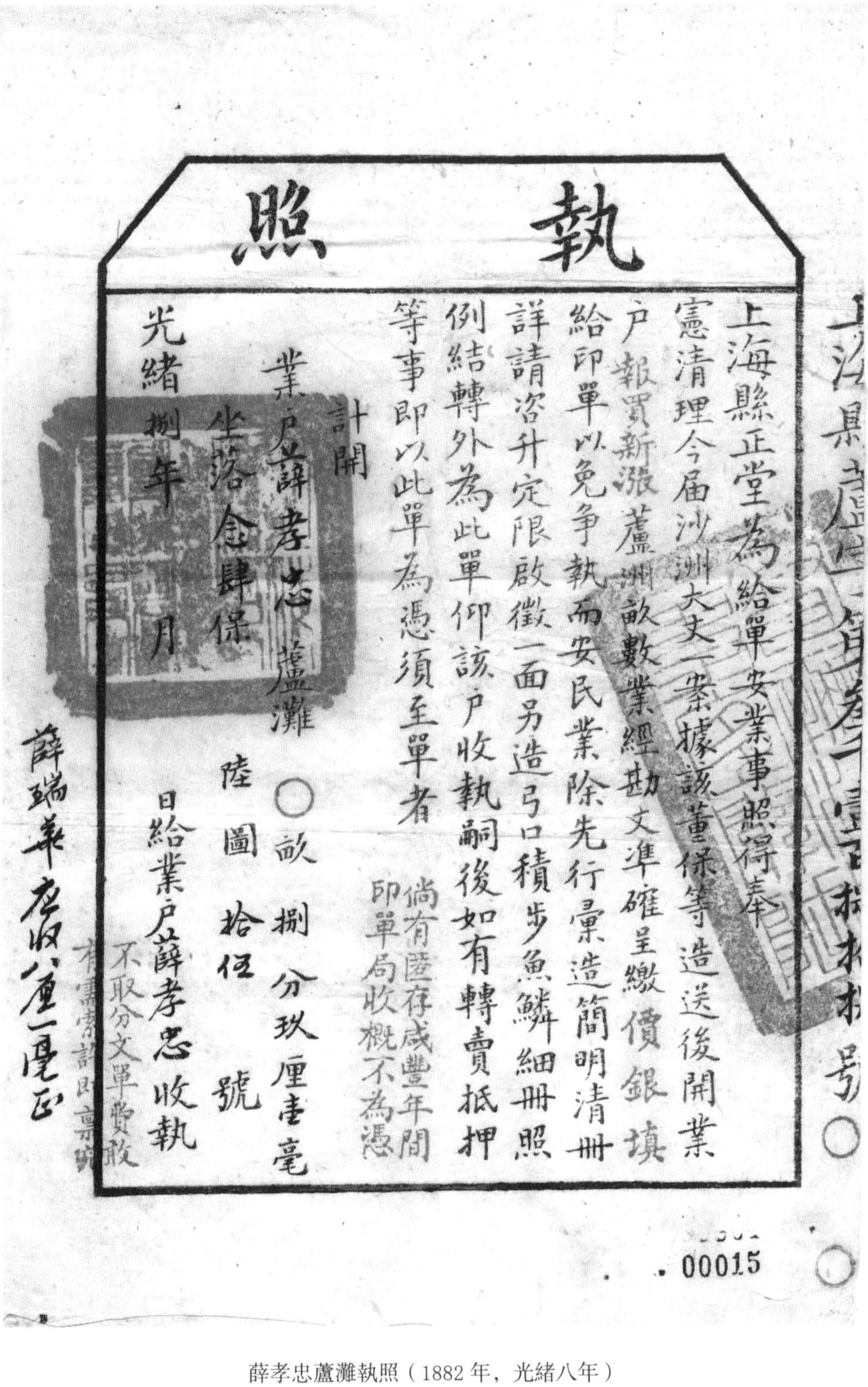
執照

上海縣正堂為給單安業事照得奉
憲清理今届沙洲大丈一案據該董保等造送後開業
戶報買新漲蘆洲畝數業經勘丈準確呈繳價銀填
給印單以免爭執而安民業除先行彙造簡明清冊
詳請咨升定限啟徵一面另造弓口積步魚鱗細冊照
例結轉外為此單仰該戶收執嗣後如有轉賣抵押
等事即以此單為憑須至單者

倘有匿存咸豐年間印單局收概不為憑

計開
業戶薛孝忠　蘆灘　○畝捌分玖厘壹毫
坐落念肆保　陸圖　拾伍號

光緒捌年　月　日給業戶薛孝忠收執

不取分文單費

薛瑞華

00015

薛孝忠蘆灘執照（1882 年，光緒八年）

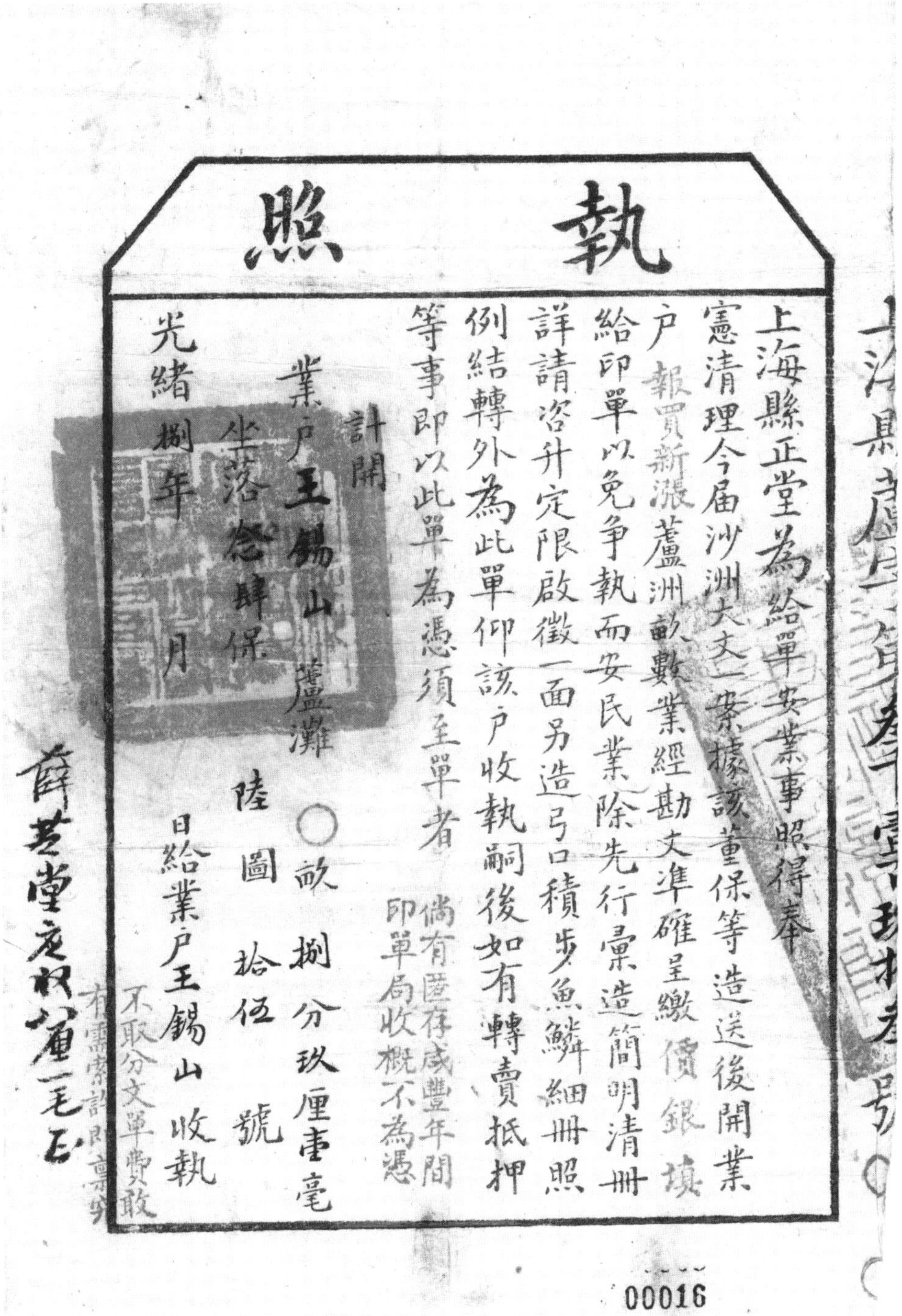
執照

上海縣正堂為給單安業事照得奉
憲清理今届沙洲大丈一案據該董保等造送後開業
戶報買新漲蘆洲畝數業經勘丈準確呈繳價銀填
給印單以免爭執而安民業除先行彙造簡明清冊
詳請咨升定限啟徵一面另造弓口積步魚鱗細冊照
例結轉外為此單仰該戶收執嗣後如有轉賣抵押
等事即以此單為憑須至單者
倘有匿存咸豐年間印單局收概不為憑

計開
業戶王錫山　蘆灘　○畝捌分玖厘叁毫
坐落念肆保　陸圖　拾伍號

光緒捌年　月　日給業戶王錫山收執

不取分文單費敢有需索許即禀究

[illegible]

00016

王錫山蘆灘執照（1882 年，光緒八年）

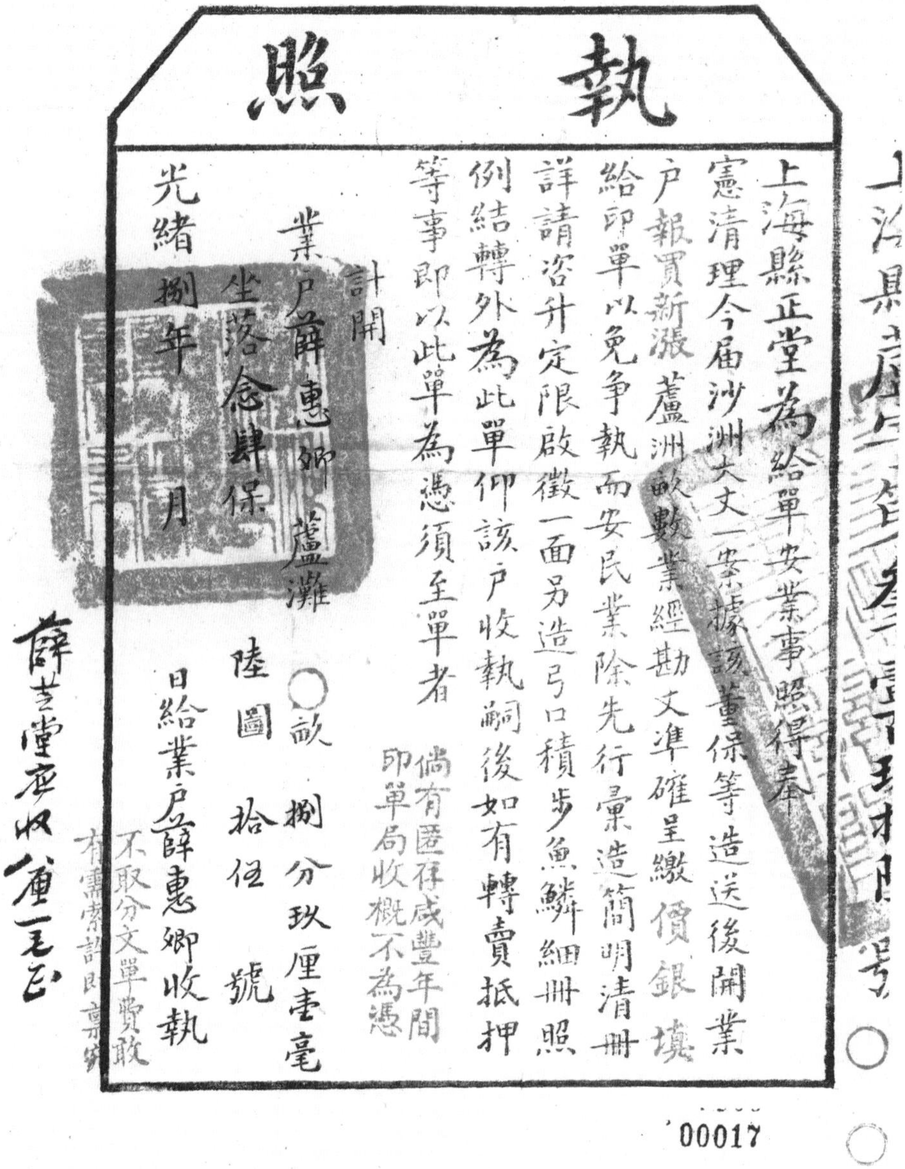
執照

上海縣正堂為給單安業事照得奉
憲清理今屆沙洲丈一案據該董保等造送後開業
戶報買新漲蘆洲畝數業經勘丈準確呈繳價銀塡
給印單以免爭執而安民業除先行彙造簡明清冊
詳請咨升定限啟徵一面另造弓口積步魚鱗細冊照
例結轉外為此單仰該戶收執嗣後如有轉賣抵押
等事即以此單為憑須至單者
倘有匿存咸豐年間印單局收概不為憑

計開
業戶薛惠卿 蘆灘 ○畝捌分玖厘壹毫
坐落念肆保 陸圖 拾伍 號
光緒捌年 月 日給業戶薛惠卿收執
不取分文單費敢有需索許即稟究

薛[illegible]堂應收[illegible]一毛正

00017

薛惠卿蘆灘執照（1882 年，光緒八年）

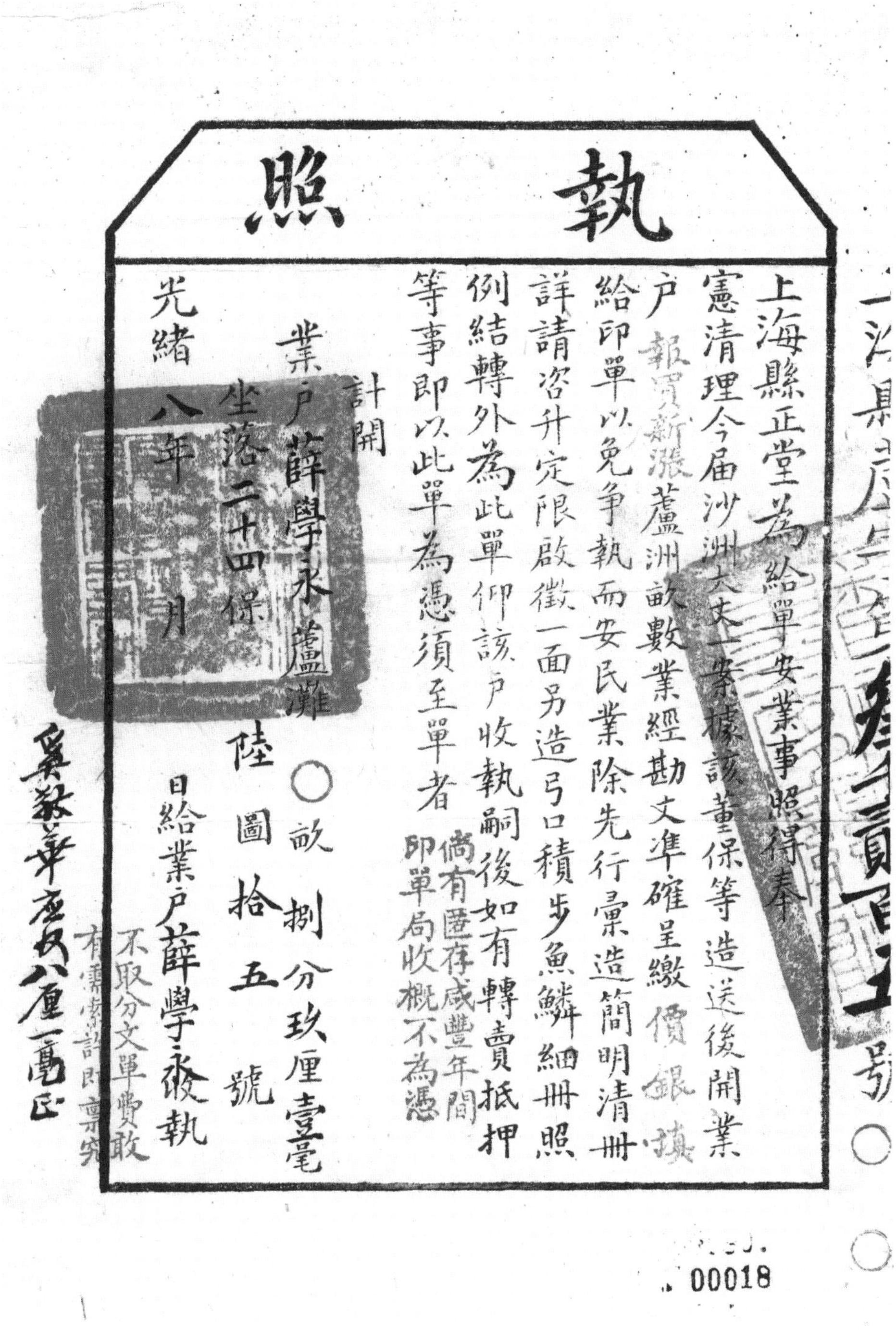

執照

上海縣正堂為給單安業事照得奉
憲清理今屆沙洲大丈一案據該董保等造送後開業
戶報買新漲蘆洲畝數業經勘丈準確呈繳價銀塡
給印單以免爭執而安民業除先行彙造簡明清冊
詳請咨升定限啟徵一面另造弓口積步魚鱗細冊照
例結轉外為此單仰該戶收執嗣後如有轉賣抵押
等事即以此單為憑須至單者

倘有歷存咸豐年間印單局收概不為憑

計開
業戶薛學永蘆灘
坐落二十四保陸圖拾五號
○畝捌分玖厘壹毫

光緒八年　月　日給業戶薛學永執

不取分文單費敢有需索許即禀究

薛學永蘆灘執照（1882 年，光緒八年）

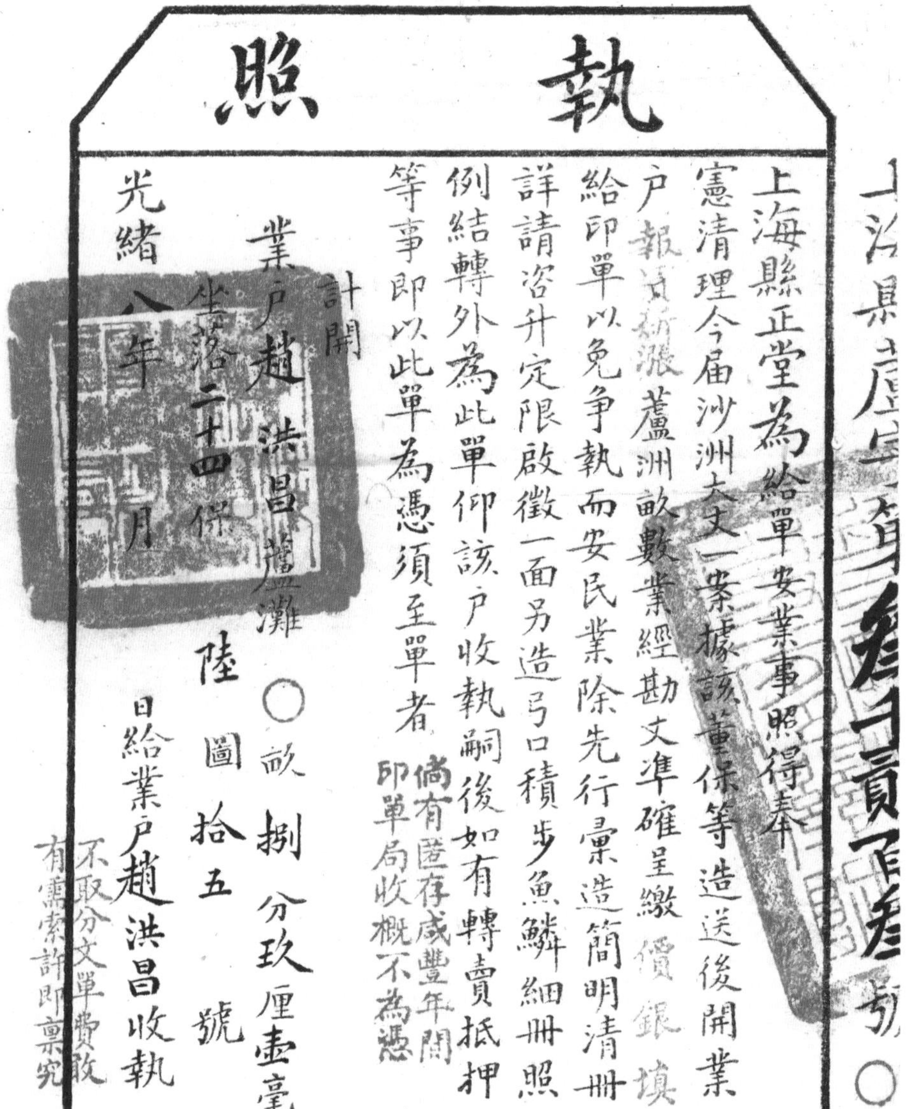

執照

上海縣正堂為給單安業事照得奉
憲清理今屆沙洲大丈一案據該董保等造送後開業
戶報領新漲蘆洲畝數業經勘丈準確呈繳價銀填
給印單以免爭執而安民業除先行彙造簡明清冊
詳請咨升定限啟徵一面另造弓口積步魚鱗細冊照
例結轉外為此單仰該戶收執嗣後如有轉賣抵押
等事即以此單為憑須至單者

倘有匿存咸豐年間印單局收概不為憑

計開
業戶趙洪昌蘆灘〇畝捌分玖厘壹毫
坐落二十四保陸圖拾五號

光緒八年　月　日給業戶趙洪昌收執

不取分文單費敢有需索許即稟究

00019

趙洪昌蘆灘執照（1882年，光緒八年）

執照

上海縣正堂為給單出業事照得奉
憲清理今屆沙洲大二案據該董保等造送後開業
戶報買新漲蘆洲畝數業經勘丈準確呈繳價銀填
給印單以免爭執而安民業除先行彙造簡明清冊
詳請咨升定限啟徵一面另造弓口積步魚鱗細冊照
例結轉外為此單俾該戶收執嗣後如有轉賣抵押
等事即以此單為憑須至單者

倘有圖存咸豐年間
即單局收概不為憑

計開
業戶薛鳳岐蘆灘
坐洛念肆保

薛鳳岐蘆灘
○ 畝 捌 分 玖 厘 壹 毫
陸圖 拾伍 號
日給業戶薛鳳岐收執

光緒捌年　　月

00020

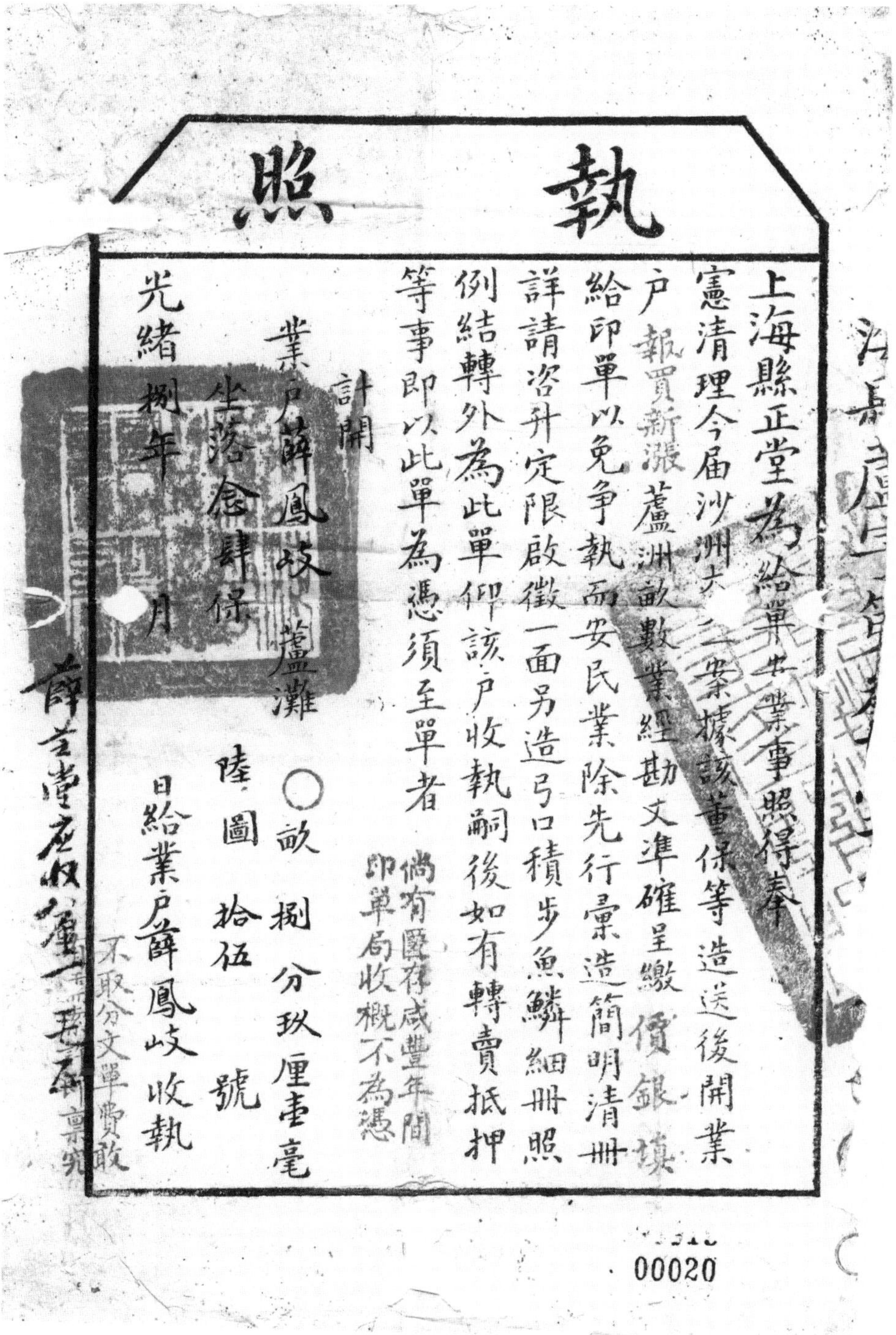

薛鳳岐蘆灘執照（1882年，光緒八年）

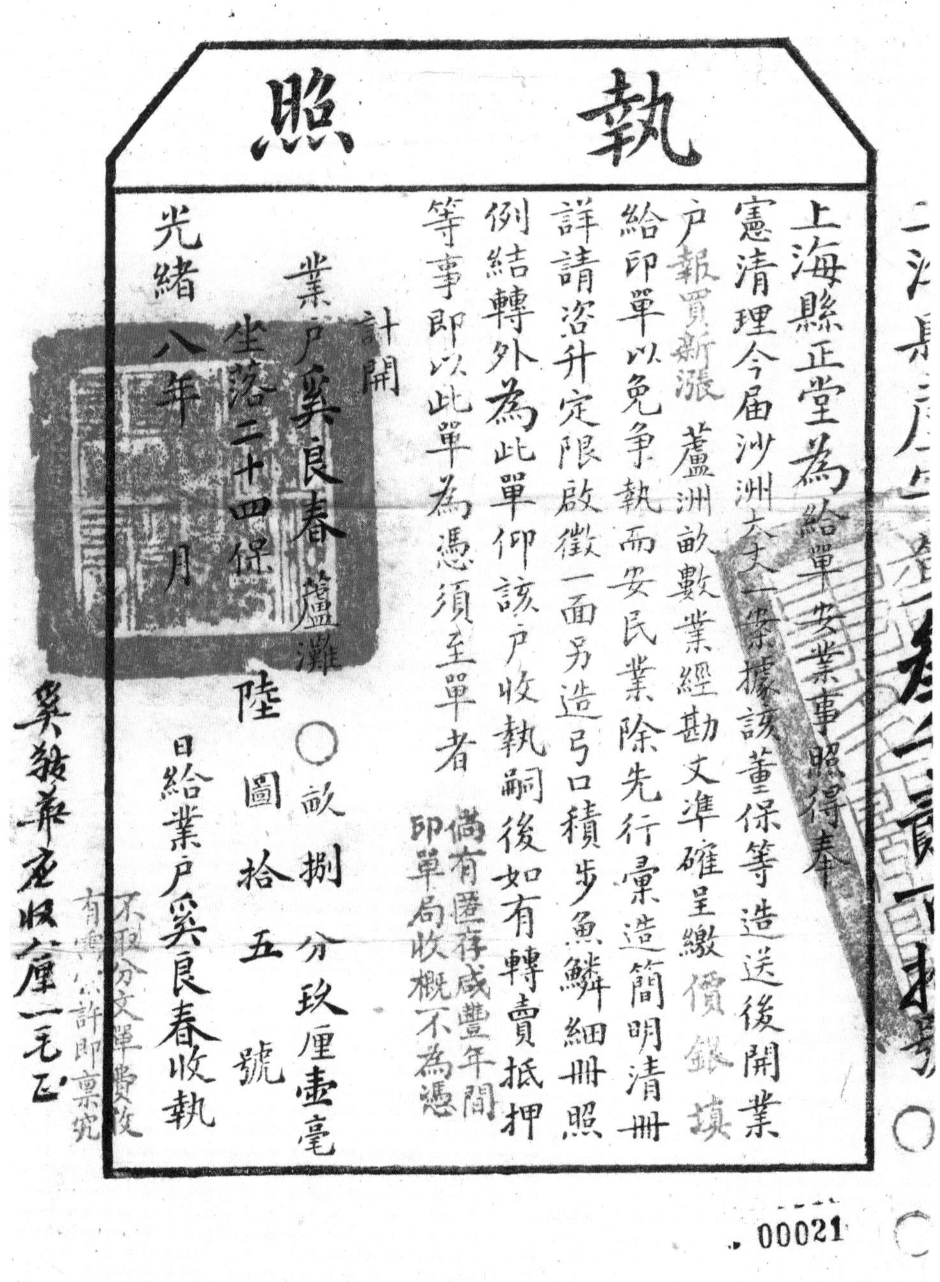

執照

上海縣正堂為給單安業事照得奉
憲清理今届沙洲大丈一案據該董保等造送後開業
戶報買新漲 蘆洲畝數業經勘丈準確呈繳價銀填
給印單以免爭執而安民業除先行彙造簡明清冊
詳請咨升定限啟徵一面另造弓口積步魚鱗細冊照
例結轉外為此單仰該戶收執嗣後如有轉賣抵押
等事即以此單為憑須至單者

倘有歷存咸豐年間
印單局收概不為憑

計開
業戶奚良春 蘆灘
坐落二十四保 陸圖 拾五號
○畝捌分玖厘壹毫

光緒八年 月 日給業戶奚良春收執

不取分文單費
有[illegible]許即稟究

奚毅甫座收六庫一毛乙

00021

奚良春蘆灘執照（1882 年，光緒八年）

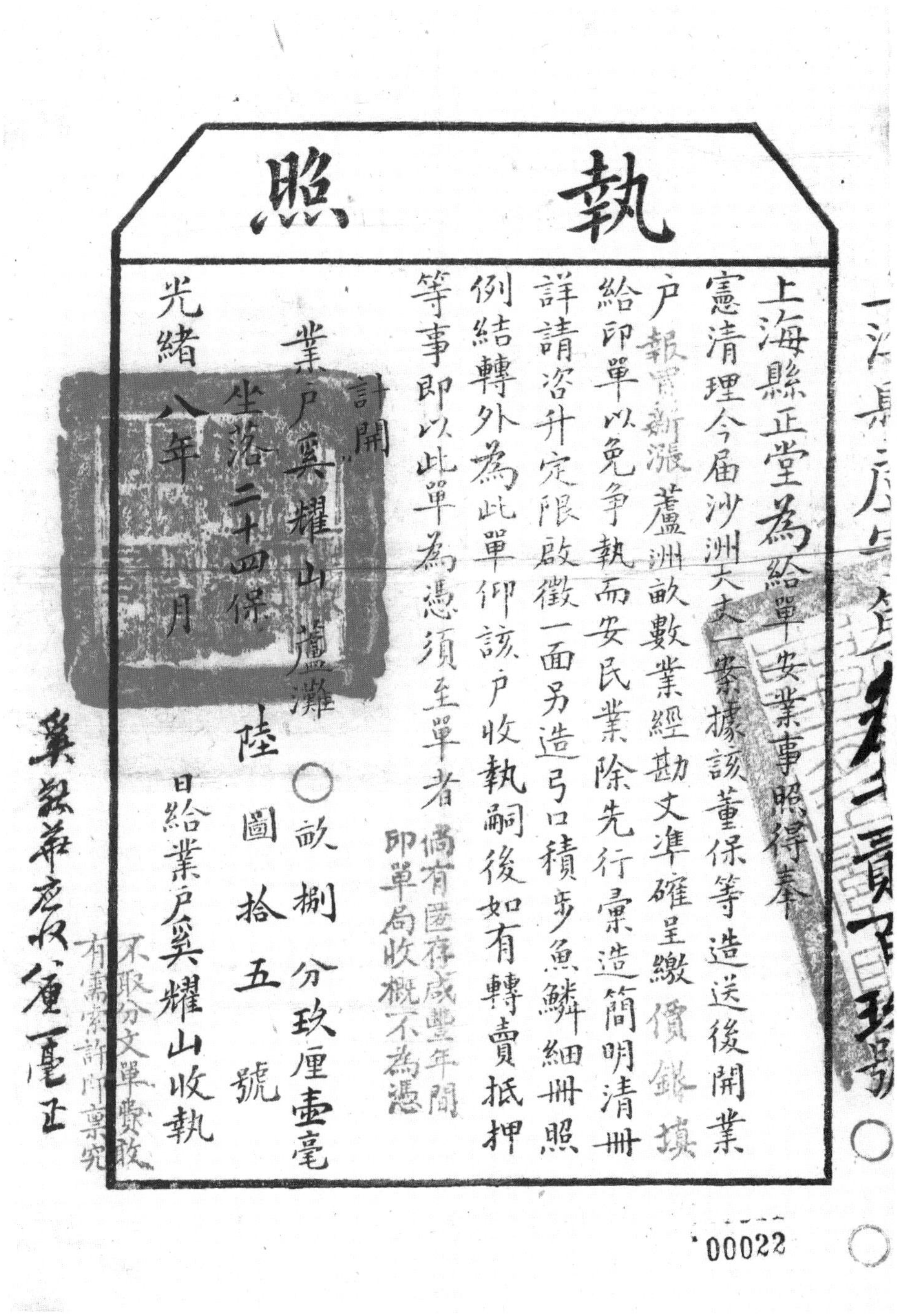
執照

上海縣正堂為給單安業事照得奉
憲清理今屆沙洲大丈一案據該董保等造送後開業
戶報買新漲蘆洲畝數業經勘丈準確呈繳價銀塡
給印單以免爭執而安民業除先行彙造簡明清冊
詳請咨升定限啟徵一面另造弓口積步魚鱗細冊照
例結轉外為此單仰該戶收執嗣後如有轉賣抵押
等事即以此單為憑須至單者
倘有匿存咸豐年間印單局收概不為憑

計開
業戶奚耀山蘆灘
坐落二十四保陸圖拾五號
〇畝捌分玖厘壹毫

光緒八年　月　日給業戶奚耀山收執
不取分文單費敢有需索許即稟究

奚耀山應收〇厘一毫正

00022

奚耀山蘆灘執照（1882年，光緒八年）

江南製造總局

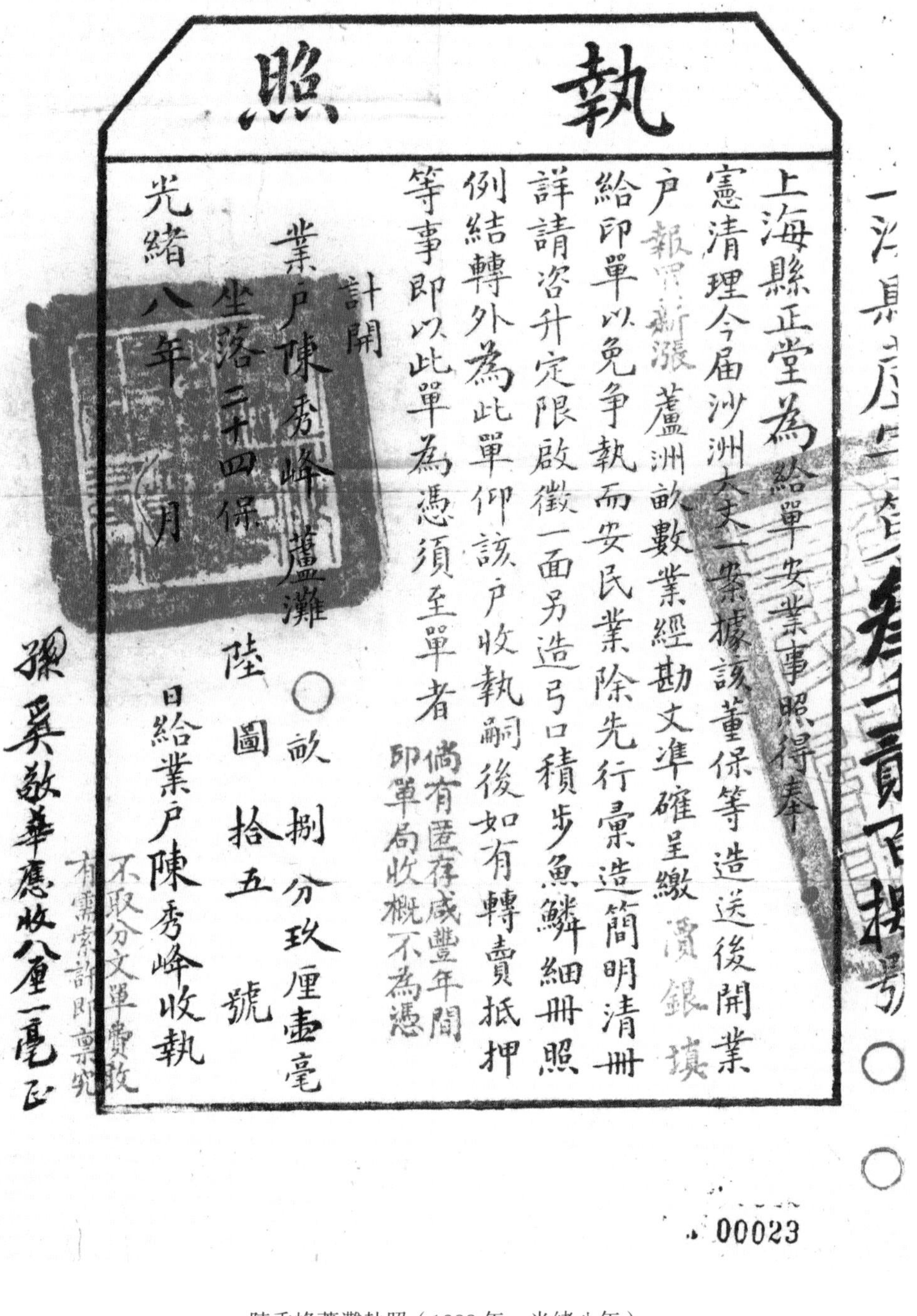
執照

上海縣正堂為給單安業事照得奉
憲清理今屆沙洲大丈一案據該董保等造送後開業
戶報買新漲蘆洲畝數業經勘文準確呈繳價銀填
給印單以免爭執而安民業除先行彙造簡明清冊
詳請咨升定限啟徵一面另造弓口積步魚鱗細冊照
例結轉外為此單仰該戶收執嗣後如有轉賣抵押
等事即以此單為憑須至單者

倘有匿存咸豐年間印單局收概不為憑

計開

業戶陳秀峰蘆灘 畝 捌分玖厘壹毫

坐落二十四保 陸圖 拾五號

光緒八年 月 日給業戶陳秀峰收執

不取分文單費敢有需索許即禀究

孫奚敬華應收八釐一毫正

00023

陳秀峰蘆灘執照（1882 年，光緒八年）

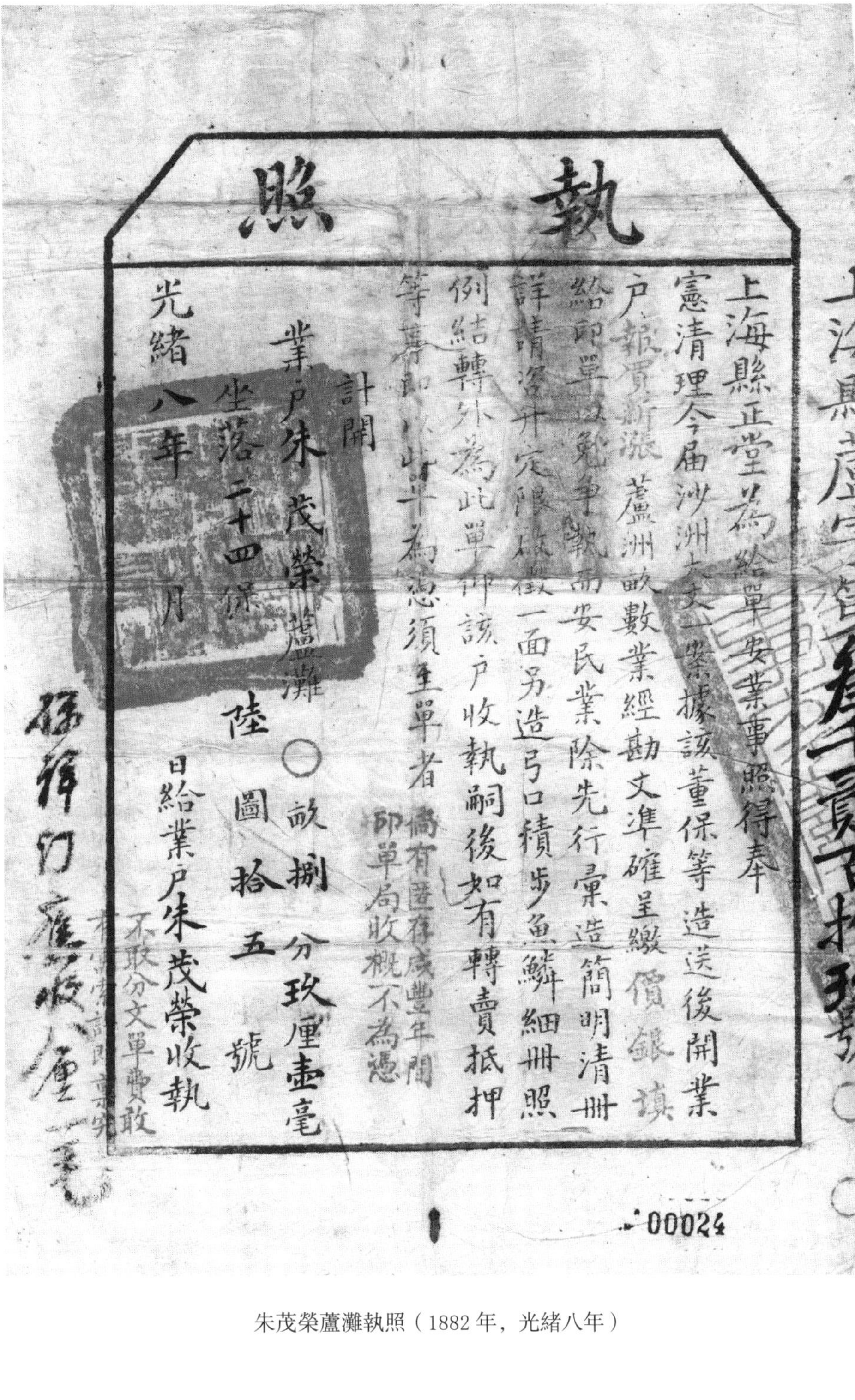

執照

上海縣正堂莫為給單安業事照得奉
憲清理各屆沙洲丈一案據該董保等造送後開業
户報買新漲蘆洲畝數業經勘丈準確呈繳價銀塡
給印單以憑爭執而安民業除先行彙造簡明清冊
詳請咨井定限啟徵一面另造弓口積步魚鱗細冊照
例結轉外為此單仰該户收執嗣後如有轉賣抵押
等事即以此單為憑須至單者

倘有匿存咸豐年間印單局收概不為憑

計開

業户朱茂榮蘆灘 ○ 畝捌分玖厘壹毫

坐落二十四保 陸 圖 拾五 號

光緒八年 月 日給業户朱茂榮收執

00024

朱茂榮蘆灘執照（1882 年，光緒八年）

原件文字内容不全

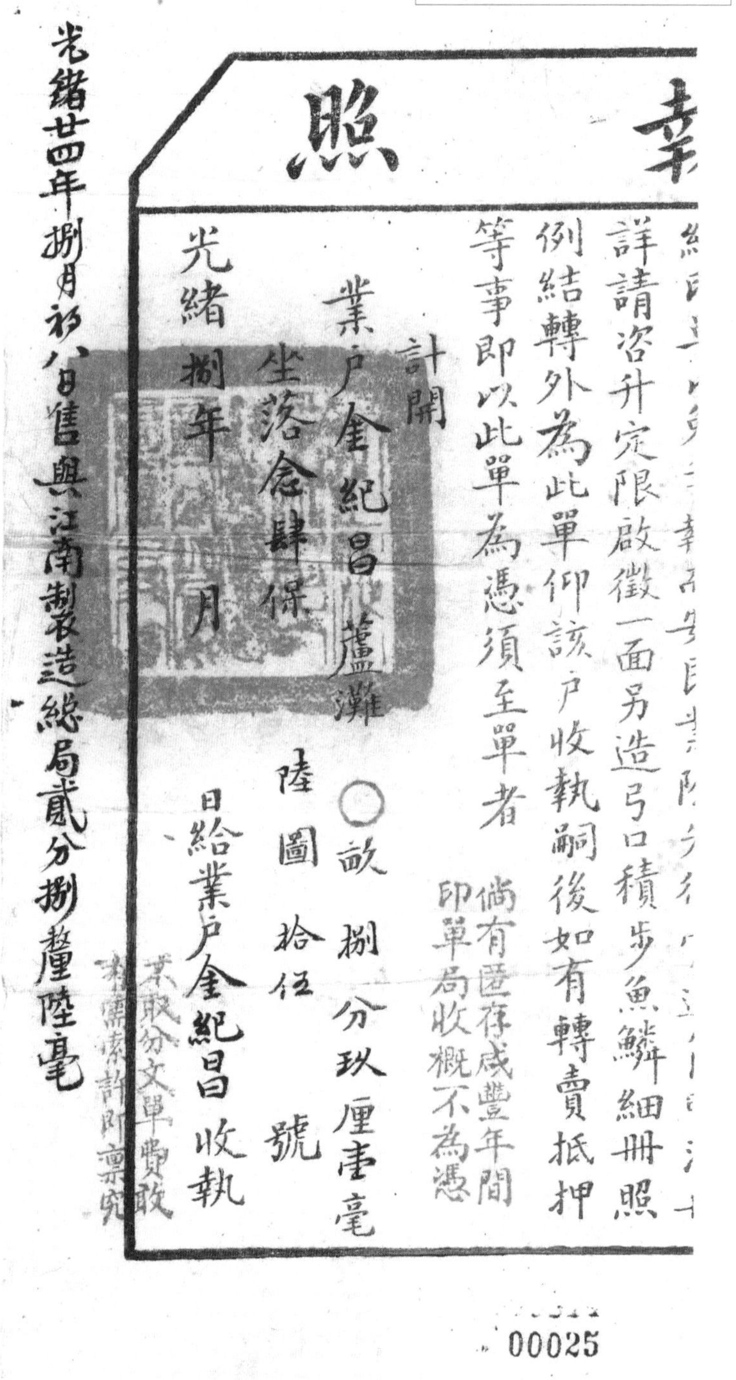

執照

詳請咨升定限啟徵一面另造弓口積步魚鱗細冊照
例結轉外為此單仰該户收執嗣後如有轉賣抵押
等事即以此單為憑須至單者

倘有匿存咸豐年間
印單局收概不為憑

計開

業户金紀昌蘆灘〇畝捌分玖厘壹毫
坐落念肆保 陸圖 拾伍 號

光緒捌年 月 日給業户金紀昌收執

不取分文單費敢
有需索許即禀究

光緒廿四年捌月初八日售與江南製造總局貳分捌釐陸毫

00025

金紀昌蘆灘執照（1882 年，光緒八年）

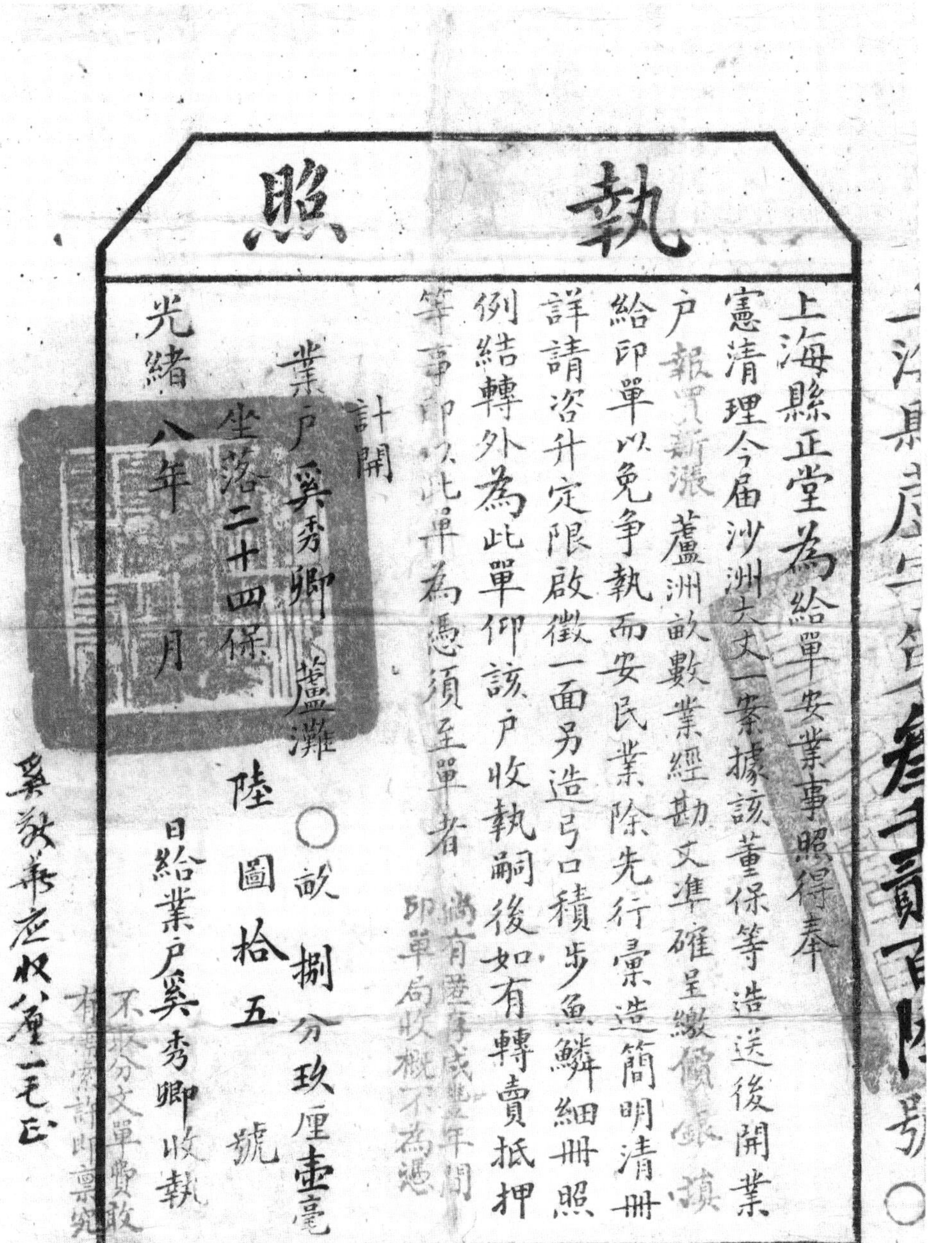

執照

上海縣正堂為給單安業事照得奉
憲清理今屆沙洲大丈一案據該董保等造送後開業
戶報買新漲蘆洲畝數業經勘丈準確呈繳價銀請
給印單以免爭執而安民業除先行彙造簡明清冊
詳請咨升定限啟徵一面另造弓口積步魚鱗細冊照
例結轉外為此單仰該戶收執嗣後如有轉賣抵押
等事即以此單為憑須至單者

倘有歷年成熟年間印單局收概不為憑

計開

業戶奚秀卿 蘆灘 ○畝捌分玖厘壹毫

坐落二十四保 陸圖拾五號

光緒八年 月 日給業戶奚秀卿收執

不取分文單費敢有索討即禀究

奚致弟應收八厘一毛正

00026

奚秀卿蘆灘執照（1882年，光緒八年）

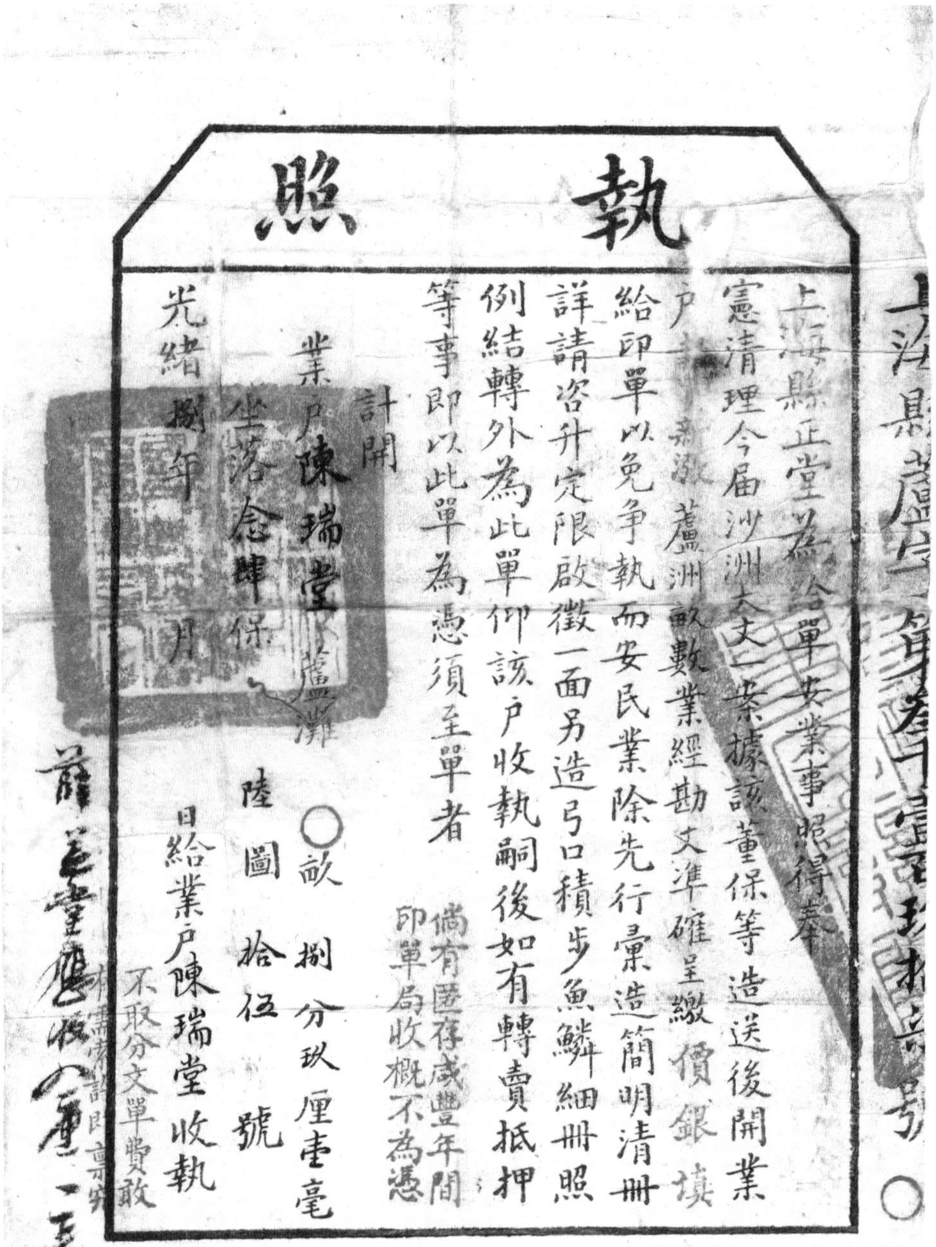

執照

上海縣正堂王為給單安業事照得奉
憲清理今届沙洲丈丈一案據該董保等造送後開業
戶新繳蘆洲畝數業經勘丈準確呈繳價銀墺
給印單以免爭執而安民業除先行彚造簡明清冊
詳請咨升定限啟徵一面另造弓口積步魚鱗細冊照
例結轉外為此單仰該戶收執嗣後如有轉賣抵押
等事即以此單為憑須至單者

倘有匿存咸豐年間
印單局收概不為憑

計開

業戶陳瑞堂 蘆灘　○畝　捌分玖厘圭毫

坐落念肆保　陸圖　拾伍號

光緒捌年　月　日給業戶陳瑞堂收執

不取分文單費敢有需索許民禀究

00027

陳瑞堂蘆灘執照（1882年，光緒八年）

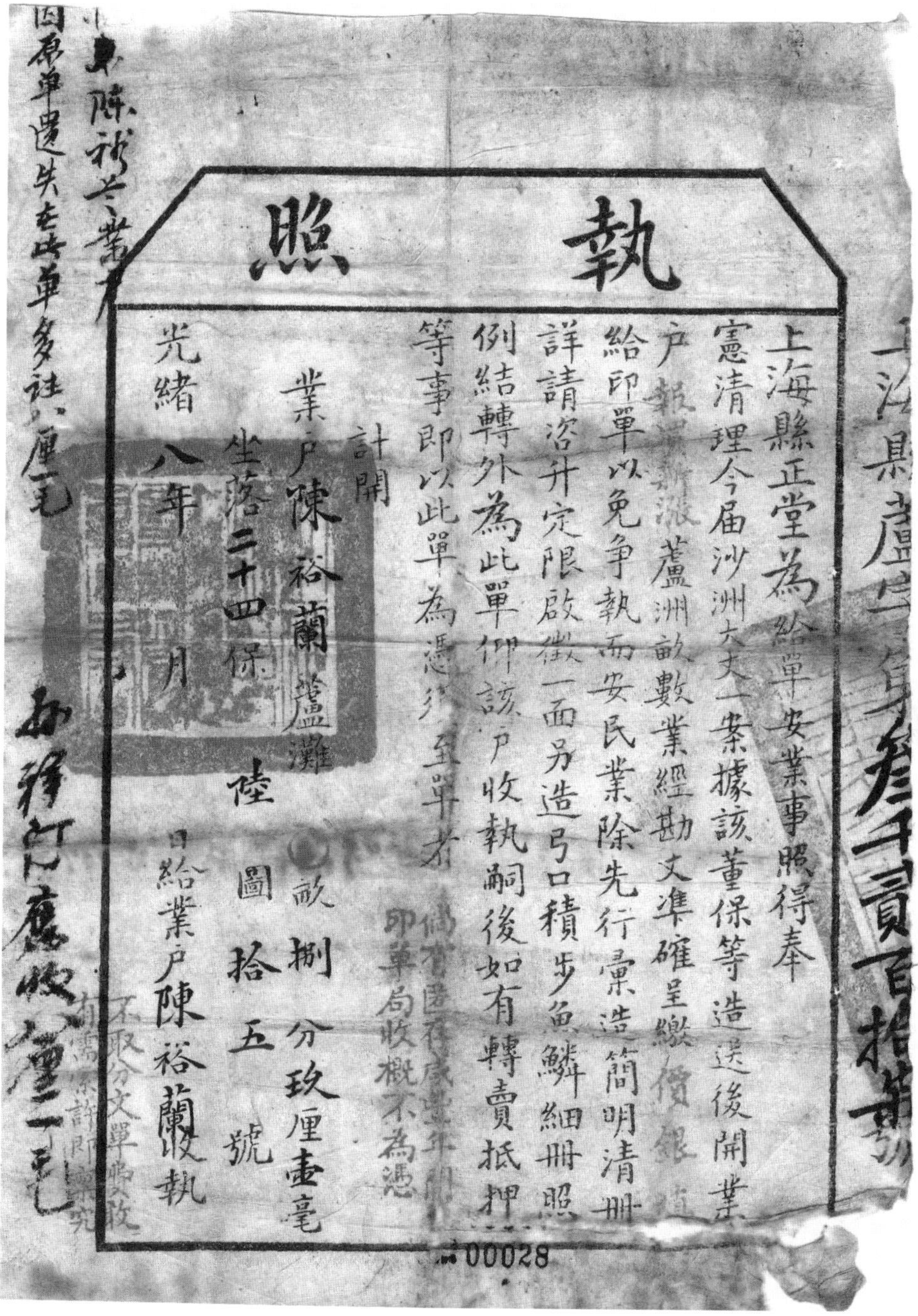
執照

上海縣正堂爲給單安業事照得奉
憲清理今届沙洲大丈一案據該董保等造送後開業
戶報漲新漲蘆洲畝數業經勘丈準確呈繳價銀
給印單以免爭執而安民業除先行彙造簡明清冊
詳請咨升定限啟徵一面另造弓口積步魚鱗細冊照
例結轉外爲此單仰該戶收執嗣後如有轉賣抵押
等事即以此單爲憑須至單者

計開

業戶陳裕蘭蘆灘
坐落二十四保陸圖拾五號
畝捌分玖厘壹毫

光緒八年　月　日給業戶陳裕蘭收執

陳裕蘭蘆灘執照（1882 年，光緒八年）

江南製造總局

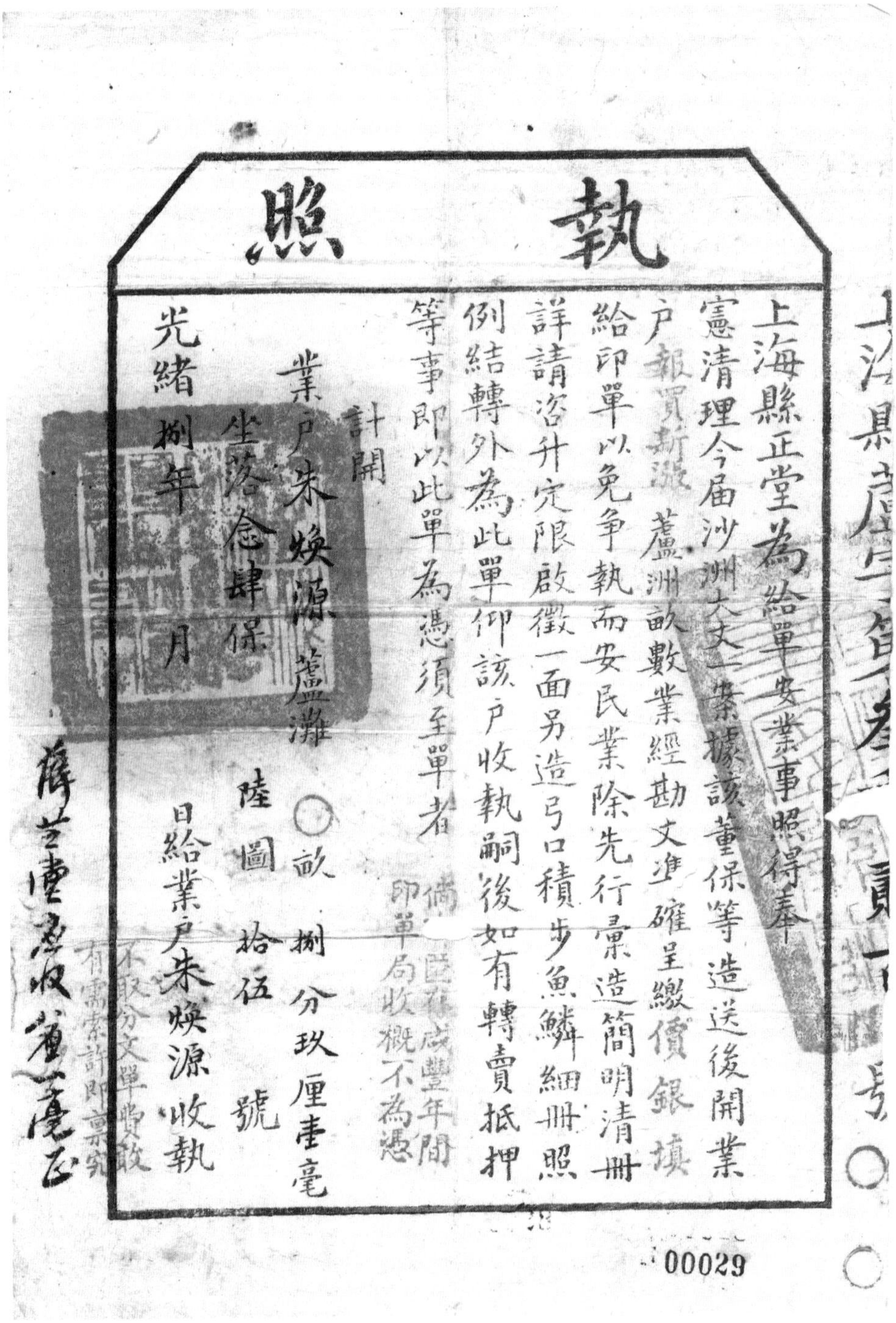

執照

上海縣正堂為給單安業事照得奉
憲清理今屆沙洲大丈一案據該董保等造送後開業
戶報買新漲蘆洲畝數業經勘丈准確呈繳價銀填
給印單以免爭執而安民業除先行彙造簡明清冊
詳請咨升定限啟徵一面另造弓口積步魚鱗細冊照
例結轉外為此單仰該戶收執嗣後如有轉賣抵押
等事即以此單為憑須至單者

計開

業戶朱煥源蘆灘　畝捌分玖厘圭毫

坐落念肆保　陸圖　拾伍號

光緒捌年　月　日給業戶朱煥源收執

備[illegible]存咸豐年間印單局收概不為憑

不取分文單費敢有需索許即稟究

00029

朱煥源蘆灘執照（1882 年，光緒八年）

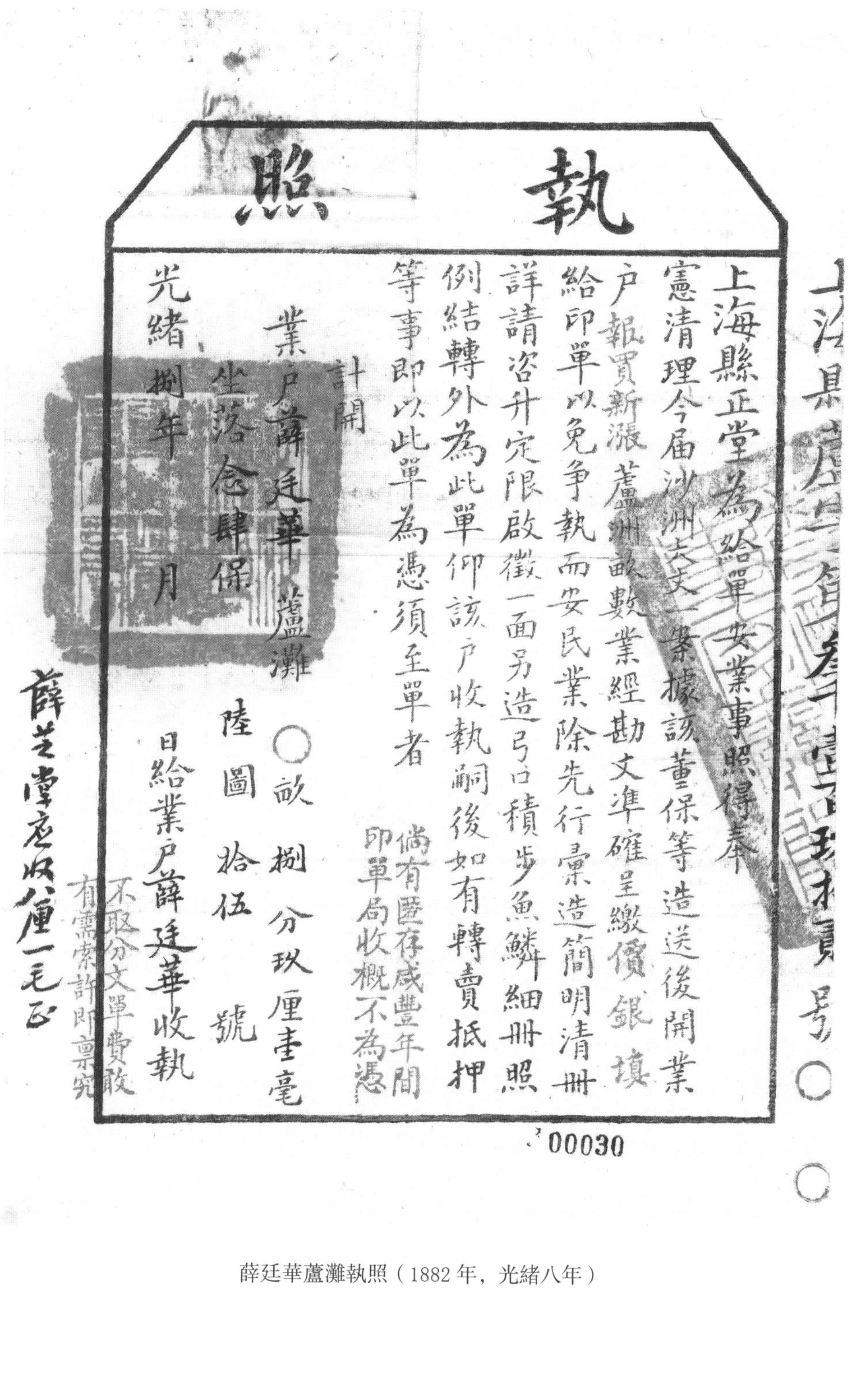
執照

上海縣正堂為給單安業事照得奉
憲清理今屆沙洲去丈業據該董保等造送後開業
戶報買新漲蘆洲畝數業經勘丈準確呈繳價銀填
給印單以免爭執而安民業除先行彙造簡明清冊
詳請咨升定限啟徵一面另造弓口積步魚鱗細冊照
例結轉外為此單仰該戶收執嗣後如有轉賣抵押
等事即以此單為憑須至單者

倘有匿存咸豐年間
印單局收概不為憑

計開

業戶薛廷華蘆灘 ○畝捌分玖厘圭毫

坐落念肆保 陸圖 拾伍號

光緒捌年 月 日給業戶薛廷華收執

不取分文單費敢
有需索許即稟究

薛芝堂應收八厘一毛正

00030

薛廷華蘆灘執照（1882年，光緒八年）

江南製造總局

執照

上海縣正堂為給單安業事照得奉
憲清理今屆沙洲丈一案據該董保等造送後開業
户報買新漲　蘆洲畝數業經勘丈準確呈繳價銀塡
給印單以免爭執而安民業除先行彙造簡明清册
詳請咨升定限啟徵一面另造弓口積步魚鱗細册照
例結轉外為此單仰該户收執嗣後如有轉賣抵押
等事即以此單為憑須至單者

倘有匿存咸豐年間
印單局收概不為憑

計開
業户趙春榮　蘆灘
坐落念肆保　陸圖　拾伍　號
○畝　捌分玖厘壹毫

光緒捌年　月　日給業户趙春榮收執

不取分文單費敢有
需索許即禀究

00031

趙春榮蘆灘執照（1882年，光緒八年）

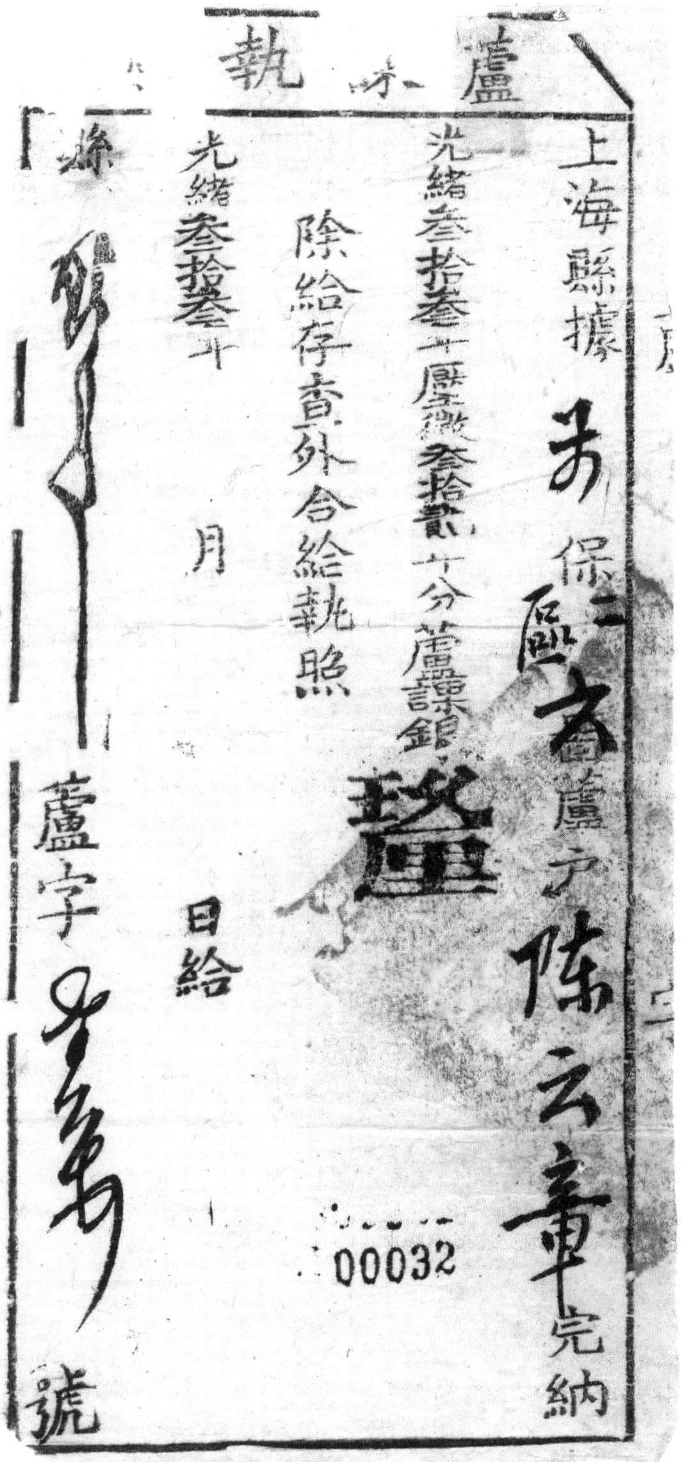

蘆課執

上海縣據廿保二區六圖蘆戶陳云章完納

光緒叁拾叁年歷徵叁拾貳年分蘆課銀[illegible]

除給存査外合給執照

光緒叁拾叁年　月　日給

00032

蘆字　號

陳雲章蘆課執照（1907年，光緒三十三年）

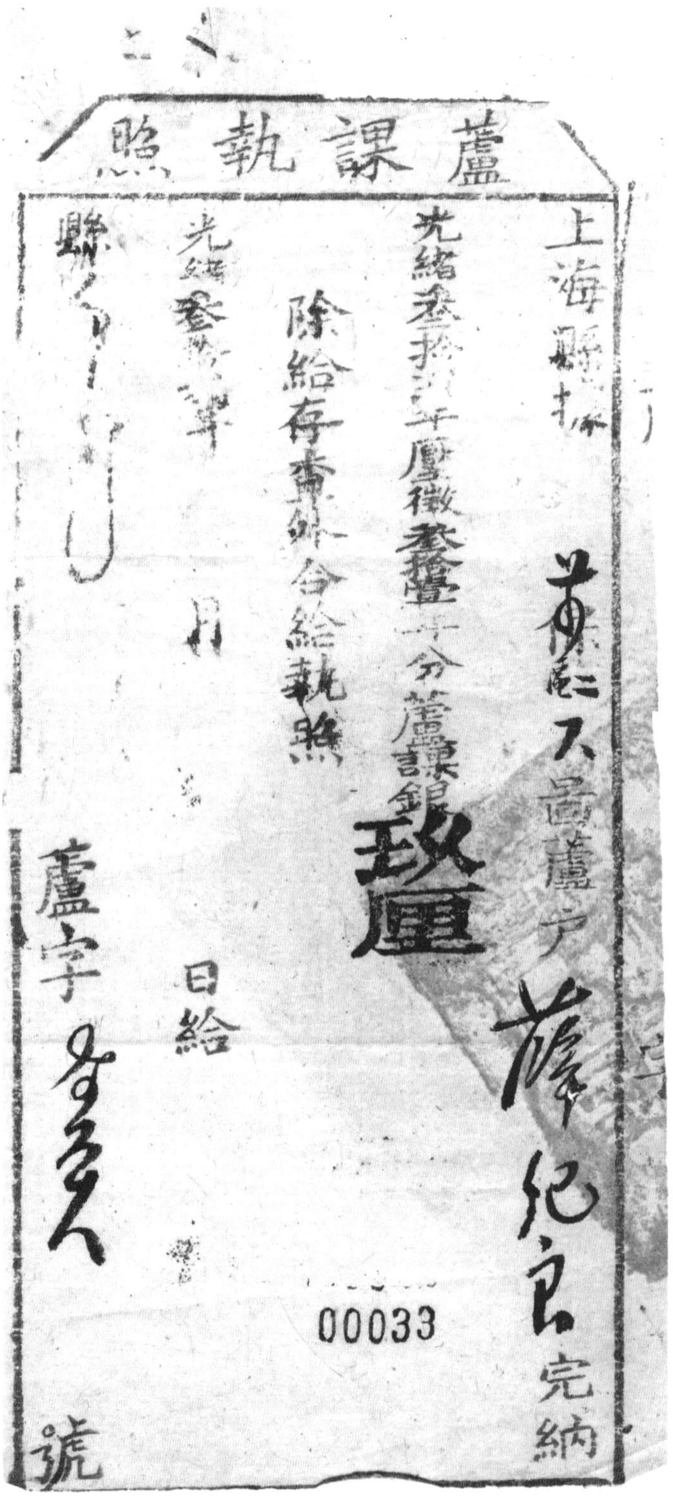
蘆課執照

上海縣

黃　六圖蘆户薛紀良完納

光緒叁拾叁年應徵叁錢壹分蘆課銀

除給存查外合給執照

光緒叁拾叁年　月　日給

縣

蘆字　號

00033

薛紀良蘆課執照（1907 年，光緒三十三年）

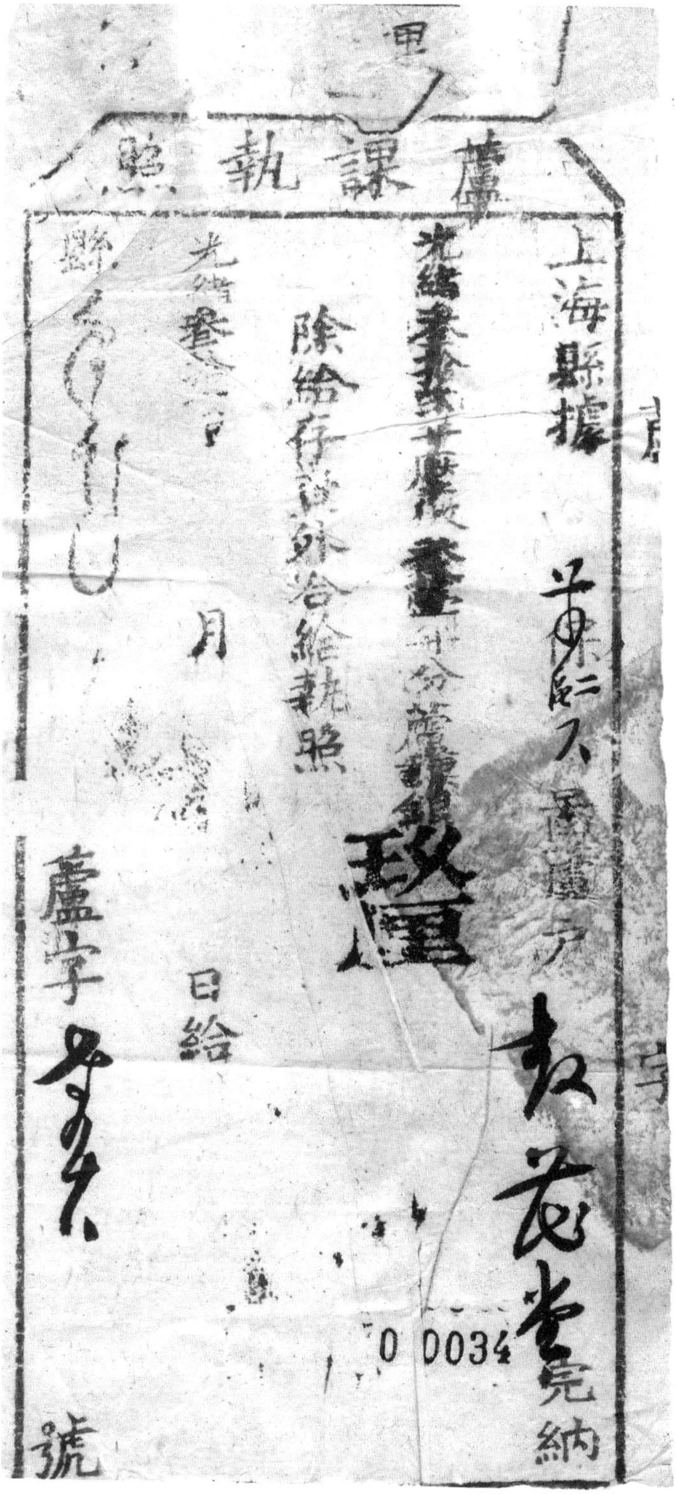

蘆課執照

上海縣據　　　　　完納

光緒

除給存根外合給執照

光緒　　月　　日給

蘆字　　號

0 0034

趙茂堂蘆課執照（1907 年，光緒三十三年）

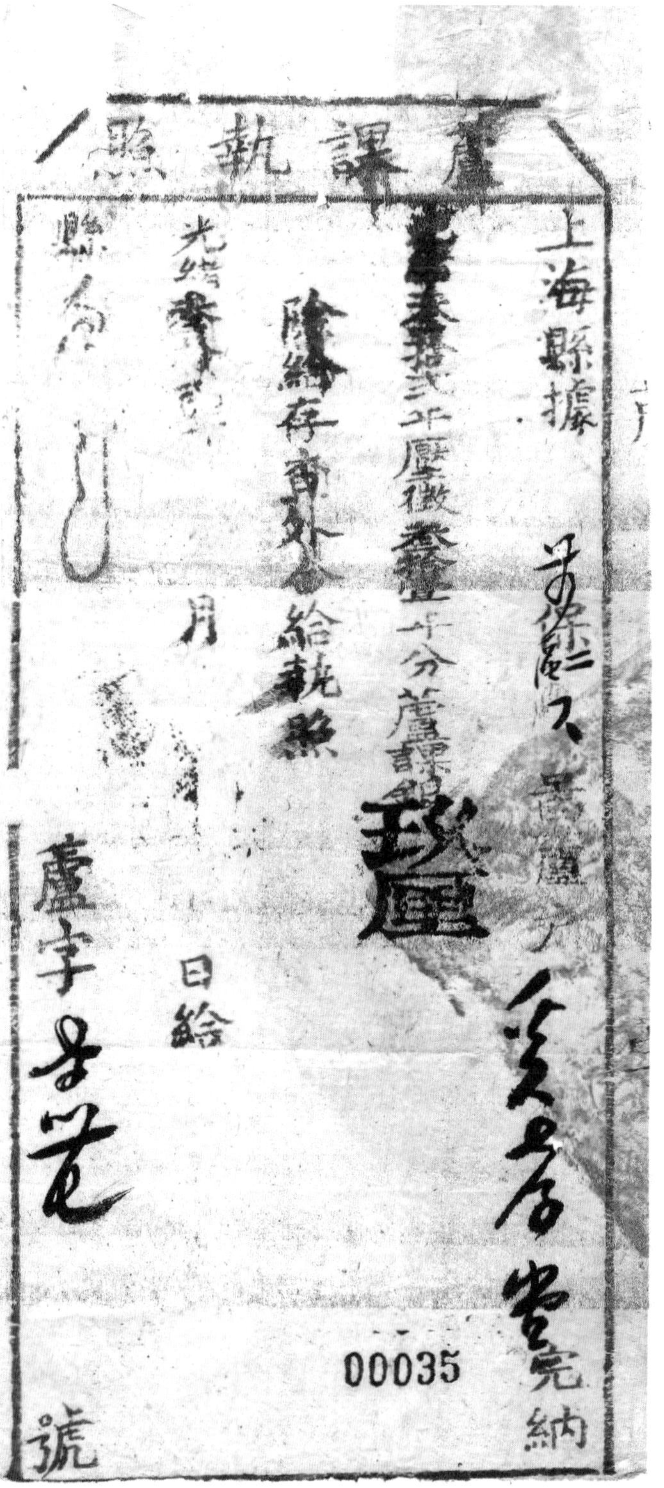
蘆課執照

上海縣據

奚孝堂完納

年分蘆課銀

除給存查外合給執照

光緒 年 月 日給

縣

蘆字 號

00035

奚孝堂蘆課執照（1907 年，光緒三十三年）

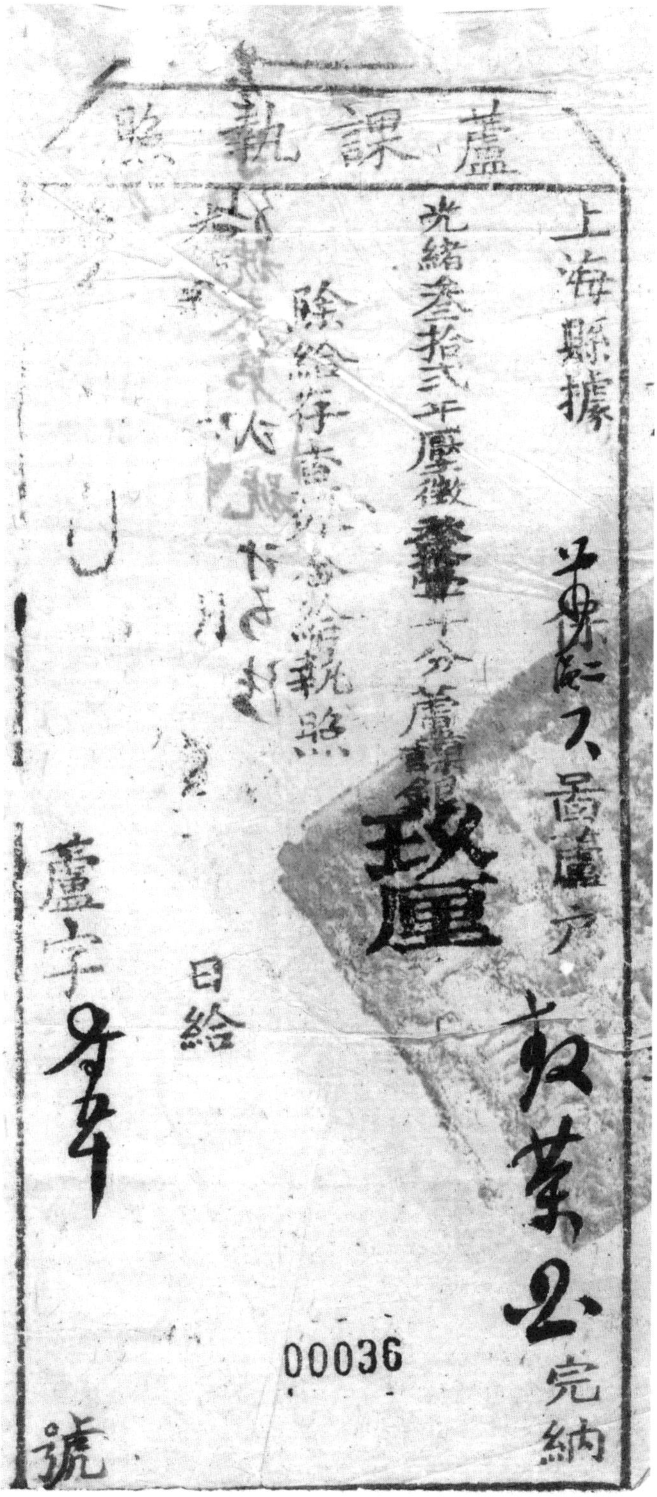

趙榮昌蘆課執照（1907 年，光緒三十三年）

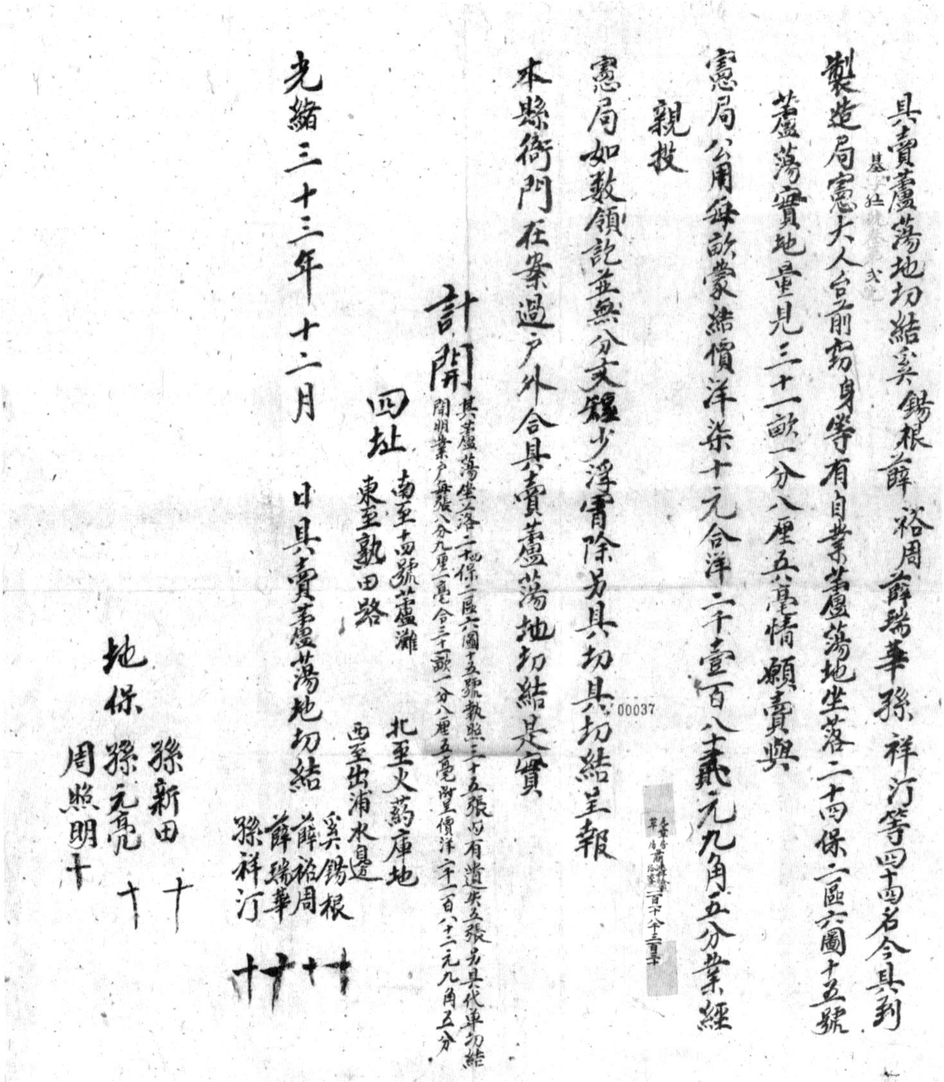

具賣蘆蕩地切結奚錫根、薛裕周、薛瑞華、孫祥汀等四十四名，今具到

製造局憲大人台前（基址 式）。窃身等有自業第蘆蕩地坐落二十四保二區六圖十五號

蘆蕩實地量見三十一畝一分八厘五毫，情願賣與

憲局公用，每畝蒙給價洋柒十元，合洋二千壹百八十二元九角五分，業經

親收。

憲局如數領訖，並無分文短少浮冒。除另具切具切結呈報

本縣衙門在案過戶外，合具賣蘆蕩地切結是實。

計開：具業蘆蕩坐落二十四保二區六圖十五號執照三十五張，內有遺失五張，另具代單切結。

閘明業戶每張八分九厘一毫，合三十一畝一分八厘五毫，對呈價洋二千一百八十二元九角五分。

四址：南至十四號蘆灘，北至火藥庫地，東至孰田路，西至出浦水邊。

奚錫根 十

薛裕周 十

薛瑞華 十

孫祥汀 十

光緒三十三年十二月　日具賣業蘆蕩地切結

地保　孫新田 十

孫元亮 十

周照明 十

00037

奚錫根、薛裕周等具賣蘆蕩地切結（1908 年 1 月或 2 月，光緒三十三年十二月）

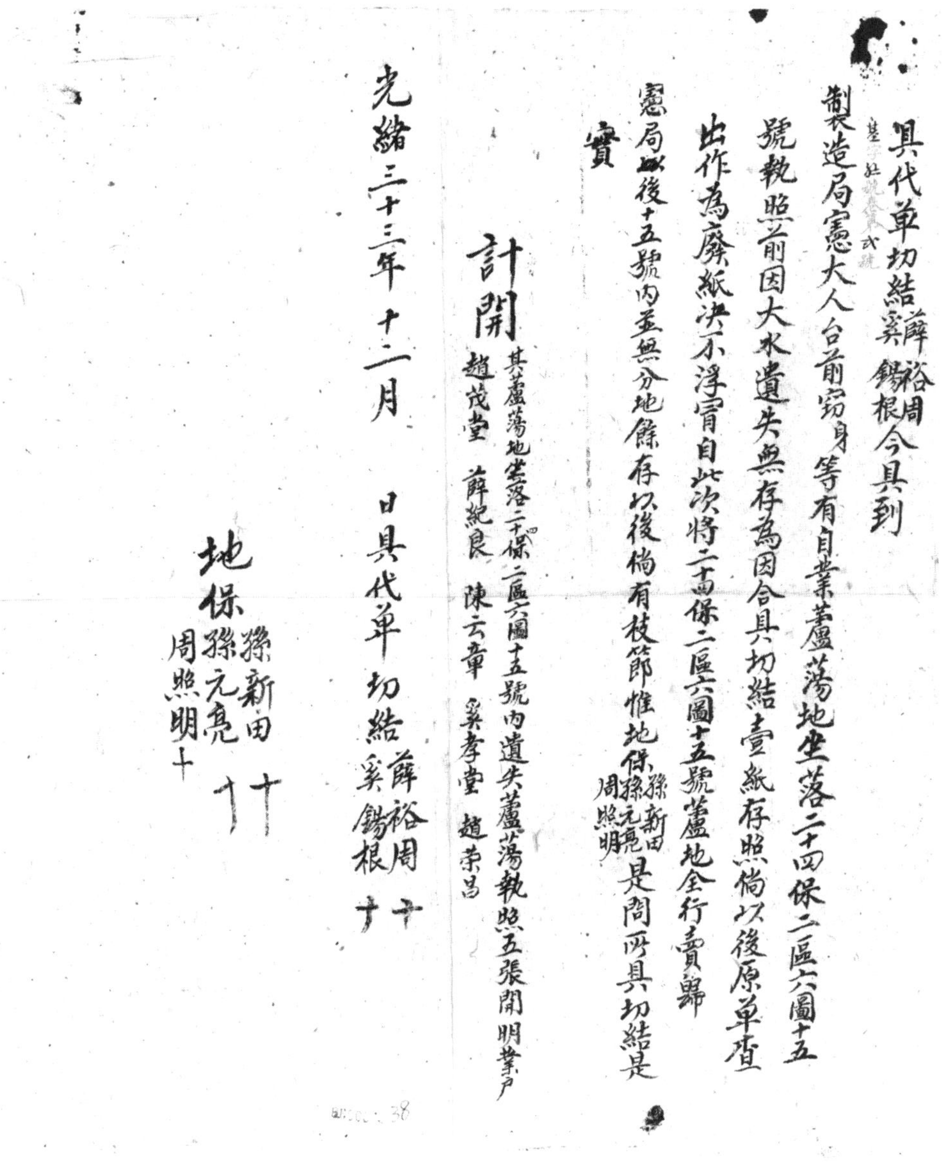
具代单切結薛裕周奚錫根今具到
製造局憲大人台前窃身等有自業蘆蕩地坐落二十四保二區六圖十五號執照前因大水遺失無存為因合具切結壹紙存照倘以後原单查出作為廢紙決不浮冒自此次將二十四保二區六圖十五號蘆地全行賣歸
憲局以後十五號內並無分地餘存以後倘有枝節惟地保孫新田 孫元亮 周照明是問所具切結是
實
計開 其蘆蕩地坐落二十四保二區六圖十五號內遺失蘆蕩執照五張開明業戶
趙茂堂 薛紀良 陳云章 奚孝堂 趙崇昌
光緒三十三年十二月 日具代单切結 薛裕周 十 奚錫根 十
地保 孫新田 十 孫元亮 十 周照明 十

奚錫根、薛裕周具代單切結（1908年1月或2月，光緒三十三年十二月）

内结三張（一張送核）田單三十張 印串五張

圖一張 工程股抄奉並批一張

上海縣申文一件

00039

奚錫根、薛裕周等户蘆蕩地由局購買卷内各件清單（1908年，光緒三十四年）

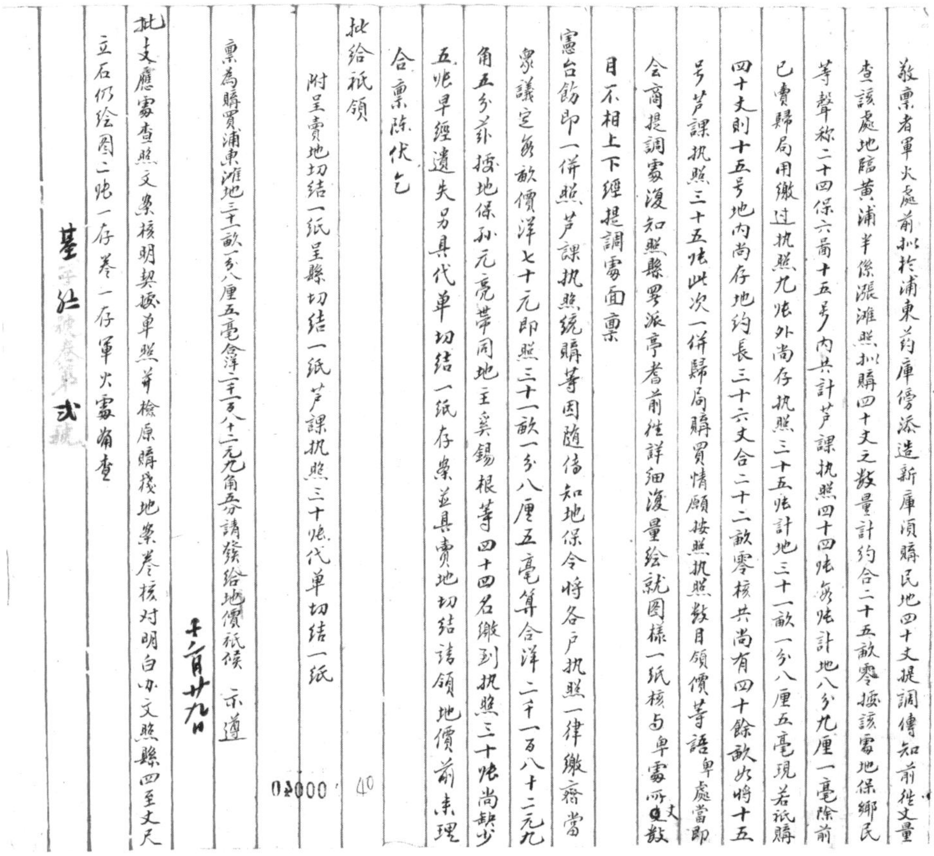
敬禀者軍火處前擬於浦東葯庫傍添造新庫須購民地四十丈提調傳知前往丈量
查該處地臨黄浦半係漲灘照擬購四十丈之數量計約合二十五畝零據該處地保鄉民
等聲称二十四保六啚十五号内共計芦課執照四十四張每張計地八分九厘一毫除前
已賣歸局用繳过執照九張外尚存執照三十五張計地三十一畝一分八厘五毫現若祇購
四十丈則十五号地内尚存地約長三十六丈合二十二畝零核共尚有四十餘畝必將十五
号芦課執照三十五張此次一併歸局購買情願按照執照數目領價等語卑處當即
会商提調處復知照縣署派亭耆前往詳細復量绘就圖樣一紙核与卑處所丈數
目不相上下經提調處面禀
憲台飭即一併照芦課執照統購等因隨傳知地保令將各戶執照一律繳齋當
衆議定每畝價洋七十元即照三十一畝一分八厘五毫算合洋二千一百八十二元九
角五分詳據地保孙元亮帯同地主奚錫根等四十四名繳到執照三十張尚缺少
五張早經遺失另具代單切结一紙存案並具賣地切结請領地價前来理
合禀陈伏乞
批給祇領
附呈賣地切结一紙呈縣切结一紙芦課執照三十張代單切结一紙
02000　40
禀爲購買浦東灘地三十一畝一分八厘五毫合洋二千一百八十二元九角五分請發給地價祇候　示遵
十二月廿九日
批　文應處查照文案核明契據单照并檢原購殘地案卷核对明白办文照縣四至丈尺
立石仍绘圖二紙一存卷一存軍火處備查
基　址　貳

江南機器製造局工程處爲購買浦東灘地三十一畝一分八厘五毫合洋二千一百八十二元九角五分請發給地價祇候示遵事禀文及批文（1908 年 2 月 1 日，光緒三十三年十二月二十九日）

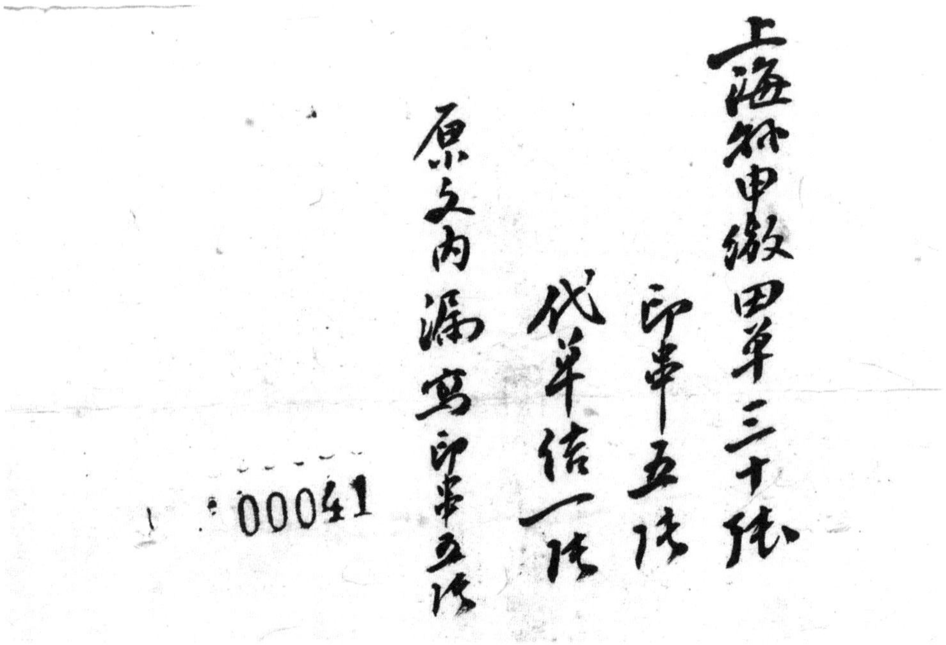

上海縣申繳田單三十張
印串五張
代单结一張
原文内漏寫印串五張
00041

上海縣申繳奉發新購田地單結清单（1908 年，光緒三十四年）

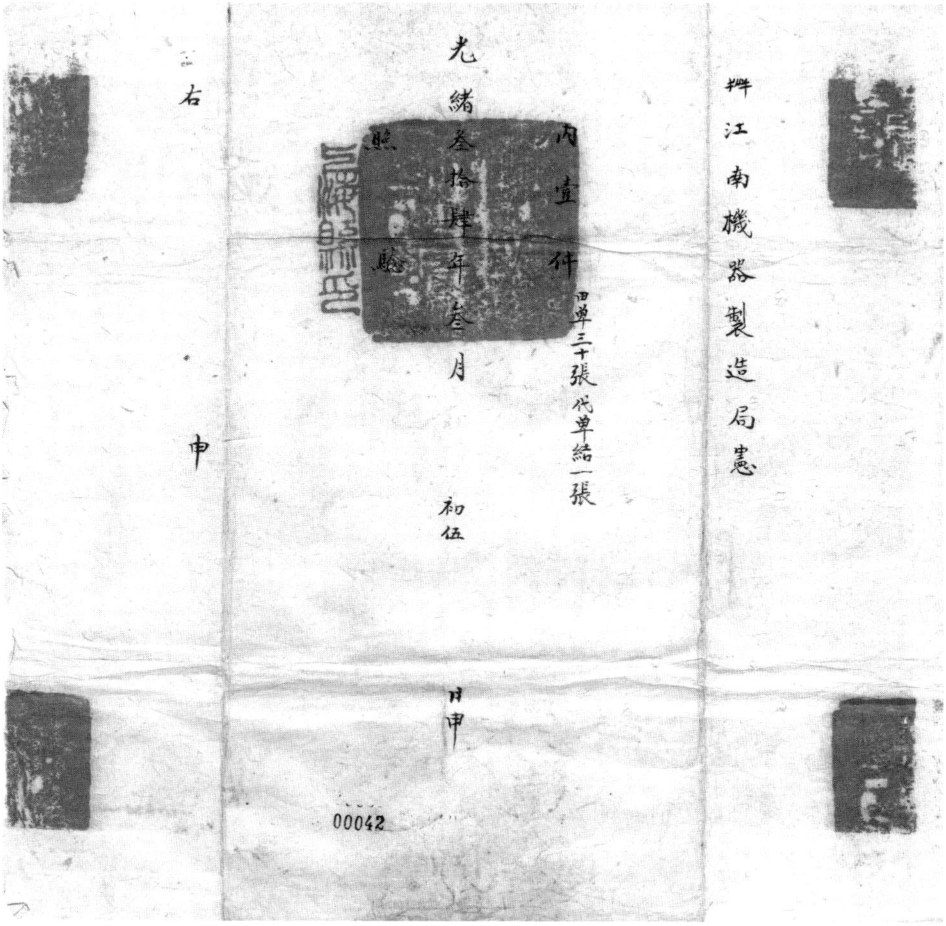
辦江南機器製造局憲
內壹件
田單三十張 代單結一張
光緒叁拾肆年叁月初伍日申
照驗
右
申
00042

上海縣知縣李超瓊爲申繳奉發新購田地單結遵即諭飭册書過户承糧事致江南機器製造局總辦申文（1908 年 4 月 5 日，光緒三十四年三月初五日）

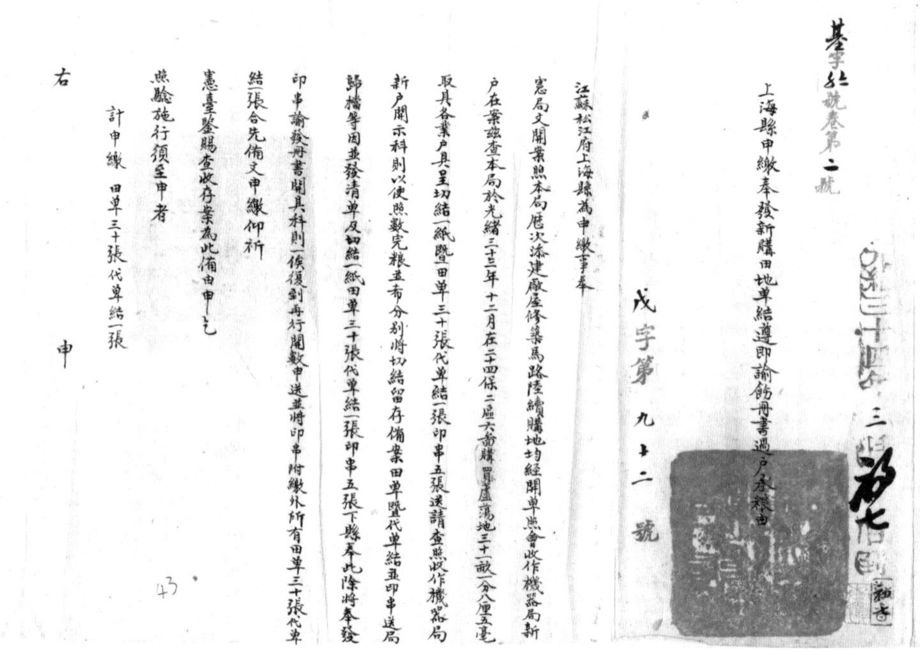
基字45號卷第二號
上海縣申繳奉發新購田地單結遵即諭飭冊書過户承粮由
戊字第九十二號
江蘇松江府上海縣爲申繳事奉
憲局文開案照本局歷次添建廠屋修築馬路陸續購地均經開單照會收作機器局新
户在案茲查本局於光緒三十三年十二月在二十四保二區六圖購買盧蕩地三十一畝一分八厘五毫
取具各業户具呈切結一紙暨田單三十張代單結一張印串五張送請查照收作機器局
新户開示科則以便照數完粮並希分别將切結留存備案田單暨代單結並印串送局
歸檔等因並發清單及切結一紙田單三十張代單結一張印串五張下縣奉此除將奉發
印串諭發冊書開具科則一俟覆到再行開數申送並將印串附繳外所有田單三十張代單
結一張合先備文申繳仰祈
憲臺鑒賜查收存案爲此備由申乞
照驗施行須至申者
計申繳 田單三十張代單結一張
右
申
43

上海縣知縣李超瓊爲申繳奉發新購田地單結遵即諭飭册書過户承糧事致江南機器製造局總辦申文（1908年4月5日，光緒三十四年三月初五日）

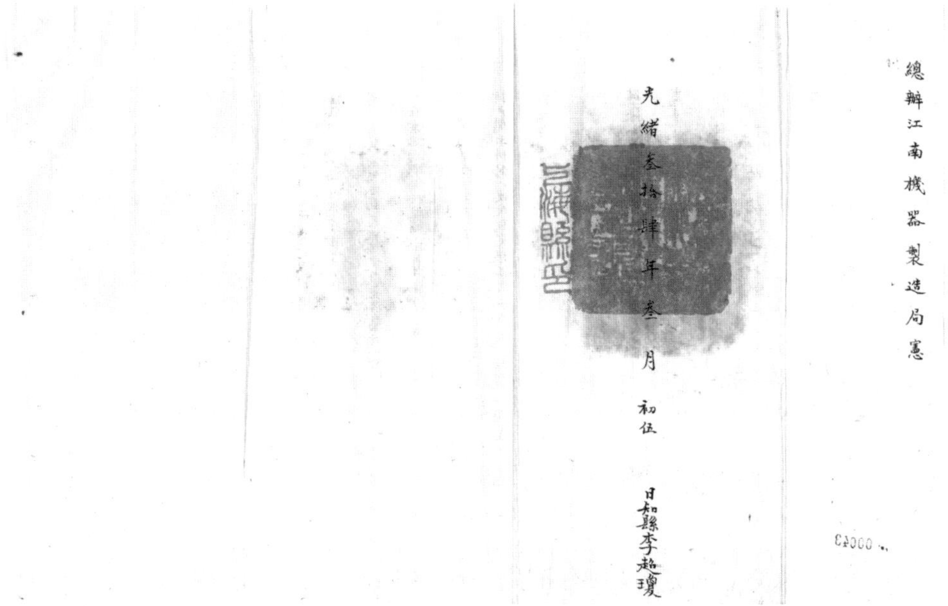

總辦江南機器製造局憲

光緒叁拾肆年叁月初伍日知縣李超瓊

上海縣知縣李超瓊爲申繳奉發新購田地單結遵即諭飭册書過户承糧事致江南機器製造局總辦申文（1908 年 4 月 5 日，光緒三十四年三月初五日）

新購浦東地二十四保二區六圖内業户蘆課灘地圖（1907年或1908年，光緒三十三年）

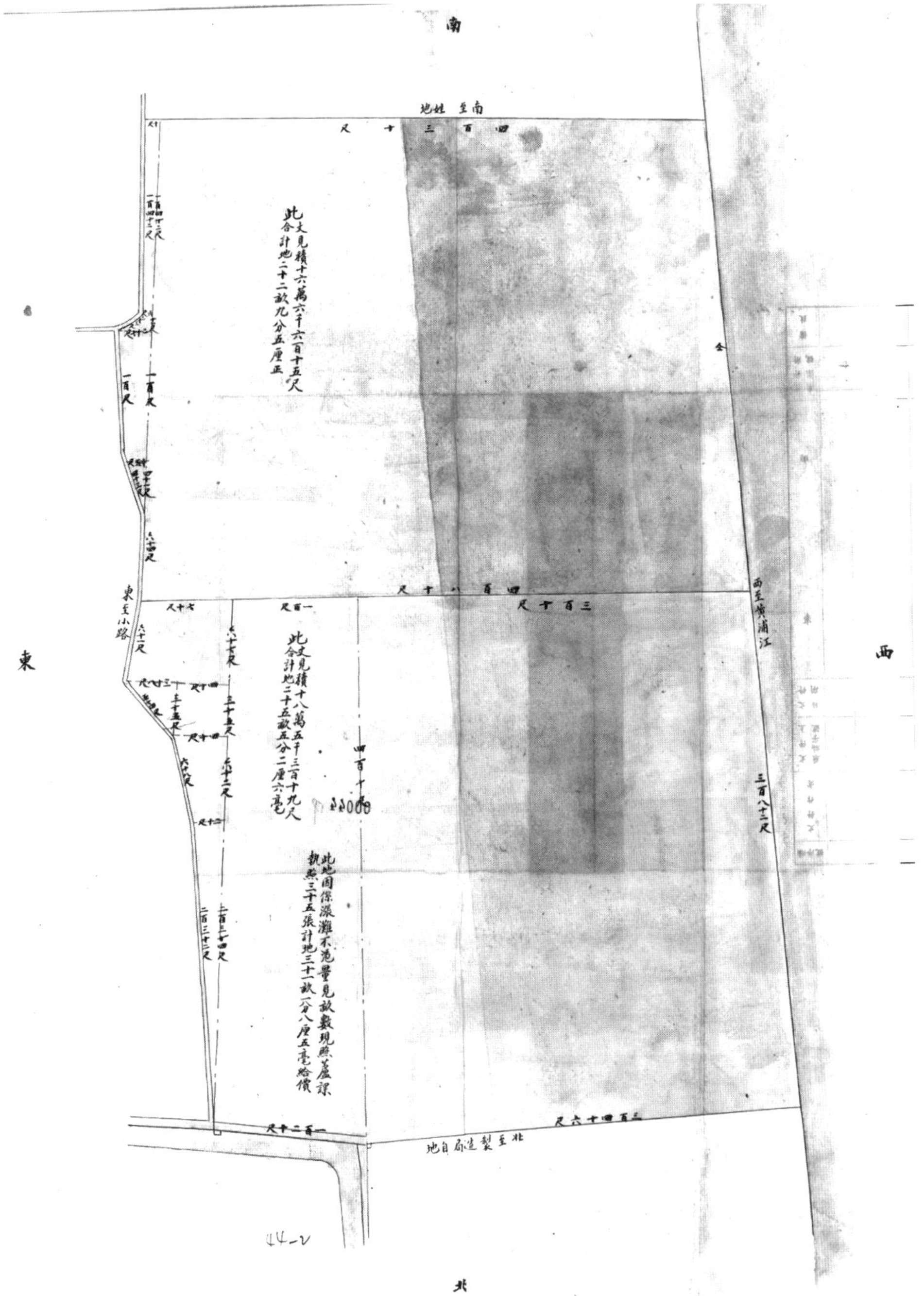

新購浦東地二十四保二區六圖内業户蘆課灘地圖（1907 年或 1908 年，光緒三十三年）

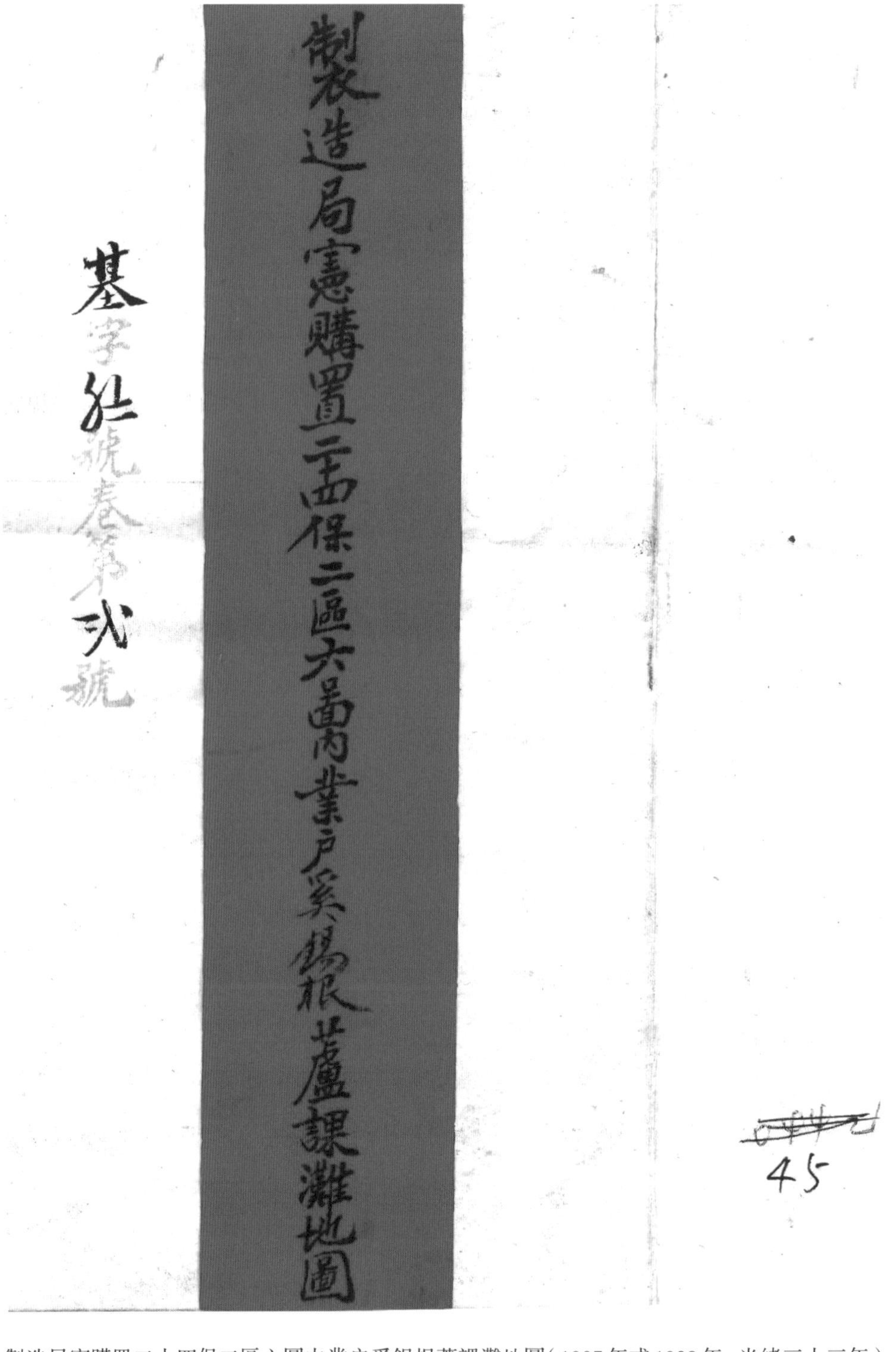

製造局憲購置二十四保二區六圖内業户奚錫根蘆課灘地圖

基字弘號卷第弍號

45

製造局憲購置二十四保二區六圖内業户奚錫根蘆課灘地圖（1907年或1908年，光緒三十三年）

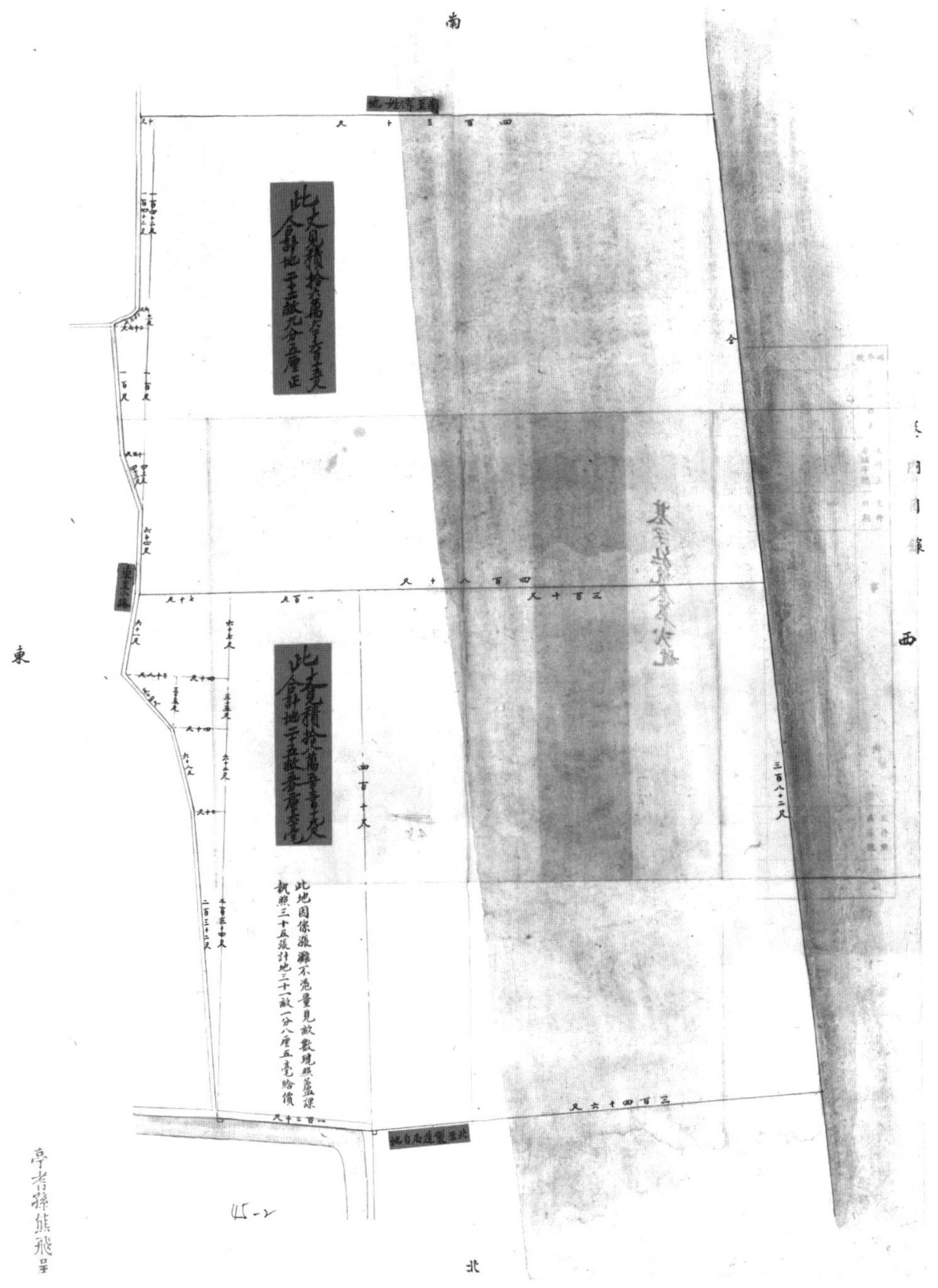

製造局憲購置二十四保二區六圖内業户奚錫根蘆課灘地圖（1907年或1908年，光緒三十三年）

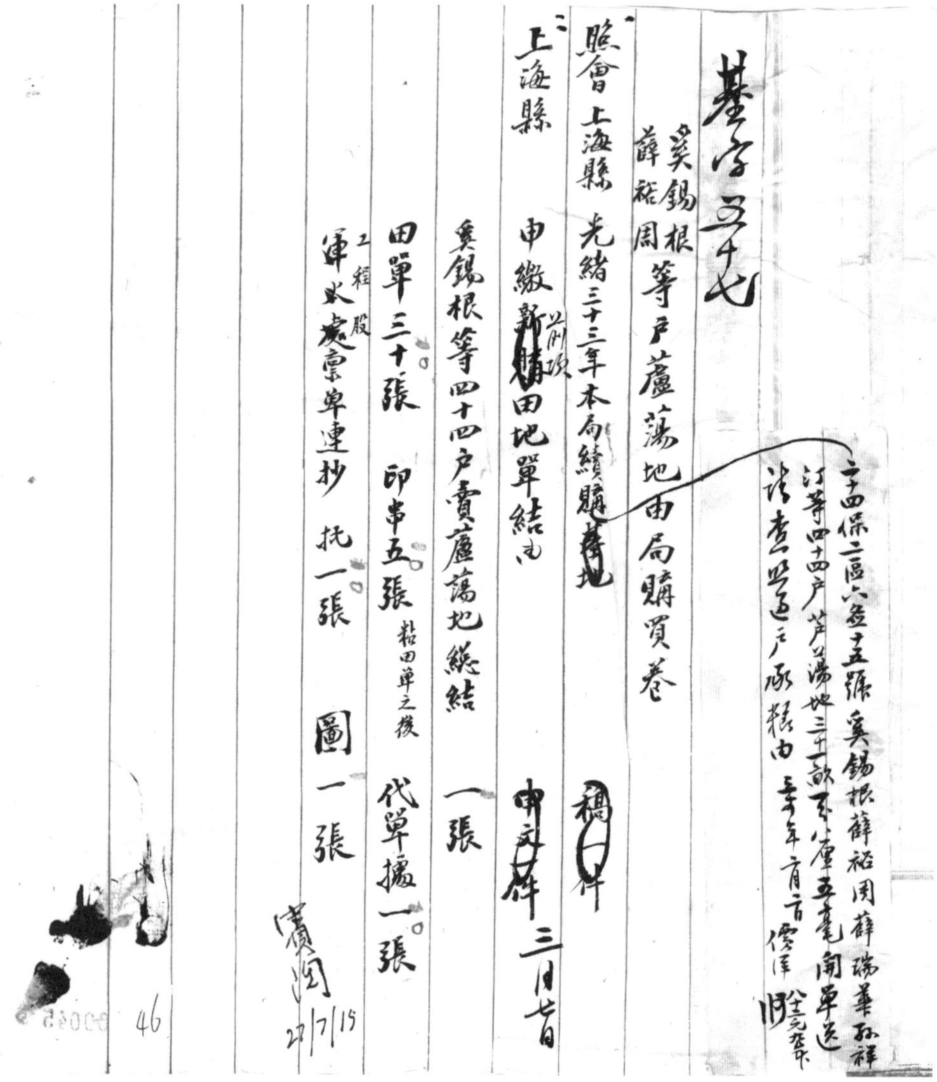
基字五十七
奚錫根
薛裕周等户蘆蕩地由局購買卷
照會上海縣 光緒三十三年本局續購基地
稿一件
上海縣 申繳前頒續購田地單結由
申文一件 三月廿日
奚錫根等四十四户賣蘆蕩地總結 一張
田單三十張 印串五張 粘田單之後 代單據一張
工程股
渾水處稟單連抄 托一張 圖一張
二十四保二區六圖十五張奚錫根薛裕周薛瑞華孫祥
等四十四户蘆蕩地三十一畝一分八厘五毫開單送
請查照過户承糧由

江南製造總局基字第五十七號奚錫根、薛裕周等户蘆蕩地由局購買卷目録（1908年，光緒三十四年）

基字紅號卷第一號

戊字第四十一號

附全案一束 另有子目

一件照會光緒三十三年本局續購基地開送清單切結並將代單結一張送請立案移送由

稟

申

詳

江南機器製造總局稿

咨

移

照會上海縣

月 日文到

正月廿八日送稿

月 日判發

月三十日送僉

二月初二填 月三十日發行

00048

江南機器製造總局爲照會光緒三十三年該局續購基地開送清單切結并將代單結一張送請立案移還事致上海縣知縣李超瓊照會稿（1908 年 2 月 29 日，光緒三十四年正月二十八日）

三品銜監督江南海關兼蘇松太兵備道梁 行

頭品頂戴軍機處存記各省補用道張 行

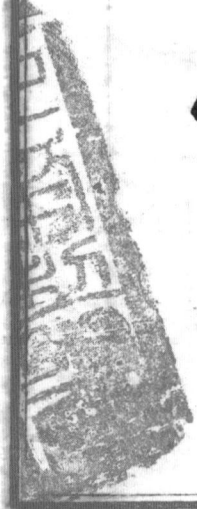

江南機器製造總局爲照會光緒三十三年該局續購基地開送清單切結并將代單結一張送請立案移還事致上海縣知縣李超瓊照會稿（1908年2月29日，光緒三十四年正月二十八日）

為照會事。案照本局歷次添建廠屋、修築馬路，陸續購買基地，均經開单照會
貴縣查核收作機器局新户在案。茲查本局於光緒三十三年十二月在
貴治二十四保二區六圖十五號價買奚錫根、薛裕周、薛瑞華、孫祥汀等四十
四名自業蘆蕩地三十一畝一分八厘五毫，每畝價洋七十元，共發地價洋二千一
百八十二元九角五分。業經派員督同該處地保，會同各業户丈量明白，繪具
圖説，設立界石，當將所購蘆地交割局應用，應發正價分給祗領，取具公共切
結壹張存案外，相應開单照會，並將各該業户等具呈
貴衙門切結一張，轉送察核。查前項蘆田，據各該業户等禀稱，原領田单計三
十五張，現經遺失五張，當即繳呈田单三十張，並憑地保聯名公具失单五張

00049

江南機器製造總局爲照會光緒三十三年該局續購基地開送清單切結并將代單結一張送請立案移還事致上海縣知縣李超瓊照會稿（1908 年 2 月 29 日，光緒三十四年正月二十八日）

切結一紙、坿驗失单印串五張、存局備查、茲將該田单三十張、代单切結一張、
印串五張、一併送請查驗、並請將遺失田单緣由存案、為此照會
貴縣請煩查照、將該田地收作機器局新户、開示科則數目移局、以憑完粮、並
希將具呈
貴衙門切結一張、留存備案、田单三十張、代单切結一張、印串五張、於立案後、
移送過局、俾便歸檔、具級
公誼須至照會者、
計粘单並各業户具呈　貴衙門切結一張、田单三十張、代单切結一張、
印串五張、

江南機器製造總局爲照會光緒三十三年該局續購基地開送清單切結并將代單結一張送請立案移還事致上海縣知縣李超瓊照會稿（1908年2月29日，光緒三十四年正月二十八日）

孙耕田
林元亮
周兆同

計開、

二十四保二區六圖十五號、奚錫根等四十四戶蘆蕩地三十一畝一分八厘五毫、每畝價洋七十元共發價洋二千一百八十二元九角五分、

光緒三十四年正月廿八日

00050

江南機器製造總局爲照會光緒三十三年該局續購基地開送清單切結并將代單結一張送請立案移還事致上海縣知縣李超瓊照會稿（1908年2月29日，光緒三十四年正月二十八日）

江南製造總局

十、江南製造局添建廠房購買地基及田單等有關文書

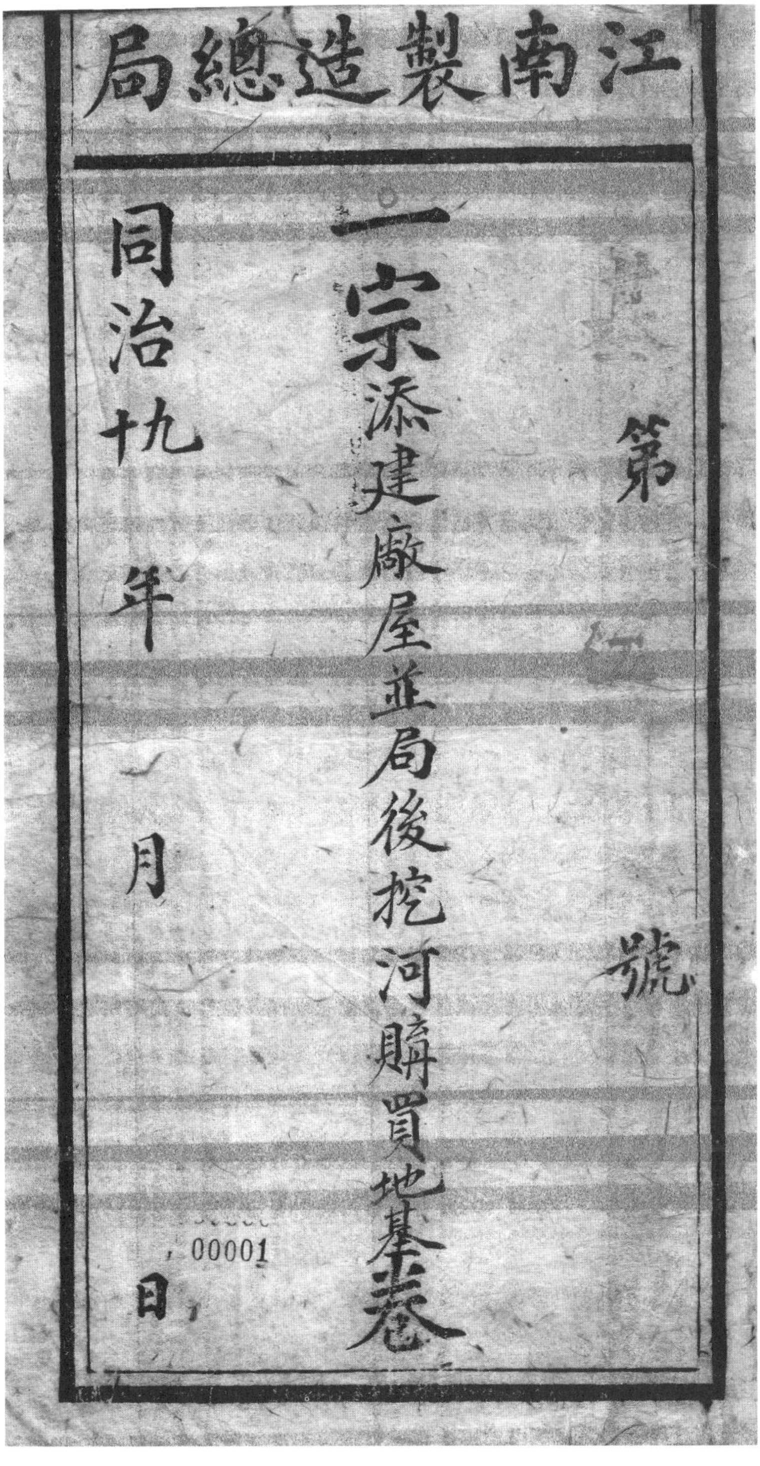

江南製造總局基字第五號添建廠屋并局後挖河購買地基卷封面（1870—1871 年，同治九年—同治十年）

楊畹九　捌分六厘七毫

楊步雲　併　貳分七厘

楊和華　壹分八厘

楊桂春　壹分五厘二毫

青菜工本每畝三千文　合貳千六百〇一

麥苗工本每畝四千文　合錢一千〇八十

合錢七百廿

合錢六百〇八文

九繳

002
003

江南機器製造局購地給價清單（時間不詳）

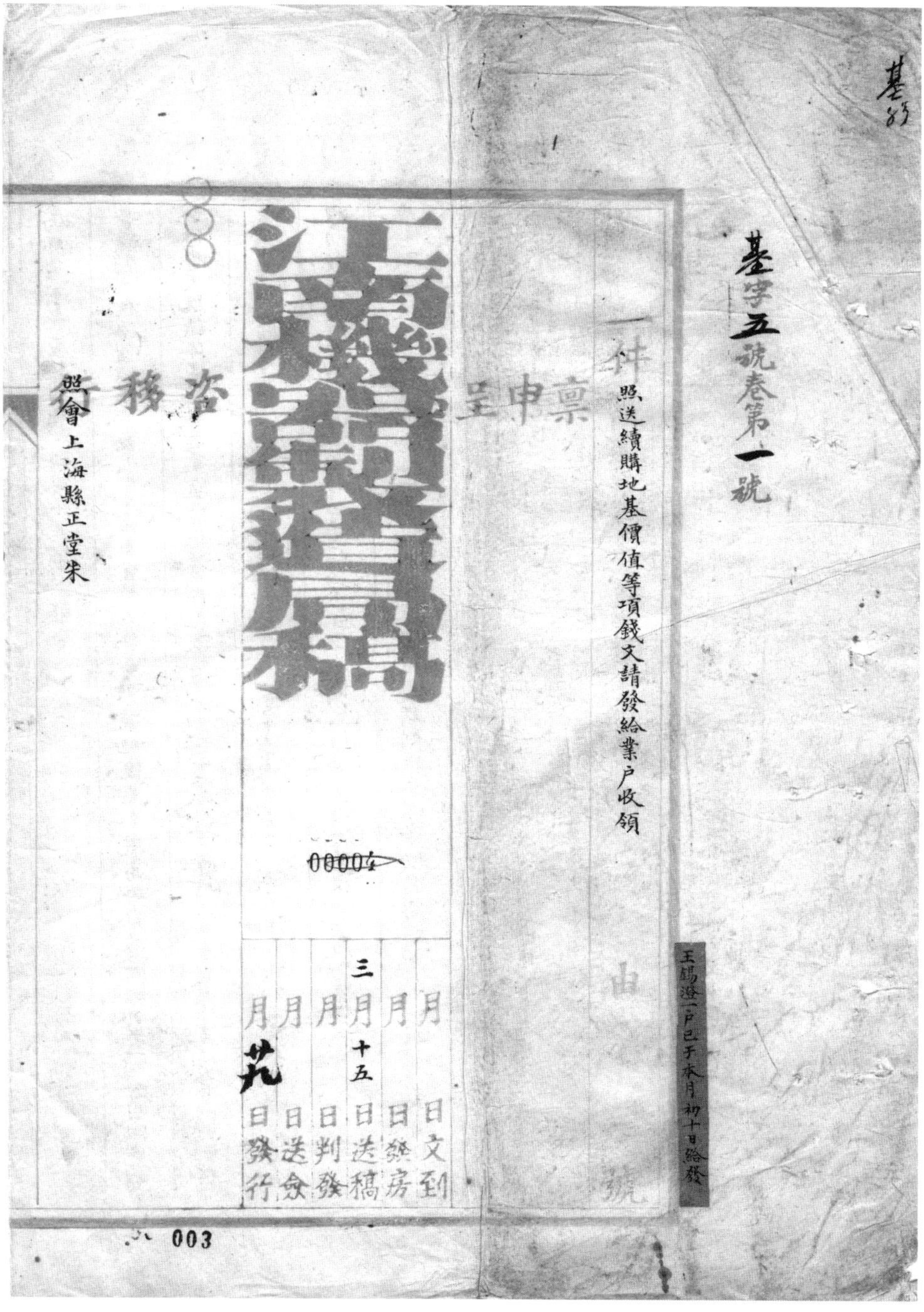

江南機器製造局爲照送續購地基價值等項錢文請發給業户收領事致上海縣知縣朱鳳梯照會稿
（1870 年 4 月 15 日，同治九年三月十五日）

為照會事、案查本局上年購買地基、歷經移會
貴縣勘明核給價值在案、茲因廠地四面有新蓋草房、與廠毗連、冬令風高、恐難防範、經於去臘訂明搬費、勸
令拆遷、又現議添建廠屋、安置汽錘機器、共計先後購成地基二十二畝八分二厘、均經亭耆會同業户丈量明白、計地價
遷費等項、共錢二千四十二千九百七十三文、內除遷費錢九百三十三千八百八十五文、已於上年十一月初九及本年三月初十日、
由局發給外、現有地價並遷移等費錢一千一百九千八十八文、相應分別開單移送、為此照會
貴縣煩為查照、希即傳飭各業户分別給領、仍希將購到地基、收作機器局新户、開示科則數目、以便完
納、須至照會者、

計送 地價制錢一千一百九千八十八文 清单一紙

計開購買地基畝數價值並移植工本及遷費錢文數目

江南機器製造局爲照送續購地基價值等項錢文請發給業户收領事致上海縣知縣朱鳳梯照會稿

（1870年4月15日，同治九年三月十五日）

一宅基墳地

陳紹先　計宅基地二畝六分八厘四毫　錢一百一十二千七百二十八文

張堅明　計宅基地四分七厘九毫　錢二十千一百一十八文

王錫瀅　計墳地一畝一分三厘七毫　錢四十七千七百五十四文

以上共宅基墳地四畝三分　每畝錢四十二千文　共計錢一百八十千六百文

一花稻田

楊敬山　計地二畝二分　錢八十三千六百文

楊步雲　計地二畝九分四厘九毫　錢一百一十二千六十二文

楊桂春　計地三畝六分二厘六毫　錢一百三十七千七百八十八文

00005

004

江南機器製造局爲照送續購地基價值等項錢文請發給業户收領事致上海縣知縣朱鳳梯照會稿
（1870年4月15日，同治九年三月十五日）

林鳳鳴　計地二畝　錢七十六千文

楊聖銓　計地二畝三分一厘七毫　錢八十八千四十六文

楊殿仁　計地三分三毫　錢一十一千五百一十四文

楊萬年　計地一分六厘六毫　錢六千三百八文

楊錫春　計地八厘三毫　錢三千一百五十四文

陳紹先　計地一分四厘二毫　錢五千三百九十六文

陳金南　計地三分　錢一十一千四百文

姚克昌　計地三分五厘四毫　錢一十三千四百五十二文

范秀山　計地四分三厘三毫　錢一十六千四百五十四文

江南機器製造局爲照送續購地基價值等項錢文請發給業户收領事致上海縣知縣朱鳳梯照會稿

（1870年4月15日，同治九年三月十五日）

一張文保　計地四分六厘二毫　錢一十七千五百五十六文

一陳裕勲　計地三分　錢一十一千四百文

一林上聲　計地二分五厘　錢九千五百文

一錢文達　計地三分　錢一十一千四百文

以上共花稻田一十六畝一分八厘五毫　每畝錢三十八千文　共計錢六百一十五千三十文

一桃園地基

一張堅明　計地九分四厘七毫　錢二十八千四百一十文

一張潤書　計地二分六厘七毫　錢八千一十文

一張士英　計地二分六厘七毫　錢八千一十文

00006

005

江南機器製造局爲照送續購地基價值等項錢文請發給業户收領事致上海縣知縣朱鳳梯照會稿
（1870年4月15日，同治九年三月十五日）

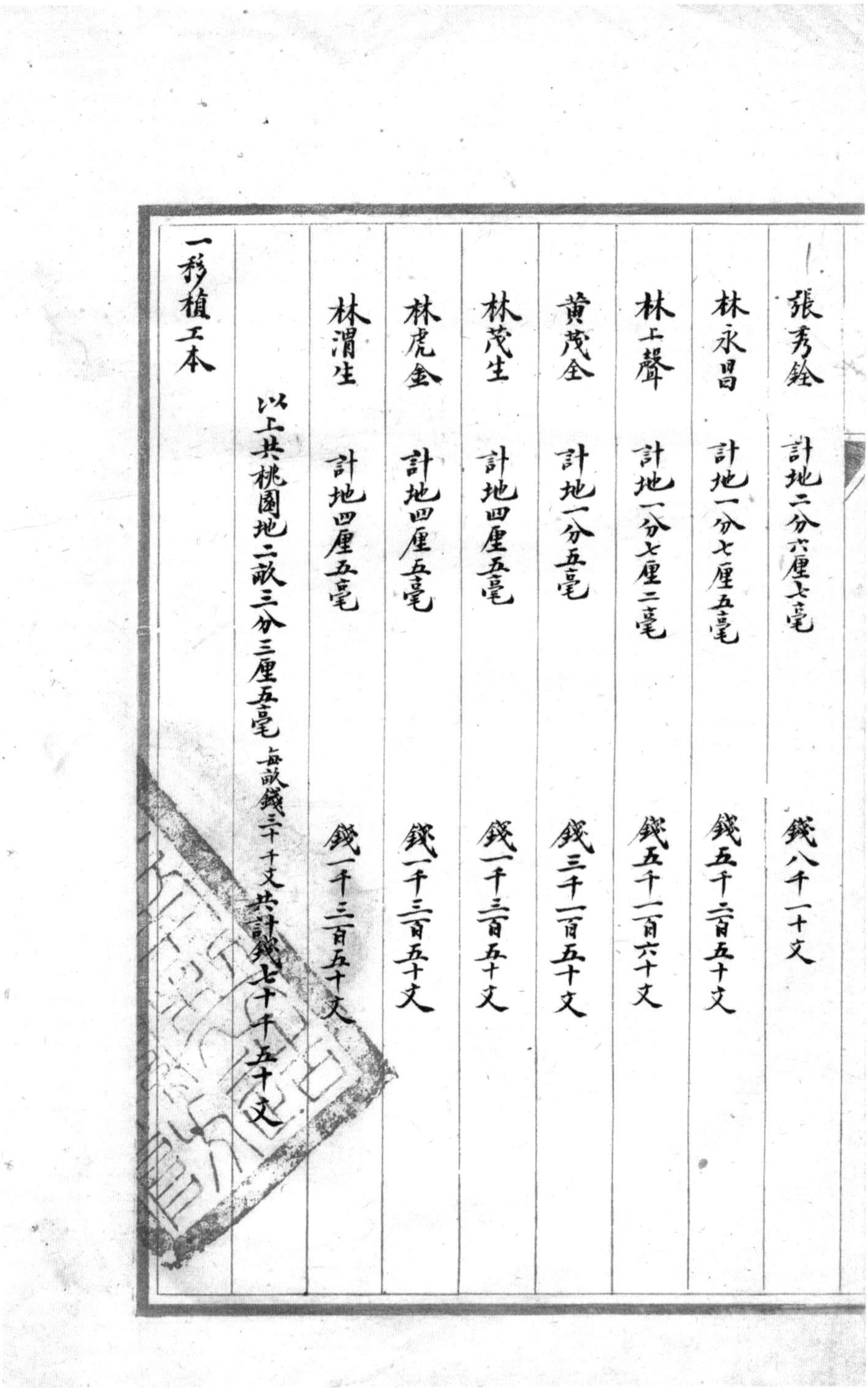

張秀銓 計地二分六厘七毫 錢八千一十文

林永昌 計地一分七厘五毫 錢五千二百五十文

林上聲 計地一分七厘二毫 錢五千一百六十文

黃茂全 計地一分五毫 錢三千一百五十文

林茂生 計地四厘五毫 錢一千三百五十文

林虎金 計地四厘五毫 錢一千三百五十文

林渭生 計地四厘五毫 錢一千三百五十文

以上共桃園地二畝三分三厘五毫 每畝錢三十千文 共計錢七十千五十文

一移植工本

江南機器製造局爲照送續購地基價值等項錢文請發給業户收領事致上海縣知縣朱鳳梯照會稿

（1870年4月15日，同治九年三月十五日）

楊敬山　計麥苗一畝八分四厘五毫　每畝給工本錢四千文　錢七千三百八十文

楊步雲　計麥苗一畝八分四厘六毫　每畝給工本錢四千文　錢七千三百八十四文

楊桂春　計麥苗三畝六分二厘六毫　每畝給工本錢四千文　錢十四千五百四文

林鳳鳴　計麥苗二畝　每畝給工本錢四千文　錢八千文

楊聖銓　計麥苗六畝一分七厘一毫　每畝給工本錢四千文　錢八千六百八十四文

張堅明　計桃樹十三株　每株給工本錢五百文　錢六千五百文

張潤書　計桃樹七株　每株給工本錢五百文　錢三千五百文

張士英　計桃樹五株　每株給工本錢五百文　錢二千五百文

林永昌　計桃樹三株　每株給工本錢五百文　錢一千五百文

00007

006

江南機器製造局爲照送續購地基價值等項錢文請發給業户收領事致上海縣知縣朱鳳梯照會稿

（1870年4月15日，同治九年三月十五日）

林工聲　計桃樹二株　每株給工本錢五百文　錢一千文

黄茂全　計桃樹五株　每株給工本錢五百文　錢二千五百文

林茂生　計桃樹六株　每株給工本錢五百文　錢三千文

林虎全　計桃樹五株　每株給工本錢五百文　錢二千五百文

林渭生　計桃樹二株　每株給工本錢五百文　錢一千文

林工聲　計花果樹五十株　蔬菜一園　共錢五千文

楊步雲　計新培地九分七厘八毫　每畝給工錢二千文　錢一千九百五十六文

以上共計移植工本錢七十八千四百八文

一房屋墳墓遷費

江南機器製造局爲照送續購地基價值等項錢文請發給業户收領事致上海縣知縣朱鳳梯照會稿

（1870年4月15日，同治九年三月十五日）

陳紹先　計大小瓦房三二間　每大小房一間遷費錢三十五千二十八千文　錢一百六十一千文

林永昌　計浮葬小墳一座　内土榔一具　計遷費錢一千文

林茂生　計浮葬小墳一座　内土榔三具　計遷費錢三千文

以上共計遷費錢一百六十五千文

以上統共計錢一千一百九十八千文

另有

陳紹先　計大墳一座

陳裕勲　計小墳一座　内土榔一具

以上二户遷費尚未議定俟議定後再行開單補送

江南機器製造局爲照送續購地基價值等項錢文請發給業户收領事致上海縣知縣朱鳳梯照會稿
（1870 年 4 月 15 日，同治九年三月十五日）

附列發過房屋墳墓遷費

陳紹先　計草房十間　每間給遷費錢七千文　計錢七十千文

張得明　計瓦蓋草房三間　每間連草瓦料給錢[illegible]文　草房五間　每間遷費錢七千文　共計錢九十千三百三十一文

沈喬江　計草房二間　每間給遷費錢七千文　計錢一十四千文

楊桂三　計草房五間　每間給遷費錢七千文　計錢三十五千文

楊才金　計草房四間　每間給遷費錢七千文　計錢二十八千文

錢文達　計草房二間　每間給遷費錢七千文　計錢一十四千文

陸鴻源　計瓦蓋草房六間　每間給遷費錢八千文　計錢四十八千文

楊了頭　計瓦蓋草房五間　每間給遷費錢八千文　計錢四十千文

江南機器製造局爲照送續購地基價值等項錢文請發給業户收領事致上海縣知縣朱鳳梯照會稿
（1870年4月15日，同治九年三月十五日）

楊瑞春　計瓦蓋草房四間　每間給還貲錢八千文　計錢三十二千文

楊才觀　計瓦蓋草房四間　每間給還貲錢八千文　計錢三十二千文

林寶全　計瓦蓋草房四間　每間給還貲錢八千文　計錢三十二千文

楊慶祥　計瓦蓋草房四間　每間給還貲錢八千文　計錢三十二千文

林虎全　計瓦蓋草房二間　每間給還貲錢八千文　計錢一十六千文

夏瑞和　計瓦蓋草房二間　每間給還貲錢八千文　計錢一十六千文

夏三山　計瓦蓋草房二間　每間給還貲錢八千文　計錢一十六千文

高昌廟住持行山　計小屋五間　每間給還貲錢九千文　計錢四十五千文

張勝明　計瓦蓋草房九間　每間還草瓦料給錢二十七千七百七十七文　計錢二百五十千文

00008

江南機器製造局爲照送續購地基價值等項錢文請發給業户收領事致上海縣知縣朱鳳梯照會稿

（1870 年 4 月 15 日，同治九年三月十五日）

張潤　計瓦蓋草房二間　每間連草瓦料給錢二十七千七百七十七文　計錢五十五千五百五十四文　以上十八户房屋遷費係今年二月初九日發過

王錫澄　計大墳一座　内磚槨二具　計遷費錢四十千文　該户墳墓遷費係本年二月初十日發過

以上房屋墳墓遷費共計錢九百三十三千八百八十五文均已由局發過合並登明

江南機器製造局爲照送續購地基價值等項錢文請發給業户收領事致上海縣知縣朱鳳梯照會稿

（1870年4月15日，同治九年三月十五日）

同治九年三月十五日

江南機器製造局爲照送續購地基價值等項錢文請發給業户收領事致上海縣知縣朱鳳梯照會稿

（1870年4月15日，同治九年三月十五日）

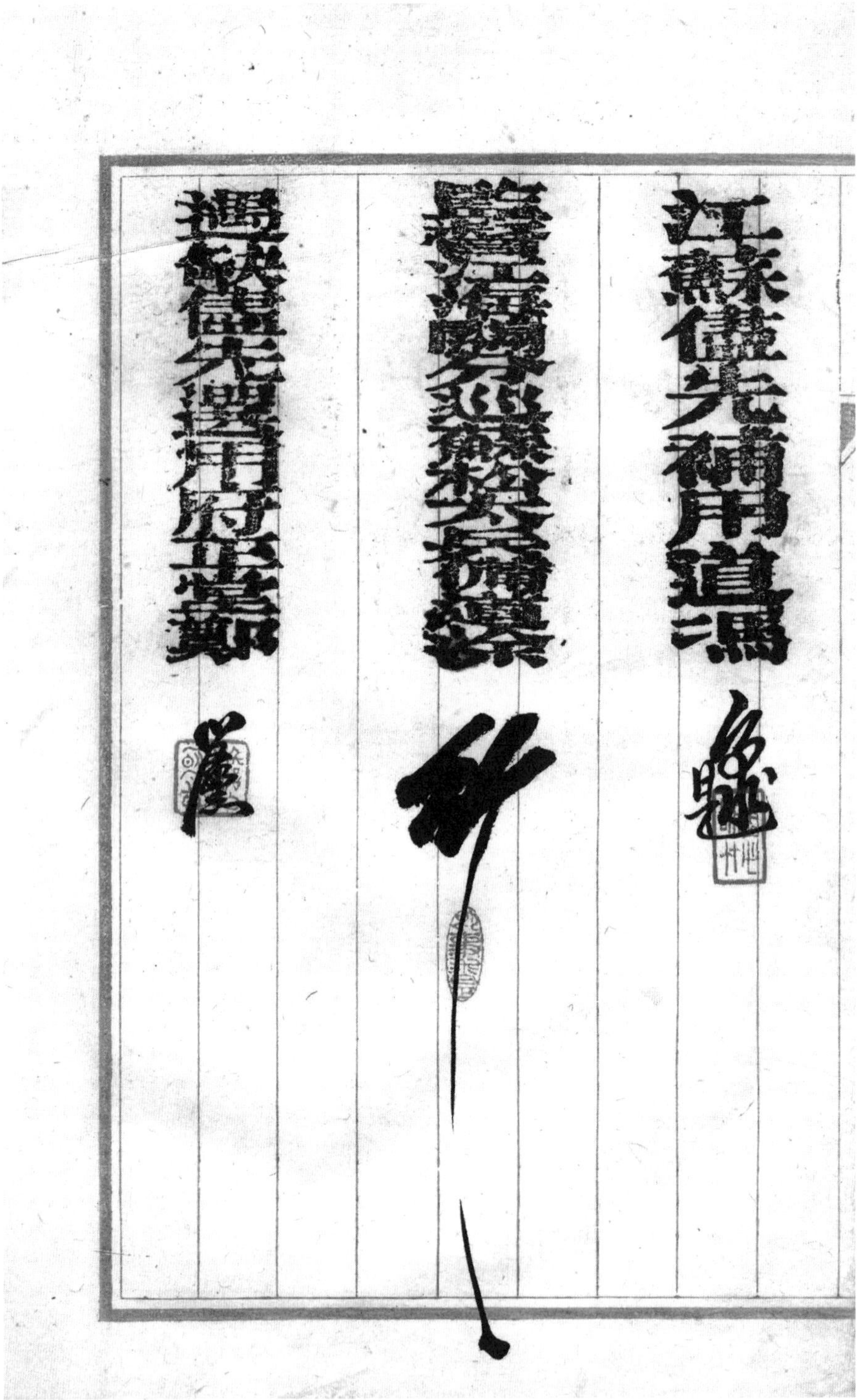
江蘇儘先補用道馮
鹽運使銜江蘇分巡蘇松太兵備道涂
遇缺儘先選用知府鄭

江南機器製造局爲照送續購地基價值等項錢文請發給業户收領事致上海縣知縣朱鳳梯照會稿

（1870 年 4 月 15 日，同治九年三月十五日）

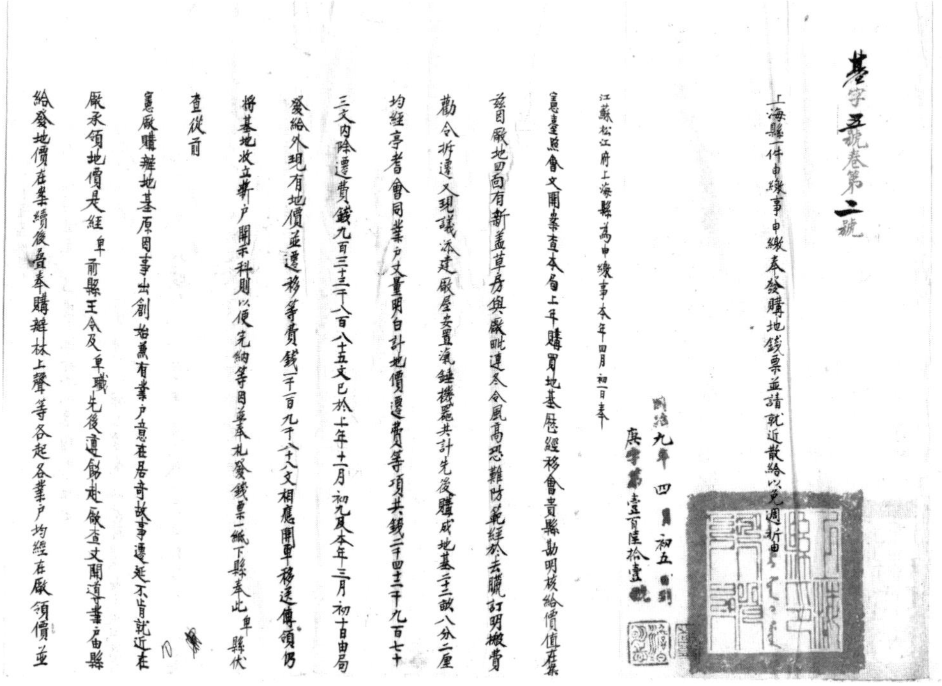
基字五號卷第二號
上海縣一件申繳事申繳奉發購地錢票並請就近散給以免週折由
同治九年四月初五日到
庚字第壹百陸拾壹號
江蘇松江府上海縣爲申繳事本年四月初一日奉
憲臺照會文開案查本局上年購買地基歷經移會貴縣勘明核給價值在案
茲因廠地四面有新蓋草房與廠毗連冬令風高恐難防範經於去臘訂明搬費
勸令拆遷又現議添建廠屋安置汽錘機器共計先後購成地基二十三畝八分二厘
均經亭耆會同業户丈量明白計地價遷費等項共錢二千四十二千九百七十
三文內除遷費錢九百三十三千八百八十五文已於上年十二月初九及本年三月初十日由局
發給外現有地價並遷移等費錢一千一百九十八千八十八文相應開單移送傳領仍
將基地收立新户開示科則以便完納等因並奉札發錢票一紙下縣奉此卑縣伏
查從前
憲廠購辦地基原因事出創始兼有業户意在居奇故事遷延不肯就近在
廠承領地價是經卑前縣王令及卑職先後遵飭赴廠查丈開導業户由縣
給發地價在案續後叠奉購辦林上聲等各起各業户均經在廠領價並

上海縣爲申繳奉發購地錢票並請就近散給以免週折事致江南機器製造局總辦申文（1870 年 5 月 3 日，同治九年四月初三日）

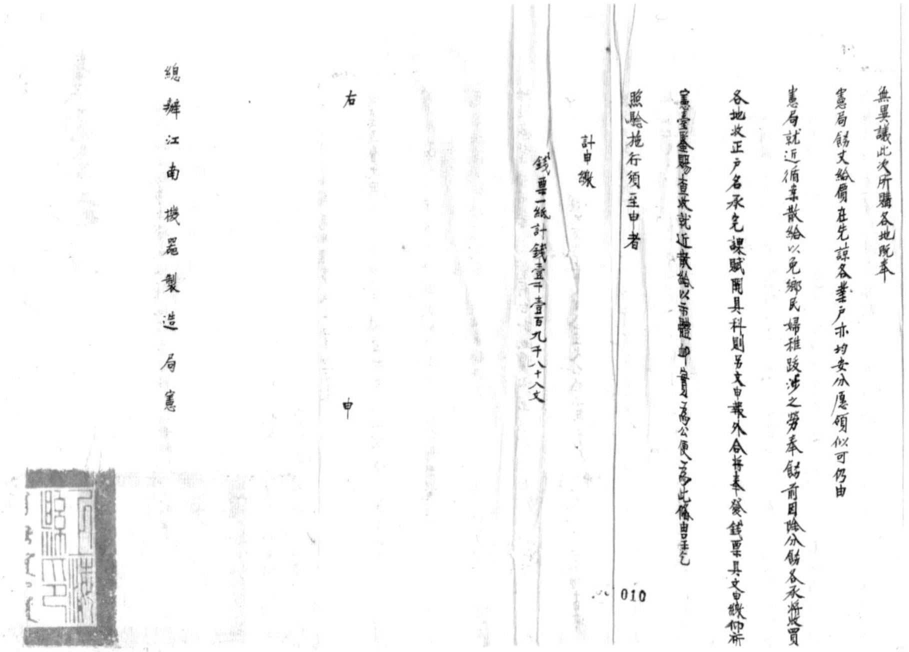
無異議此次所購各地既奉
憲局飭文給價在先諒各業戶亦均安分應領似可仍由
憲局就近循案散給以免鄉民婦稚跋涉之勞奉飭前因除分飭各承辦收買
各地收正戶名承完課賦開具科則另文申報外合將奉發錢票具文申繳仰祈
憲臺鑒賜查收就近散給以示體卹實爲公便爲此備由具乞
照驗施行須至申者
計申繳
錢票一紙計錢壹千壹百九千八十八文
右　申
總辦江南機器製造局憲
010

上海縣爲申繳奉發購地錢票並請就近散給以免週折事致江南機器製造局總辦申文（1870 年 5 月 3 日，同治九年四月初三日）

同治玖年肆月初叁日

署知縣朱鳳梯

00185

上海縣爲申繳奉發購地錢票並請就近散給以免週折事致江南機器製造局總辦申文（1870 年 5 月 3 日，同治九年四月初三日）

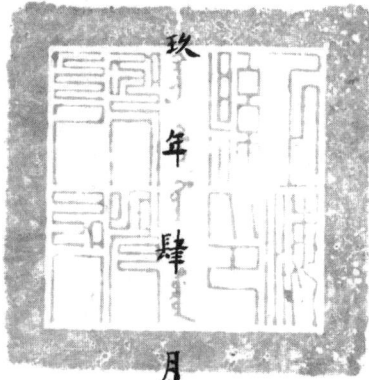

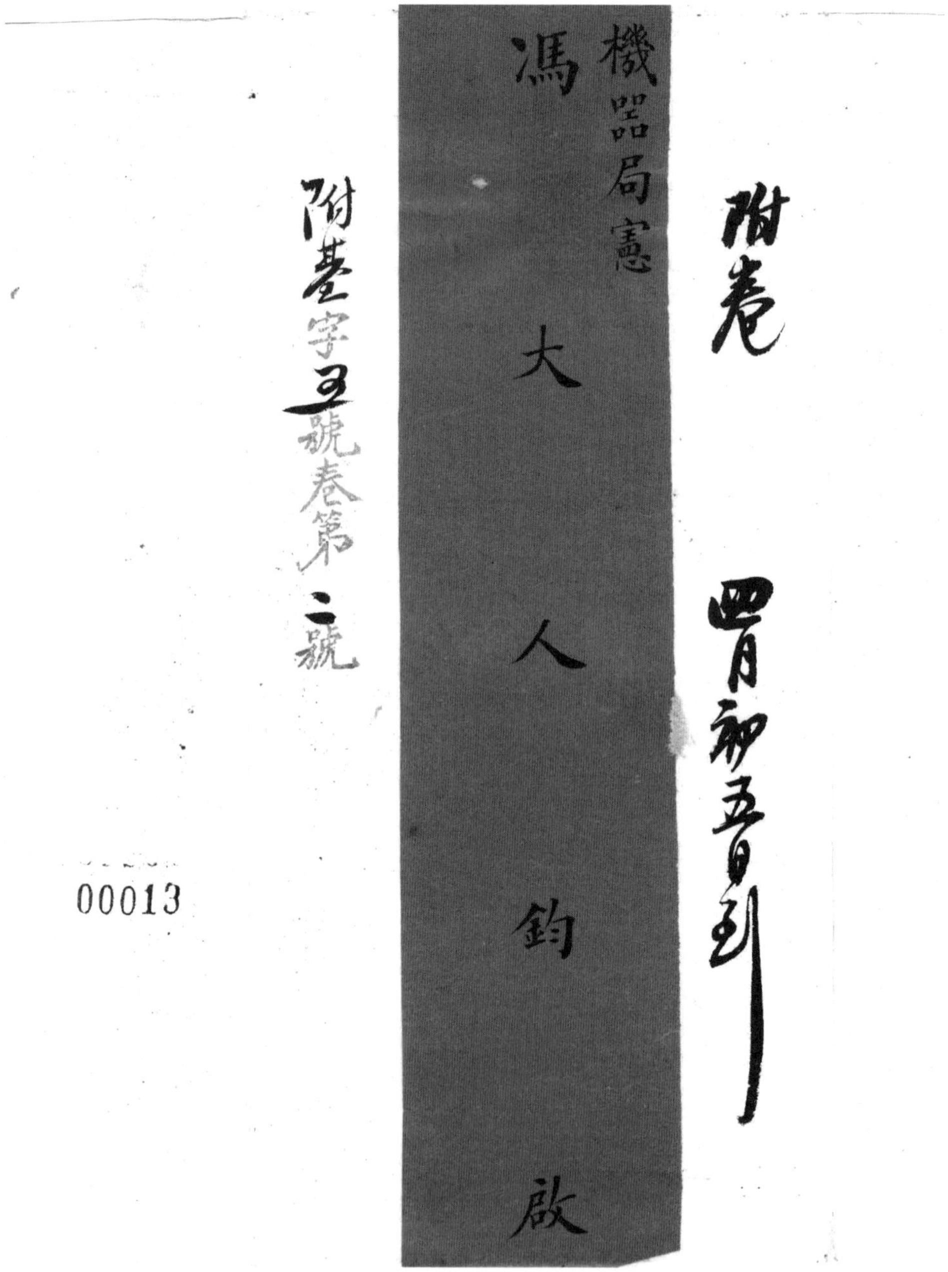
附卷
四月初五日到
機器局憲
馮大人鈞啟
附基字五號卷第二號
00013

上海縣知縣朱鳳梯爲祈就近飭傳業户按單給價事致江南機器製造局總辦馮焌光函（1870 年 5 月 5 日，同治九年四月初五日）

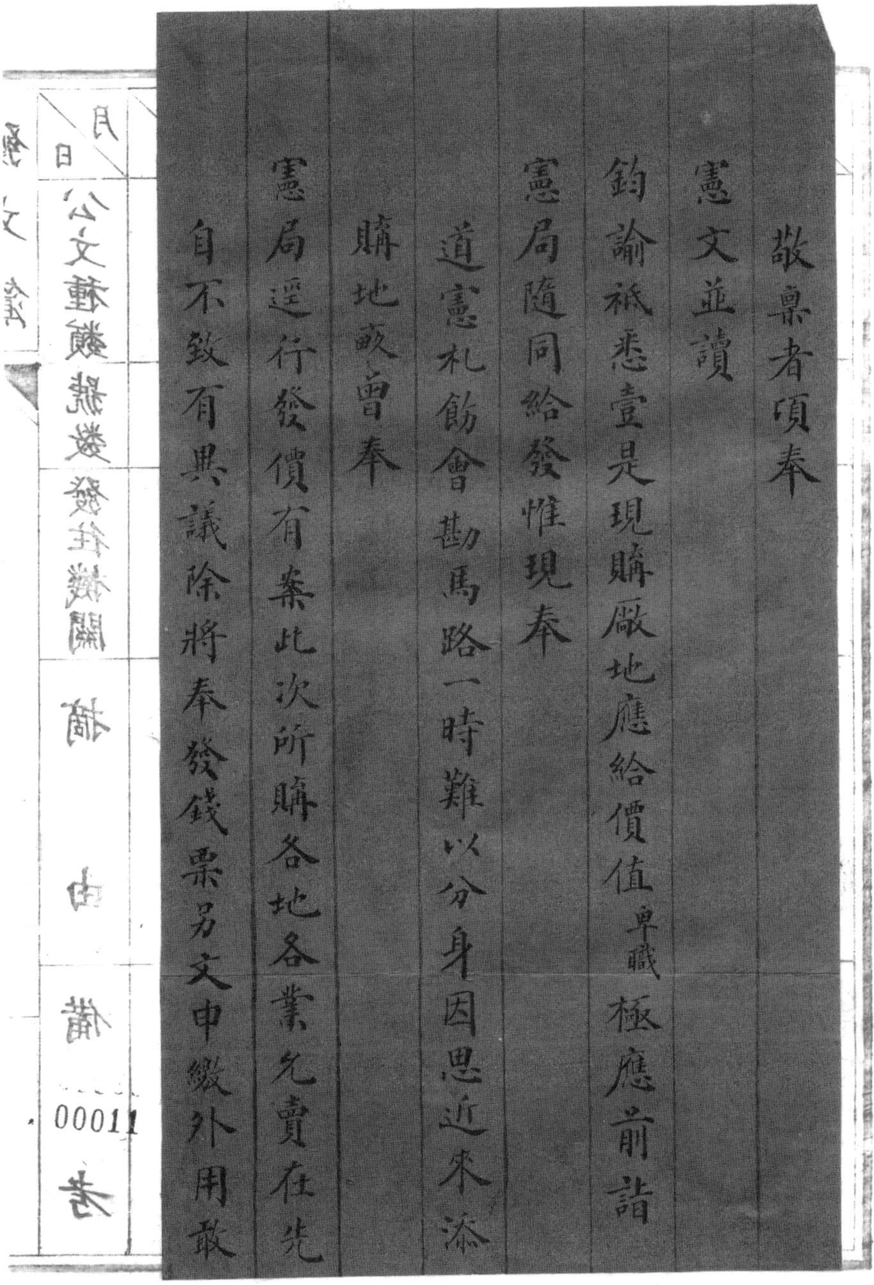

敬稟者頃奉
憲文並讀
鈞諭祇悉壹是現購廠地應給價值卑職極應前詣
憲局隨同給發惟現奉
道憲札飭會勘馬路一時難以分身因思近來添
購地畝曾奉
憲局逕行發價有案此次所購各地各業允責在先
自不致有異議除將奉發錢票另文申繳外用敢

月 日
公文彙繳號數
發往機關
摘由
備考
00011
憲文 ……

上海縣知縣朱鳳梯爲祈就近飭傳業户按單給價事致江南機器製造局總辦馮焌光函（1870 年 5 月 5 日，同治九年四月初五日）

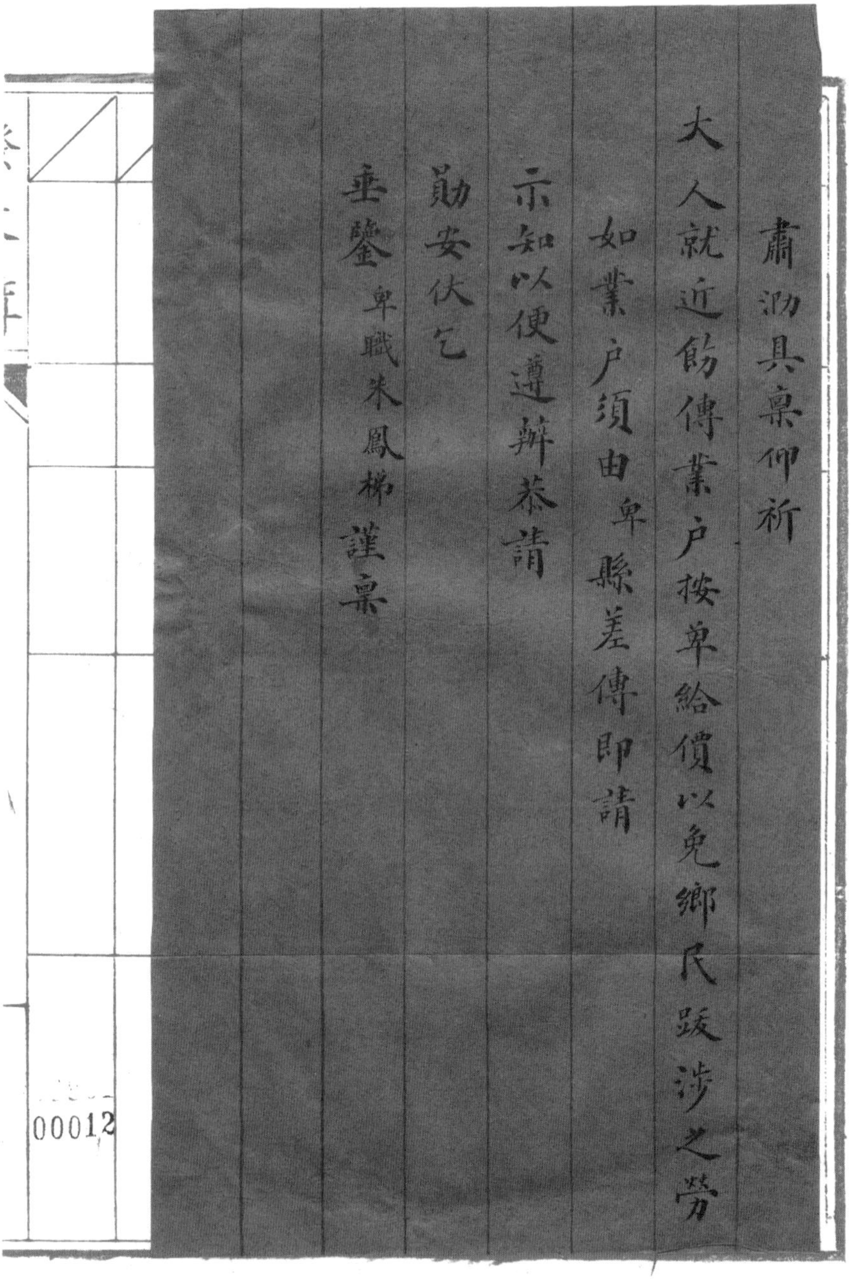
肅泐具稟仰祈
大人就近飭傳業户按單給價以免鄉民跋涉之勞
如業户須由卑縣差傳即請
示知以便遵辦恭請
勛安伏乞
垂鑒 卑職朱鳳梯謹稟

00012

上海縣知縣朱鳳梯爲祈就近飭傳業户按單給價事致江南機器製造局總辦馮焌光函（1870 年 5 月 5 日，同治九年四月初五日）

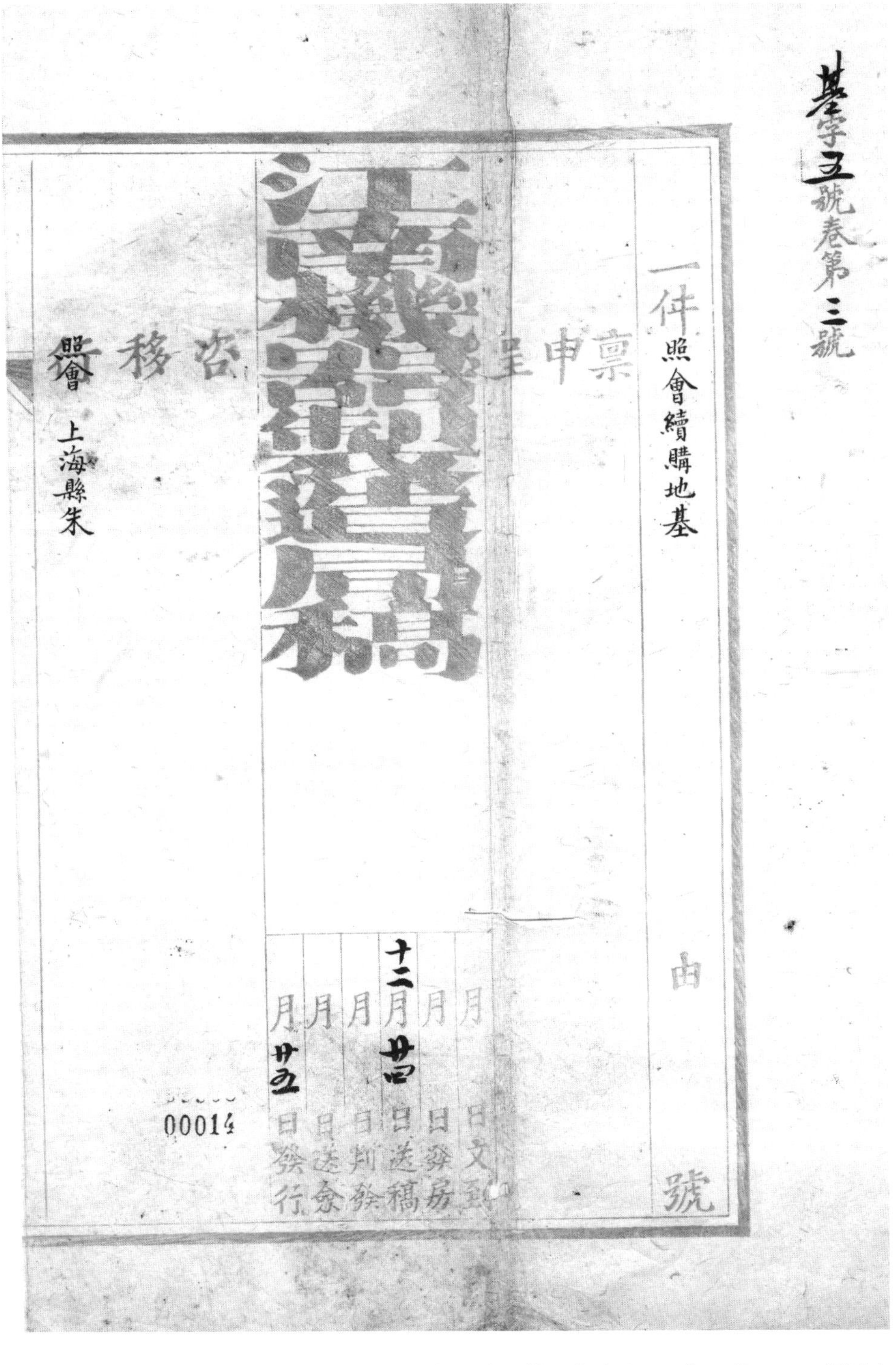
基字五號卷第三號

江南機器製造局稿

一件照會續購地基由 號

稟 申 呈 咨 移 照會

上海縣朱

月 日 文到
月 日 發房
十二月廿四日 送稿
月 日 判發
月 日 送僉
月廿五日 發行

00014

江南機器製造局爲照會續購地基事致上海縣知縣朱鳳梯照會稿（1871 年 2 月 13 日，同治九年十二月二十四日）

為照會事案查本局歷次購買地基節經開単移會
貴縣查核收作機器局新户各在案茲因添建滊錘廠屋並局後開挖小河續於
本年九月十二月先後購成地基五畝二分四厘六毫均經亭耆會同業户丈量明白
計地價並移植工本共錢二百三十九千九百八十七文業已由局先後發給各業户收
領取具切結備案所有本年九月以後續購地畝相應分別開単照會為此照會
貴縣煩為查照希即收作機器局新户並希將本局新舊所購地基一併開示科
則數目移局照數完糧望切施行再本局於九年三月所購地基二十二畝八分二厘業經
開単移明嗣因内有錢丈達名下花稻田三分該業户不願出賣經將此地仍即退
給該業户管業實計本年三月共購地二十二畝五分二厘合並移請更正須至照會者

江南機器製造局爲照會續購地基事致上海縣知縣朱鳳梯照會稿（1871年2月13日，同治九年十二月二十四日）

計粘單

今將續購地基畝數並發給價值並移植工本錢文數目開列

計開

九年九月續購地基內計

楊步雲　花稻田一畝八分四厘六毫　每畝地價錢三十八千文　計錢七十千二百四十八文

另每畝給移植菜蔬工本錢六千文計錢一十一千七十六文

楊桂春　花稻田一畝九分三厘一毫　每畝地價錢三十八千文　計錢七十三千三百七十八文

另每畝給移植菜蔬工本錢六千文計錢一十一千五百八十六文

九年十二月續購地基內計

江南機器製造局爲照會續購地基事致上海縣知縣朱鳳梯照會稿（1871年2月13日，同治九年十二月二十四日）

楊晥九　地八分六厘七毫　每畝地價錢四十二千文　計錢三十六千四百一十四文
另每畝給菜蔬工本錢三千文　計錢二千六百一文
又桃樹十五株　每株給移植工本錢五百文　計錢九千五百文
楊步雲　地二分七厘　每畝地價錢三十八千文　計錢一十千二百六十文
另每畝給麥苗工本錢四千文　計錢一千八十文
楊和華　地一分八厘　每畝地價錢三十八千文　計錢六千八百四十文
另每畝給麥苗工本錢四千文　計錢七百二十文
楊桂春　地一分五厘二毫　每畝地價錢三十八千文　計錢五千七百七十六文
另每畝給麥苗工本錢四千文　計錢六百八文

江南機器製造局爲照會續購地基事致上海縣知縣朱鳳梯照會稿（1871 年 2 月 13 日，同治九年十二月二十四日）

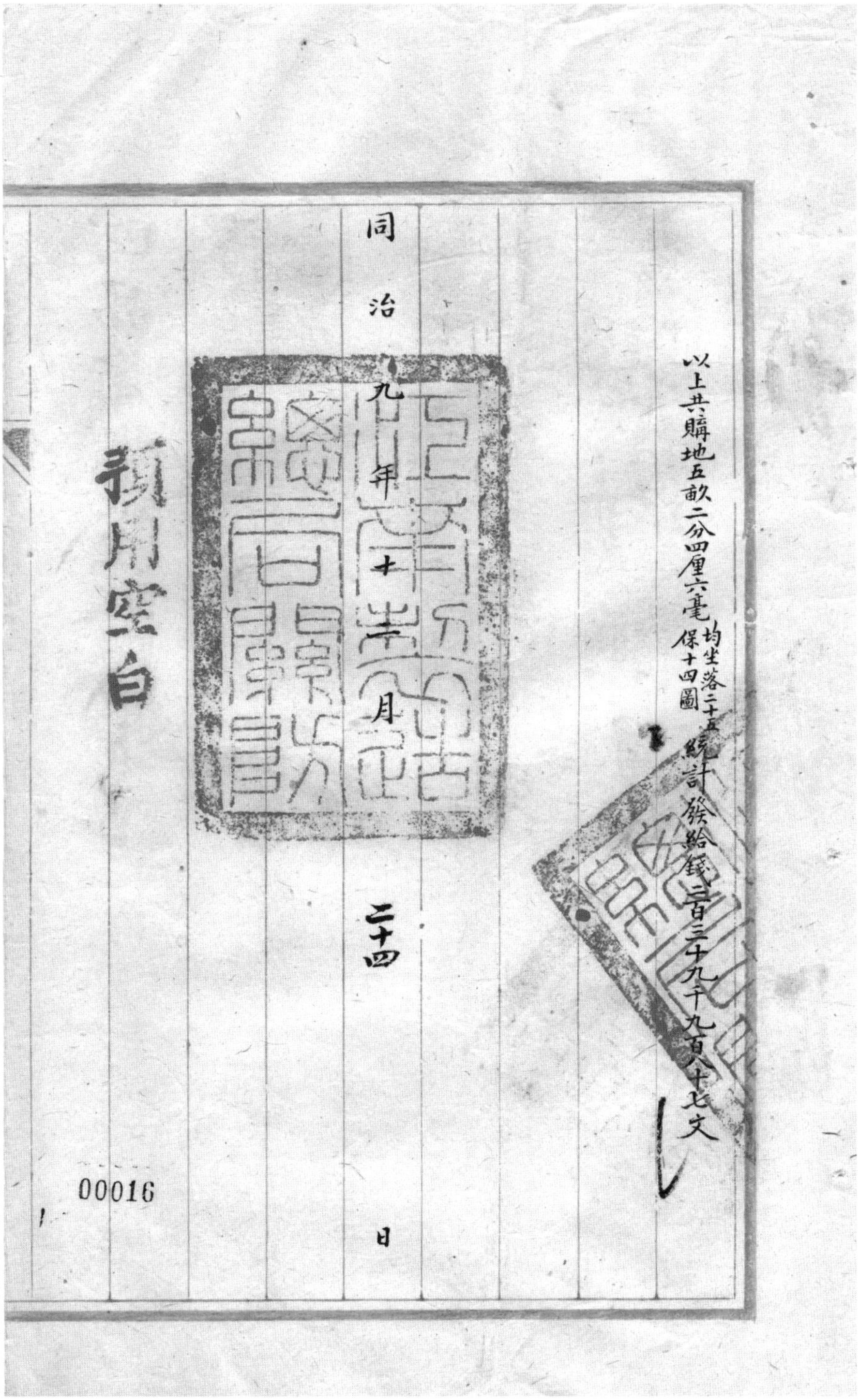
以上共購地五畝二分四厘六毫均坐落二十五保十四圖統計發給錢二百三十九千九百八十七文

同治九年十二月二十四日

預用空白

00016

江南機器製造局爲照會續購地基事致上海縣知縣朱鳳梯照會稿（1871 年 2 月 13 日，同治九年十二月二十四日）

四品銜刑部主政陳

江南機器製造局爲照會續購地基事致上海縣知縣朱鳳梯照會稿（1871 年 2 月 13 日，同治九年十二月二十四日）

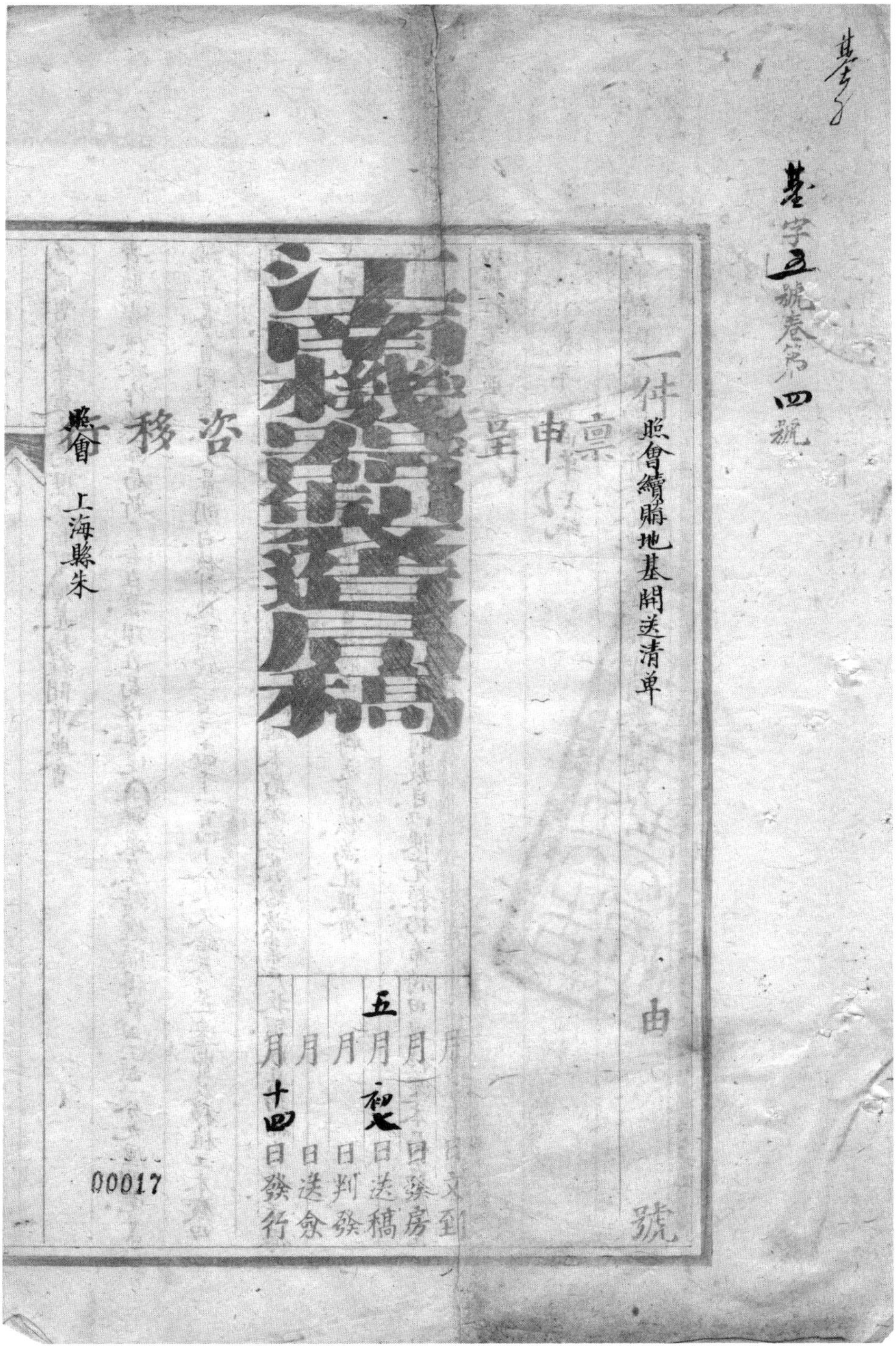
基字五號卷第四號

江南機器製造局稿

一件照會續購地基開送清單由

號

稟

申

呈

咨

移

照會上海縣朱

房　月　日文到

五月　日發房

月初七日送稿

月　日判發

月　日送僉

月十四日發行

00017

江南機器製造局爲照會續購地基開送清單事致上海縣知縣朱鳳梯照會稿（1871年6月24日，同治十年五月初七日）

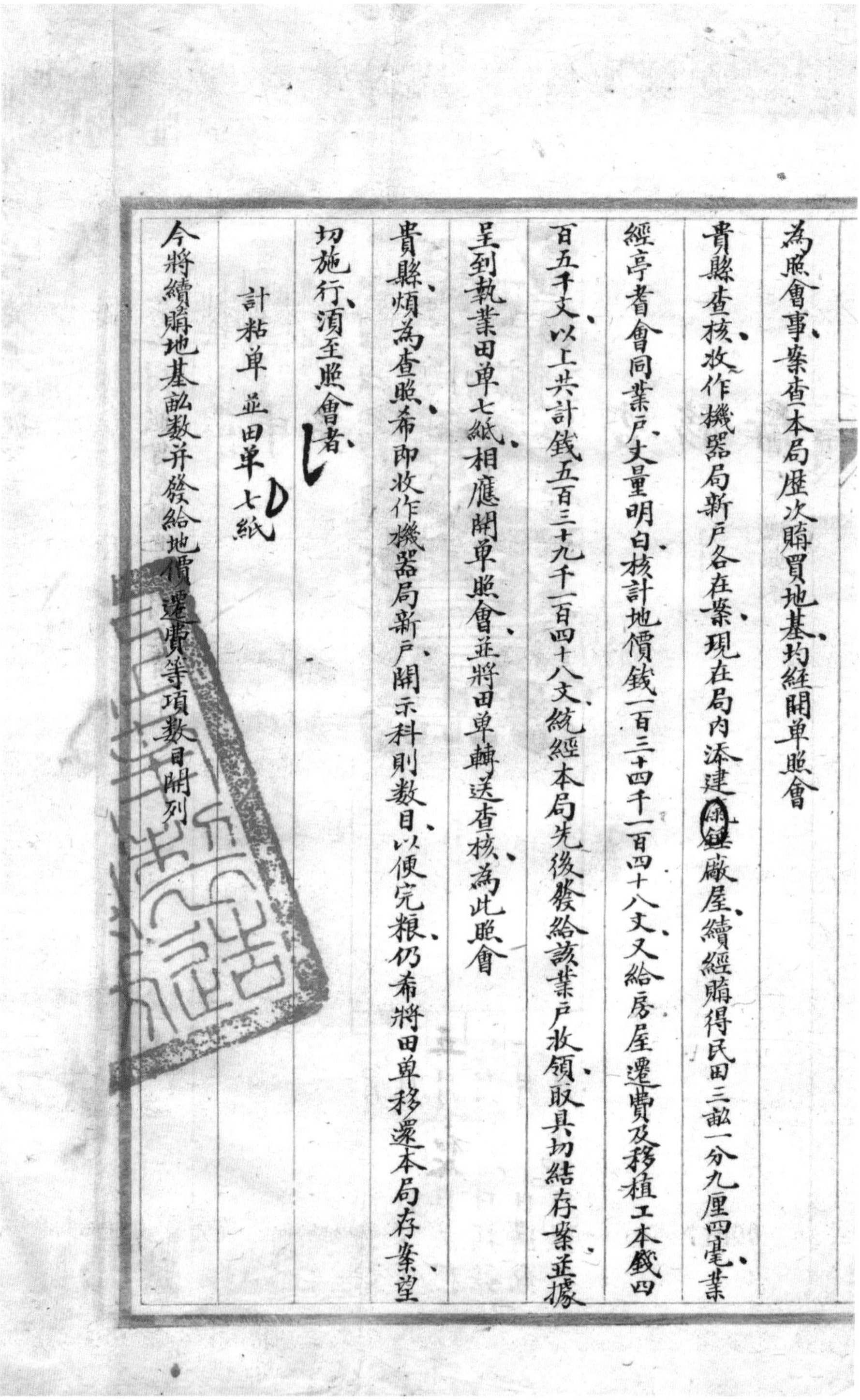

為照會事。案查本局屢次購買地基，均經開單照會
貴縣查核收作機器局新户各在案。現在局内添建[illegible]廠屋，續經購得民田三畝一分九厘四毫，業
經亭耆會同業户丈量明白，核計地價錢一百三十四千一百四十八文，又給房屋遷費及移植工本錢四
百五千文，以上共計錢五百三十九千一百四十八文，統經本局先後發給該業户收領，取具切結存案。並據
呈到執業田單七紙，相應開單照會，並將田單轉送查核。為此照會
貴縣，煩為查照，希即收作機器局新户，開示科則數目，以便完粮，仍希將田单移還本局存案，望
切施行，須至照會者。
計粘单 並田單七紙
今將續購地基畝數并發給地價、遷費等項數目開列

江南機器製造局爲照會續購地基開送清單事致上海縣知縣朱鳳梯照會稿（1871年6月24日，同治十年五月初七日）

計開

錢權宗
錢杏春
錢文達 三户共賣出

二十五保十四圖八十二號內田七分六厘二毫

又八十八號內田一畝四分三厘二毫

又九十五號內田一畝整

以上共計田三畝一分九厘四毫 每畝錢四十二千文 共計錢一百三十四千一百四十八文

另大小房屋二十二間遷費 計錢四百千文

移植菓樹五十株工本 計錢五千文

以上共計發給錢五百三十九千一百四十八文

00018

江南機器製造局爲照會續購地基開送清單事致上海縣知縣朱鳳梯照會稿（1871年6月24日，同治十年五月初七日）

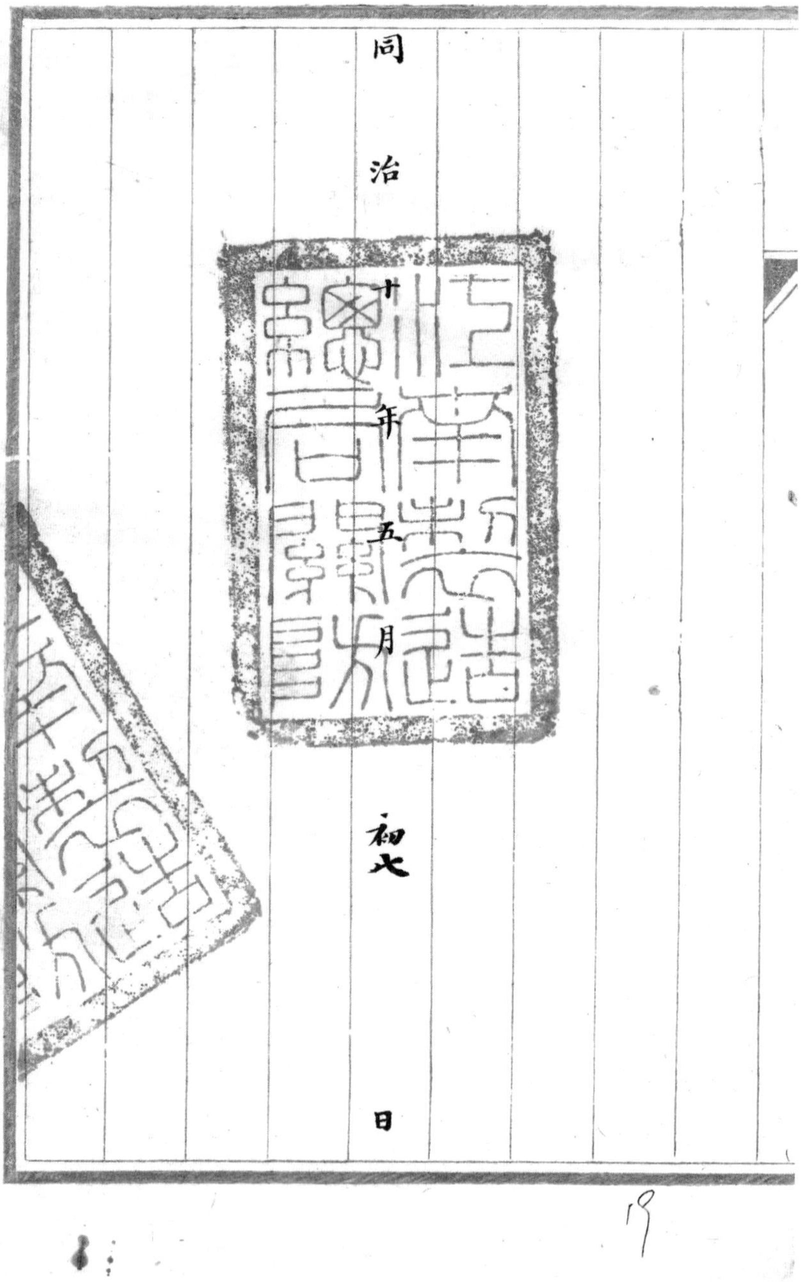
同治十年五月初七日

江南機器製造局爲照會續購地基開送清單事致上海縣知縣朱鳳梯照會稿（1871 年 6 月 24 日，同治十年五月初七日）

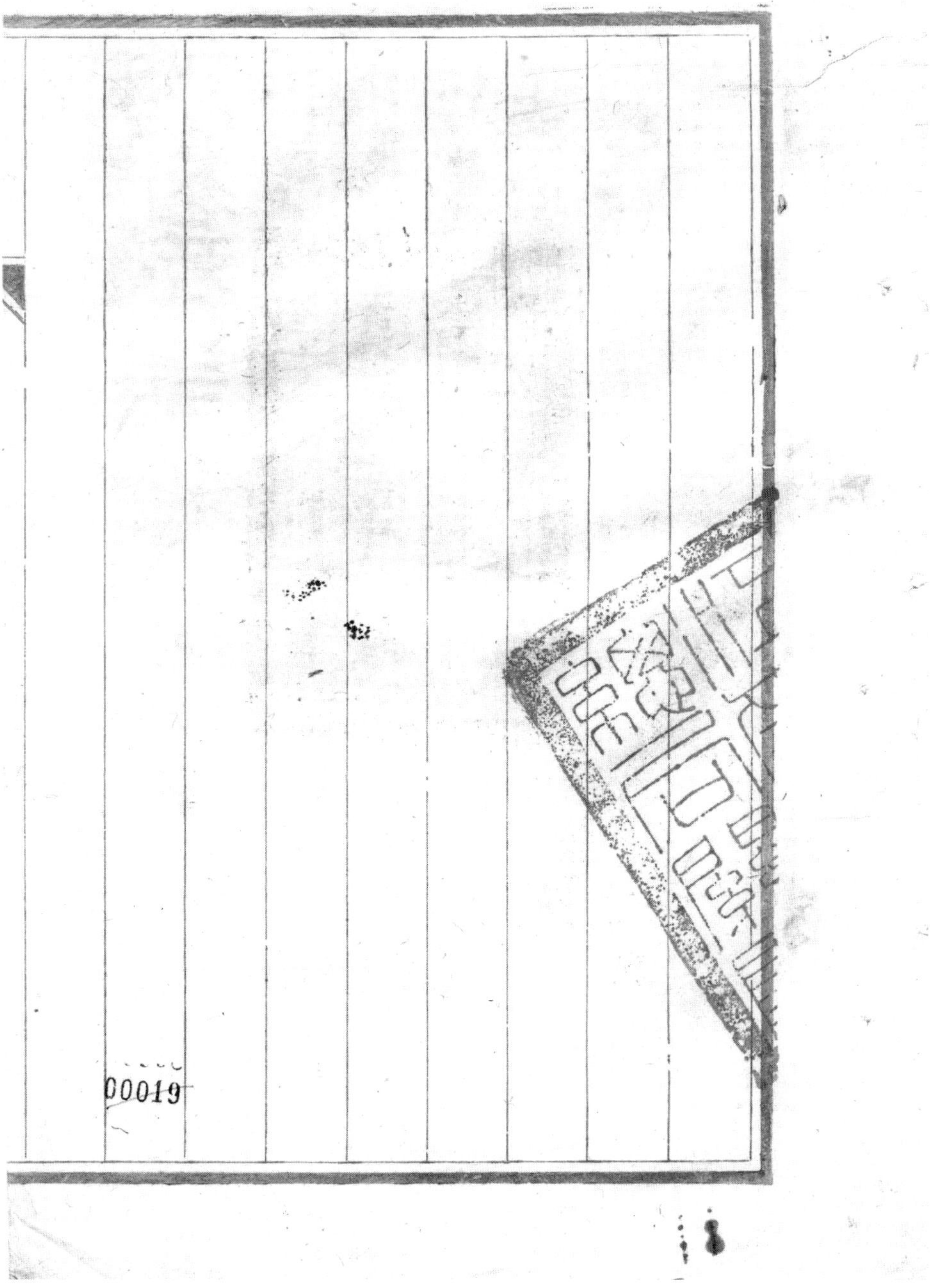

江南機器製造局爲照會續購地基開送清單事致上海縣知縣朱鳳梯照會稿（1871年6月24日，同治十年五月初七日）

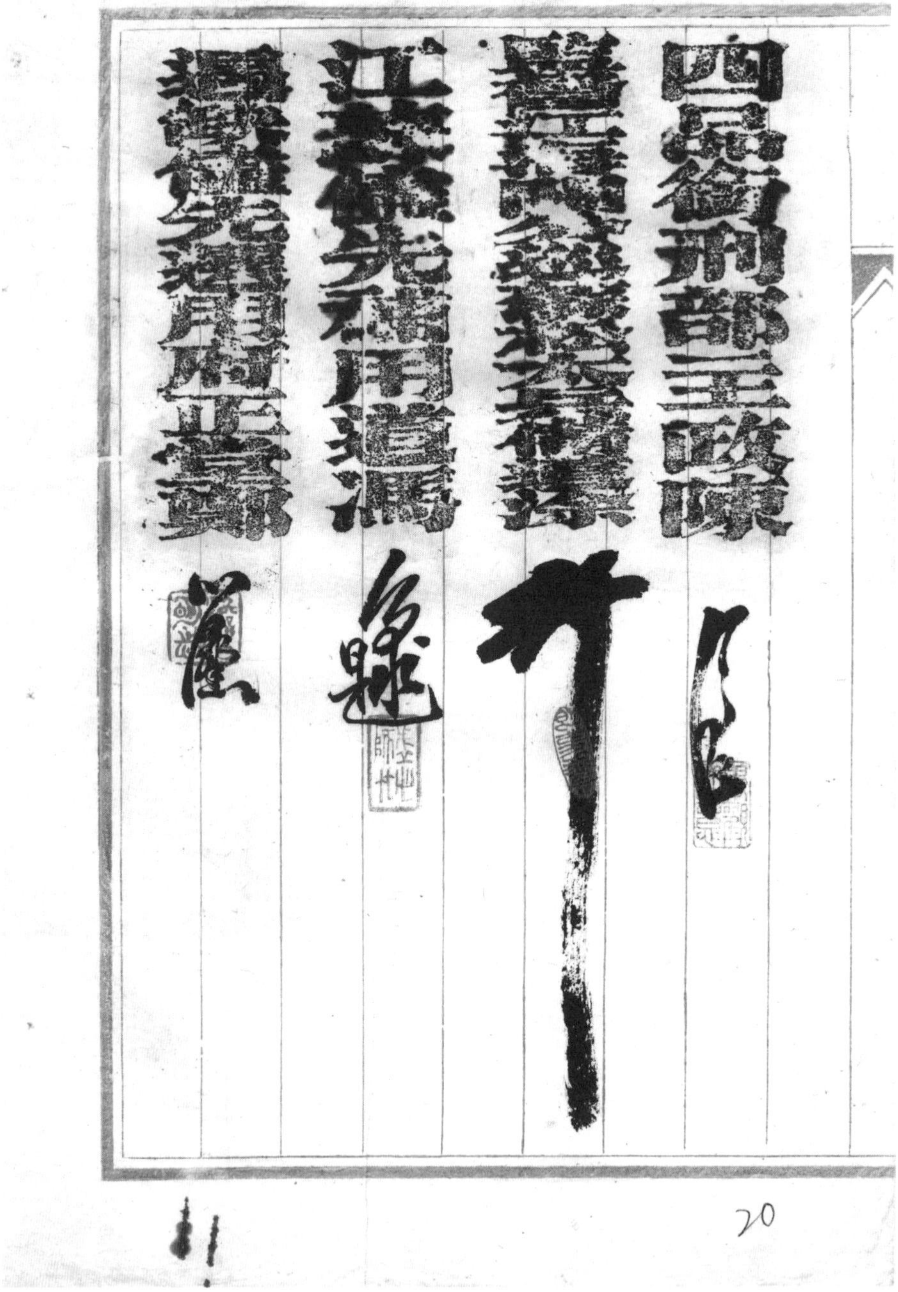

江南機器製造局爲照會續購地基開送清單事致上海縣知縣朱鳳梯照會稿（1871年6月24日，同治十年五月初七日）

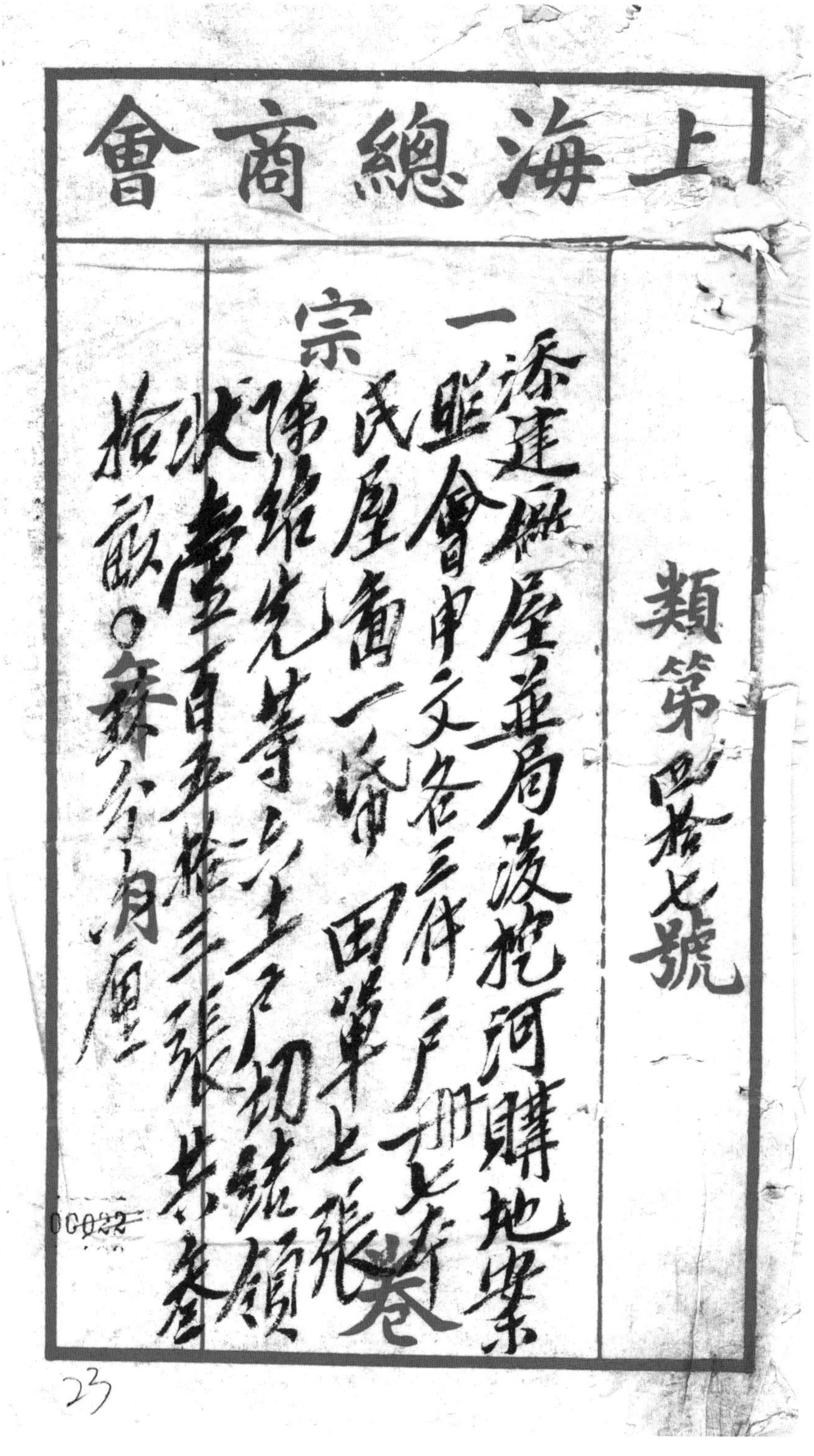

上海總商會

類第四拾七號

添建廠屋並局後挖河購地案

一宗

駐會申文各三件　戶冊一本存

民屋圖一紙　田單七張

陳紹先等六戶土地切結領

收壹百五拾三張共叁

拾張○辛亥年　月　日

卷

23

上海總商會第四十七號添建廠屋並局後挖河購地案卷封面（時間不詳）

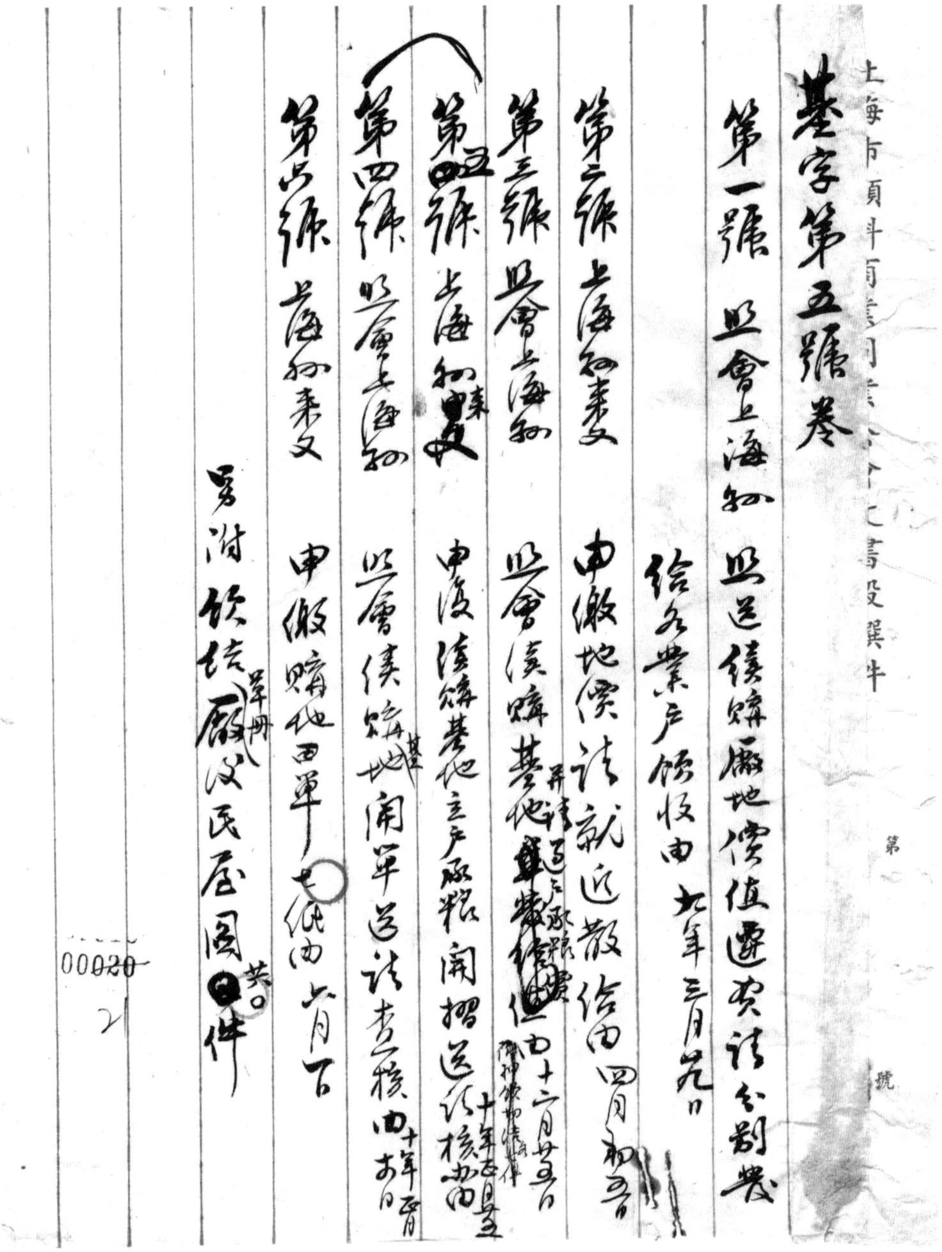

江南製造總局基字第五號爲添建廠屋並局後挖河購買地基卷目録（1870—1871年，同治九年—同治十年）

同治九年三月

移上海縣文　移送續購地價請發給業戶領收由

上海縣來函　函地價應出業由局給發由

又來文　申繳地價請由由給發由

同治九年十二月

照會上海縣　照会續購基地　押領切結附

同治十年四月

照會上海縣　照会續購基地開送清單由

上海縣　申繳地单七紙由

另附領结廠後民屋圖各件

00021

江南製造總局基字第五號爲添建廠屋並局後挖河購買地基卷目録(1870—1871年,同治九年—同治十年)

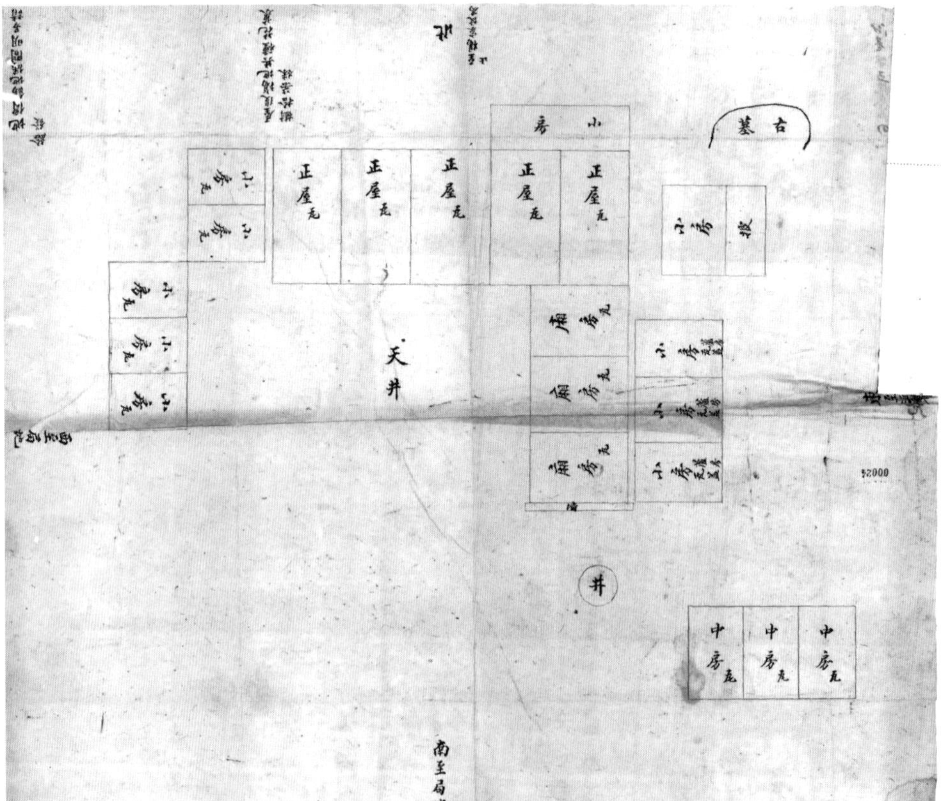

領結廠後民屋圖（1871 年，同治十年）

具切結陳紹先今具到

正堂大老爺案下實結得身　有土墳二座內計磚槨四具灰槨四具現蒙

製造總局憲發給遷費錢五拾千文業已當局照數領訖除具領呈　局存案外合具切結是實

同治九年七月　　日具切結陳紹先　十

陳紹先具切結（1870年7月或8月，同治九年七月）

具切結林茂生今具到

正堂大老爺案下實結得身 有土梆二具現蒙

製造總局憲發給運費錢貳千文業已當局照數領訖除具領呈 局存案外合具切結是實

同治九年七月　日具切結林茂生十

林茂生具切結（1870 年 7 月或 8 月，同治九年七月）

字 號

具領狀林茂生今具到

局憲案下緣身前有土榔二具葬於二十五保十四畝内逼近機器局房地土振動心實不安自願遷葬請求

給發遷費現蒙

局憲當局給發錢貳千文身親自如數領訖合具領狀所具押領是實

同治玖年　月　日具領狀林茂生　十

00027

林茂生具領狀（1870年，同治九年）

具切結林永昌今具到

正堂大老爺案下實結得身有土廊一具現蒙

製造總局憲發給埋費錢壹千文業已當局照數領訖除具領呈局存案外合具切結是實

同治九年七月　日具切結林永昌

林永昌具切結（1870 年 7 月或 8 月，同治九年七月）

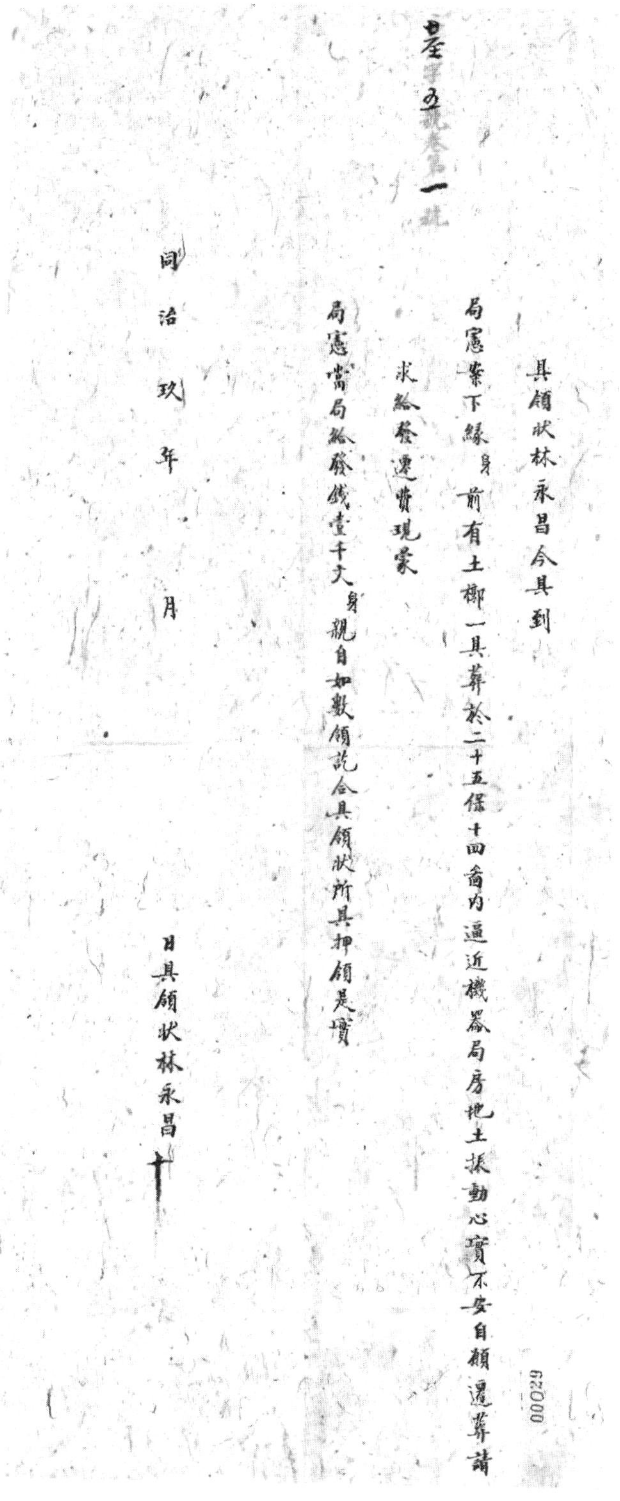

[illegible]字五號卷第一號

具領狀林永昌今具到
局憲案下緣身前有土槨一具葬於二十五保十四啚内逼近機器局房地土振動心實不安自願遷葬請
求給發遷費現蒙
局憲當局給發錢壹千文身親自如數領訖合具領狀所具押領是實
同治玖年　月　日具領狀林永昌　十

00029

林永昌具領狀（1870年，同治九年）

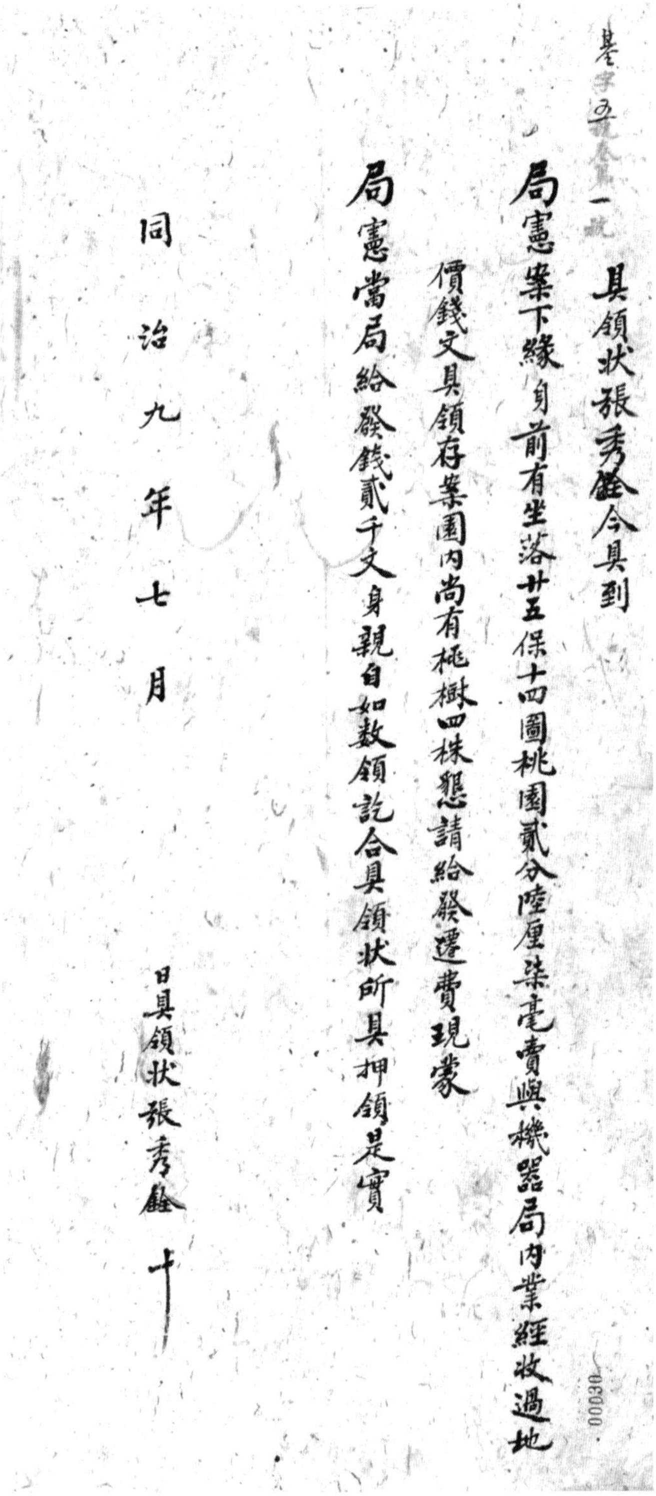
基字五號卷第一號
具領狀張秀銓今具到
局憲案下緣身前有坐落廿五保十四圖桃園貳分陸厘柒毫賣與機器局内業經收過地
價錢文具領存案園内尚有梐樧四株懇請給發遷費現蒙
局憲當局給發錢貳千文身親自如數領訖合具領狀所具押領是實
同治九年七月　日具領狀張秀銓　十
00030

張秀銓具領狀（1870 年 7 月或 8 月，同治九年七月）

基字五號卷第一號

具切結張秀銓今具到

正堂大老爺案下實結得身有桃樹四株現蒙

製造總局憲發給遷費錢貳千文業已當局照數領訖除具領呈局存案外合具切結是實

同治九年七月日具切結張秀銓 十

張秀銓具切結（1870年7月或8月，同治九年七月）

基字五號卷第一號

具押領楊步雲今當具到

江南製造總局臺下實領得身出賣二十五保十四圖特字圩第拾玖號內管業田壹畝捌分肆厘陸毫每畝地價錢叁拾捌千文計足錢柒拾千壹百肆拾捌文

現蒙如數當局發給身照數領訖中無短扣浮冒除另具切結呈

存案外今具領狀是實

同治九年四月　　日立押領狀楊步雲

十

楊步雲具押領（1870年5月，同治九年四月）

基字五號卷第一批

具賣地切結業户楊步雲今具到

正堂大老爺 案下 實給得身有二十五保十四圖恃字圩第拾玖號內管業田壹畝捌分肆厘陸毫已出賣於

江南製造總局作為公用業已收領地價錢柒拾千壹百肆拾捌文交割清楚合具切結是實

同治九年四月 日立押領狀楊步雲 十

楊步雲具賣地切結（1870 年 5 月，同治九年四月）

基字五號卷第一號

具賣地切結業户楊敬山今具到

正堂大老爺　案下實結得身有二十五保十四圖特字圩第十九號内管業田壹畝捌分肆厘伍毫已出賣於

江南製造總局作為公用業已收領地價錢柒拾千壹百壹拾文交割清楚合具切結是實

同治九年四月　日立押領狀楊敬山十

楊敬山具賣地切結（1870年5月，同治九年四月）

附卷 字五號卷第一號

具押領楊敬山今當具到

江南製造總局臺下實領得身出賣二十五保十四圖恃字圩第十九號內會業田壹畝捌分肆厘伍毫每畝地價錢叁拾捌千文計足錢柒拾千壹百壹拾文

現蒙如數當局發給身照數領訖中無短扣浮冒除另具切結呈

存案外今具領狀是實

同治九年四月

日立押領狀楊敬山 十

楊敬山具押領（1870 年 5 月，同治九年四月）

基字五號卷第十三號

具賣地切結業户楊桂春今具到

正堂大老爺案下實結得身有二十五保十四圖恃字圩內管業田壹畝玖分叁厘壹毫已出賣於

江南製造總局作為公用業已收領地價及地內所種菜蔬工本共錢捌拾肆千玖百陸拾肆文交割清楚合具切結是實

同治九年九月　日立押領狀楊桂春　十

00036

楊桂春具賣地切結（1870年9月或10月，同治九年九月）

基字五號卷第三號

具賣地切結業戶楊和華今具到

局憲大人案下　寔結得身有保圖管業田壹分捌厘正已出賣於

機器製造局作為公用業已收領地價交割清楚合具切結是實

同治九年　十二月　日立具賣地業戶楊和華十

00037

楊和華具賣地切結（1871 年 1 月或 2 月，同治九年十二月）

基字五號卷第三號

具押領楊和華今當具到

製造總局憲大人臺下實領得身出賣田地壹分捌厘議定每畝地價錢叁拾捌仟文共計足錢陸仟捌百肆拾文現蒙

局憲如數當局發給身照數領訖中無尅扣浮冒除另具切結呈

局存案外合具領狀是實

同治九年　十二月　日立押領狀楊和華十

00038

楊和華具押領（1871年1月或2月，同治九年十二月）

荖字五號叁第三號

具賣地切結業户楊桂春今具到

局憲大人案下　寔給得身有保圖管業田壹分五厘弍毫正已出賣於

機器製造局佑為公用業已收領地價交割清楚合具切結是實

同治九年　十二月　日立押領狀楊桂春　十

楊桂春具賣地切結（1871年1月或2月，同治九年十二月）

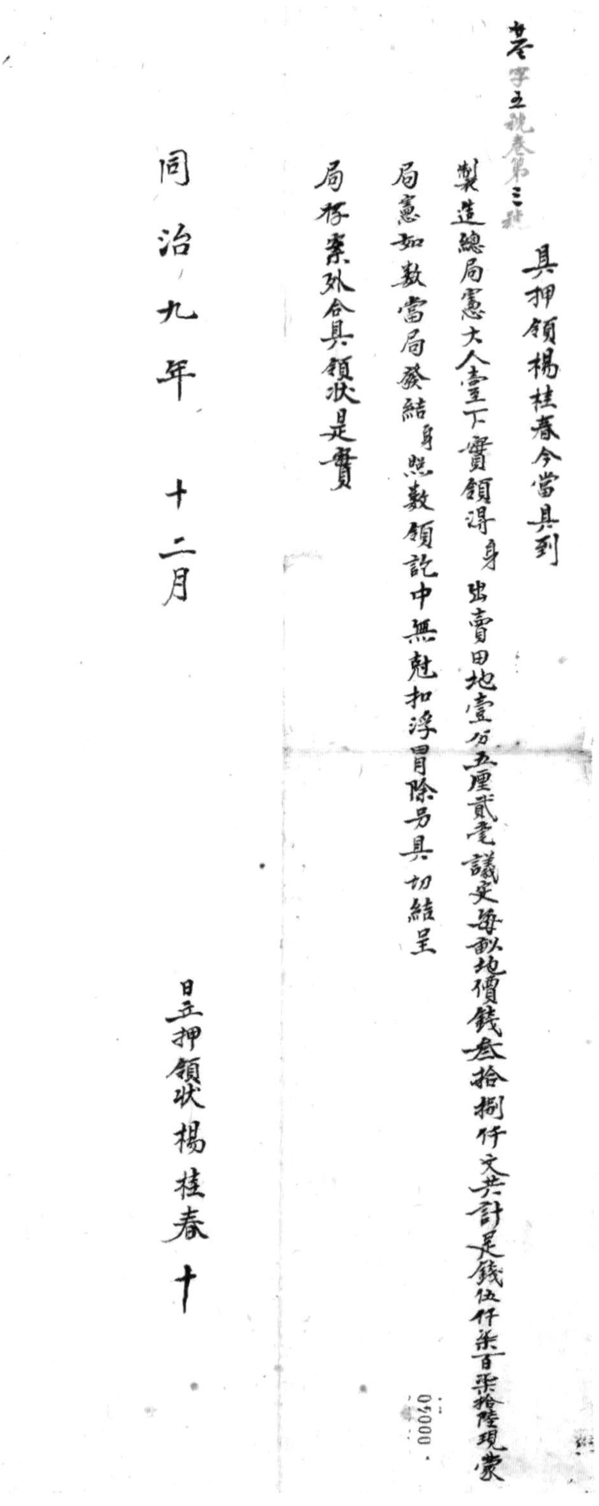
廿壹字五號春第三號

具押領楊桂春今當具到

製造總局憲大人臺下實領得身出賣田地壹分五厘貳毫議定每畝地價錢叁拾捌仟文共計足錢伍仟柒百柒拾陸現蒙

局憲如數當局發結身照數領訖中無短扣浮冒除另具切結呈

局存案外合具領狀是實

同治九年　十二月　日立押領狀楊桂春 十

楊桂春具押領（1871年1月或2月，同治九年十二月）

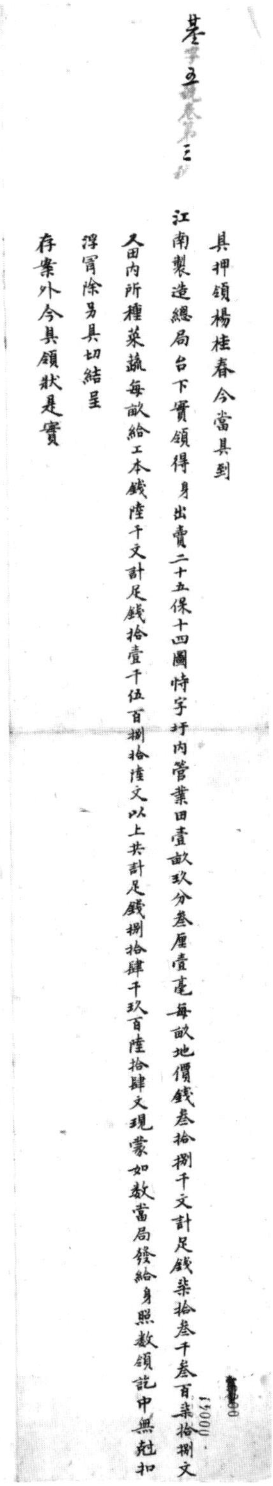
基字五號卷第三

具押領楊桂春今當具到

江南製造總局台下實領得身出賣二十五保十四圖恃字圩內管業田壹畝玖分叁厘壹毫每畝地價錢叁拾捌千文計足錢柒拾叁千叁百柒拾捌文

又田內所種菜蔬每畝給工本錢陸千文計足錢拾壹千伍百捌拾陸文以上共計足錢捌拾肆千玖百陸拾肆文現蒙如數當局發給身照數領訖中無尅扣

浮冒除另具切結呈

存案外今具領狀是實

同治九年九月　日立押領狀楊桂春　十

楊桂春具押領（1870 年 9 月或 10 月，同治九年九月）

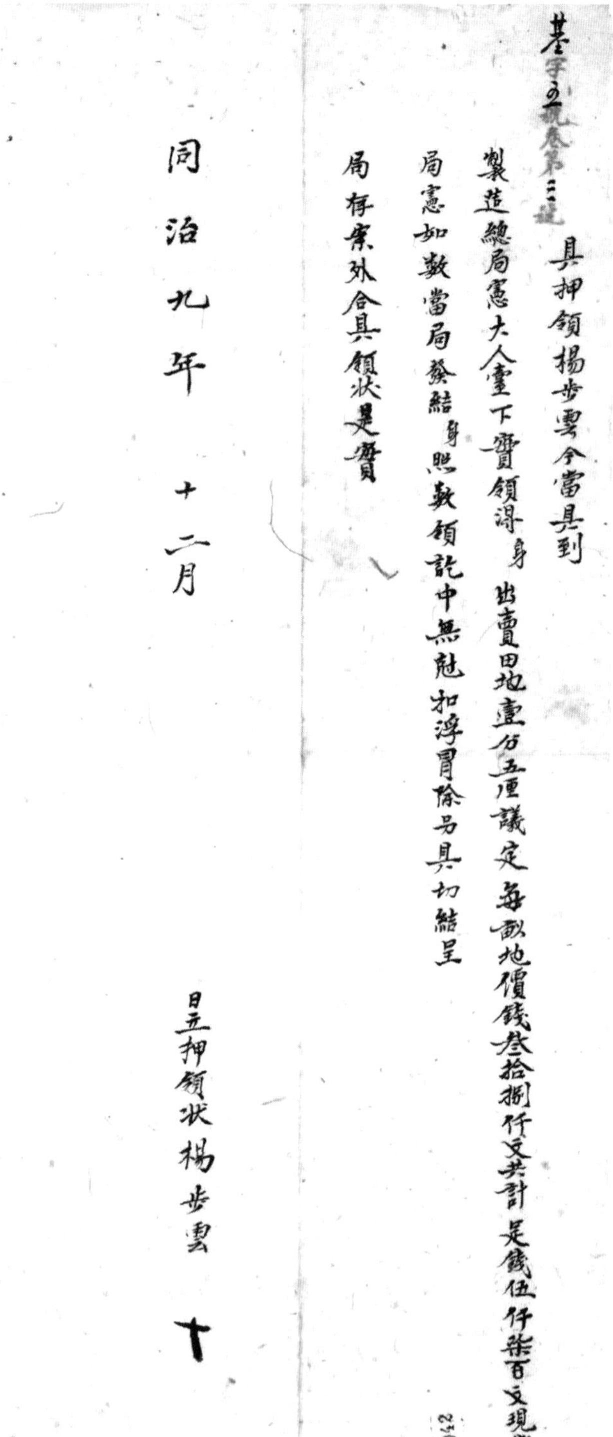

基字三號卷第二二號

具押領楊步雲今當具到

製造總局憲大人臺下實領得身出賣田地壹分五厘議定每畝地價錢叁拾捌仟文共計足錢伍仟柒百文現蒙

局憲如數當局發給身照數領訖中無虧扣浮冒除另具切結呈

局存案外合具領狀是實

同治九年　十二月　日立押領狀楊步雲　十

00042

楊步雲具押領（1871 年 1 月或 2 月，同治九年十二月）

艹字五號卷第三號

具賣地切結業户楊步雲今具到

局憲大人案下　寔給得身　有保圖管業田壹分五厘正已出賣於

機器製造局作為公用業已收領地價文劄清楚合具切結是實

同治九年　十二月　日立押領狀楊步雲

十

00043

楊步雲具賣地切結（1871年1月或2月，同治九年十二月）

基字五號卷第三號

具賣地切結業戶楊步雲今具到

正堂大老爺案下實結得身有二十五保十四圖內管業田壹畝捌分肆厘陸毫已出賣於

江南製造總局作為公用業已收領地價及地內所種菜蔬工本共錢捌拾壹千貳百貳拾肆文交割清楚合具切結是實

同治九年九月　日立押領狀楊步雲十

楊步雲具賣地切結（1870年9月或10月，同治九年九月）

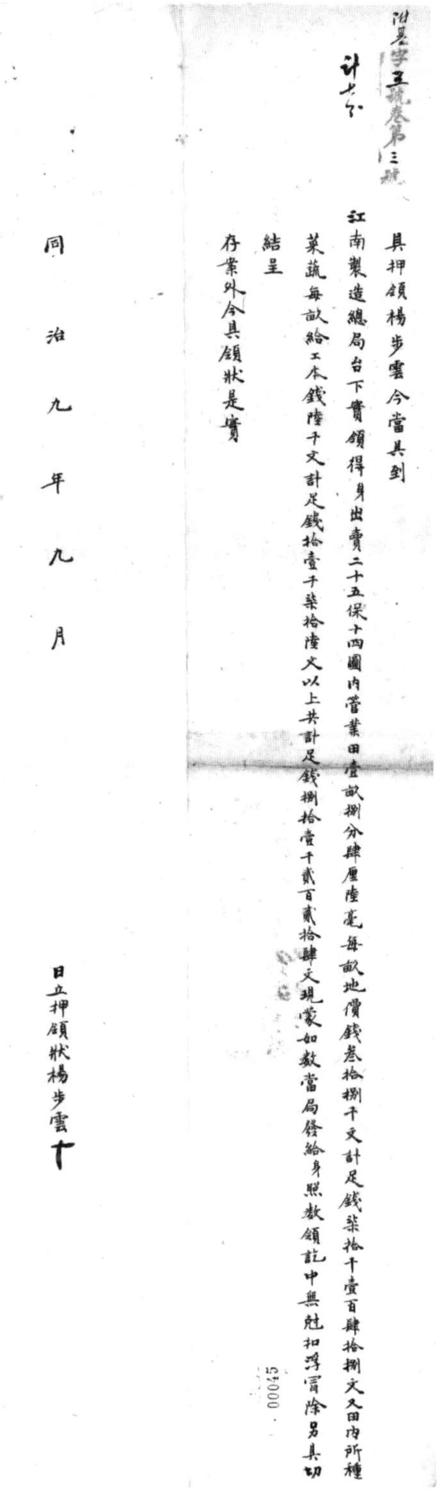
附甚字五號卷第三號

計七分

具押領楊步雲今當具到

江南製造總局台下實領得身出賣二十五保十四圖內菅業田壹畝捌分肆釐陸毫每畝地價錢叁拾捌千文計足錢柒拾千壹百肆拾捌文又田內所種

菜蔬每畝給工本錢陸千文計足錢拾壹千柒拾陸文以上共計足錢捌拾壹千貳百貳拾肆文現蒙如數當局發給身照數領訖中無蝕扣浮冒除另具切

結呈

存案外今具領狀是實

同治九年九月　日立押領狀楊步雲 十

00045

楊步雲具押領（1870 年 9 月或 10 月，同治九年九月）

碁字五號卷第三號

具賣地切結業户楊步雲今具到

局憲大人案下

寔結得身有保圖啚業田壹分貳厘正已出賣於

機器製造局作為公用業已收領地價交割清楚合具切結是實

同治九年十二月日立具賣地業户楊步雲十

00046

楊步雲具賣地切結（1871年1月或2月，同治九年十二月）

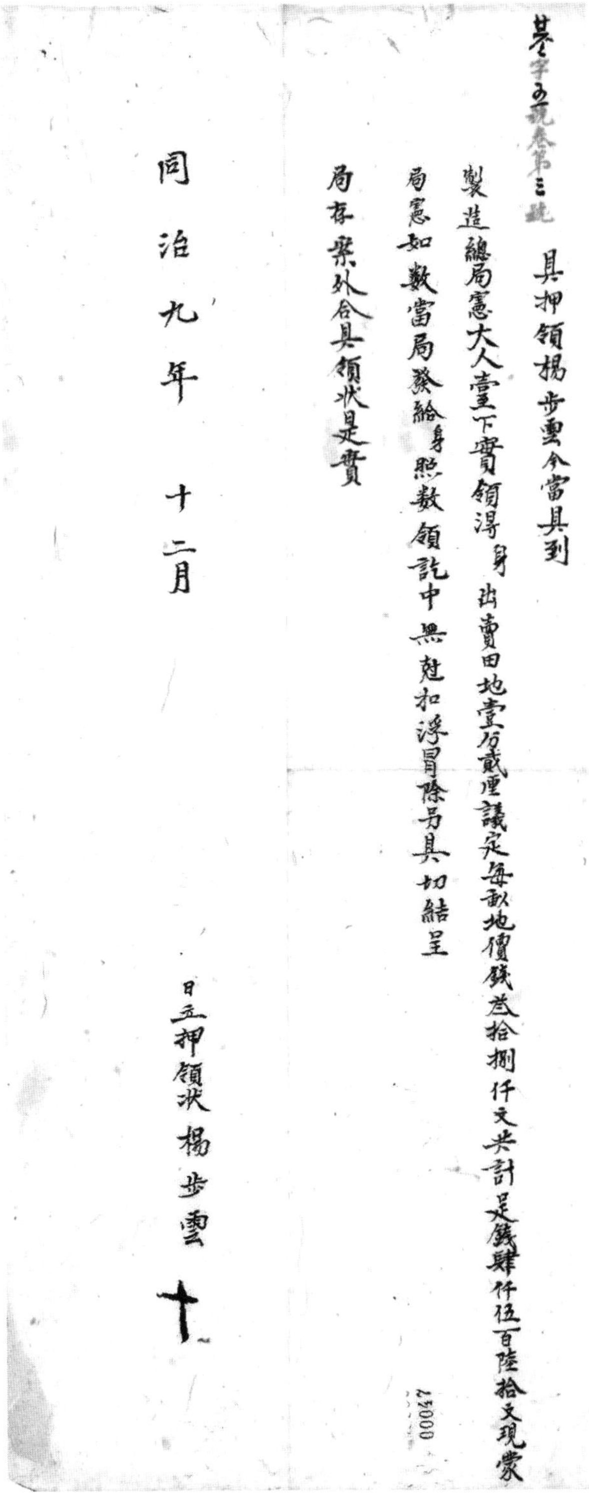
基字五號卷第三號

具押領楊步雲今當具到

製造總局憲大人臺下實領得身出賣田地壹分貳厘議定每畝地價錢叁拾捌仟文共計足錢肆仟伍百陸拾文現蒙

局憲如數當局發給身照數領訖中無短扣浮冒除另具切結呈

局存案外合具領狀是實

同治九年　十二月　日立押領狀楊步雲　十

00047

楊步雲具押領（1871年1月或2月，同治九年十二月）

具領狀王錫澄今當具領到

正堂大老爺案下緣身有坐落二十五保十四圖恃字圩坟田壹畝捌分叁厘九毫上年經將東南西三面餘地俱已賣與機器局內收過地價錢文具領存案尚存曾祖父母

棺槨逼近局房坐土振動心實不安自願遷葬求請給發遷費現蒙

局憲當局給發錢肆拾千文身親自如數領訖合具領狀所具押領是實

星字五號卷第一號

同治九年叁月　　日具領狀王錫澄　十

00048

王錫澄具領狀（1870年4月，同治九年三月）

具領狀王錫澄今當具領到
局憲大人案下緣身有坐落二十五保十四圖恃字圩玫田壹畝捌分叁厘玖毫上年經將東西南三面餘地俱賣與機器局內收過地價錢文具領存案尚存曾祖父母
棺槨逼近局房地土振動心實不安自願遷葬求請給發遷費現蒙
局憲當局給發錢肆拾千文身親自如數領訖合具領狀所具押領是實

同治玖年叁月　　日立具領狀王錫澄　十

王錫澄具領狀（1870 年 4 月，同治九年三月）

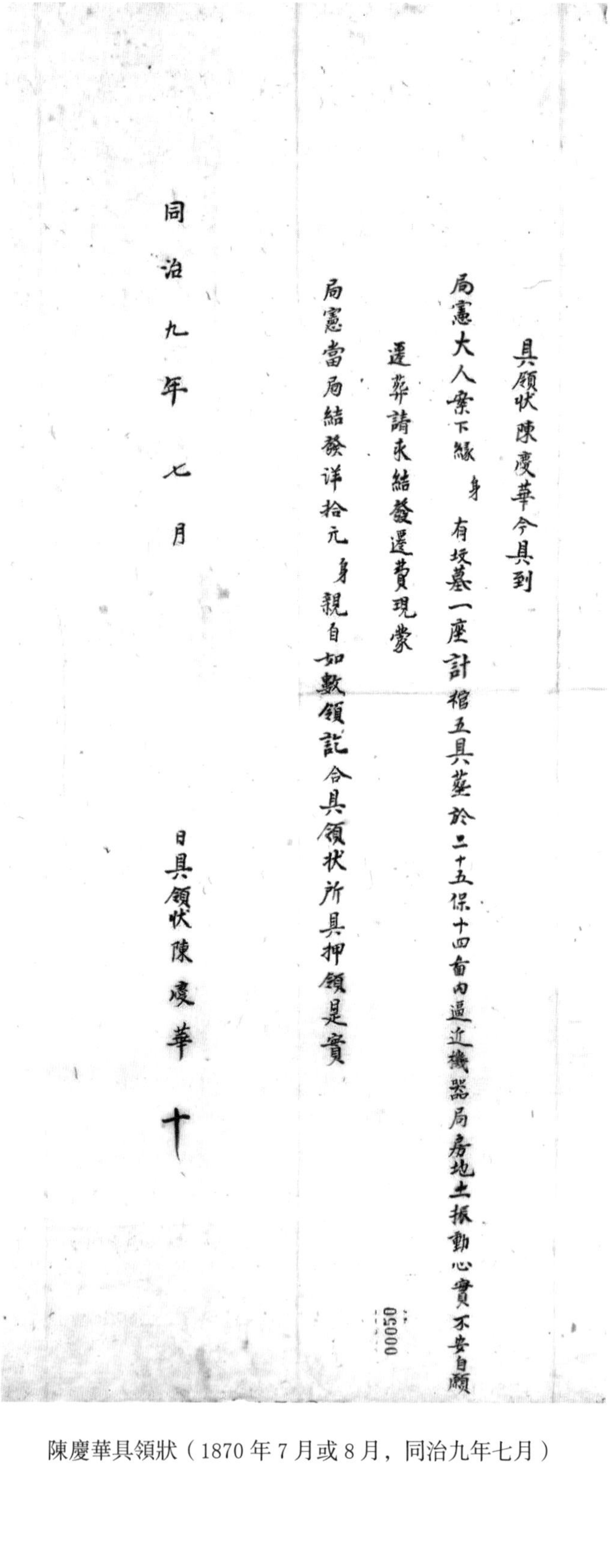
具領狀陳慶華今具到
局憲大人案下緣身有坟墓一座計棺五具葬於二十五保十四畝內逼近機器局房地土振動心實不安自願
還葬請求結發還費現蒙
局憲當局結發洋拾元身親自如數領訖合具領狀所具押領是實
同治九年七月　日具領狀陳慶華 十
00050

陳慶華具領狀（1870 年 7 月或 8 月，同治九年七月）

切結領狀

具切結陳慶華今具到

附县字五號卷第一號

正堂大老爺案下實結得身有坟墓一座計棺五具現蒙

製造總局憲給發遷費洋拾元業已當局照數領訖除具領呈局存案外合具切結是實

同治九年 七月 日具切結陳慶華 十

00051

陳慶華具切結（1870 年 7 月或 8 月，同治九年七月）

具領狀王松林今當具到

局憲大人案下緣身前曾將室人金氏葬於二十五保十四啚恃字圩内逼近機器局房地土振動

心實不安自願遷葬請求給發遷費現蒙

局憲當局給發錢肆千文身親自如數領訖合具領狀所具押領是實

同治玖年叁月

日立具領狀王松林十

00052

王松林具領狀（1870年4月，同治九年三月）

荳字五號卷第一號

具領狀王松林今具到

正堂大老爺案下緣身前曾將室人金氏葬於二十五保十四啚恃字圩内逼近機器局房

地土振動心實不安自願遷葬請求給發遷費現蒙

正堂大老爺當局給發錢肆千文身親自如數領訖合具領狀所具押領是實

同治玖年叁月　日具領狀王松林十

00053

王松林具領狀（1870 年 4 月，同治九年三月）

基字五號卷第一號

具賣地切結業户楊敬山今具到

正堂大老爺案下實結得身有二十五保十四圖恃字圩第六十八號管業田貳分捌厘已出賣於

江南製造總局作為公用業已收領地價錢拾千陸百肆拾文交割清楚合具切結是實

同治九年四月　日立押領狀楊敬山十

楊敬山具賣地切結（1870 年 5 月，同治九年四月）

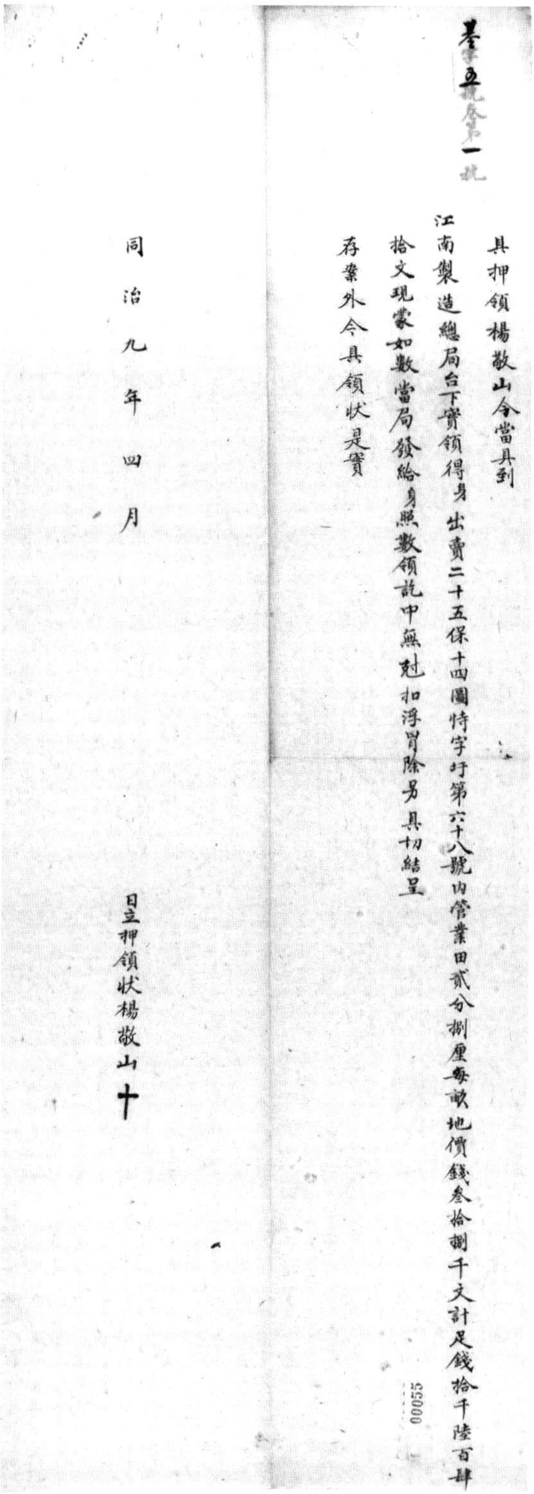
基字五號叁第一批

具押領楊敬山今當具到

江南製造總局台下實領得身出賣二十五保十四圖特字圩第六十八號内管業田貳分捌厘每畝地價錢叁拾捌千文計足錢拾千陸百肆

拾文現蒙如數當局發給身照數領訖中無剋扣浮冒除另具切結呈

存案外今具領狀是實

同治九年四月

日立押領狀楊敬山 十

00055

楊敬山具押領（1870年5月，同治九年四月）

基字五號卷第一冊

具賣地切結業户楊聖銓今具到

正堂大老爺案下實結得身有二十五保十四圖恃字圩第二十八號晉業田壹分肆厘陸毫已出賣於

江南製造總局作為公用業已收領地價錢伍千伍百肆拾捌文交割清楚合具切結是實

同治九年四月　日立押領狀楊聖銓 十

楊聖銓具賣地切結（1870年5月，同治九年四月）

基字五號卷第一號

具押領楊聖銓今當具到

江南製造總局台下寔領得身出賣二十五保十四圖恃字圩第二十八號内晉業田壹分肆厘陸毫每畝地價錢叁拾捌千文計足錢伍千伍百肆拾捌文現蒙如數當局發給身照數領訖中無短扣浮冒除另具切結呈存案外今具領狀是實

同治九年四月日立押領狀楊聖銓十

00057

楊聖銓具押領（1870年5月，同治九年四月）

基字五號卷第一號

具賣地切結業户林上聲今具到

正堂大老爺案下實結得身有二十五保十四圖恃字圩第七十八號會業田壹分壹厘伍毫已出賣於

江南製造總局作為公用業已收領地價錢叁千肆百伍拾文交割清楚合具切結是實

同治九年四月　日立押領狀林上聲

00058

林上聲具賣地切結（1870 年 5 月，同治九年四月）

基字五號卷第一號

具押領林上聲今當具到

江南製造總局台下實領得身出賣二十五保十四圖時字圩第七十八號內管業田壹分壹厘伍毫每畝地價錢叁拾千文計足錢叁千肆百伍拾文現蒙如數當

局發給身照數領訖中無剋扣浮冒除另具切結呈

存業外今具領狀是實

同治九年四月　日立押領狀林上聲

林上聲具押領（1870年5月，同治九年四月）

甚字五號卷第一號

具賣地切結業户楊步雲今具到

正堂大老爺案下實結得身有二十五保十四圖恃字圩第六十六號管業田伍分伍厘伍毫已出賣於

江南製造總局作爲公用業已收領地價錢貳拾壹千玖拾文交割清楚今具切結是實

同治九年四月　日立押領狀楊步雲

十

00060

楊步雲具賣地切結（1870年5月，同治九年四月）

基字五號卷第一號

具押領楊步雲今當具到

江南製造總局台下實領得身出賣二十五保十四圖特字圩第六十六號內管業田伍分伍厘伍毫每畝地價錢叁拾捌千文計足錢貳拾壹千玖拾

文現蒙如數當局發給身照數領訖中無赳扣浮冒除另具切結呈

存案外今具領狀是實

同治九年四月　日立押領狀楊步雲　十

19000

楊步雲具押領（1870 年 5 月，同治九年四月）

甚字五號卷第一號

具賣地切結業户楊步雲今具到

正堂大老爺案下實結得身有二十五保十四圖恃字圩第六十八號管業田肆分貳厘叁毫已出賣於

江南製造總局作為公用業已收領地價錢拾陸千零柒拾肆文交劉清楚合具切結是實

同治九年四月　　日立押領狀楊步雲

十

00062

楊步雲具賣地切結（1870 年 5 月，同治九年四月）

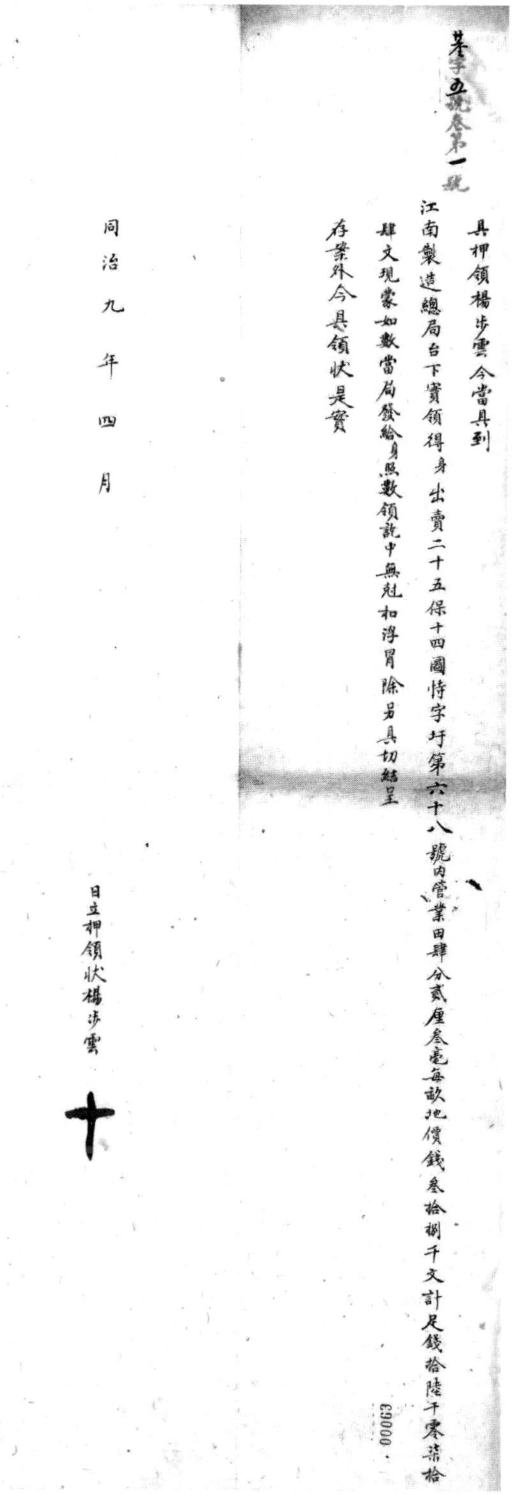
基字五號卷第一號

具押領楊步雲今當具到

江南製造總局台下實領得身出賣二十五保十四圖恃字圩第六十八號內管業田肆分貳厘叁毫每畝地價錢叁拾捌千文計足錢拾陸千零柒拾

肆文現蒙如數當局發給身照數領訖中無尅扣浮冒除另具切結呈

存案外今具領狀是實

同治九年四月

日立押領狀楊步雲

十

楊步雲具押領（1870年5月，同治九年四月）

甚字五號卷第一號

具押領楊步雲今當具到

江南製造總局台下實領得身出賣二十五保十四圖情字圩第二十八號內會業田壹分貳厘伍毫每畝地價錢叁拾捌千文計足錢肆千柒百伍拾文現蒙如數當局發給身照數領訖中無扣浮冒除另具切結呈

存案外今具領狀是實

同治九年四月　日立押領狀楊步雲

十

楊步雲具押領（1870年5月，同治九年四月）

基字五號卷第一號

具賣地切結業户楊步雲今具到

正堂大老爺案下賣結得身有二十五保十四圖恃字圩第二十八號管業田壹分貳厘伍毫已出賣於

江南製造總局作為公用業已收領地價錢肆千柒百伍拾文交割清楚合具切結是實

同治九年四月　日立押領狀楊步雲　十

00065

楊步雲具賣地切結（1870 年 5 月，同治九年四月）

基字五號卷第一批

具賣地切結業戶楊敬山今具到

正堂大老爺案下實結得身有二十五保十四圖恃字圩第二十八號會業田柒厘伍毫已出賣於

江南製造總局作爲公用業已收領地價錢貳千捌百伍拾文交割清楚今具切結是實

同治九年四月　日立押領狀楊敬山十

楊敬山具賣地切結（1870年5月，同治九年四月）

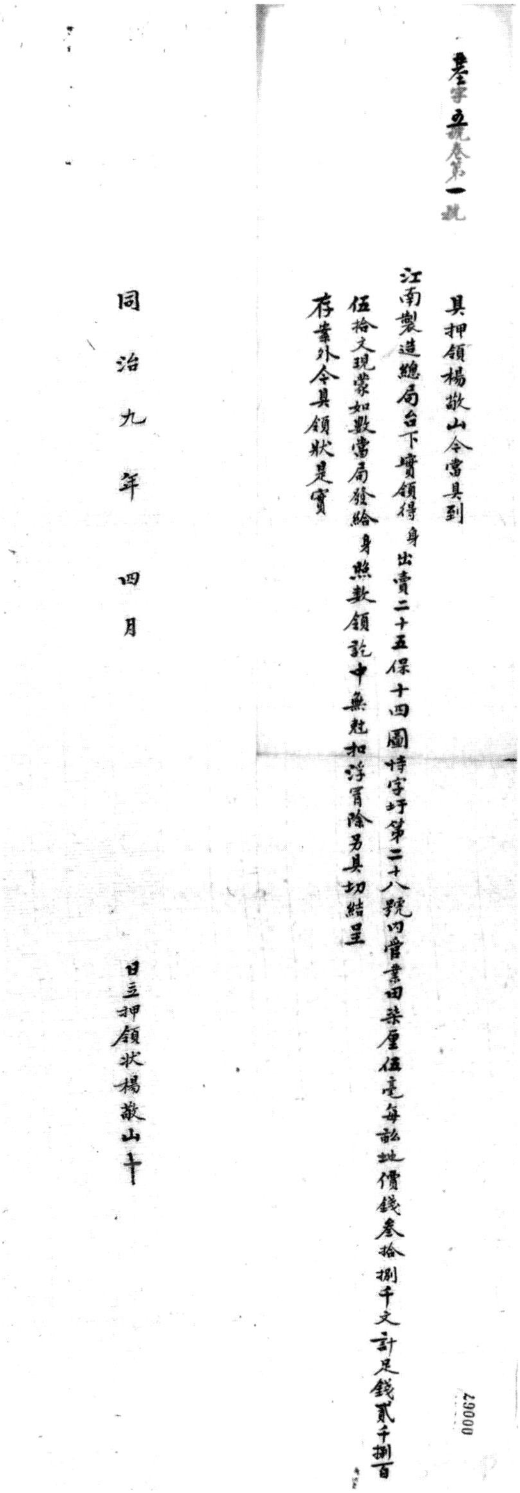

叁字五號叁第一號

具押領楊敬山今當具到

江南製造總局台下實領得身出賣二十五保十四圖時字圩第二十八號內曾業田柒厘伍毫每畝地價錢叁拾捌千文計足錢貳千捌百

伍拾文現蒙如數當局發給身照數領訖中無轇扣浮冒除另具切結呈

存案外今具領狀是實

同治九年四月　日立押領狀楊敬山十

楊敬山具押領（1870 年 5 月，同治九年四月）

基字五號卷第一號

具領狀林永昌今具到

正堂大老爺　案下緣身墳于二十五保十四啚恃字圩内逼近機器局房地土振動心實不安自願遷墳請求給發

遷費現蒙

江南製造總局當局給發錢壹千文身親自如數領訖合具領狀所具押領是實

同治玖年肆月　日具領狀林永昌　十

00068

林永昌具領狀（1870年5月，同治九年四月）

臺字三號卷第一號

具領狀林永昌今當具到

局憲大人案下緣身葬于二十五保十四啚恃字圩内逼近機器局房地土振動心實不安自願遷葬請求給發遷費

現蒙

局憲當局給發錢壹千文身親自如數領訖合具領狀所具押領是實

同治玖年肆月　　日立具領狀林永昌　十

00069

林永昌具領狀（1870年5月，同治九年四月）

基字五號卷第一號

具賣地切結業户林永昌今具到

正堂大老爺案下實結得身有二十五保十四圖恃字圩第七十二號管業田陸厘已出賣於

江南製造總局作爲公用業已收領地價錢壹千捌百文交割清楚合具切結是實

同治九年四月　日立押領狀林永昌

00070

林永昌具賣地切結（1870 年 5 月，同治九年四月）

巷字五號卷第一號

具押領林永昌今當具到
江南製造總局台下實領得身出賣二十五保十四圖時字圩第七十二號内實業田陞屋每畝地價錢叁拾千文計足錢壹千捌百文現蒙如數當
局發給身照數領訖中無短扣浮冒除另具切結呈
存案外今具領狀是實

同治九年四月　日立押領狀林永昌十

00071

林永昌具押領（1870 年 5 月，同治九年四月）

叁字五號卷第一號

具切結林永昌今具到

正堂大老爺案下實結得身出賣桃園内有桃樹叁株現蒙

製造總局憲發給移植工費每株錢伍百文共計錢壹千伍百文業已當局照數領訖除具領呈局存案外合具切結是實

同治九年四月日具切結林永昌 十

00072

林永昌具切結（1870年5月，同治九年四月）

𦍒字五號卷第一號

具押領林永昌今具到

江南製造總局台下實領得身移植桃樹叁株工費每株錢伍百文共計錢壹千伍百文現蒙

局憲如數當局給發身親自領訖合具領狀是實

同治九年四月　日具領狀林永昌

十

00279

林永昌具押領（1870年5月，同治九年四月）

基字五號卷第一號

具切結林永昌今具到

正堂大老爺案下實結得身出賣桃園內有桃樹叁株現蒙

製造總局憲發給移植工費每株錢伍百文共計錢壹千伍百文業已當局照數領訖除具領呈局存案外合具切結是實

同治九年四月　日具切結林永昌　十

林永昌具切結（1870年5月，同治九年四月）

基字五號卷第一號

具押領林永昌今具到

江南製造總局台下實領得身移植桃樹叁株工費每株錢伍百文共計錢壹千伍百文現蒙

局憲如數當局給發身親自領訖合具領狀是實

同治九年四月　日具領狀林永昌　十

00075

林永昌具押領（1870年5月，同治九年四月）

基字五號卷第一號

具賣地切結業户林永昌今具到

正堂大老爺案下實結得身有二十五保十四圖恃字圩第七十八號管業田壹分壹厘伍毫已出賣於

江南製造總局作爲公用業已收領地價錢叁千肆百伍拾文交割清楚合具切結是實

同治九年四月　　日立押領狀林永昌　十

00076

林永昌具賣地切結（1870 年 5 月，同治九年四月）

基字五號卷第一號

具押領林永昌今當具到
江南製造總局台下實領得身出賣二十五保十四圖恃字圩第七十八號內曾業田壹分壹厘伍毫每畝地價錢叁拾千文計足錢叁千肆百伍拾文現蒙如數當
局發給身照數領訖中無扯扣浮冒除另具切結呈
存案外合具領狀是實

同治九年四月　　日立押領狀林永昌 十

林永昌具押領（1870年5月，同治九年四月）

碁字五號卷第一號

具切結林上聲今具到

正堂大老爺案下實結得身出賣桃園內有桃樹貳株現蒙

製造總局憲發給移植工費每株錢伍百文共計錢壹千文業已當局照數領訖除具領呈局存案外合具切結是實

同治九年四月　日具切結林上聲

00078

林上聲具切結（1870 年 5 月，同治九年四月）

叁字五號卷第一號

具押領林上聲今具到

江南製造總局台下實領得身移植桃樹貳株工費每株錢伍百文共計錢壹千文現蒙

局憲如數當局給發身親自領訖合具領狀是實

同治九年四月　日具領狀林上聲

林上聲具押領（1870年5月，同治九年四月）

碁字五號卷第一號

具切結林上聲今具到

正堂大老爺案下實結得身出賣桃園內有花菓樹伍拾株，蔬菜壹園，現蒙

製造總局憲發給移植工費，總計錢伍千文，業已當局照數領訖，除具領呈局存案外，合具切結是實。

同治九年四月　日具切結林上聲

00080

林上聲具切結（1870年5月，同治九年四月）

基字五號卷第一號

具押領林上聲今具到

江南製造總局台下實領得身移植花菓樹伍拾株蔬菜壹園共計錢伍千文現蒙

局憲如數當局給發身親自領訖合具領狀是實

同治九年四月　日具領狀林上聲

林上聲具押領（1870 年 5 月，同治九年四月）

基字五號卷第一號

具賣地切結業户林上聲今具到

正堂大老爺案下實結得身有二十五保十四圖恃字圩第七十二號胥業田伍厘柒毫已出賣於

江南製造總局作為公用業已收領地價錢壹千柒百拾文交割清楚今具切結是實

同治九年四月　日立押領狀林上聲

林上聲具賣地切結（1870年5月，同治九年四月）

基字五號叁第一號

具押領林上聲今當具到

江南製造總局台下寔領得身出賣二十五保十四圖恃字圩第七十二號內嘗業田伍厘柒毫每畝地價錢叁拾千文計足錢壹千柒百拾文現蒙

如數當局發給身照數領訖中無尅扣浮冒除另具切結呈

存案外今具領狀是實

同治九年四月

日立押領狀林上聲

林上聲具押領（1870年5月，同治九年四月）

具切結楊桂春今具到

正堂大老爺案下實結得身出賣麥田內有麥苗壹畝柒分捌厘現蒙

製造總局憲發給移植工費每畝錢肆千文共計錢柒千壹百貳拾文業已當局照數領訖除具領呈局存案外合具切結是實

同治九年四月　日具切結楊桂春　十

00082

楊桂春具切結（1870年5月，同治九年四月）

具押領楊桂春今具到

江南製造總局台下實領得身移植麥苗壹畝柒分捌厘工費每畝錢肆千文共計錢柒千壹百貳拾文現蒙

局憲如數當局給發身親自領訖合具領狀是實

同治九年四月　日具領狀楊桂春十

楊桂春具押領（1870年5月，同治九年四月）

基字五號卷第一號

具賣地切結業戶楊桂春今具到

正堂大老爺案下實結得自有二十五保十四圖恃字圩第二十九號賣業田壹畝柒分捌厘已出賣於

江南製造總局作為公用業已收領地價錢陸拾柒千陸百肆拾文交割清楚合具切結是實

同治九年四月　　日立押領狀楊桂春十

楊桂春具賣地切結（1870年5月，同治九年四月）

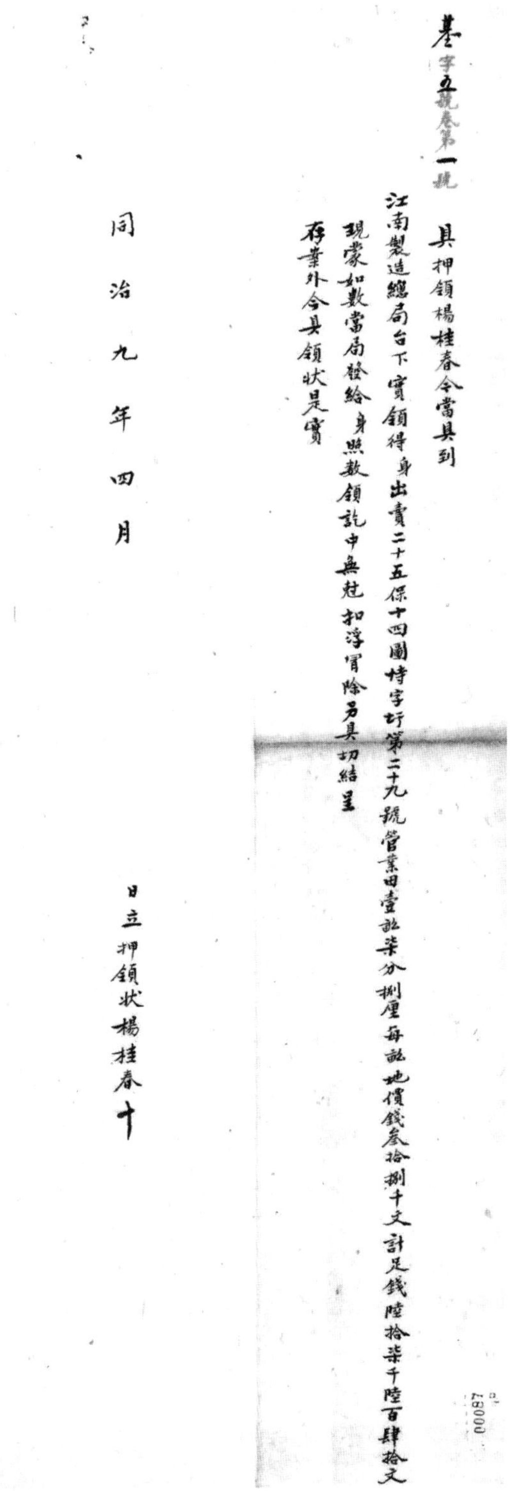
基字五號卷第一號

具押領楊桂春今當具到

江南製造總局台下實領得身出賣二十五保十四圖持字圩第二十九號管業田壹畝柒分捌厘每畝地價錢叁拾捌千文計足錢陸拾柒千陸百肆拾文

現蒙如數當局發給身照數領訖中無扣浮冒除另具切結呈

存業外合具領狀是實

同治九年四月　　日立押領狀楊桂春　十

楊桂春具押領（1870 年 5 月，同治九年四月）

基字五號卷第一號

具賣地切結業户張堅明今具到

正堂大老爺案下實結得身有二十五保十四圖恃字圩第七十二號管業田肆分柒厘玖毫已出賣於

江南製造總局作為公用業已收領地價錢貳拾千零壹百拾捌文交割清楚合具切結是實

同治九年四月　日立押領狀張堅明　十

張堅明具賣地切結（1870年5月，同治九年四月）

基字五號卷第一號

具押領張堅明今具到

江南製造總局臺下實領得身移植桃樹拾叁棵工費每株錢伍百文共計錢陸千伍百文現蒙

局憲如數當局給發身親自領訖合具領狀是實

同治九年四月　日具領狀張堅明

十

張堅明具押領（1870年5月，同治九年四月）

基字五號卷第一號

具切結張堅明今具到

正堂大老爺案下實結得身出賣桃園內有桃樹拾叁棵現蒙

製造總局憲發給移植工費每株錢伍百文共計錢陸千伍百文業已當局照數領訖除具領呈局存案外合具切結是實

同治九年四月　日具切結張堅明　十

00090

張堅明具切結（1870年5月，同治九年四月）

基字五號卷第一號

具押領張堅明今當具到

江南製造總局台下實領得身出賣二十五保十四圖恃字圩第七十二號內管業田肆分柒厘玖毫每畝地價錢肆拾貳千文計足錢貳拾千零壹百拾捌文現蒙如數當局發給身照數領領訖中無浮冒剋扣除另具切結呈存案外今具領狀是實

同治九年四月　日立押領狀張堅明 十

張堅明具押領（1870年5月，同治九年四月）

基字五號卷第一號

具賣地切結業户張堅明今具到

正堂大老爺案下實結得身有二十五保十四圖恃字圩第七十二號管業田玖分肆厘柒毫已出賣於

江南製造總局作為公用業已收領地價錢貳拾捌千肆百拾文交割清楚合具切結是實

同治九年四月　日立押領狀張堅明　十

00092

張堅明具賣地切結（1870年5月，同治九年四月）

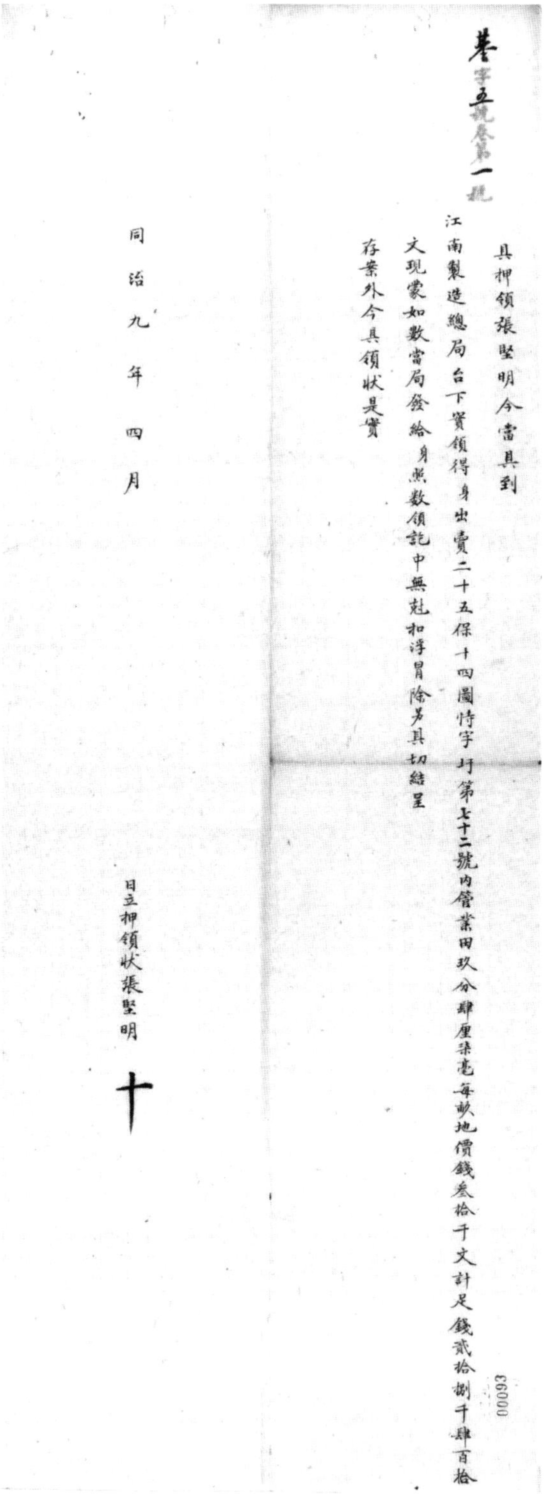

基字五號卷第一號

具押領張堅明今當具到

江南製造總局台下實領得身出賣二十五保十四圖恃字圩第七十二號内管業田玖分肆厘柒毫每畝地價錢叁拾千文計足錢貳拾捌千肆百拾

文現蒙如數當局發給身照數領訖中無虧扣浮冒除另具切結呈

存案外今具領狀是實

同治九年四月　　日立押領狀張堅明　十

00093

張堅明具押領（1870 年 5 月，同治九年四月）

基字五號卷第一號

具切結楊桂春今具到

正堂大老爺案下實結得身出賣麥田內有麥苗壹畝捌分肆厘陸毫現蒙

製造總局憲發給移植工費每畝錢肆千文共計錢柒千叁百捌拾肆文業已當局照數領訖除具領呈局存案外合具切結是實

同治九年四月　日具切結楊桂春十

楊桂春具切結（1870年5月，同治九年四月）

巻字五號卷第一號

具押領楊桂春今具到

江南製造總局臺下實領得身移植麥苗壹畝捌分肆厘六毫工費每畝錢肆千文共計錢柒千叁百捌拾肆文現蒙

局憲如數當局給發身親自領訖合具領狀是實

同治九年四月　日具領狀楊桂春 十

00095

楊桂春具押領（1870 年 5 月，同治九年四月）

基字五號卷第一號

具賣地切結業戶楊桂春今具到

正堂大老爺業下實結得身有二十五保十四圖恃字圩第十九號沓業田壹畝捌分肆厘陸毫已出賣於

江南製造總局作爲公用業已收領地價錢柒拾千壹百肆拾捌文交割清楚合具切結是實

同治九年四月　日立押領狀楊桂春十

00096

楊桂春具賣地切結（1870年5月，同治九年四月）

基字五號卷第一號

具押領楊桂春今當 具到

江南製造總局台下實領得身出賣二十五保十四圖恃字圩第十九號內管業田壹畝捌分肆厘陸毫每畝地價錢叁拾捌千文計足錢柒拾千壹百

肆拾捌文現蒙如數當局發給身照數領訖中無短扣浮冒除另具切結呈

在案外今具領狀是寔

同治九年四月

日立押領狀楊桂春 十

00097

楊桂春具押領（1870年5月，同治九年四月）

基字五號卷第一號

具賣地切結業户陳紹先今具到

正堂大老爺案下實結得身有二十五保十四圖恃字圩第五十七號管業田壹畝壹分肆厘柒毫已出賣於

江南製造總局作為公用業已收領地價錢肆拾捌千壹百柒拾肆文交割清楚合具切結是實

同治九年四月　日立押領狀陳紹先 十

00098

陳紹先具賣地切結（1870 年 5 月，同治九年四月）

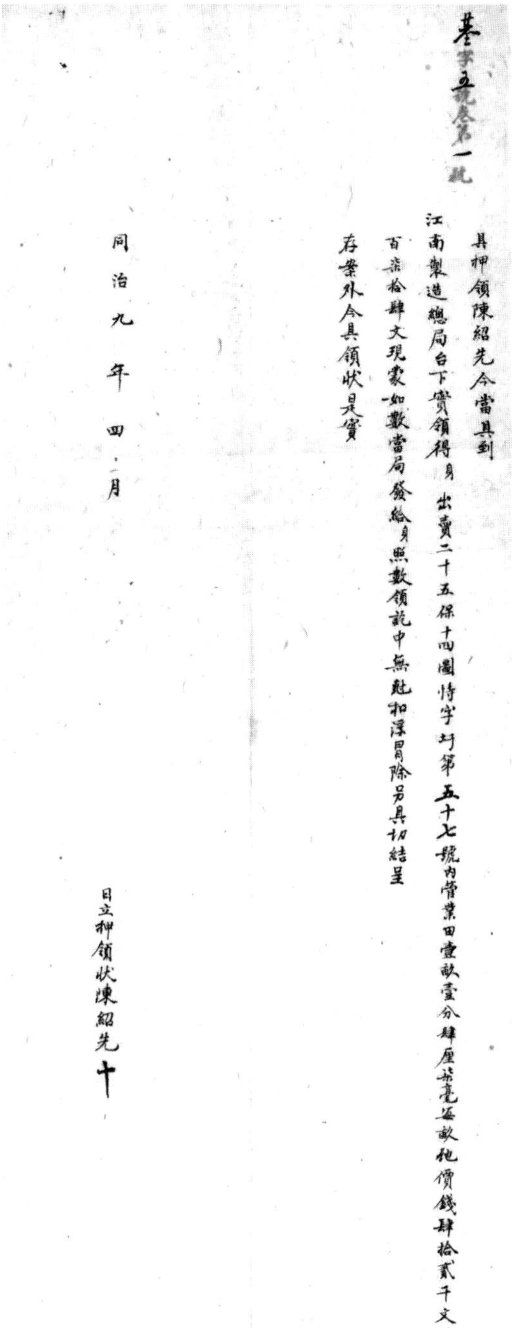
基字五號卷第一號
具押領陳紹先今當具到
江南製造總局台下實領得身出賣二十五保十四圖恃字圩第五十七號內管業田壹畝壹分肆厘柒毫每畝租價錢肆拾貳千文計足錢肆拾捌千壹
百柒拾肆文現蒙如數當局發給身照數領訖中無虧扣漂冒除另具切結呈
存案外今具領狀是實
同治九年四月
日立押領狀陳紹先 十

陳紹先具押領（1870 年 5 月，同治九年四月）

基字五號卷第一號

具賣地切結業户陳紹先今具到

正堂大老爺案下實結得身有二十五保十四圖恃字圩第五十九號管業田壹分壹毫已出賣於

江南製造總局作爲公用業已收領地價錢肆千貳百肆拾貳文交割清楚合具切結是實

同治九年四月　　日立押領狀陳紹先　十

00100

陳紹先具賣地切結（1870年5月，同治九年四月）

基字五號卷第一號

具押領陳紹先今當具到

江南製造總局台下實領得身 出賣二十五保十四圖恃字圩第五十九號內管業田壹分壹毫每畝地價錢肆拾貳千文計足錢肆千貳百肆拾貳文現蒙如數當局發給身照數領訖中無剋扣浮冒除另具切結呈

存業外今具領狀是實

同治九年四月　日立押領狀陳紹先 十

陳紹先具押領（1870年5月，同治九年四月）

基字五號卷第一號

具切結陳紹先今具到

正堂大老爺案下緣身有大瓦房叁間小瓦房弍間坐落二十五保十四啚今蒙

江南製造總局憲諭令遷移並蒙給發遷費計大瓦房每間錢叁拾伍千文小瓦房每間錢貳拾捌千文統共錢壹百陸拾壹千文業已當局

照數領訖除具領狀呈局存案外合具切結是實

同治玖年肆月　日具切結陳紹先十

00102

陳紹先具切結（1870 年 5 月，同治九年四月）

基字五號卷第一號

具賣地切結業户陳紹先今具到

正堂大老爺案下實結得身有二十五保十四圖恃字圩第三十號會業田壹分肆厘貳毫已出賣於

江南製造總局作為公用業已收領地價錢伍千叁百玖拾陸文交割清楚今具切結是實

同治九年四月　日立押領狀陳紹先十

陳紹先具賣地切結（1870年5月，同治九年四月）

基字五號卷第一號

具押領陳紹先今當具到

江南製造總局台下實領得身出賣二十五保十四圖恃字圩第三十號內管業田壹分肆厘貳毫每畝地價錢叁拾捌千文計足錢伍千叁百玖拾陸文現蒙如數當局發給身照數領訖中無尅扣浮冒除另具切結呈存案外今具領狀是實

同治九年四月　日立押領狀陳紹先　十

陳紹先具押領（1870 年 5 月，同治九年四月）

基字五號卷第一號

具押領陳紹先今領到

江南製造總局憲台下發給身遷移大瓦房叁間遷費每間錢叁拾伍千文又小瓦房貳間遷費每間錢貳拾捌千文統共錢壹百陸拾壹千

文現蒙

局憲當面發給身親自照數領訖中無剋扣浮冒合具領狀是實

同治玖年肆月　日具領狀陳紹先十

陳紹先具押領（1870年5月，同治九年四月）

基字五號卷第一號

具賣地切結業户陳紹先今具到

正堂大老爺案下實結得身有二十五保十四圖恃字圩第六十號管業田壹分伍厘伍毫已出賣於

江南製造總局作為公用業已收領地價錢陸千伍百拾文交割清楚今具切結是實

同治九年四月

日立押領狀陳紹先十

00106

陳紹先具賣地切結（1870年5月，同治九年四月）

基字五號卷第一號

具押領陳紹先今當具到

江南製造總局台下實領得身出賣二十五保十四圖時字圩第六十號內管業田壹分伍厘伍毫每畝地價錢肆拾貳千文計足錢陸千伍百拾文

現蒙如數當局發給身照數領訖中無剋扣浮冒除另具切結呈

存案外今具領狀是實

同治九年四月　日立押領狀陳紹先　十

陳紹先具押領（1870年5月，同治九年四月）

基字五號卷第一號

具賣地切結業户陳紹先今具到

正堂大老爺台下實結得身有二十五保十四圖恃字圩第五十八號管業田壹畝貳分捌厘壹毫已出賣於

江南製造總局作爲公用業已收領地價錢伍拾叁千捌百貳文交割清楚合具切結是實

同治九年四月　日立押領狀陳紹先十

00108

陳紹先具賣地切結（1870年5月，同治九年四月）

基字五號卷第一號

具押領陳紹先今當具到
江南製造總局台下實領得身出賣二十五保十四圖持字圩第五十八號內管業田壹畝貳分捌厘壹毫每畝地價錢肆拾貳千文計足錢伍拾叁千捌百貳文現錢如數當局發給身照數領訖中無短扣浮冒除另具切結呈
存案外今具領狀是實

同治九年四月

具押領狀陳紹先 十

60100

陳紹先具押領（1870 年 5 月，同治九年四月）

基字五號卷第一號

具切結楊聖銓今具到

正堂大老爺案下實結得身出貲麥田內有麥苗貳畝壹分柒厘壹毫現蒙

製造總局憲發給移植工貲每畝錢肆千文共計錢捌千陸百捌拾肆文業已當局照數領訖除具領呈局存案外合具切結是實

同治九年四月日具切結楊聖銓十

00110

楊聖銓具切結（1870年5月，同治九年四月）

巷字五號卷第一號

具押領楊聖銓今具到

江南製造總局臺下實領得身移植麥苗貳畝壹分柒厘壹毫工費每畝錢肆千文共計錢捌千陸百捌拾肆文現蒙

局憲如數當局給發身親自領訖合具領狀是實

同治九年四月　日具領狀楊聖銓 十

00111

楊聖銓具押領（1870年5月，同治九年四月）

基字五號卷第一號

具賣地切結業户楊聖銓今具到

正堂大老爺案下實結得身有二十五保十四圖恃字圩第三十號曾業田貳畝壹分柒厘壹毫已出賣於

江南製造總局作爲公用業已收領地價錢捌拾貳千肆百玖拾捌文交割清楚今具切結是實

同治九年四月　日立押領狀楊聖銓 十

00112

楊聖銓具賣地切結（1870年5月，同治九年四月）

基字五號卷第一號

具押領楊聖銓今當具到
江南製造總局台下實領得身出賣二十五保十四圖恃字圩第三十號內會業田貳畝壹分柒厘壹毫每畝地價錢叁拾捌千文計足錢捌拾貳千肆
百玖拾捌文現蒙如數當局發給身照數領訖中無短扣浮冒除另具切結呈
存案外今具領狀是實

同治九年四月　日立押領狀楊聖銓　十

楊聖銓具押領（1870年5月，同治九年四月）

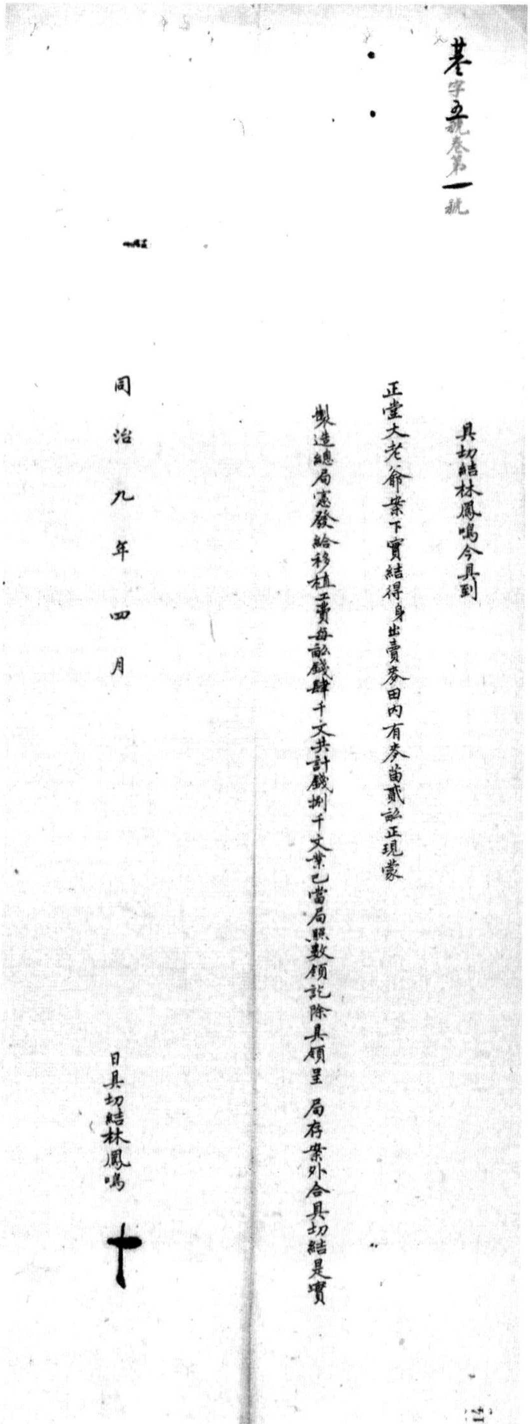

基字五號卷第一號

具切結林鳳鳴今具到

正堂大老爺案下實結得身出賣麥田內有麥苗貳畝正現蒙

製造總局憲發給移植工費每畝錢肆千文共計錢捌千文業已當局照數領訖除具領呈局存案外合具切結是實

同治九年四月　日具切結林鳳鳴 十

21100

林鳳鳴具切結（1870 年 5 月，同治九年四月）

叁字五號卷第一號

具押領林鳳鳴今具到

江南製造總局台下實領得身移植麥苗貳畝正工費每畝錢肆千文共計錢捌千文現蒙

局憲如數當局給發身親自領訖合具領狀是實

同治九年四月

日具領狀林鳳鳴

十

林鳳鳴具押領（1870年5月，同治九年四月）

基字五號卷第一號

具賣地切結業戶林鳳鳴今具到

正堂大老爺 案下實結得身有二十五保十四圖恃字圩第二十九號管業田貳畝正已出賣於

江南製造總局作爲公用業已收領地價錢柒拾陸千文交割清楚今具切結是實

同治九年四月 日立押領狀林鳳鳴 十

00116

林鳳鳴具賣地切結（1870 年 5 月，同治九年四月）

基字五號卷第一號

具押領林鳳鳴今當具到

江南製造總局台下實領得身出賣二十五保十四圖恃字圩第二十九號內實業田貳畝正每畝地價錢叁拾捌千文計足錢柒拾陸千文現蒙如

數當局發給身照數領訖中無短扣浮冒除另具切結呈

存案外今具領狀是實

同治九年四月　日立押領狀林鳳鳴 十

林鳳鳴具押領（1870 年 5 月，同治九年四月）

巷字五號卷第一號

具切結黄茂全今具到
正堂大老爺案下實結得身出賣桃園内有桃樹伍株現蒙
製造總局憲發給移植費每株錢伍百文共計錢貳千伍百文業已當局照數領訖除具領呈局存案外合具切結是實

同治九年四月日具切結黄茂全 十

00118

黄茂全具切結（1870年5月，同治九年四月）

基字五號卷第一號

具押領黃茂全今具到

江南製造總局台下實領得身移植桃樹伍株工費每株錢伍百文共計錢貳千伍百文現蒙

局憲如數當局給發身親自領訖合具領狀是實

同治九年四月　日具領狀黃茂全

黃茂全具押領（1870年5月，同治九年四月）

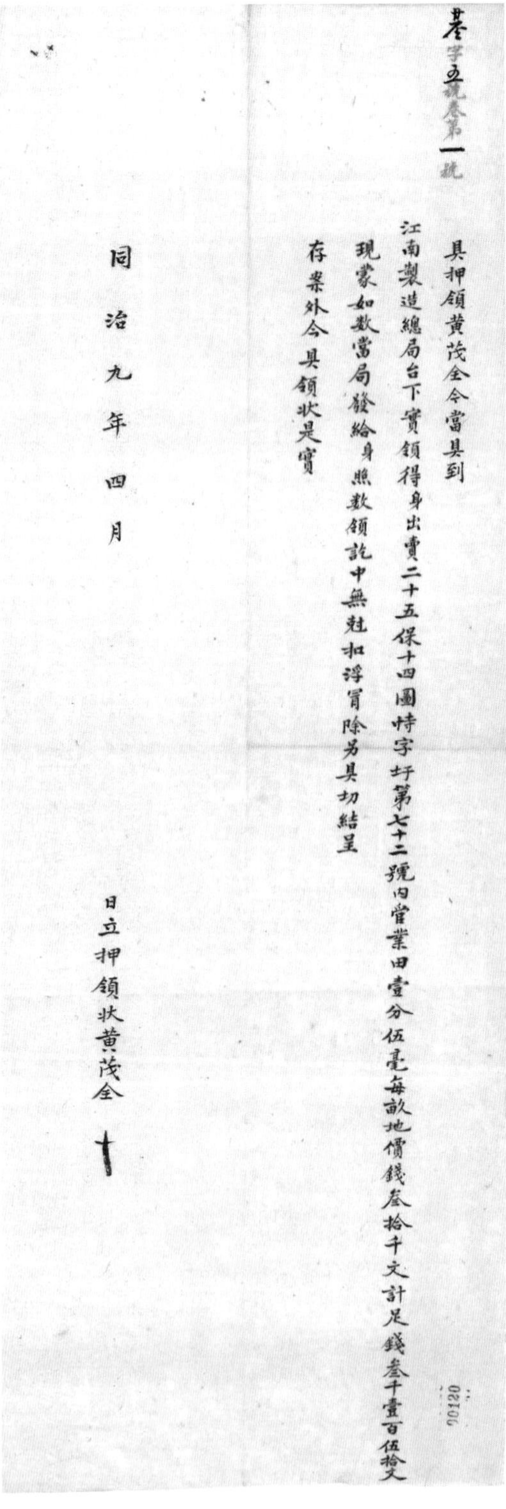
基字五號卷第一號

具押領黃茂全今當具到

江南製造總局台下實領得身出賣二十五保十四圖特字圩第七十二號內當業田壹分伍毫每畝地價錢叁拾千文計足錢叁千壹百伍拾文

現蒙如數當局發給身照數領訖中無短扣浮冒除另具切結呈

存案外今具領狀是實

同治九年四月　日立押領狀黃茂全　十

00120

黃茂全具押領（1870 年 5 月，同治九年四月）

基字五號卷第一號

具賣地切結業户黄茂全今具到

正堂大老爺案下寔結得身有二十五保十四圖恃字圩第七十二號营業田壹分伍毫已出賣於

江南製造總局作爲公用業已收領地價錢叁千壹百伍拾文交割清楚合具切結是實

同治九年四月

日立押領狀黄茂全十

00121

黄茂全具賣地切結（1870年5月，同治九年四月）

茎字五號卷第一號

具押領林茂生今具到

江南製造總局台下實領得身移植桃樹陸株工費每株錢伍百文共計錢叁千文現蒙

局憲如數當局給發身親自領訖合具領狀是實

同治九年四月　日具領狀林茂生十

林茂生具押領（1870年5月，同治九年四月）

基字五號卷第一號

具切結林茂生今具到

正堂大老爺案下實結得身出賣桃園内有桃樹陸株現蒙

製造總局憲發給移植工費每株錢伍百文共計錢叁千文業已當局照數領訖除具領呈 局存案外合具切結是實

同治九年四月

日具切結林茂生 十

林茂生具切結（1870 年 5 月，同治九年四月）

基字五號叁第一號

具領狀林茂生今具到

正堂大老爺案下緣身葬于二十五保十四啚恃字圩内逼近機器局房地土振動心實不安自願遷葬請求給發

遷費現蒙

江南製造總局當局給發錢叁千文身親自如數領訖合具領狀是實

同治玖年肆月　日具領狀林茂生十

林茂生具領狀（1870 年 5 月，同治九年四月）

叁字五號卷第一號

具領狀林茂生今當具到

局憲大人案下緣身　葬于二十五保十四啚恃字圩内逼近機器局房地土振動心實不安自願遷葬請求給發遷費

現蒙

局憲當局給發錢叁千文身親自如數領訖合具領狀是實

同治玖年肆月　日具領狀林茂生　十

00125

林茂生具領狀（1870年5月，同治九年四月）

基字五號卷第一號

具賣地切結業户林茂生今具到

正堂大老爺案下實結得身有二十五保十四圖侍字圩第七十二號曾業田肆厘伍毫已出賣於

江南製造總局作爲公用業已收領地價錢壹千叁百伍拾文文割清楚合具切結是實

同治九年四月　　日立押領狀林茂生十

林茂生具賣地切結（1870年5月，同治九年四月）

基字五號叁第一號

具押領林茂生今當具到

江南製造總局台下實領得身出賣二十五保十四圖恃字圩第七十二號内管業田肆厘伍毫每畝地價錢叁拾千文計足錢壹千叁百伍拾文現蒙如數

當局發給身照數領訖中無短扣浮冒除另具切結呈

存案外合具領狀是實

同治九年四月　日立押領狀林茂生十

00127

林茂生具押領（1870年5月，同治九年四月）

基字五號卷第一號

具切結林虎金今具到

正堂大老爺案下實結得身出賣桃園內有桃樹伍株現蒙

製造總局憲發給移植工費每株錢伍百文共計錢貳千伍百文業已當局照數領訖除具領呈局存案外合具切結是實

同治九年四月　日具切結林虎金 十

00128

林虎金具切結（1870年5月，同治九年四月）

基字五號卷第一號

具押領林虎金今具到
江南製造總局台下實領得身移植桃樹伍株工費每株錢伍百文共計錢貳千五百文現蒙
局憲如數當局給發身親自領訖合具領狀是實

同治九年四月　日具領狀林虎金
十

00129

林虎金具押領（1870 年 5 月，同治九年四月）

甚字五號卷第一號

具賣地切結業户林虎金今具到

正堂大老爺案下實結得身有二十五保十四圖恃字圩第七十二號管業田肆厘伍毫已出賣於

江南製造總局作爲公用業已收領地價錢壹千叁百伍拾文交割清楚合具切結是實

同治九年四月

日立押領狀林虎金 十

00130

林虎金具賣地切結（1870 年 5 月，同治九年四月）

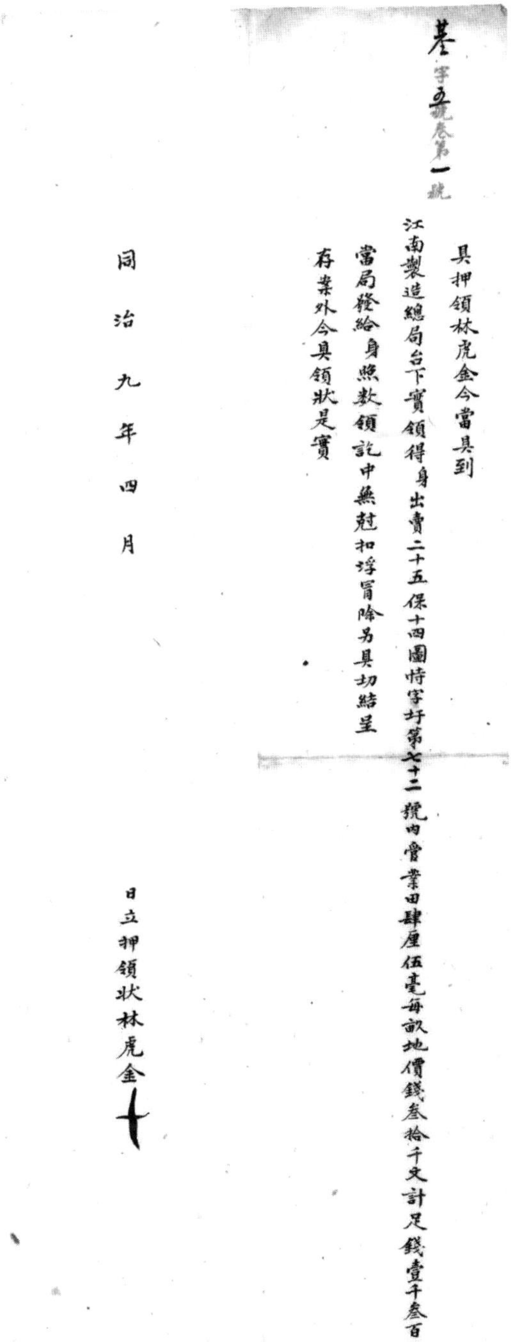

基字五號卷第一號

具押領林虎金今當具到
江南製造總局台下實領得身出賣二十五保十四圖恃字圩第七十二號內會業田肆厘伍毫每畝地價錢叁拾千文計足錢壹千叁百伍拾文現蒙如數
當局發給身照數領訖中無尅扣浮冒除另具切結呈
存案外今具領狀是實

同治九年四月　日立押領狀林虎金十

00131

林虎金具押領（1870 年 5 月，同治九年四月）

巷字五號卷第一號

具押領林渭生今具到

江南製造總局台下實領得身移植桃樹貳株工費每株錢伍百文共計錢壹千文現蒙

局憲如數當局給發身親自領訖合具領狀是實

同治九年四月　日具領狀林渭生（押）

00132

林渭生具押领（1870年5月，同治九年四月）

基字五號卷第一號

具切結林渭生今具到

正堂大老爺案下實結得身出賣桃園內有桃樹貳株現蒙

製造總局憲發給移植工費每株錢伍百文共計錢壹千文業已當局照數領訖除具領呈 局存案外合具切結是實

同治九年四月　日具切結林渭生

00133

林渭生具切結（1870 年 5 月，同治九年四月）

基字五號卷第一號

具押領林渭生今當具到

江南製造總局台下實領得身出賣二十五保十四圖恃字圩第七十二號內曾業田肆釐伍毫每畝地價錢叁拾千文計足錢壹千叁百伍拾文現蒙如數

當局發給身照數領訖中無短扣浮冒除另具切結呈

存案外今具領狀是實

同治九年四月　日立押領狀林渭生　押

林渭生具押領（1870年5月，同治九年四月）

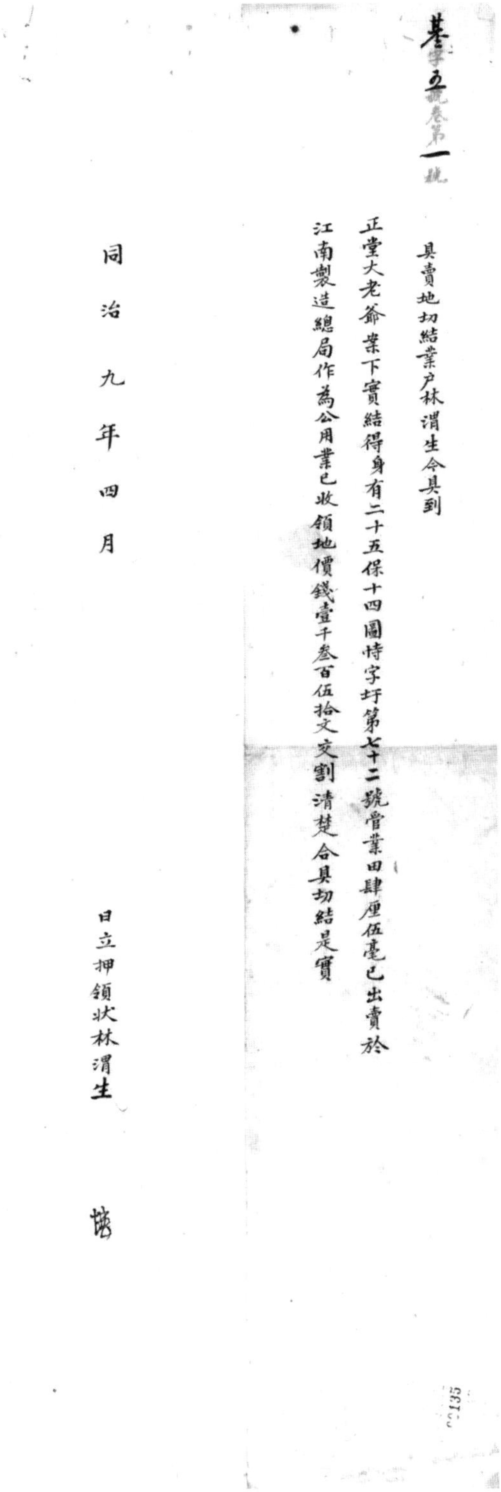

基字五號卷第一號

具賣地切結業户林渭生今具到

正堂大老爺案下實結得身有二十五保十四圖恃字圩第七十二號曾業田肆厘伍毫已出賣於

江南製造總局作爲公用業已收領地價錢壹千叁百伍拾文交割清楚合具切結是實

同治九年四月　日立押領狀林渭生

林渭生具賣地切結（1870 年 5 月，同治九年四月）

荃字五號卷第一批

具切結楊敬山今具到

正堂大老爺案下實結得身出賣麥田内有麥苗壹畝捌分肆厘伍毫現蒙

製造總局憲發給移植工費每畝錢肆千文共計錢柒千叁百捌拾文業已當局照數領訖除具領呈局存案外合具切結是實

同治九年四月　日具切結楊敬山十

00136

楊敬山具切結（1870年5月，同治九年四月）

基字五號卷第一號

具押領楊敬山今具到

江南製造總局臺下實領得身移植麥苗壹畝捌分肆厘伍毫工費每畝錢肆千文共計錢柒千叁百捌拾文現蒙

局憲如數當局給發身親自領訖合具領狀是實

同治九年四月　日具領狀楊敬山十

楊敬山具押領（1870年5月，同治九年四月）

基字五號卷第一號

具賣地切結業户楊殿仁今具到

正堂大老爺案下實結得身有二十五保十四圖恃字圩第二十八號曾業田叁分叁毫已出賣於

江南製造總局作為公用業已收領地價錢壹拾壹千伍百壹拾肆文交割清楚合具切結是實

同治九年四月　日立押領狀楊殿仁　十

00138

楊殿仁具賣地切結（1870年5月，同治九年四月）

巷字五號卷第一號

具押領楊殿仁今當具到

江南製造總局台下寔領得身出賣二十五保十四圖恃字圩第二十八號内實實田叁分叁毫每畝地價錢叁拾捌千文計足錢拾壹千伍百拾肆文現

蒙如數當局發給身照數領訖中無尅扣浮冒除另具切結呈

存案外今具領狀是實

同治九年四月　日立押領狀楊殿仁十

楊殿仁具押領（1870年5月，同治九年四月）

巷字五號卷第一號

具賣地切結業户楊萬年今具到
正堂大老爺案下實結得身有二十五保十四圖恃字圩第二十八號曾業田壹分陸厘陸毫已出賣於
江南製造總局作爲公用業已收領地價錢陸千叁百捌文交割清楚合具切結是實

同治九年四月　日立押領狀楊萬年　十

楊萬年具賣地切結（1870年5月，同治九年四月）

基字五號卷第一號

具押領楊萬年今當具到

江南製造總局台下實領得身出賣二十五保十四圖特字圩第二十八號內曾業田壹分陸厘陸毫每畝地價錢叁拾捌千文計足錢陸千叁百捌文現蒙

如數當局發給身照數領訖中無短扣浮冒除另具切結呈

存案外今具領狀是實

同治九年四月　日立押領狀楊萬年　十

楊萬年具押領（1870 年 5 月，同治九年四月）

茎字五號卷第一號

具賣地切結業户陳金南今具到

正堂大老爺案下實結得身有二十五保十四圖恃字圩第五十號管業田叁分正己出賣於

江南製造總局作為公用業已收領地價錢拾壹千肆伯文交割清楚合具切結是實

同治九年四月日立押領狀陳金南 十

陳金南具賣地切結（1870 年 5 月，同治九年四月）

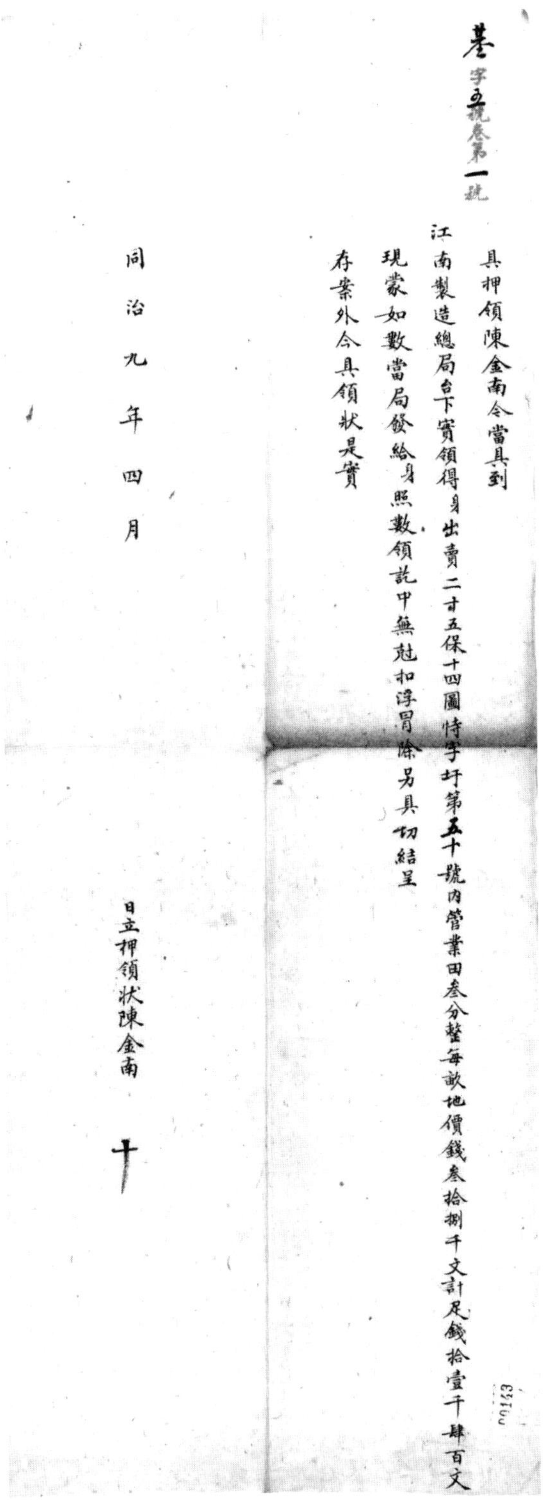
基字五號卷第一號

具押領陳金南今當具到
江南製造總局台下實領得身出賣二十五保十四圖恃字圩第五十號内管業田叁分整每畝地價錢叁拾捌千文計足錢拾壹千肆百文
現蒙如數當局發給身照數領訖中無尅扣浮冒除另具切結呈
存案外合具領狀是實

同治九年四月　日立押領狀陳金南　十

00143

陳金南具押領（1870 年 5 月，同治九年四月）

基字五號卷第一號

具賣地切結業戶楊錫春今具到

正堂大老爺案下寔結得身有二十五保十四圖恃字圩第二十八號晉業田捌厘叁毫已出賣於

江南製造總局作為公用業已收領地價錢叁千壹百伍拾肆文交割清楚合具切結是實

同治九年四月　日立押領狀楊錫春

00155

楊錫春具賣地切結（1870年5月，同治九年四月）

基字五號卷第一號

具押領楊錫春今當具到
江南製造總局台下實領得身出賣二十五保十四圖恃字圩第二十八號內管業田捌厘叁毫每畝地價錢叁拾捌千文計足錢叁千壹百伍拾肆文現蒙如數當局發給身照數領訖中無尅扣浮冒除另具切結呈
存案外今具領狀是實

同治九年四月　日立押領狀楊錫春

楊錫春具押領（1870 年 5 月，同治九年四月）

基字五號卷第一號

具賣地切結業户姚克昌今具到

正堂大老爺臺下實結得身有二十五保十四圖恃字圩第六十五號管業田叁分伍厘肆毫已出賣於

江南製造總局作為公用業已收領地價錢拾叁千肆百伍拾貳文交割清楚合具切結是實

同治九年四月　日立押領狀姚克昌

十

20146

姚克昌具賣地切結（1870年5月，同治九年四月）

基字五號叁第一號

具押領姚克昌今當具到

江南製造總局台下實領得身出賣二十五保十四圖情字圩第六十五號內管業田叁分伍厘肆毫每畝地價錢叁拾捌千文計足錢拾叁千

肆百伍拾貳文現蒙如數當局發給身照數領訖中無剋扣浮冒除另具切結呈

存案外今具領狀是實

同治九年四月　日立押領狀姚克昌　十

姚克昌具押領（1870 年 5 月，同治九年四月）

基字五號卷第一號

具賣地切結業户范秀山今具到

正堂大老爺案下實結得身有二十五保十四圖恃字圩第六十八號管業田肆分叁厘叁毫已出賣於

江南製造總局作為公用業已收領地價錢拾陸千肆百伍拾肆文交割清楚合具切結是實

同治九年四月　日立押領狀范秀山十

范秀山具賣地切結（1870年5月，同治九年四月）

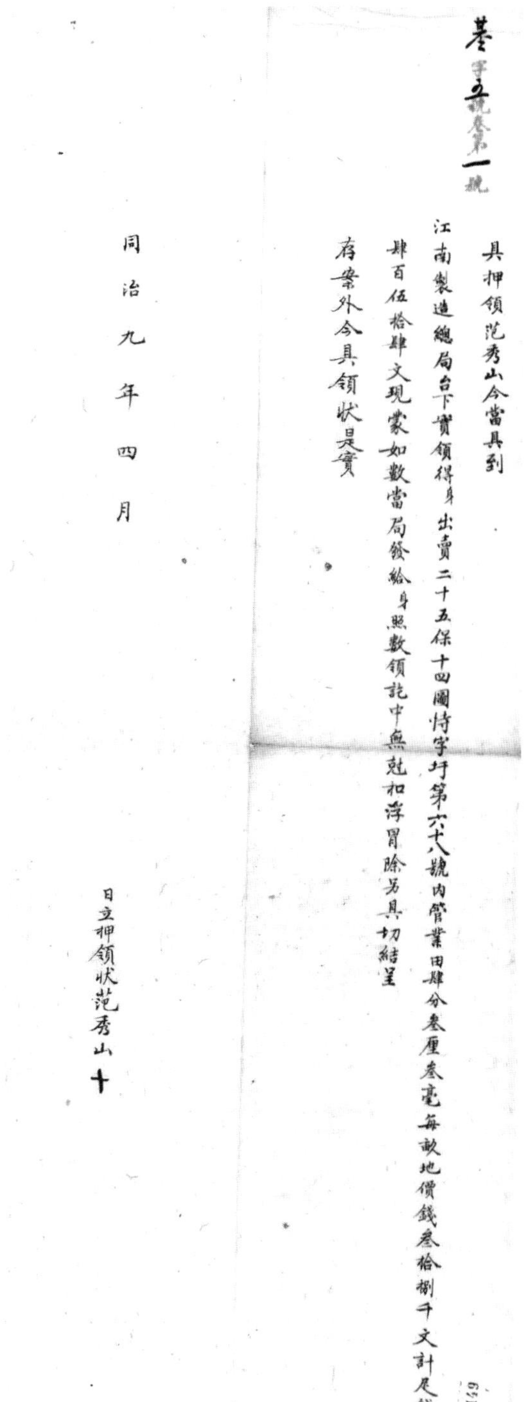
基字五號卷第一號

具押領范秀山今當具到

江南製造總局台下實領得身出賣二十五保十四圖恃字圩第六七八號內管業田肆分叁厘叁毫每畝地價錢叁拾捌千文計足錢拾陸千

肆百伍拾肆文現蒙如數當局發給身照數領訖中無蝕扣浮冒除另具切結呈

存案外今具領狀是實

同治九年四月

日立押領狀范秀山 十

范秀山具押領（1870 年 5 月，同治九年四月）

基字五號卷第一號

具賣地切結業户陳裕勳今具到

正堂大老爺案下實結得身有二十五保十四圖恃字圩第七十六號㕵業田叁分正已出賣於

江南製造總局作爲公用業已收領地價錢拾壹千肆百文交割清楚合具切結是實

同治九年四月　　日立押領狀陳裕勳

00150

陳裕勳具賣地切結（1870 年 5 月，同治九年四月）

基字五號卷第一號

具押領陳裕勳今當具到
江南製造總局台下實領得身出賣二十五保十四圖恃字圩第七十六號內管業田叁分正每畝地價錢叁拾捌千文計足錢拾壹千肆百文現蒙如數當
局發給身照數領訖中無短扣浮冒除另具切結呈
存案外今具領狀是實

同治九年四月　日立押領狀陳裕勳

陳裕勳具押領（1870年5月，同治九年四月）

基字五號卷第一號

具賣地切結業户張文保今具到

正堂大老爺案下實結得身有二十五保十四圖恃字圩第六十七號管業田肆分陸厘貳毫已出賣於

江南製造總局作為公用業已收領地價錢拾柒千伍百伍拾陸文交割清楚合具切結是實

同治九年四月　日立押領狀張文保 十

152

張文保具賣地切結（1870 年 5 月，同治九年四月）

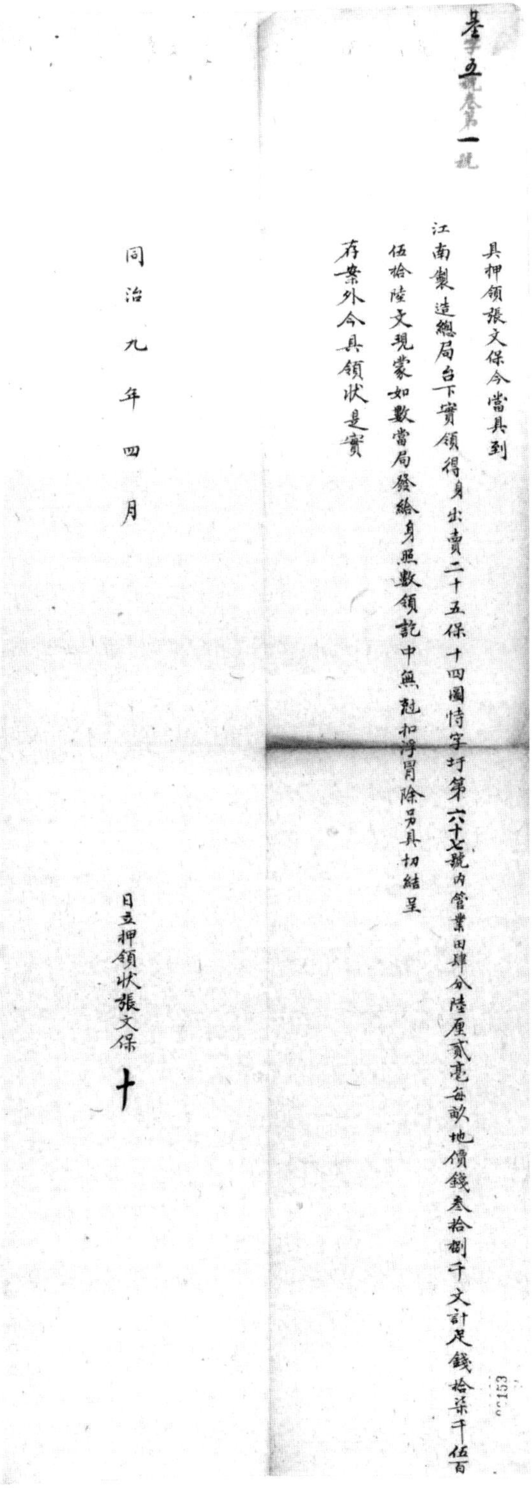
恃字五號卷第一號

具押領張文保今當具到
江南製造總局台下實領得身出賣二十五保十四圖恃字圩第六十七號內管業田肆分陸厘貳毫每畝地價錢叁拾捌千文計足錢拾柒千伍百
伍拾陸文現洋如數當局發給身照數領訖中無短扣浮冒除另具切結呈
存案外今具領狀是實

同治九年四月
日立押領狀張文保 十

00153

張文保具押領（1870 年 5 月，同治九年四月）

基字五號卷第一號

具賣地切結業户張士英今具到

正堂大老爺案下實結得身有二十五保十四圖恃字圩第七十二號管業田貳分陸厘柒毫已出賣於

江南製造總局作為公用業已收領地價錢捌千拾文文對清楚合具切結是實

同治九年四月　日立押領狀張士英 十

張士英具賣地切結（1870年5月，同治九年四月）

基字五號卷第一號

具押領張士英今當具到

江南製造總局台下實領得身出賣二十五保十四圖恃字圩第七十二號內管業田貳分陸厘柒毫每畝地價錢叁拾千文計足錢捌千拾文

現蒙如數當局發給身照數領訖中無剋扣浮冒除另具切結呈

存案外今具領狀是實

同治九年四月　日立押領狀張士英 十

張士英具押領（1870 年 5 月，同治九年四月）

基字五號卷第一號

具切結張士英今具到

正堂大老爺案下實結得身出責桃園内有桃樹伍株現蒙

製造總局憲發給移植工費每株錢伍百文共計錢貳千伍百文業已當局照數領訖除具領呈局存案外合具切結是實

同治九年四月日具切結張士英 十

00156

張士英具切結（1870年5月，同治九年四月）

基字五號卷第一號

具押領張士英今具到

江南製造總局台下實領得身移植桃樹伍株工費每株錢伍百文共計錢貳千伍百文現蒙

局憲如數當局給發身親自領訖合具領狀是實

同治九年四月　日具領狀張士英

十

00157

張士英具押領（1870 年 5 月，同治九年四月）

基字五號卷第一號

具賣地切結業户張潤書今具到
正堂大老爺案下實結得身有二十五保十四圖恃字圩第七十二號管業田貳分陸厘柒毫已出賣於
江南製造總局作為公用業已收領地價錢捌千捨文交割清楚合具切結是實

同治九年四月　日立押領狀張潤書　十

張潤書具賣地切結（1870 年 5 月，同治九年四月）

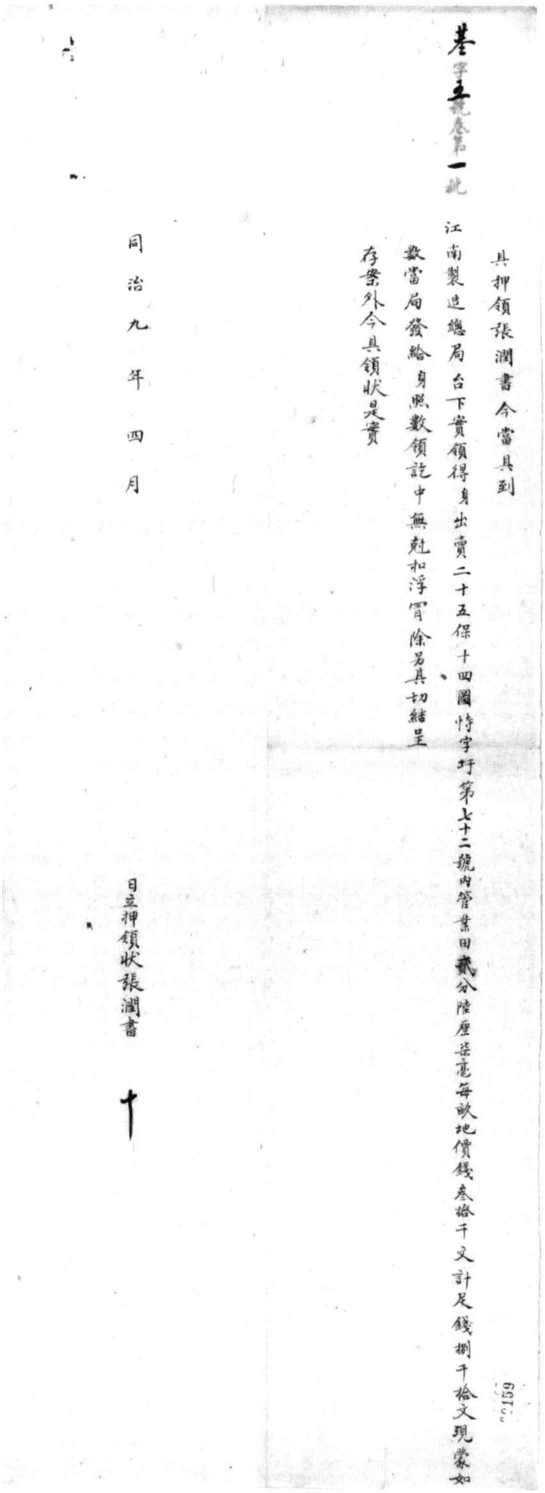
巷字五號卷第一號

具押領張潤書今當具到
江南製造總局台下實領得身出賣二十五保十四圖恃字圩第七十二號內管業田貳分陸厘柒毫每畝地價錢叁拾千文計足錢捌千拾文現蒙如
數當局發給身照數領訖中無短扣浮冒除另具切結呈
存案外今具領狀是實

同治九年四月　日立押領狀張潤書

十

張潤書具押領（1870 年 5 月，同治九年四月）

荖字五號卷第一號

具切結張潤書今具到

正堂大老爺案下實結得身出賣桃園内有桃樹柒株現蒙

製造總局憲發給移植工費每株錢伍百文共計錢叁千伍百文業已當局照數領訖除具領呈局存案外合具切結是實

同治九年四月日具切結張潤書

十

張潤書具切結（1870年5月，同治九年四月）

基字五號卷第一號

具押領張潤書今具到

江南製造總局台下實領得身移植桃樹柒株工費每株錢伍百文共計錢叁千伍百文現蒙

局憲如數當局給發身親自領訖合具領狀是實

同治九年四月　日具領狀張潤書　十

191

191

張潤書具押領（1870 年 5 月，同治九年四月）

基字五號卷第一號

具賣地切結業戶王錫澄今具到

正堂大老爺案下實結得身有二十五保十四圖恃字圩第六十號管業田壹畝壹分叁厘柒毫已出賣於

江南製造總局作爲公用業已收領地價錢肆拾柒千柒百伍拾肆文交割清楚合具切結是實

同治九年四月　日立押領狀王錫澄十

王錫澄具賣地切結（1870年5月，同治九年四月）

基字五號卷第一號

具押領王錫澄今當具到

江南製造總局台下實領得身出賣二十五保十四圖恃字圩第六十號內管業田壹畝壹分叁厘柒毫每畝地價錢肆拾貳千文計足錢肆拾柒千柒百伍拾肆文現蒙如數當局發給身照數領訖中無浮冒扣除另具切結呈存案外今具領狀是實

同治九年四月　日立押領狀王錫澄　十

00163

王錫澄具押領（1870 年 5 月，同治九年四月）

基字五號卷第一號

具押領林上聲今當具到
江南製造總局台下實領得身出賣二十五保十四圖時字圩第七十九號內當業田貳分伍厘每畝地價錢叁拾捌千文計足錢玖千伍百文現蒙如數當
局發給身照數領訖中無扣浮冒除另具切結呈
存業外今具領狀是實

同治九年四月　日立押領狀林上聲

林上聲具押領（1870年5月，同治九年四月）

基字五號卷第一號

具賣地切結業户林上聲今具到

正堂大老爺案下實結得身有二十五保十四圖恃字圩第七十九號富業田貳分伍厘已出賣於

江南製造總局作為公用業已收領地價錢玖千伍百文交割清楚合具切結是實

同治九年四月日立押領狀林上聲

林上聲具賣地切結（1870年5月，同治九年四月）

基字五號卷第一號

具押領楊步雲今具到

江南製造總局臺下實領得身移植麥苗壹畝捌分肆厘陸毫工費每畝錢肆千文共計錢柒千叁百捌拾肆文現蒙

局憲如數當局給發身親自領訖合具領狀是實

同治九年四月　日具領狀楊步雲

十

00186

楊步雲具押領（1870 年 5 月，同治九年四月）

基字五號卷第一號

具切結楊步雲今具到
正堂大老爺案下實結得身出賣麥田內有麥苗壹畝捌分肆厘陸毫現蒙
製造總局憲發給移植工費每畝錢肆千文共計錢柒千叁百捌拾肆文業已當局照數領訖除具領呈局存案外合具切結是實

同治九年四月　日具切結楊步雲

十

楊步雲具賣地切結（1870年5月，同治九年四月）

基字五號卷第一號

具切結楊步雲今具到

正堂大老爺業下實結得身出賣新培地玖分柒厘捌毫現蒙

製造總局憲發給移植工費每畝錢貳千文共計錢壹千玖百伍拾陸文業已當局照數領訖除具領呈局存案外合具切結是實

同治九年四月　日具切結楊步雲

十

楊步雲具切結（1870年5月，同治九年四月）

墨字五號卷第一號

具押領楊步雲今具到

江南製造總局台下實領得身移植新培地玖分柒厘捌毫工費每畝錢貳千文共計錢壹千玖百伍拾陸文現蒙

局憲如數當局給發身親自領訖合具領狀是實

同治九年四月

日具領狀楊步雲

十

楊步雲具押領（1870年5月，同治九年四月）

荃字五號卷第一號

具賣地切結業戶張秀銓今具到

正堂大老爺案下實結得身有二十五保十四圖特字圩第七十二號管業田貳分陸厘柒毫已出賣於

江南製造總局作為公用業已收領地價錢捌千拾文交割清楚合具切結是實

同治九年四月　日立押領狀張秀銓 十

張秀銓具賣地切結（1870 年 5 月，同治九年四月）

基字五號卷第一號

具押領張秀銓今當具到

江南製造總局台下實領得身出賣二十五保十四圖將字圩第七十二號内實業田貳分陸厘柒毫每畝地價錢叁拾千文計足錢捌千拾文現

蒙如數當局發給身照數領訖中無短扣浮冒除另具切結呈

存案外今具領狀是實

00171

同治九年四月 日立押領狀張秀銓 十

張秀銓具押領（1870年5月，同治九年四月）

巷字之號卷第三號

具押領楊畹九今當具到
製造總局憲大人臺下實領得身出賣田地現業共計桃樹拾九枝公本每枝五百文
共給錢九千五百文
局憲如數當局發給身照數領訖中無虧和浮冒除另具切結呈
局存案外合具領狀是實

同治九年　十二月　日立押領狀楊畹九

楊畹九具押領（1871 年 1 月或 2 月，同治九年十二月）

基字五號卷第三號

具賣地切結業戶楊畹九今具到

局憲大人案下寔結得身有保圖管業田捌分陸厘柒毫正已出賣於

機器製造局作為公用業已收領地價交割清楚合具切結是實

同治九年十二月日立具賣地業戶楊畹九十

00173

楊畹九具賣地切結（1871年1月或2月，同治九年十二月）

基字五號卷第三號

具押領楊畹九今當具到

製造總局憲大人臺下實領得身出賣田地捌分陸厘柒毫議定每畝地價錢肆拾貳仟文共計足錢叁拾陸仟肆百拾肆文現蒙

局憲如數當局發給身照數領訖中無剋扣浮冒除另具切結呈

局存案外合具領狀是實

同治九年十二月　日立押領狀楊畹九　十

楊畹九具押領（1871 年 1 月或 2 月，同治九年十二月）

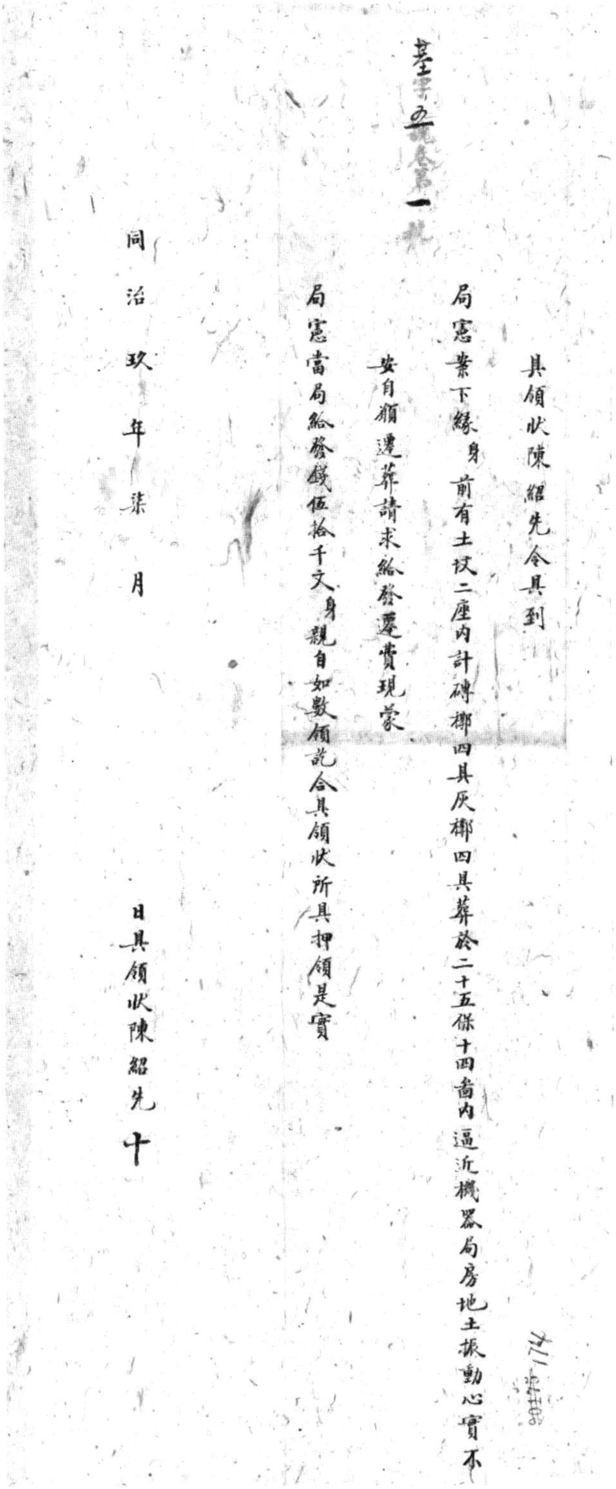

基字五號卷第一號

具領狀陳紹先今具到

局憲 案下緣身 前有土墳二座內計磚槨四具灰槨四具葬於二十五保十四畫內逼近機器局房地土振動心實不

安自願遷葬請求給發遷費現蒙

局憲當局給發錢伍拾千文身親自如數領訖合具領狀所具押領是實

同治玖年柒月　日具領狀陳紹先　十

陳紹先具領狀（1870年7月或8月，同治九年七月）

基字五號杏春第四號

具收領錢杏春今領到

局憲大人給下錢叁伯仟文正即將房屋移居限至四月初十遷空毋敢延悞

尚找給錢壹伯零五仟文一俟搬空再清領給欲後有憑立具收領存據

同治拾年二月

具收領錢耀宗十

錢杏春十

錢文達十

地保張克堂十

錢杏春等具收領（1871年3月或4月，同治十年二月）

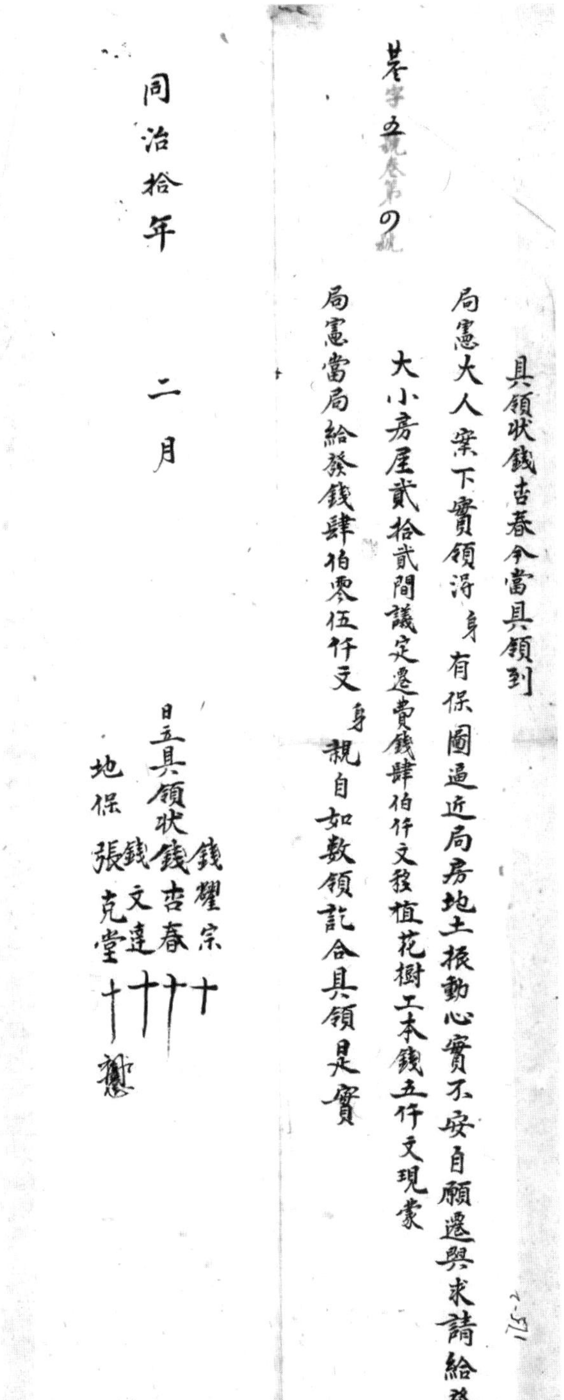

甚字五號卷第四號

具領狀錢杏春今當具領到
局憲大人案下實領得 身有保圍逼近局房地土振動心實不安自願遷與求請給發遷費
大小房屋貳拾貳間議定遷費錢肆伯仟文移植花樹工本錢五仟文現蒙
局憲當局給發錢肆伯零伍仟文 身親自如數領訖合具領是實

同治拾年 二月 日立具領狀錢杏春 十
錢耀宗 十
錢文達 十
地保 張克堂 十 押

7-571

錢杏春等具領狀（1871 年 3 月或 4 月，同治十年二月）

計二紙

附卷字五號卷第四號

具押領錢耀宗 錢杏春 錢文達今當具到

製造總局憲大人案下實領渴身出賣屋基地捌拾弍號內田柒分陸釐弍毫捌拾捌號內田壹畝肆分叁釐弍毫九拾五號內田壹畝正議定每畝地價錢肆拾貳仟文計足錢壹佰叁拾肆仟壹佰肆拾捌文現蒙如數當局發結身照數領訖中無短扣浮冒除另具切結呈局存案外今具領狀是實

同治十年四月 日五押領狀 錢耀宗十 錢杏春十 錢文達十

地保張克堂押

錢杏春等具押領（1871 年 5 月或 6 月，同治十年四月）

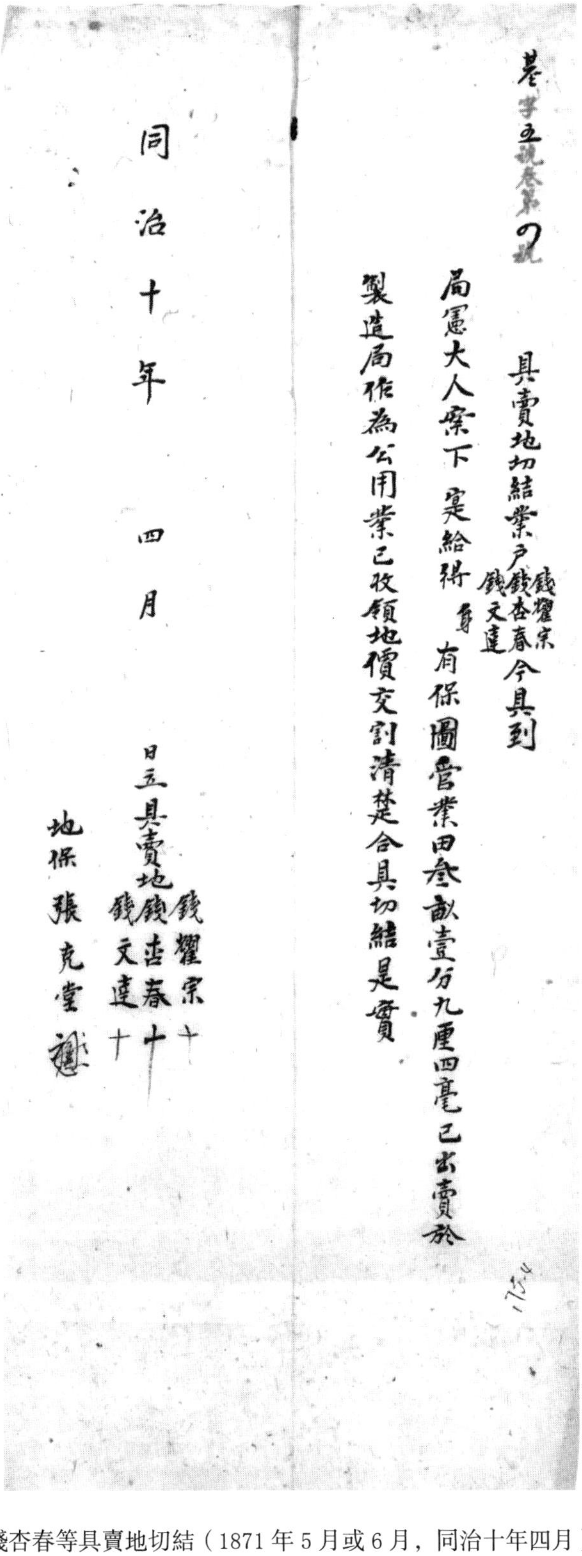
巷字五號卷第〆號

具賣地切結業戶錢杏春 錢耀宗 錢文達 今具到

局憲大人案下 寔給得 身 有保圖管業田叁畝壹分九厘四毫已出賣於

製造局作為公用業已收領地價交割清楚合具切結是實

同治十年 四月 日五

具賣地 錢耀宗 十 錢杏春 十 錢文達 十

地保 張克堂 押

錢杏春等具賣地切結（1871 年 5 月或 6 月，同治十年四月）

基字五號卷第一號

具賣地切結業戶錢文達今具到

正堂大老爺業下實結得身有二十五保十四圖峙字圩第八十四號曾業田叁分正已出賣於

江南製造總局作爲公用業已收領地價錢拾壹千肆百文 交割清楚合具切結是實

同治九年四月 日立押領狀錢文達

錢文達具賣地切結（1870年5月，同治九年四月）

基字五號[illegible]第一號

具押領錢文達今當具到

江南製造總局台下實領得身出賣二十五保十四圖特字圩第八十四號內實葉田叁分正每畝地價錢叁拾捌千文計足錢拾壹千肆百文現蒙如數當

領訖中無克扣浮冒除另具切結呈

狀是實

同治九年四月　　日立押領狀錢文達

00177

錢文達具押領（1870年5月，同治九年四月）

基字五號叁第一號

具押領錢文達今當具到

江南製造總局台下實領得身出賣二十五保十四圖特字圩第八十四號內曾業田叁分正每畝地價錢叁拾捌千文計足錢拾壹千肆百文現蒙如數當

局發給身照數領訖中無虧扣浮冒除另具切結呈

存案外今具領狀是實

同治九年四月　日立押領狀錢文達

00177

錢文達具押領（1870 年 5 月，同治九年四月）

基字五號卷第一號

00178

江南機器製造局購地給價清單（時間不詳）

楊敬山　壹畝捌分四厘五毫　每畝三十八千文價　春杰工本四千文　每畝作四十二千文　計十乂柒拾柒千四（壹）百九拾文

楊步雲　壹畝捌分四厘六毫　計十乂柒拾柒千五（壹）百叁（四）拾貳（八）文

楊桂春　壹畝捌分四厘六毫　計十乂柒拾柒千五（壹）百叁（四）拾捌（八）文

楊桂春　壹畝柒分八厘　計十乂柒（六）拾肆（七）千柒（六）百六（四）拾文

林鳳鳴　貳畝整　計十乂捌（七）拾肆（六）千文

楊聖詮　貳畝壹分柒厘壹毫　計十乂玖（捌）拾壹（貳）千壹（五）百捌拾貳文

以上六戶　計地拾壹畝四分八厘八毫　汽錘廠

00179

江南機器製造局購地給價清單（時間不詳）

楊殿仁	叁分叁毫	拾壹千五百拾四文
楊萬年	壹分六厘六毫	陸千叁百八文
楊敬山	柒厘五毫	貳千捌百五拾文
楊聖詮	壹分四厘六毫	五千五百四拾捌文
楊步雲	壹分貳厘五毫	肆千柒百五拾文
楊錫春	捌厘叁毫	叁千壹百五拾四文
陳紹先	壹分四厘貳毫	五千叁百九拾六文

江南製造總局

陳金南　叁分　拾壹千肆百文

姚克昌　叁分五厘四毫　拾叁千四百五拾二文

楊敬山　貳分八厘　拾千六百肆拾文

范秀山　肆分叁厘叁毫　拾陸千肆百五拾四文

張文保　肆分六厘貳毫　拾柒千五百五拾六文

以上十二户計地貳畝捌分六厘九毫　通汽錘廠路

楊步雲　五分五厘五毫　貳拾壹千九拾文

00180

楊步雲　四分貳厘叁毫（每畝卌八千加培地工資每畝貳千照每畝四十千）　拾六千九百貳拾文

以上二戶　計地九分七厘八毫（高昌廟後東邊）

陳紹先（宅基）　壹畝壹分四厘七毫（每畝四十二千外大房三間每間卅五千小房二間每間二十八千另坟一塚遷費）　四十八千壹百柒拾四文

陳紹先（宅基）　壹畝貳分捌厘壹毫　五十叁千八百二文

陳紹先（宅基）　壹分壹毫　四千貳百四十二文

王錫澄　壹畝壹分叁厘七毫（遷費）（每畝四十二千外大坟一塚）　四拾七千七百五十四文

陳紹先　壹分五厘五毫　六千五百拾文

以上五户 計地叁畝捌分貳厘壹毫 鑄銅廠後

張堅明 宅基 四分七厘九毫 拾壹千柒百拾捌文（二千一百十八文）

花園地 九分四厘七毫 貳拾八千四百拾文

花樹拾三株 陸千五百文

張潤書 花園地 貳分六厘七毫 捌千拾文

桃樹七株 叁千五百文

張士英 花園地 貳分六厘七毫 捌千拾文

桃樹五株 貳千五百文

00181

江南機器製造局購地給價清單（時間不詳）

張秀銓 桃園地 貳分六厘七毫 捌千拾文

以上四戶計地貳畝貳分貳厘柒毫 西木棧北首

林永昌 桃園地 六厘 壹千捌百文 小墳壹塚

桃樹三株 壹千五百文

林上聲 桃園地 五厘七毫 壹千柒百拾文

桃樹二株 壹千文

黃茂全 桃園地 壹分五毫 叁千壹百五拾文

桃樹五株　貳千五百文

林茂森 荒園地　四厘五毫　壹千叁百五拾文

桃樹六株　叁千文　小墳一塚

林虎金 荒園地　四厘五毫　壹千叁百五拾文

桃樹五株　貳千五百文

林渭生 荒園地　四厘五毫　壹千叁百五十文

桃樹貳株　壹千文

00182

江南機器製造局購地給價清單（時間不詳）

以上六户計地叁分五厘七毫 西木棧西北首

林永昌 桃園地 壹分壹厘五毫 叁千四百五十文

花樹五株 貳千五百文

林上聲 花園地 壹分壹厘五毫 叁千四百五十文

以上二户計地貳分叁厘 煤棧北首

陳裕勲 叁分 拾肆千肆百文〔旁注：壹〕

以上地叁分 新廠南首橋邊

林上聲 貳分五厘 玖拾五千文〔旁注：千、百〕

以上地貳分五厘書館南首

錢文達　叁分　拾壹千肆百文

以上地叁分新廠南首

中等地十六畝壹分八厘五毫

以上四十五戶共計上等地四畝叁分

花園地貳畝叁分叁厘五毫

182-3

江南機器製造局購地給價清單（時間不詳）

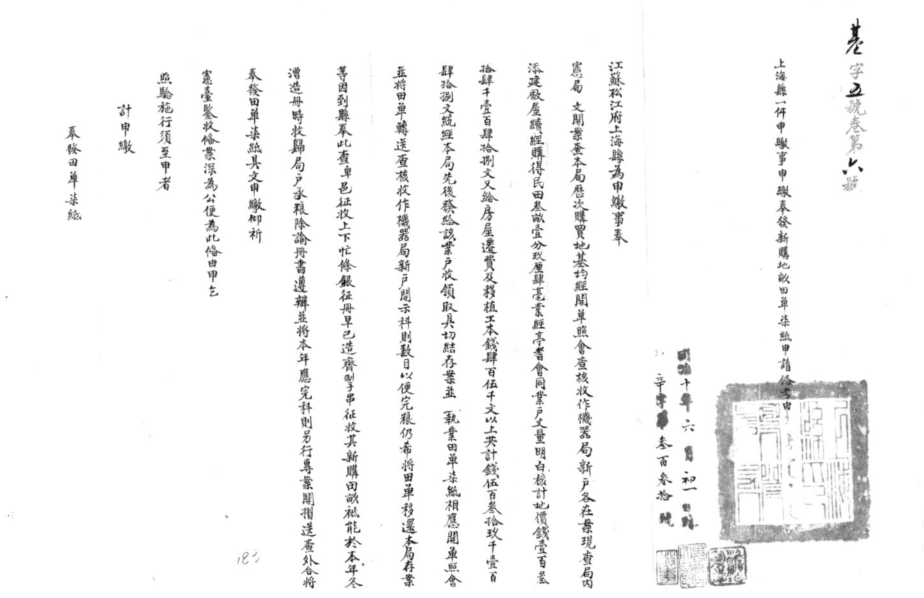

甚字五號卷第六號

上海縣一件申繳事申繳奉發新購地畝田單柒紙申請備考由

同治十年六月初一日收 辛字第叁百叁拾號

江蘇松江府上海縣為申繳事奉

憲局文開案查本局歷次購買地基均經開單照會查核收作機器局新戶各在案現查局內添建廠屋續經購得民田叁畝壹分玖厘肆毫業經亭耆會同業戶丈量明白核計地價錢壹百叁拾肆千壹百肆拾捌文又給房屋遷費及移植工本錢肆百伍千文以上共計錢伍百叁拾玖千壹百肆拾捌文統經本局先後發給該業戶收領取具切結存案並 飭業田單柒紙相應開單照會並將田單轉送查核收作機器局新戶開示科則數目以便完糧仍希將田單移還本局存案等因到縣奉此查卑邑征收上下忙條銀征冊早已造齊制串征收其新購田畝祇能於本年冬漕造冊時收歸局戶承糧除諭冊書遵辦並將本年應完科則另行專案開摺送查外合將

奉發田單柒紙具文申繳仰祈

憲臺鑒收備案深為公便為此備由申乞

照驗施行須至申者

計申繳

奉發田單柒紙

上海縣知縣朱鳳梯爲申繳奉發新購地畝田單柒紙申請備考事致江南機器製造局總辦申文

（1871 年 7 月 17 日，同治十年五月三十日）

總辦江南機器製造局憲

同治拾年伍月叁拾日知縣朱鳳梯

申繳事

00183

上海縣知縣朱鳳梯爲申繳奉發新購地畝田單柒紙申請備考事致江南機器製造局總辦申文

（1871 年 7 月 17 日，同治十年五月三十日）

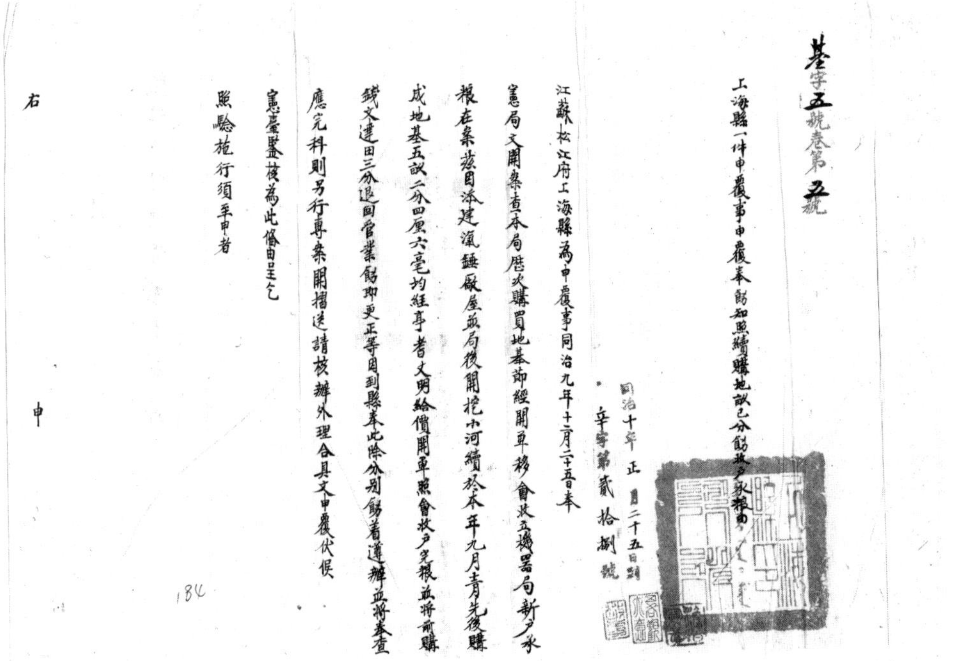
基字五號卷第五號

上海縣一件申覆事由覆奉飭知照續購地畝已分飭收户承糧由

同治十年正月二十五日到

辛字第貳拾捌號

江蘇松江府上海縣爲申覆事同治九年十二月二十五日奉

憲局文開案查本局歷次購買地基節經開單移會收五機器局新户承

糧在案茲因添建瀛□廠屋並局後開挖小河續於本年九月青先後購

成地基五畝二分四厘六毫均經事者文明給價開單照會收户完糧並將所購

錢文遣田三分退回官業飭即更正等因到縣奉此除分别飭着遵辦並將奉查

應完科則另行專案開摺送請核辦外理合具文申覆伏候

憲臺鑒核爲此備由呈乞

照驗施行須至申者

右

申

184

上海縣知縣朱鳳梯爲申覆奉飭知照續購地畝已分飭收户承糧事致江南機器製造局總辦申文

（1871 年 3 月 13 日，同治十年正月二十三日）

總辦江南機器製造局憲

同治拾年正月貳拾叁日

署知縣朱鳳梯

00184

上海縣知縣朱鳳梯爲申覆奉飭知照續購地畝已分飭收户承糧事致江南機器製造局總辦申文（1871年3月13日，同治十年正月二十三日）

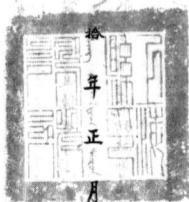

附卷字五號卷第三號

計辛

二十五保十四圖

00186

江南製造總局

江南機器製造局續購地基二十五保十四圖地圖（時間不詳）

叁拾號

○楊步雲

壹分貳厘

叁拾壹號

○楊和華

壹分捌厘

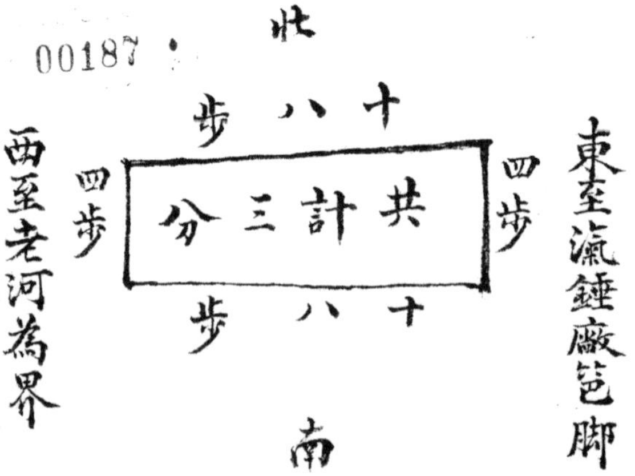

江南機器製造局續購地基二十五保十四圖地圖（時間不詳）

九拾六號

楊畹九

捌分六厘七毫

該處點見有桃樹拾玖枚應請
償給 并有菜蔬兩園念其貧
苦可否另請 每株五百文
賞給若干以示
體恤 工程呈

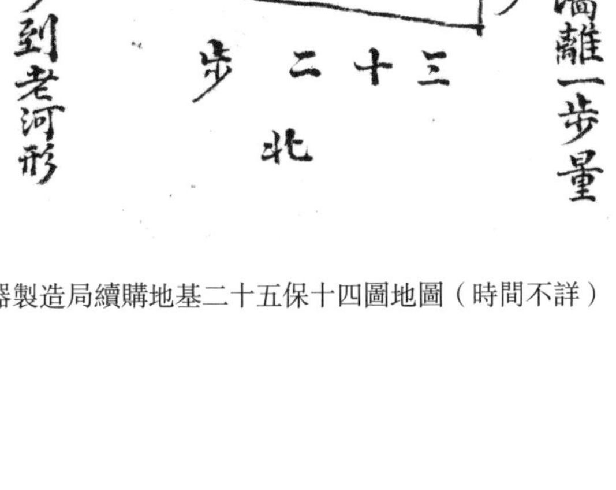

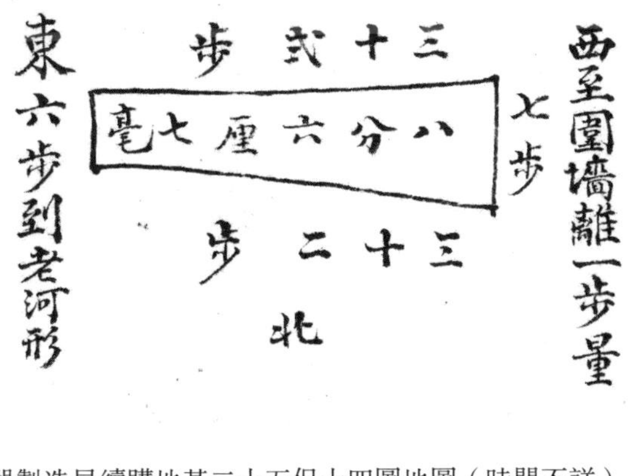

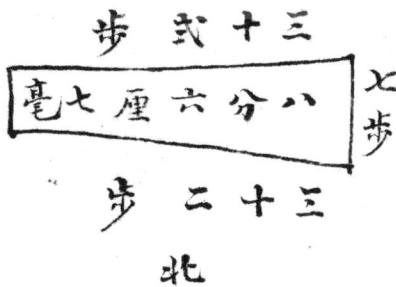

江南機器製造局續購地基二十五保十四圖地圖（時間不詳）

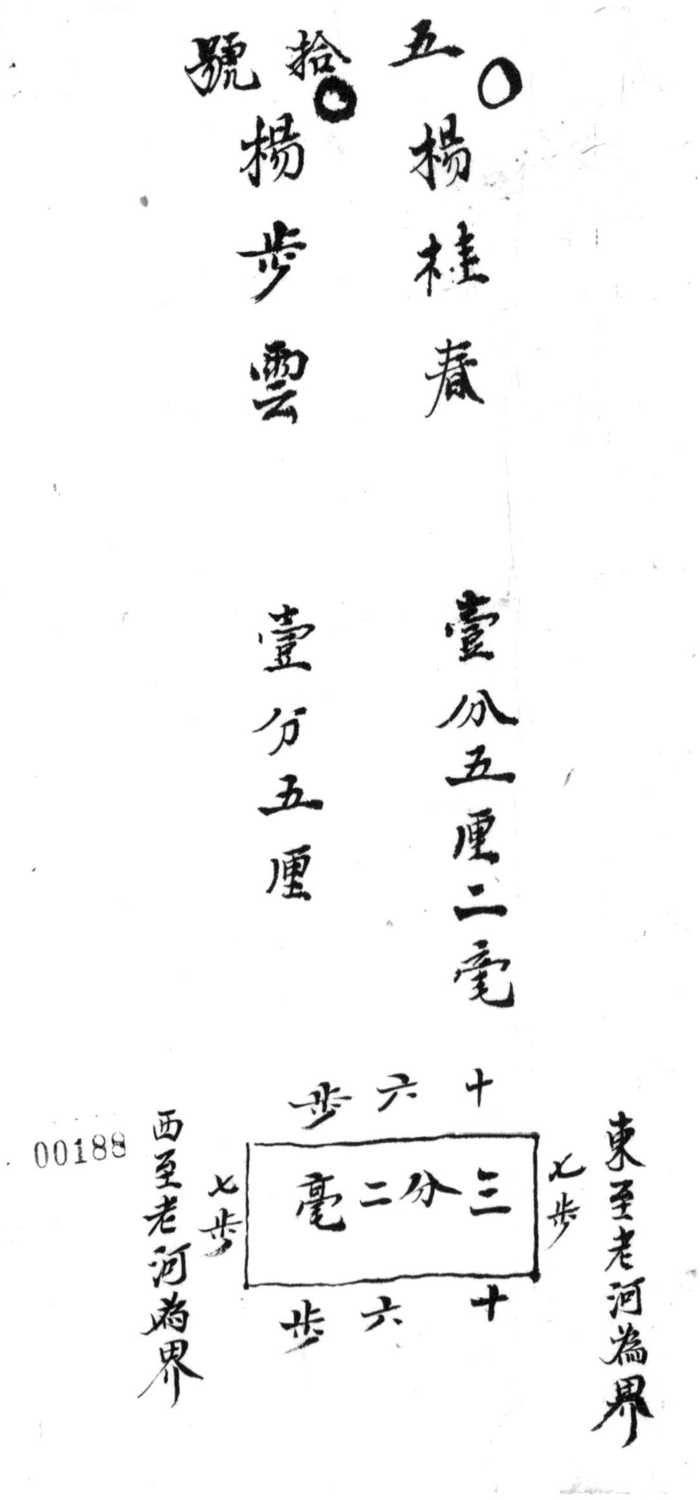

江南機器製造局續購地基二十五保十四圖地圖（時間不詳）

九年九月初六日發

基字五號卷第二號

二十五保十四圖

江南製造總局

00189

江南機器製造局續購地基二十五保十四圖給價清單（1870年9月30日，同治九年九月初六日）

拾捌號　○楊桂春

壹畝九分三厘一毫

洋計錢八十四千九百六十四文

拾玖號　○楊步雲

壹畝捌分四厘六毫

洋計錢八十二千二百二十四文

00190

江南機器製造局續購地基二十五保十四圖給價清單（1870年9月30日，同治九年九月初六日）

基字五號卷第一號

二十五保十四圖

00192
191

江南製造總局

江南機器製造局續購地基二十五保十四圖給價清單（時間不詳）

添買汽錘廠地基

拾九號

楊敬山 壹畝捌分四厘五毫

楊步雲 壹畝捌分四厘六毫

楊桂春 壹畝捌分四厘六毫

每畝三十八千償還春

墊工本四千每畝作

四十二千

00192

江南機器製造局續購地基二十五保十四圖給價清單（時間不詳）

式拾九號 楊桂春 林鳳明 壹畝七分捌厘 貳畝正

叁拾號 楊聖銓 貳畝壹分七厘一毫

共田拾壹畝四分八厘八毫

193

伍拾七號　陳紹先　鑄銅廠後面　宅基　壹畝壹分四厘七毫　每畝四十二千

伍拾捌號　陳紹先　宅基　壹畝弍分捌厘一毫

伍拾九號　陳紹先　宅基　壹分壹毫

00194

江南機器製造局續購地基二十五保十四圖給價清單（時間不詳）

陸拾號
王錫澄
壹畝壹分三厘七毫
陳紹先
壹分五厘五毫

陸拾陸號
木工廠東首
楊步雲
五分五厘五毫

陸拾捌號
楊步雲
四分弍厘三毫

陸拾七號

本局西南

宅基四分七厘九毫

柒拾弍號

張堅明

桃園地 九分四厘七毫

桃樹拾三枝

柒拾弍號

張潤書

桃園地弍分六厘七毫

桃樹七枝

00195

江南機器製造局續購地基二十五保十四圖給價清單（時間不詳）

柒拾貳號
張士英
桃園地　貳分六厘七毫
桃樹五枝

柒拾貳號
張秀銓
桃園地　貳分六厘七毫
桃樹七枝

柒拾貳號
林永昌
西木廠西北
桃園地　六厘
桃樹三枝

柒拾貳號
林上聲
桃園地　五厘七毫
桃樹二枝

柒拾壹號 黃茂全

柒拾貳號 林茂森

柒拾叁號 林虎金

林渭生

桃園地壹分五毫 桃樹五枝

桃園地四厘五毫 桃樹六枝

桃園地四厘五毫 桃樹五枝

桃園地四厘五毫 桃樹叁枝

00196

江南機器製造局續購地基二十五保十四圖給價清單（時間不詳）

柒拾陸號

陳裕勳

新廠門口

叁分

柒拾捌號

林永昌

煤廠後面

桃園地壹分一厘五毫

桃樹五枝

林上聲

桃園壹分一厘五毫

貳拾捌號

通汽錘廠路

貳拾捌號	楊殿仁	叁分三毫
	楊萬年	壹分六釐六毫
	楊敬山	柒釐五毫
	楊堅銓	壹分四釐六毫
	楊步雲	壹分柒釐五毫
	楊錫春	捌釐三毫
叁拾號	陳紹先	壹分四釐柒毫

陳紹先草房十間以下共十九戶計瓦蓋草房四十七間草房二十八間小瓦房五間共計錢八百九十三千八百八十五文已由局憲于去年十二月初九日給發

江南機器製造局續購地基二十五保十四圖給價清單（時間不詳）

五拾號	陳金南	叁分
陸拾五號	姚克昌	叁分五厘四毫
陸拾捌號	楊敬山	貳分捌厘
	范秀山	四分三厘三毫

江南製造總局

陸拾柒號
張文保
木工廠東首
四分六厘弍毫

柒拾九號
林上聲
書館南面
弍分五厘
外撥移花樹價還蔬菜錢五千

00198

江南機器製造局續購地基二十五保十四圖給價清單（時間不詳）

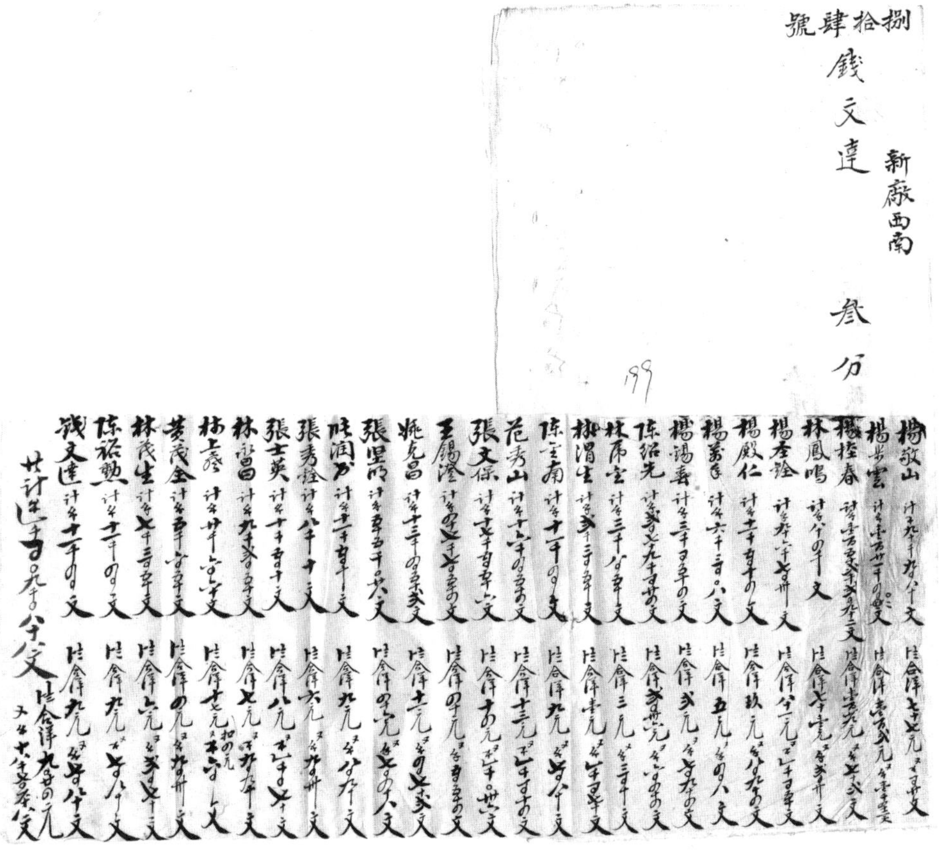
捌拾肆號

錢文達

新廠西南

叁分

楊敬山

楊步雲

楊桂春

林鳳鳴

楊奎詮

楊殿仁

楊萬年

楊錫喜

陳紹先

林席宝

楊渭生

陳宝南

范秀山

張文保

王錫滏

姚克昌

張望明

陳潤方

張秀銓

張士英

林富昌

林上發

黄茂全

林茂生

陳裕勲

錢文達

共計

江南機器製造局續購地基二十五保十四圖給價清單（時間不詳）

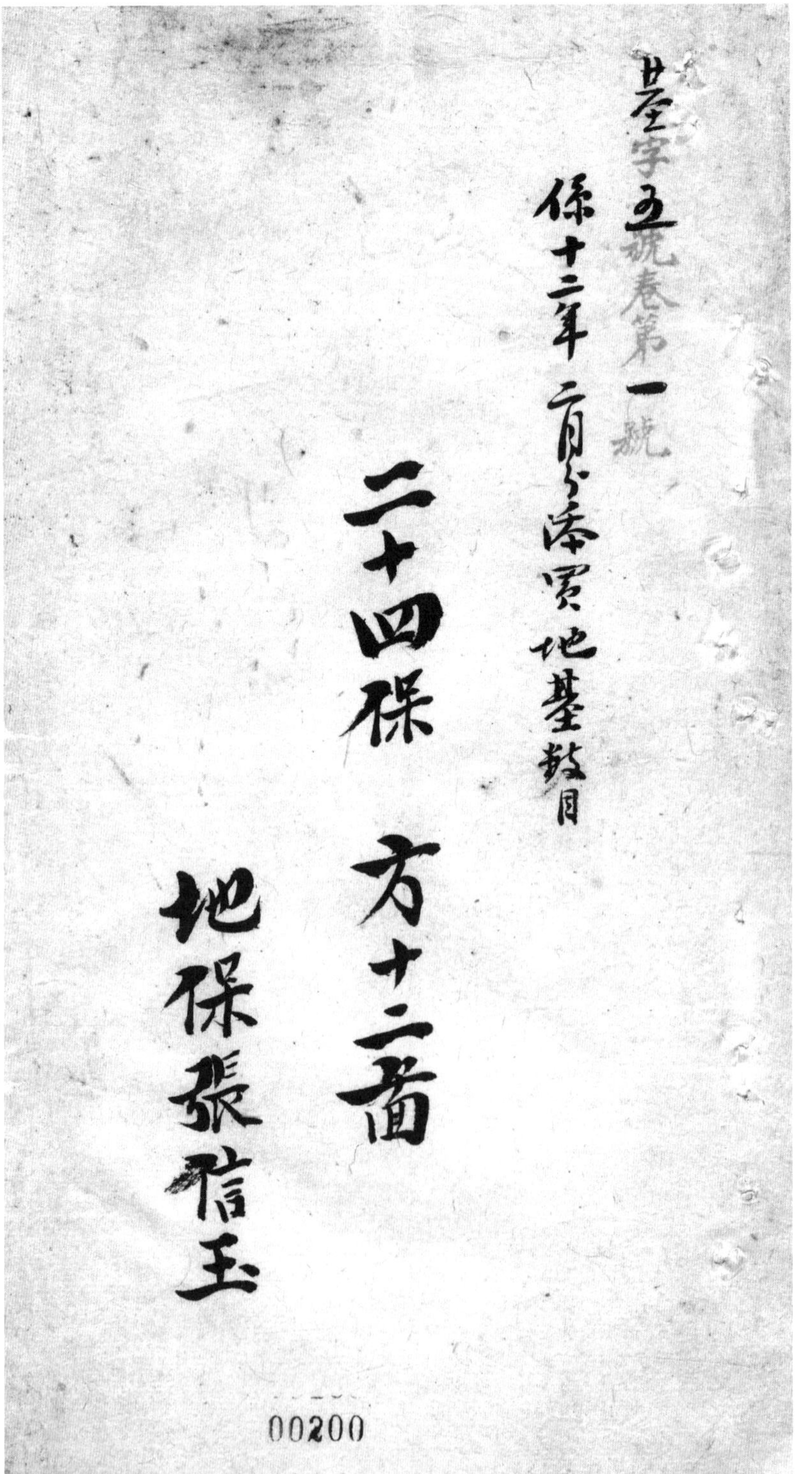
基字五號卷第一號
係十二年二月分添買地基數目
二十四保 方十二圖
地保張信玉
00200

江南機器製造局添買地基二十四保方十二圖清單（1873 年 2 月或 3 月，同治十二年二月）

一百八十三号　曹忠显　八分二厘正

内有房屋基地三间

内有地五分该户自愿交局作为公用不取地价

一百八十四号　何锦春　六分正

此地不买

内有坟墓五千

00201

江南機器製造局添買地基二十四保方十二圖清單（1873 年 2 月或 3 月，同治十二年二月）

二百八十九号　陸士其　三分五厘正

二百九十五号　孫炳南　五分正

即工匠住房之東坟基邊壤之地
已經給價賬契

00202

江南機器製造局添買地基二十四保方十二圖清單（1873 年 2 月或 3 月，同治十二年二月）

二十四保 方十二圖

水管棺木約有五十餘柜

00203

江南機器製造局添買地基二十四保方十二圖清單（1873年2月或3月，同治十二年二月）

户册三本

附基字五號卷第一號

九年三月　　日

00204

江南機器製造局購地給價清册（1870 年 4 月，同治九年三月）

今将各廠添買地基各户花名畝分地價細數開呈

憲核

計開

〇對楊敬山 〇計地一畝八分四厘五毫 每畝地價錢三十八千文 、計錢七十千一百十文

〇對楊步雲 〇計地一畝八分四厘六毫 每畝地價錢三十八千文 、計錢七十千一百四十八文

〇對楊桂春 〇計地一畝八分四厘六毫 每畝地價錢三十八千文 、計錢七十千一百四十八文

〇對楊桂春 〇計地一畝七分八厘 每畝地價錢三十八千文 、計錢六十七千六百四十文

〇對林鳳鳴 〇計地二畝正 每畝地價錢三十八千文 、計錢七十六千文

00205

楊聖銓　計地二畝一分七厘一毫　每畝地價錢三十八千文　計錢八十二千四百九十八文

楊殿仁　計地三分三毫　每畝地價錢三十八千文　計錢十一千五百十四文

楊萬年　計地一分六厘六毫　每畝地價錢三十八千文　計錢六千三百八文

楊敬山　計地七厘五毫　每畝地價錢三十八千文　計錢二千八百五十文

楊聖銓　計地一分四厘六毫　每畝地價錢三十八千文　計錢五千五百四十八文

楊步雲　計地一分二厘五毫　每畝地價錢三十八千文　計錢四千七百五十文

楊錫春　計地八厘三毫　每畝地價錢三十八千文　計錢三千一百五十四文

陳紹先　計地一分四厘二毫　每畝地價錢三十八千文　計錢五千三百九十六文

江南機器製造局購地給價清册（1870 年 4 月，同治九年三月）

二

對陳金南　計地三分正　每畝地價錢三十八千文　計錢十一千四百文

對姚克昌　計地三分五厘四毫　每畝地價錢三十八千文　計錢十三千四百五十二文

對楊敬山　計地二分八厘　每畝地價錢三十八千文　計錢十千六百四十文

對范秀山　計地四分三厘三毫　每畝地價錢三十八千文　計錢十六千四百五十四文　十六

對張文保　計地四分六厘二毫　每畝地價錢三十八千文　計錢十七千五百五十六文　廿二日

對楊步雲　計地五分五厘五毫　每畝地價錢三十八千文　計錢二十一千九十文

對楊步雲　計地四分二厘三毫　每畝地價錢三十八千文　計錢十六千零七十四文

對陳紹先　計屋基地一畝一分四厘七毫　每畝地價錢四十二千文　計錢四十八千一百七十四文

江南機器製造局購地給價清册（1870 年 4 月，同治九年三月）

一對陳紹先　計屋基地一畝二分八厘一毫　每畝地價錢四十二千文　計錢五十三千八百二文

一對陳紹先　計屋基地一分一毫　每畝地價錢四十二千文　計錢四千二百四十二文

一對王錫澄　計坟地一畝一分三厘七毫　每畝地價錢四十二千文　計錢四十七千七百五十四文　廿二日發

一對陳紹先　計屋基地一分五厘五毫　每畝地價錢四十二千文　計錢六千五百十文

一對張堅明　計屋基地四分七厘九毫　每畝地價錢四十二千文　計錢二十千零一百十八文

一對張堅明　計桃園地九分四厘七毫　每畝地價錢三十千文　計錢二十八千四百十文

一對張潤書　計桃園地二分六厘七毫　每畝地價錢三十千文　計錢八千十文

一對張士英　計桃園地二分六厘七毫　每畝地價錢三十千文　計錢八千十文

江南機器製造局購地給價清册（1870 年 4 月，同治九年三月）

對 張秀銓 計桃園地二分六厘七毫 每畝地價錢三十千文 計錢八千十文

對 林永昌 計桃園地六厘 每畝地價錢三十千文 計錢一千八百文

對 林上聲 計桃園地五厘七毫 每畝地價錢三十千文 計錢一千七百十文

對 黃茂全 計桃園地一分五毫 每畝地價錢三十千文 計錢三千一百五十文

對 林茂生 計桃園地四厘五毫 每畝地價錢三十千文 計錢一千三百五十文

對 林虎金 計桃園地四厘五毫 每畝地價錢三十千文 計錢一千三百五十文

對 林渭生 計桃園地四厘五毫 每畝地價錢三十千文 計錢一千三百五十文

對 林永昌 計桃園地一分一厘五毫 每畝地價錢三十千文 計錢三千四百五十文

207

林上聲　計桃園地一分一厘五毫　每畝地價錢三十千文　計錢三千四百五十文

陳裕勳　計地三分正　每畝地價錢三十八千文　計錢十一千四百文

林上聲　計地二分五厘　每畝地價錢三十八千文　計錢九千五百文

錢文達　計地三分正　此地圍牆之外不買十二年已將地價收回　每畝價錢三十八千文　計錢十一千四百文

以上共計
桃園地二畝三分三厘五毫
中等地十六畝一分八厘五毫
宅基地三畝一分六厘三毫
坟地一畝一分三厘七毫
共計錢八百六十五千六百八十文

江南機器製造局購地給價清冊（1870年4月，同治九年三月）

今將給還移植果樹麥苗蔬菜及培地等工本各户開呈

憲核

計開

楊敬山　計麥苗一畝八分四厘五毫　每畝四千文　計錢七千三百八十文

楊步雲　計麥苗一畝八分四厘六毫　每畝四千文　計錢七千三百八十四文

楊桂春　計麥苗一畝八分四厘六毫　每畝四千文　計錢七千三百八十四文

楊桂春　計麥苗一畝七分八厘　每畝四千文　計錢七千一百二十文

林鳳鳴　計麥苗二畝正　每畝四千文　計錢八千文

江南製造總局

對楊聖銓　計麥苗二畝一分七厘一毫　每畝四千文　計錢八千六百八十四文
對張聖明　計桃樹十三棵　每株五百文　計錢六千五百文
對張潤書　計桃樹七株　每株五百文　計錢三千五百文
對張士英　計桃樹五株　每株五百文　計錢二千五百文
對林永昌　計桃樹三株　每株五百文　計錢一千五百文
對林上聲　計桃樹二株　每株五百文　計錢一千文
對黃茂全　計桃樹五株　每株五百文　計錢二千五百文
對林茂生　計桃樹六株　每株五百文　計錢三千文

江南機器製造局購地給價清册（1870年4月，同治九年三月）

對 林虎金 計桃樹五株 每株五百文 計錢二千五百文

對 林渭生 計桃樹二株 每株五百文 計錢一千文

對 林永昌 計桃樹三株 每株五百文 計錢一千五百文

對 林上聲 計花菓樹五十株 蔬菜一園 總計錢五千文

對 楊步雲 計新培地九分七厘八毫 每畝二千文 計錢一千九百五十六文

以上共計
花菓樹五十株
桃樹十一株
麥苗十一畝四分八厘八毫
蔬菜一園
新培地九分七厘八毫
共計錢七十八千四百零八文

今將新買民地原有坟墓房屋及附局草房給發各户遷費開呈
憲核

計開

王錫澄　計大坟一座　内磚槨二具　計遷費錢四十千文

陳紹先　計大小坟一座

林永昌　計浮葬小坟一座　内土槨一具　計遷費錢一千文

林茂生　計浮葬小坟一座　内土槨三具　計遷費錢三千文

陳裕勳王姓借地　計小坟一座　内土槨一具

00209

陳紹先 大小瓦房三二間 每大小房一間遷費錢三十五千二十八千文 計錢一百六十一千文

陳紹先 草房十間 每間遷費錢七千文 計錢七十千文

高昌廟住持行山 小屋五間 每間遷費錢九千文 計錢四十五千文

張勝明 瓦蓋草房九間 每間連草瓦料二十七千七百七十七文 計錢二百五十千文

張潤 瓦蓋草房二間 每間連草瓦料二十七千七百七十七文 計錢五十五千五百五十四文

張得明 瓦蓋草房三間 每間連草料二十七千七百七十七文 計錢八十三千三百三十一文

陸鴻源 瓦蓋草房六間 每間遷費錢八千文 計錢四十八千文

張得明 草房五間 每間遷費錢七千文 計錢三十五千文

江南機器製造局購地給價清册（1870年4月，同治九年三月）

○沈喬江　草房二間　每間遷費錢七千文　計錢十四千文
○楊了頭　瓦蓋草房五間　每間遷費錢八千文　計錢四十千文
○楊瑞春　瓦蓋草房四間　每間遷費錢八千文　計錢三十二千文
○楊才觀　瓦蓋草房四間　每間遷費錢八千文　計錢三十二千文
○楊桂三　草房五間　每間遷費錢七千文　計錢三十五千文
○楊才金　草房四間　每間遷費錢七千文　計錢二十八千文
○錢文達　草房二間　每間遷費錢七千文　計錢十四千文
○林寶全　瓦蓋草房四間　每間遷費錢八千文　計錢三十二千文

~~00210~~ 211

江南機器製造局購地給價清册（1870 年 4 月，同治九年三月）

林虎金　瓦盖草房二間　每間遷費錢八千文　計錢十六千文

夏瑞和　瓦盖草房二間　每間遷費錢八千文　計錢十六千文

夏三山　瓦盖草房二間　每間遷費錢八千文　計錢十六千文

楊慶祥　瓦盖草房四間　每間遷費錢八千文　計錢三十二千文

以上共計

草房二十八間

大坟二座

小坟二座

浮葢小坟二座

瓦盖草房四十七間

大瓦房三間

小瓦房七間

江南機器製造局購地給價清册（1870年4月，同治九年三月）

基字五號卷第一號

00212

江南機器製造局購地給價清册（1870年4月，同治九年三月）

楊畹九　田地八分六厘七毫　仁錢二十六千四百[illegible]文　仁合洋二十[illegible]元　又念[illegible]文

桃樹十九株　寸錢九千五百文

楊和華　田地一分八厘　惟錢六千八百四十文　仁合洋五元　又念八百[illegible]文

楊步雲　田地一分二厘　錢四千五百六十文

田地一分五厘　惟錢五千七百文　仁合洋八元　又念[illegible]文

楊桂春　田地一分五厘三毫　惟錢五千[illegible]文　仁合洋四元　又念[illegible]文

以上共計錢六十八千七百九十文　仁合洋五十五元　又念二千七百九十文

楊敬山　七十七元　[illegible]一百二十文

楊步雲　[illegible]

楊桂春　[illegible]

林鳳鳴　[illegible]

江南機器製造局購地給價清册（1870年4月，同治九年三月）

楊聖銓　親押　卜仔

楊殿仁　親押

楊萬年　親押

楊錫春　親押　星池娘代押

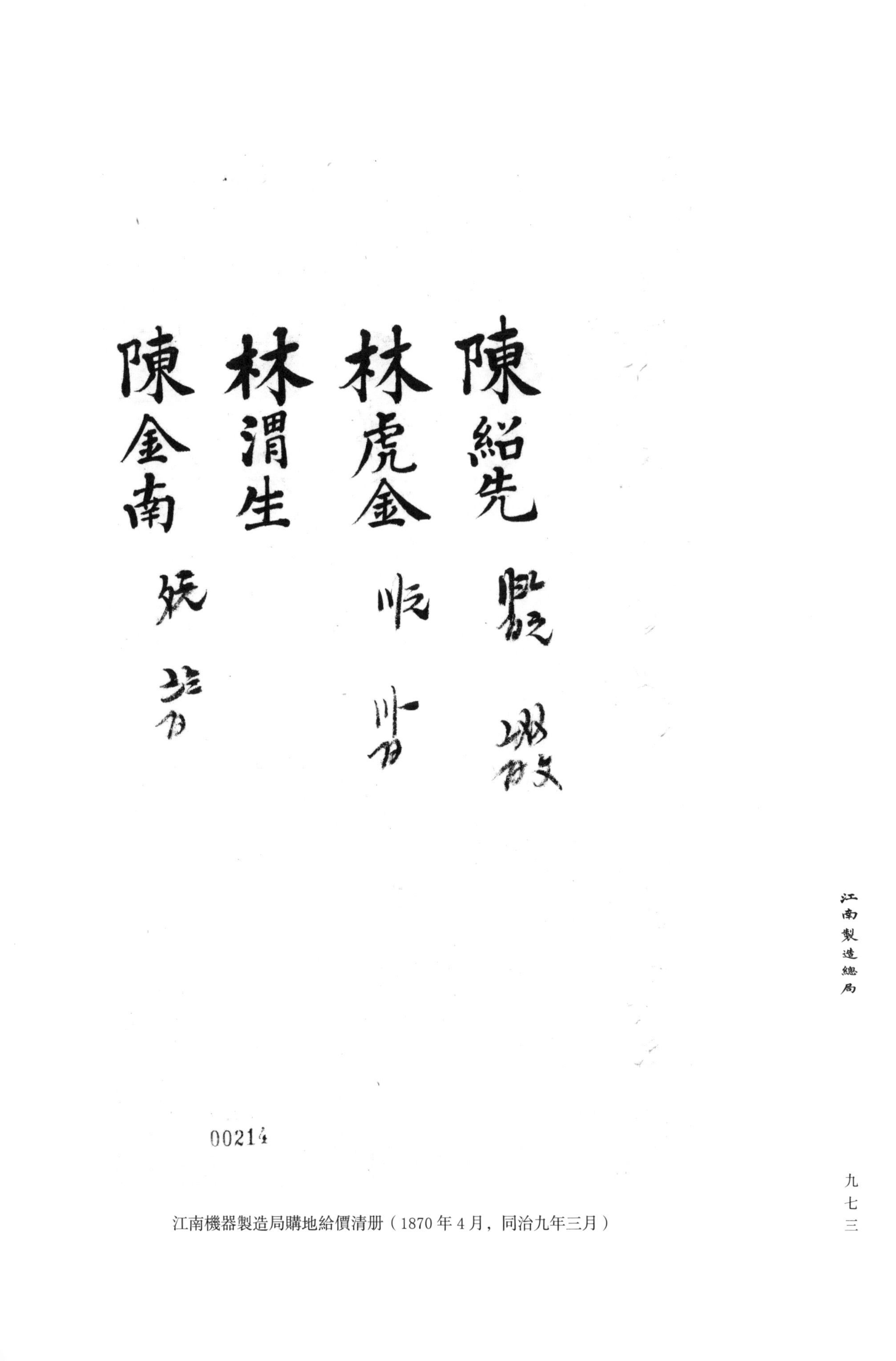

陳紹先

林虎金

林渭生

陳金南

00214

范秀山
張文保
王錫澄
姚克昌

上扢 [illegible]

江南機器製造局購地給價清册（1870年4月，同治九年三月）

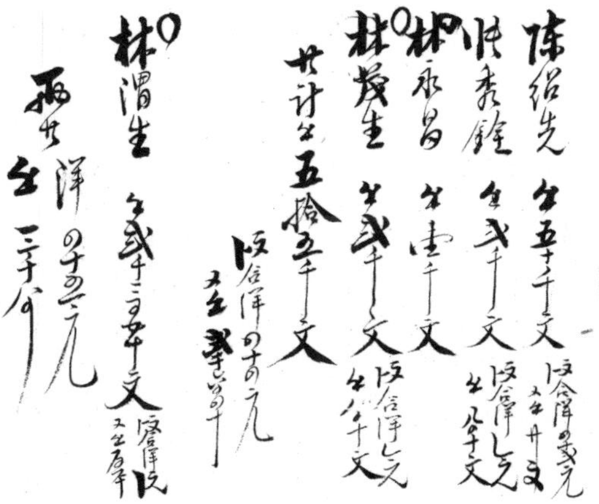

江南機器製造局購地給價清册（1870 年 4 月，同治九年三月）

張秀銓一户因本人有病地保張克堂代押係

慶華眼見

張堅明 [illegible]

張潤書 [illegible]

張秀銓 [illegible]

[illegible]

張士英 [illegible]

00216

江南機器製造局購地給價清册（1870 年 4 月，同治九年三月）

林永昌　一坵　攸分　標稱當有柩一具俟遷

林士嚴　是伊母代押　〡　上十坵　畝　陽扣四坵　實　上十坵　畝

黃茂全　一坵　[illegible]

林茂生　一坵　[illegible]　標說其有柩五具　領回正計三柩　餘二具　應俟遷

江南機器製造局購地給價清册（1870年4月，同治九年三月）

陳裕勲 呈伊無代押 經造

錢文達

00216-3

江南機器製造局購地給價清冊（1870年4月，同治九年三月）

基字五號卷第五號

執業田单

江蘇松江府上海縣為給發田单收糧執業事照得民
間田額久未清釐現經善後案内詳奉
憲行均歸的户承辦遵照按啚查丈所有該户執業細號
田畝除註册外合給此单收執辦糧須至单者
計開貳拾伍保壹區拾肆啚特字圩玖拾伍號
業户錢克家則田伍分正 對同
咸豐伍年 月 日給
縣

217

如有買賣以此单為準同契投税填註現業過
户辦糧倘匿存乾隆四十八年田单概不為憑

江南製造總局

錢克家執業田單（1855 年，咸豐五年）

基字五號卷第五號

執業田单

江蘇松江府上海縣爲給發田单收糧執業事照得民
間田額久未清釐現經善後案内詳奉
憲行均歸的户承辦遵照按啚查丈所有該户執業細號
田畝除註册外合給此单收執辦糧須至单者
計開貳拾伍保壹區拾肆啚恃字圩捌拾貳號
業户錢克家則田叁分捌厘壹毫　對同
咸豐伍年　月　日給
縣

如有買賣以此单為準同契投税填註現業過
户辦糧倘匿存乾隆四十八年田单概不為憑

218

錢克家執業田單（1855年，咸豐五年）

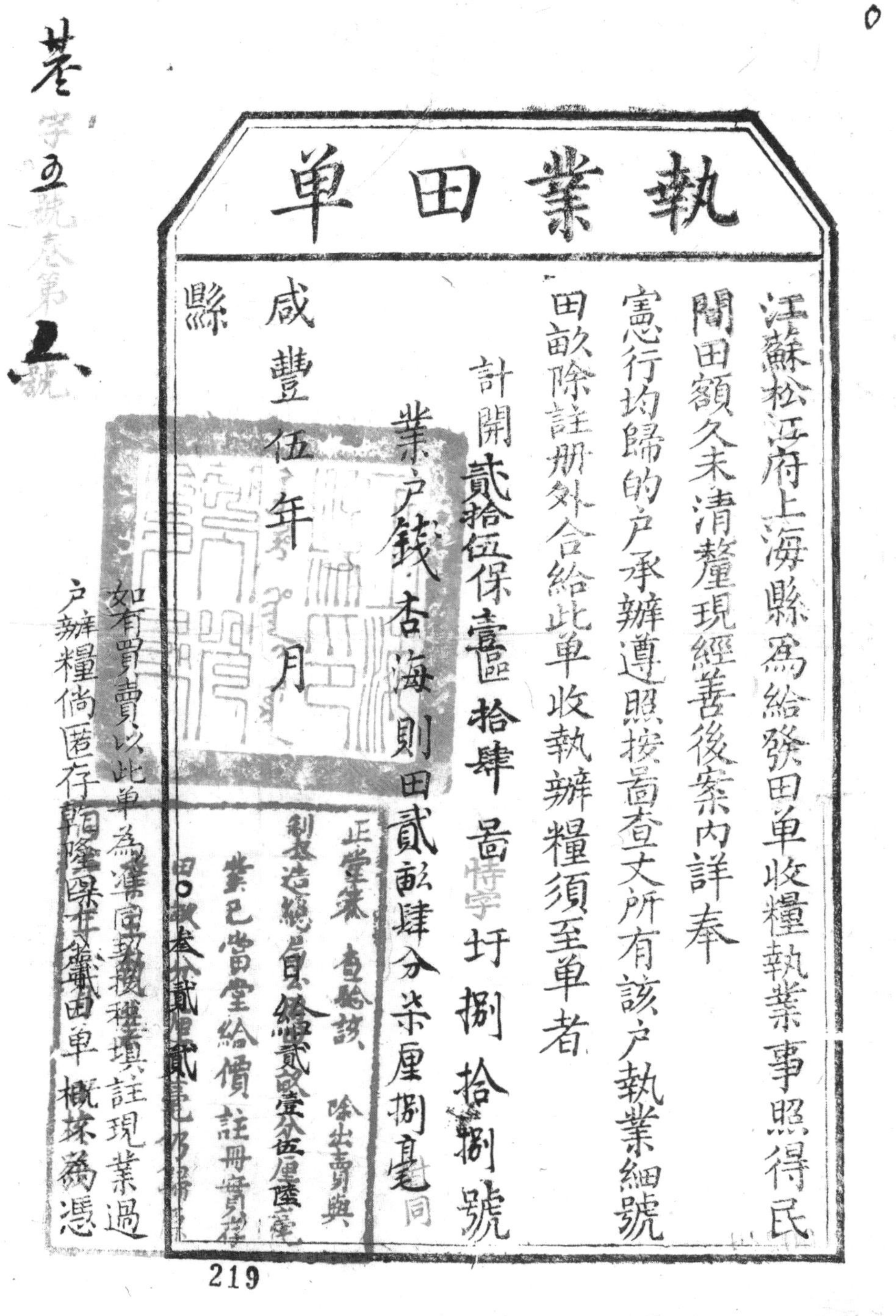
執業田单

江蘇松江府上海縣爲給發田单收糧執業事照得民
間田額久未清釐現經善後案内詳奉
憲行均歸的户承辦遵照按啚查丈所有該户執業細號
田畝除註册外合給此单收執辦糧須至单者
計開貳拾伍保壹區拾肆啚恃字圩捌拾捌號
業户錢杏海則田貳畝肆分柒厘捌毫
咸豐伍年　月
縣
如有買賣以此单爲準
户辦糧

219

錢杏海執業田單（1855 年，咸豐五年）

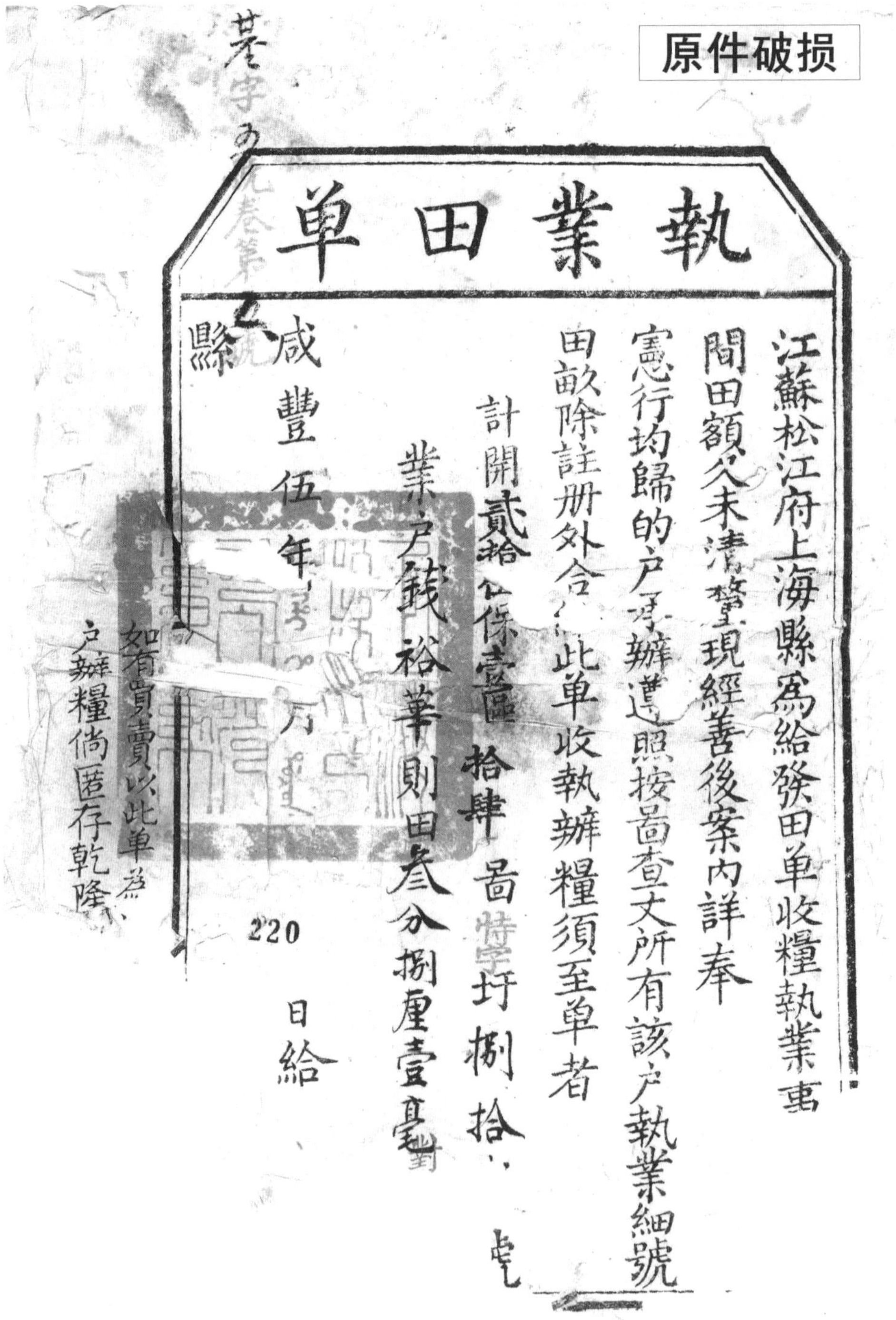
原件破损

執業田单

江蘇松江府上海縣爲給發田单收糧執業事
閻田額久未清釐現經善後案内詳奉
憲行均歸的户承辦遵照按啚查丈所有該户執業細號
田畝除註册外合行給此单收執辦糧須至单者
計開貳拾伍保壹區拾肆啚特字圩捌拾　號
業户錢裕華則田叁分捌釐壹毫
縣　咸豐伍年　月　日給
如有買賣以此单爲
户辦糧倘匿存乾隆
220

錢裕華執業田單（1855年，咸豐五年）

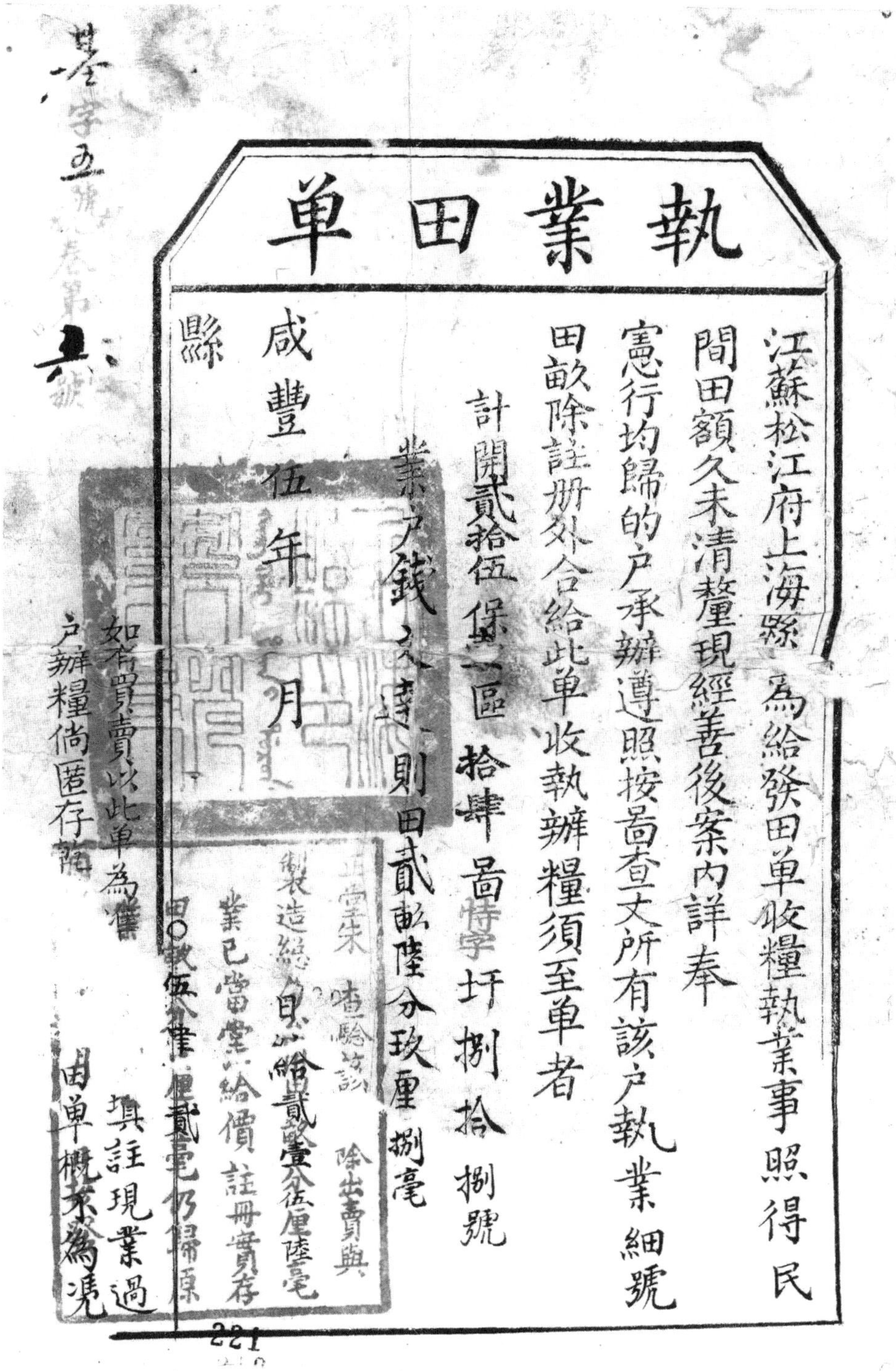
執業田单

江蘇松江府上海縣 為給發田单收糧執業事照得民
間田額久未清釐現經善後案内詳奉
憲行均歸的户承辦遵照按啚查丈所有該户執業細號
田畝除註册外合給此单收執辦糧須至单者
計開貳拾伍保一區 拾肆啚 特字圩 捌拾 捌號
業户錢文達 則田貳畝陸分玖厘捌毫

咸豐伍年 月 日

縣

如有買賣以此单為準
户辦糧倘匿存

填註現業過
田单概不為憑

錢文達執業田單（1855 年，咸豐五年）

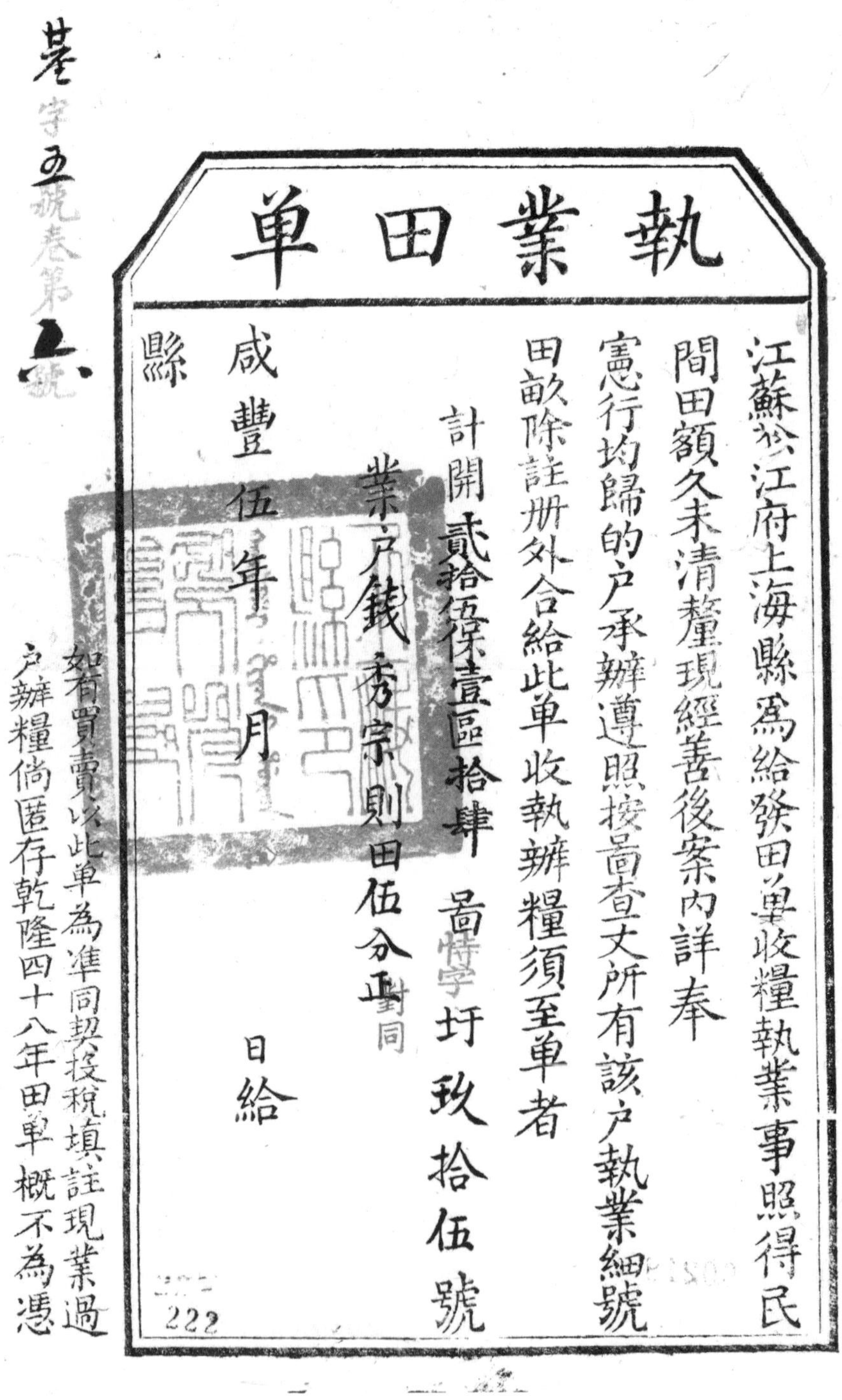

墨字五號卷第五號

執業田單

江蘇松江府上海縣爲給發田單收糧執業事照得民
間田額久未清釐現經善後案內詳奉
憲行均歸的户承辦遵照按啚查丈所有該户執業細號
田畝除註册外合給此单收執辦糧須至单者
計開貳拾保壹區拾肆啚恃字圩玖拾伍號
業户錢秀宗則田伍分正 對同
咸豐伍年　月　日給
縣

如有買賣以此单為準同契投稅填註現業過
户辦糧倘匿存乾隆四十八年田單槪不為憑

222

錢秀宗執業田單（1855 年，咸豐五年）

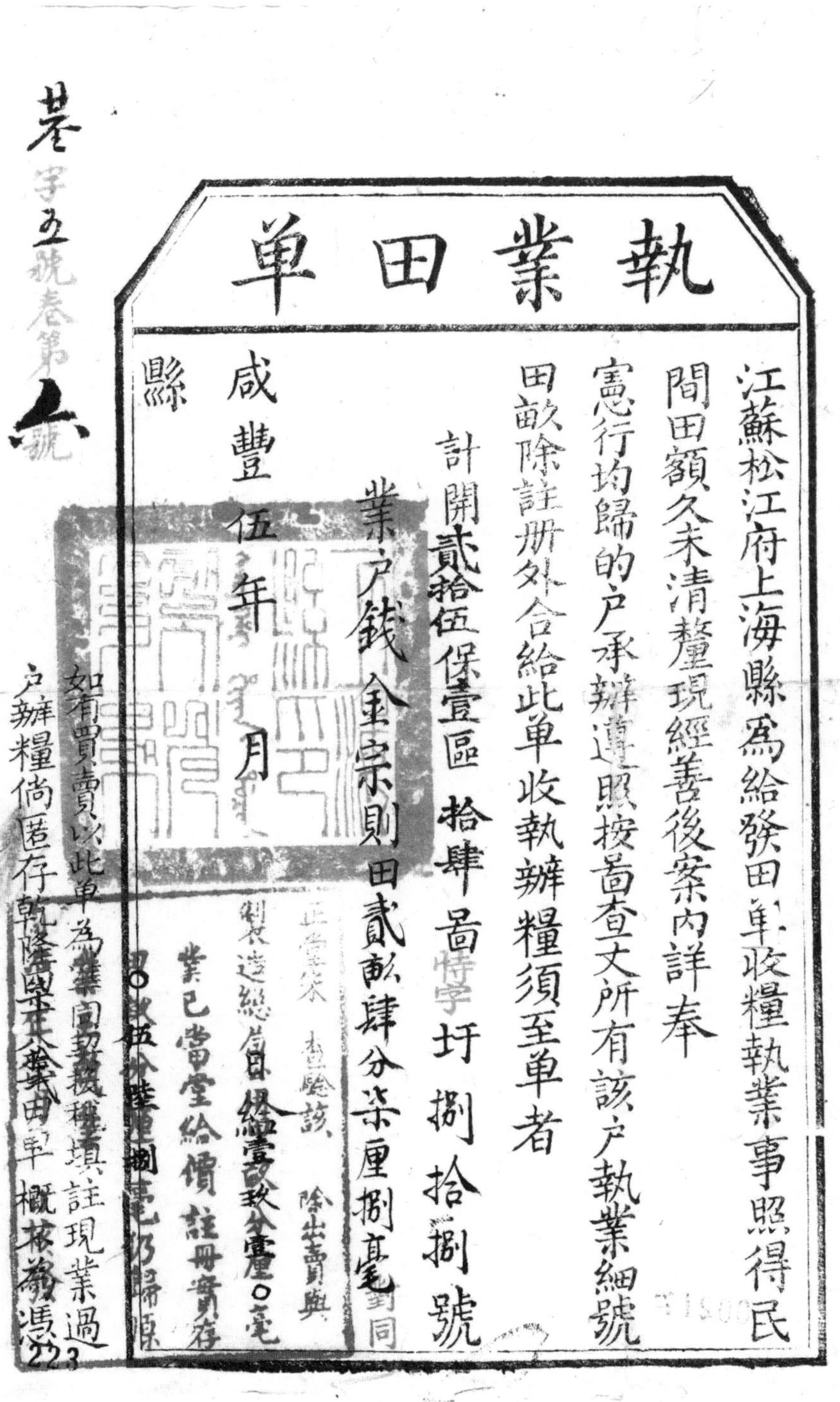
執業田單

江蘇松江府上海縣爲給發田单收糧執業事照得民
間田額久未清釐現經善後案内詳奉
憲行均歸的户承辦遵照按啚查丈所有該户執業細號
田畝除註册外合給此单收執辦糧須至单者
計開貳拾伍保壹區 拾肆啚 恃字圩 捌拾捌號
業户錢金宗則田貳畝肆分柒厘捌毫
咸豐伍年 月 日
縣
如有買賣以此单爲業向契税稍填註現業過
户辦糧倘匿存乾隆因果田单概歸無憑

錢金宗執業田單（1855年，咸豐五年）

江南製造總局

江南製造總局

十一、江南製造局添建廠房購買地基及糧串等有關文書

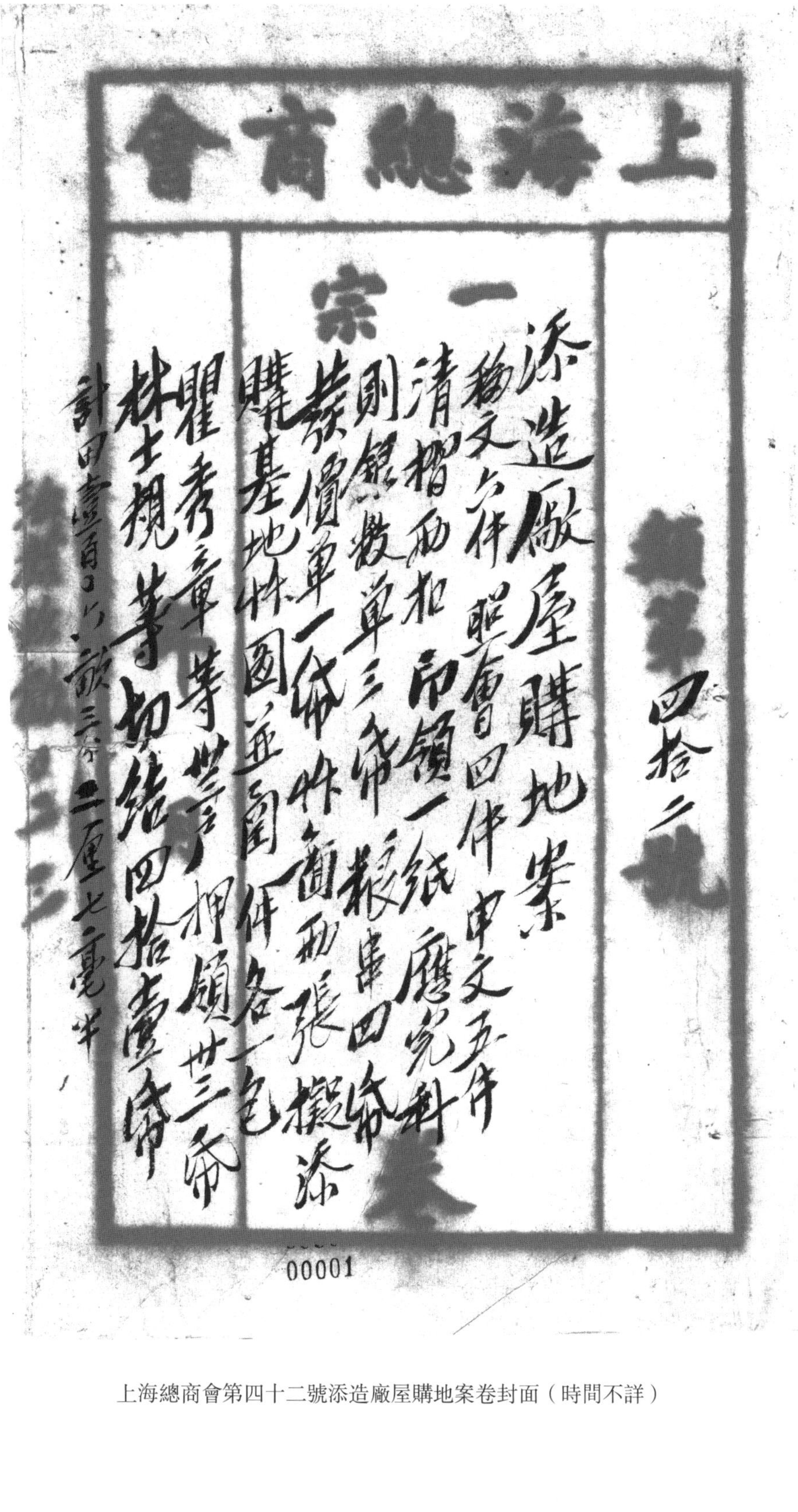
上海總商會
第四拾二號
一宗
添造廠屋購地案
稿文六件 照會四件 申文五件
清摺兩扣 印領一紙 應完科
則銀數單三紙 粮串四紙
核價單一紙 件簡兩張 擬添
購基地附圖並副件各一包
瞿秀章等卅三戶 押領卅三紙
林士規等切結四拾壹紙
計田壹百〇六畝三分二厘七毫半
案
00001

上海總商會第四十二號添造廠屋購地案卷封面（時間不詳）

江南製造總局

第　　號

一宗購買地基添建廠屋卷

同治七八年　月　日

00003

002

江南製造總局基字第四號購買地基添建廠屋卷封面（1868—1869年，同治七年—同治八年）

二十伍保十四圖地保黃秀廷

業户細册

00005

003

二十五保十四圖業户細册（時間不詳）

伍拾號 特字圩	陳金南	陸分正	瓦房一間 草房一間	王攷乙户 刘攷乙户
伍拾號 特字圩	楊金虎	壹畝肆分正		楊攷乙户
伍拾號 特字圩	永賢	壹畝正	瓦房弍間 草房一間	
伍拾號 特字號	桂春	壹畝伍分叁厘肆毫		楊攷叁户

00006

004

二十五保十四圖業户細册（時間不詳）

伍拾號 特字圩	楊瑞和	伍分陸厘		華雲具
伍拾號 特字圩	大榮	伍分陸厘		王孜乙分 楊孜乙分
伍拾號 特字圩	和華	伍分陸厘		
伍拾號 特字圩	圣千	玖分叁厘肆毫		楊孜弍分

二十五保十四圖業户細册（時間不詳）

伍拾號 特字圩	楊敬山	壹畝肆分		
伍拾號 特字圩	和尚	伍分陸厘		
伍壹號 特字圩	王錫均	壹畝伍分叁厘		王玫叁户
伍式號 特字圩	王錫均	式分玖毫		王玫式户

005

00007

二十五保十四圖業户細册（時間不詳）

伍伍號 特字圩	楊和尚	柒厘弍毫	徐坟乙户
伍伍號 特字圩	大常	柒厘弍毫	楊坟弍户
伍伍號 特字圩	桂春	柒厘弍毫	
伍伍號 特字圩	和華	柒厘弍毫	楊坟弍户 華穸叁具

二十五保十四圖業户細册（時間不詳）

伍伍號 特字圩	喬燮堂	貳分伍厘		喬坟叁穴 華雲乙具
伍陸號 特字圩	陳如玉	壹畝玖厘陸毫		卯坟拾柒穴
伍柒號 特字圩	紹先	壹畝壹分肆厘柒毫	瓦房伍間	後面陸坟貳穴
伍捌號 特字圩	紹先	壹畝貳分捌厘壹毫	草房陸間	芝揚笆

000087

006

二十五保十四圖業户細册（時間不詳）

伍玖號 特字圩	陳紹先	壹分壹毫		陳玫乙户
陸拾號 特字圩	王錫登	壹畝捌分叁釐玖毫		王玫乙户
陸拾號 特字圩	陳紹先	壹分伍釐伍毫		陳玫乙户
陸拾號 特字圩	陳裕勳	叁分玖釐伍毫		王玫乙户

二十五保十四圖業户細册（時間不詳）

陸壹號 特字圩	陸壹號 特字圩	陸壹號 特字圩	陸壹號 特字圩
陳慶華	錢克家	裕華	林土觀
柒分壹釐玖毫	伍分叁釐捌毫	伍分肆釐	叁分陸釐
瓦房陸間	瓦房伍間 草房四間	草房柒間	瓦房叁間
苙楊笆口			

00009

007

二十五保十四圖業户細册（時間不詳）

柒玖號特字圩	黄春元	約有壹畝肆分
柒玖號特字圩	錢文達	約有壹畝肆分
捌壹號特字圩	楊桂春	捌分
捌弍號特字圩	錢裕華	叁分捌厘壹毫

捌弍號 特字圩	錢秀宗	叁分捌厘弍毫	瓦房陸間	芝揚造。
捌弍號 特字圩	克家	叁分捌厘壹毫	瓦房伍間	
捌叁號 特字圩	克家	壹厘捌毫		
捌叁號 特字圩	秀宗	壹厘捌毫		

00010

008

二十五保十四圖業户細册（時間不詳）

捌叁號 特字圩	錢裕華	壹厘捌毫	草房弌間	
捌肆號 特字圩	古九家	伍分叁厘		王坟叁户
捌肆號 特字圩	秀宗	伍分叁厘		
捌肆號 特字圩	裕華	壹畝肆厘壹毫	瓦房叁間	芝揚笆

二十五保十四圖業户細册（時間不詳）

號	圩	業户	畝分
捌伍號	特字圩	錢裕華	壹畝伍分柒厘陸毫
捌陸號	特字圩	秀宗	壹畝肆分伍厘弍毫
捌陸號	特字圩	耀宗	壹畝肆分伍厘弍毫
玖拾號	特字圩	喬如翰	約有捌分

00011

009

二十五保十四圖業户細册（時間不詳）

玖拾號 特字圩	朱冠山	約有 壹畝		朱拔乙戶
玖弍號 特字圩	陳裕如	弍畝陸分玖釐		
玖叁號 特字圩	楊範占	壹畝叁分伍釐叁毫		楊拔拾戶
玖肆號 特字圩	範占	壹畝玖分玖釐陸毫		楊拔乙戶

10

二十五保十四圖業户細冊（時間不詳）

玖伍號
特字圩
錢克家
伍分正

玖伍號
特字圩
秀宗
伍分正

共吉田畝叁拾玖畝柒分柒釐肆毫

共吉
瓦房叁拾陸間
草房念壹間

00012
010
11

二十五保十四圖業户細册（時間不詳）

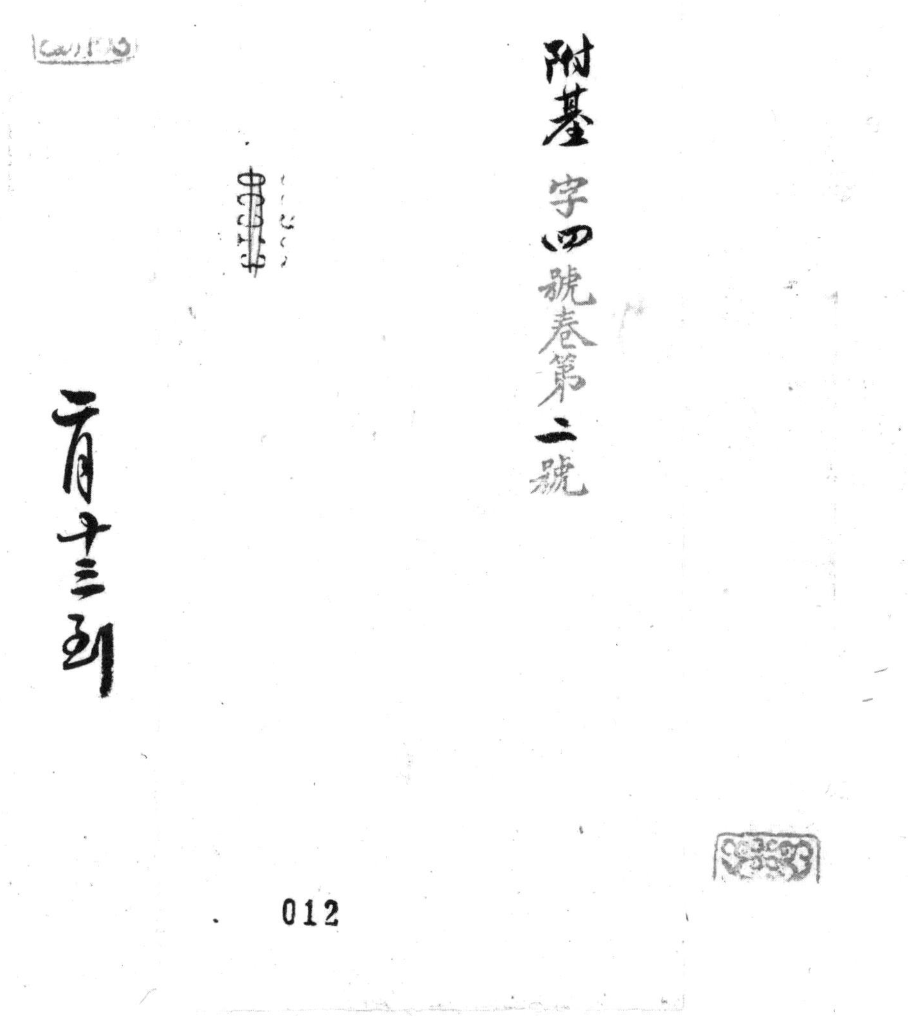
附基字四號卷第二號

二月十三到

012

上海縣奉諭勘明二十五保十四圖民地坵形一方繪圖帖説禀覆（1868 年 3 月 6 日，同治七年二月十三日）

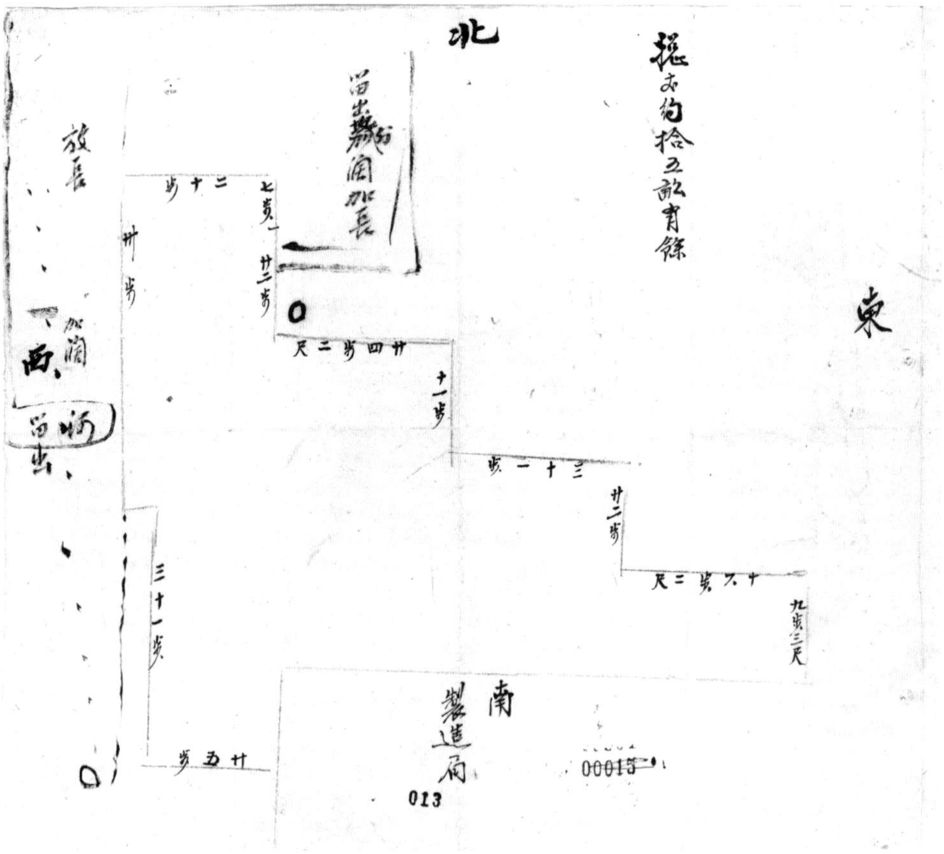

上海縣奉諭勘明二十五保十四圖民地坵形一方繪圖帖説禀覆（1868 年 3 月 6 日，同治七年二月十三日）

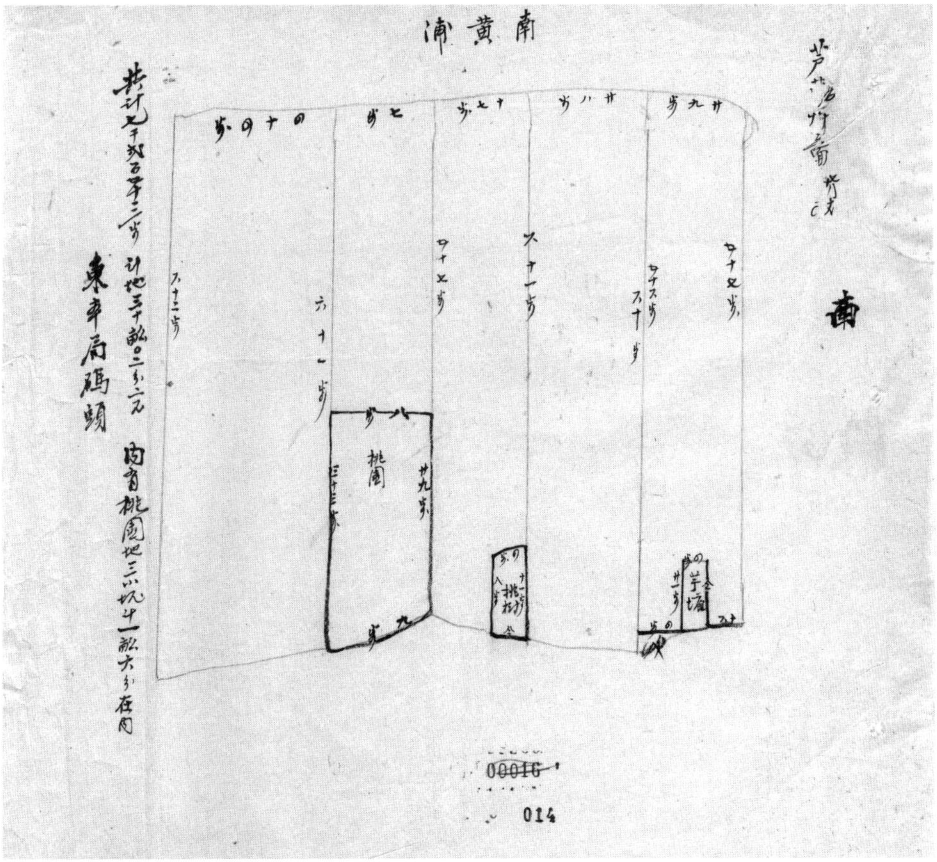

上海縣奉諭勘明二十五保十四圖民地坵形一方繪圖帖説稟覆（1868 年 3 月 6 日，同治七年二月十三日）

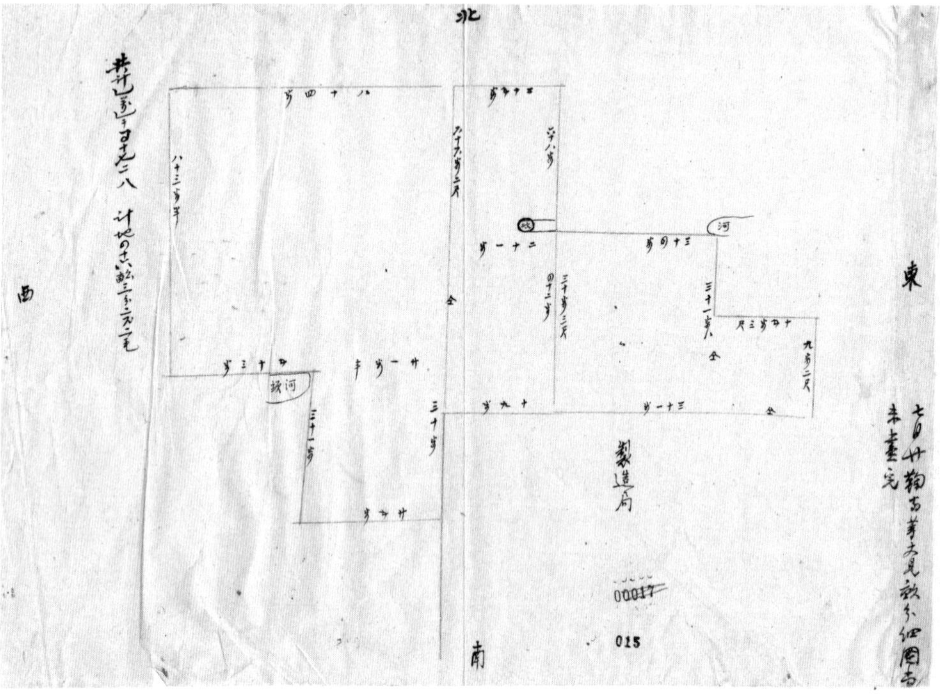

上海縣奉諭勘明二十五保十四圖民地坵形一方繪圖帖説禀覆（1868 年 3 月 6 日，同治七年二月十三日）

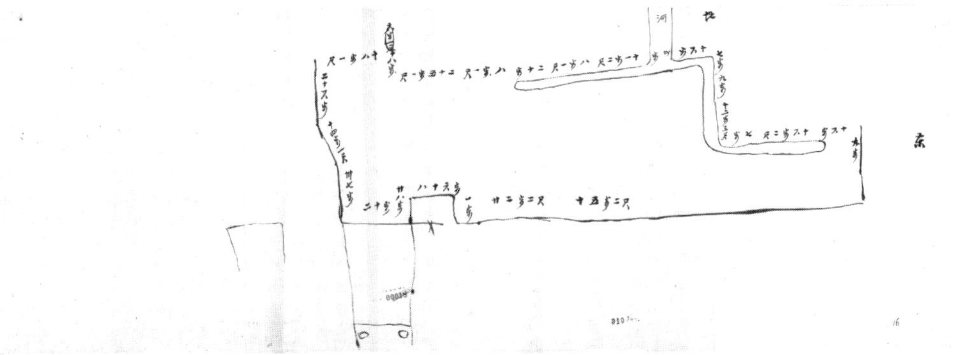

上海縣奉諭勘明二十五保十四圖民地坵形一方繪圖帖說禀覆（1868年3月6日，同治七年二月十三日）

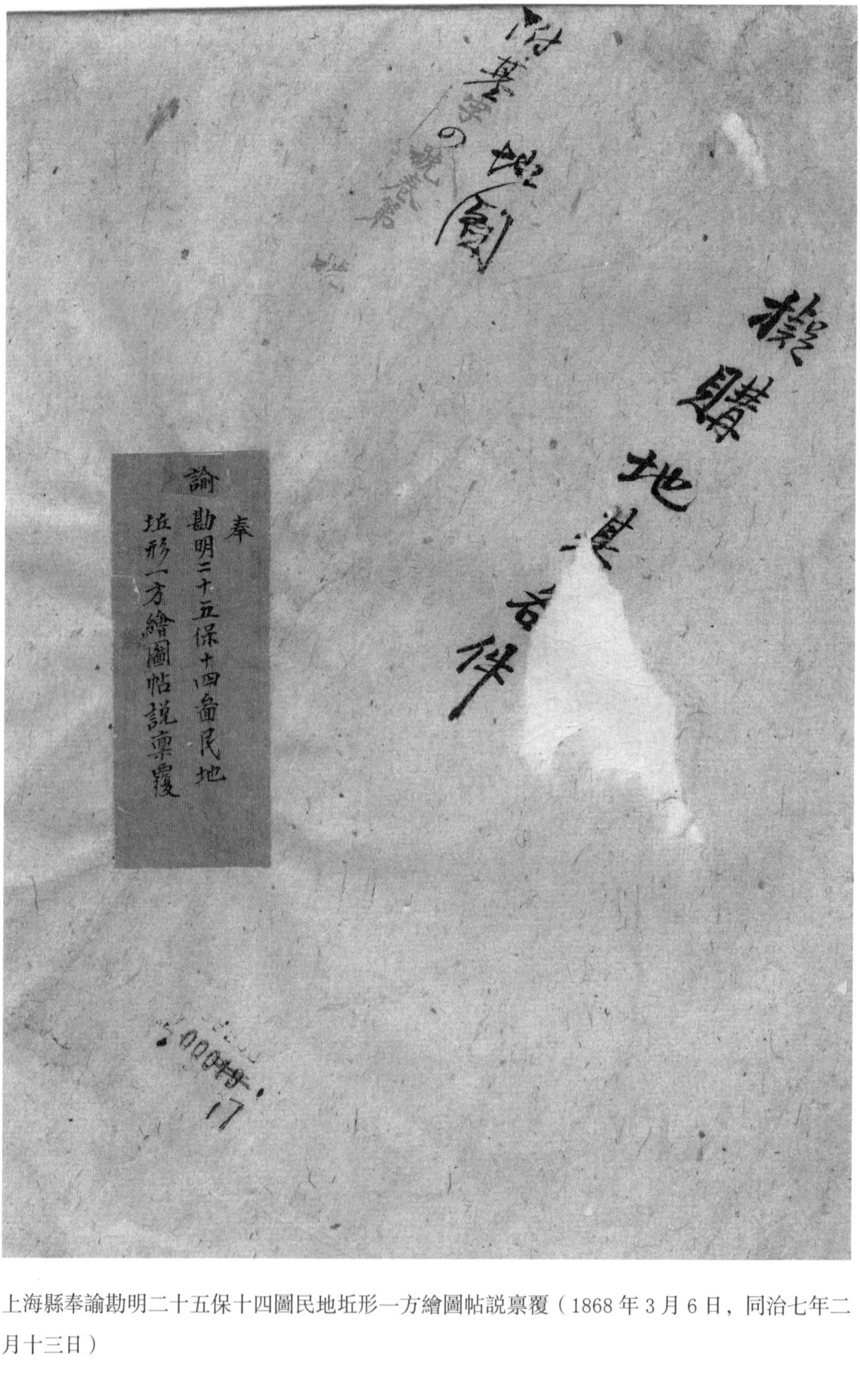

上海縣奉諭勘明二十五保十四圖民地坵形一方繪圖帖説稟覆（1868 年 3 月 6 日，同治七年二月十三日）

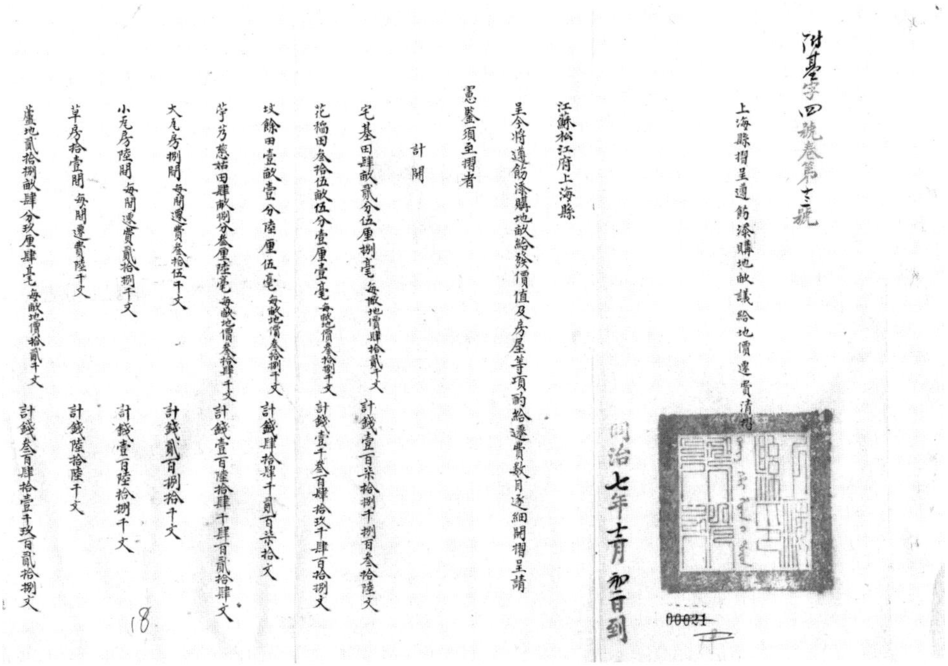

附基字四號卷第十三號

上海縣摺呈遵飭添購地畝議給地價遷費清摺

江蘇松江府上海縣

呈今將遵飭添購地畝給發價值及房屋等項酌給遷費數目逐細開摺呈請

憲鑒須至摺者

計開

宅基田肆畝貳分伍厘捌毫 每畝地價肆拾貳千文 計錢壹百柒拾捌千捌百叁拾陸文

花稲田叁拾伍畝伍分壹厘壹毫 每畝地價叁拾捌千文 計錢壹千叁百肆拾玖千肆百拾捌文

坟餘田壹畝壹分陸厘伍毫 每畝地價叁拾捌千文 計錢肆拾肆千貳百柒拾文

学芀慈姑田肆畝捌分叁厘陸毫 每畝地價叁拾肆千文 計錢壹百陸拾肆千肆百貳拾肆文

大瓦房捌間 每間遷費叁拾伍千文 計錢貳百捌拾千文

小瓦房陸間 每間遷費貳拾捌千文 計錢壹百陸拾捌千文

草房拾壹間 每間遷費陸千文 計錢陸拾陸千文

蘆地貳拾捌畝肆分玖厘肆毫 每畝地價拾貳千文 計錢叁百肆拾壹千玖百貳拾捌文

同治七年十二月初一日到

00021

18

上海縣知縣朱鳳梯爲摺呈遵飭添購地畝議給地價遷費事致江南機器製造局總辦清摺（1869 年 1 月 13 日，同治七年十二月初一日）

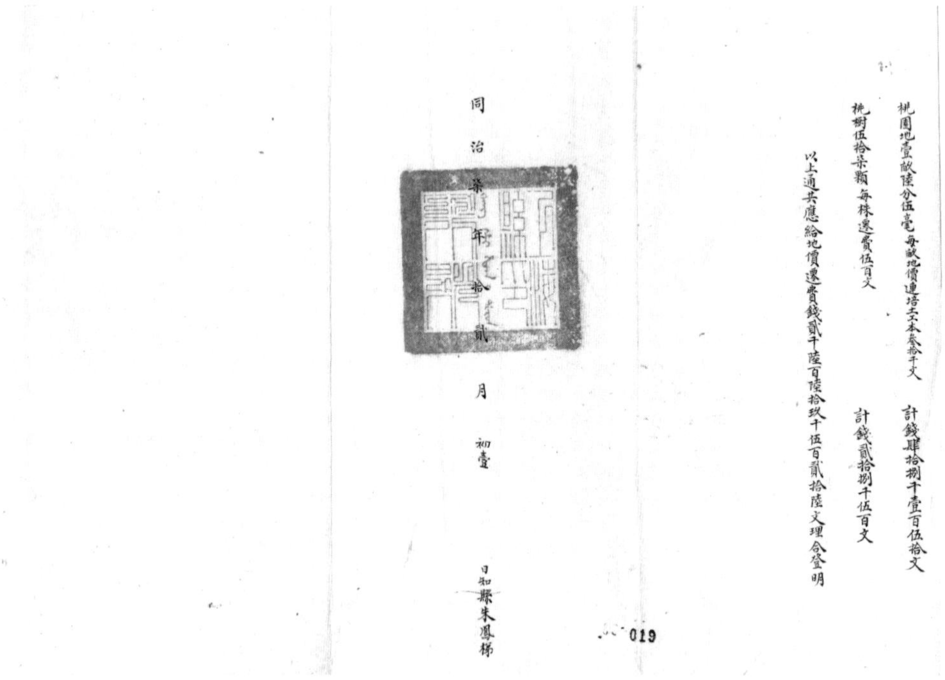

桃園地壹畝陸分伍毫 每畝地價連培土工本叁拾千文　計錢肆拾捌千壹百伍拾文
桃樹伍拾柒顆 每株遷費伍百文　計錢貳拾捌千伍百文
以上通共應給地價遷費錢貳千陸百陸拾玖千伍百貳拾陸文理合登明

同治柒年拾貳月初壹日知縣朱鳳梯

019

上海縣知縣朱鳳梯爲摺呈遵飭添購地畝議給地價遷費事致江南機器製造局總辦清摺（1869 年 1 月 13 日，同治七年十二月初一日）

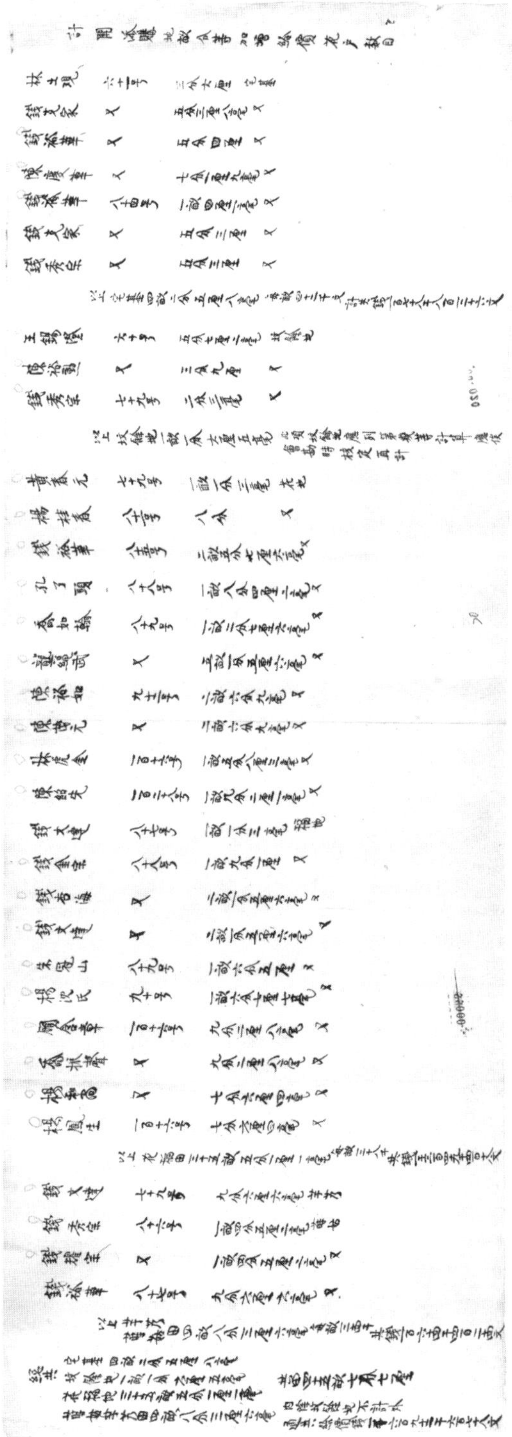

上海縣開江南機器製造局添購地畝分等加增給價花户數目清單（1869 年 1 月 13 日，同治七年十二月初一日）

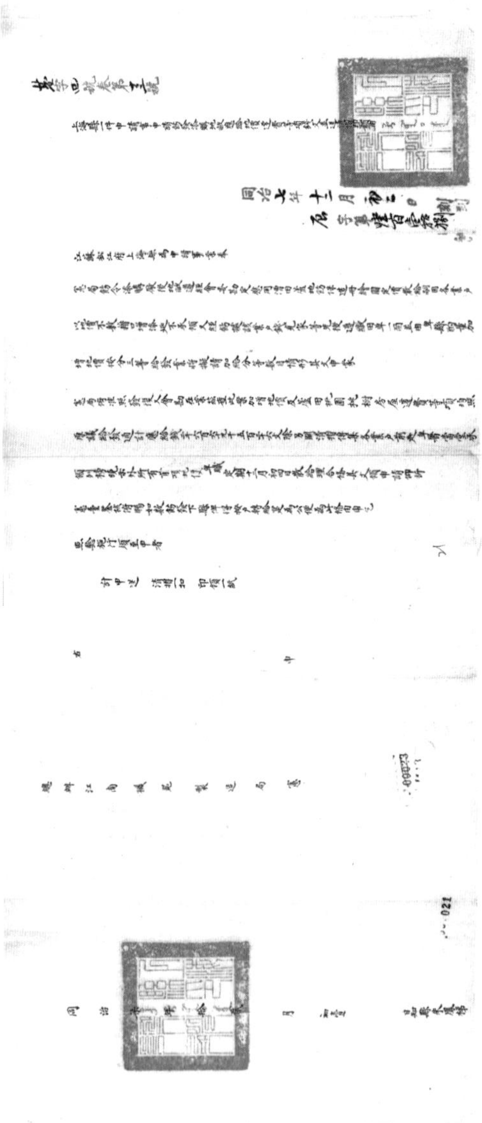

上海縣知縣朱鳳梯爲申請飭發添購地畝應給地價遷費等項錢文并送清摺印領事致江南機器製造局總辦申文（1869 年 1 月 13 日，同治七年十二月初一日）

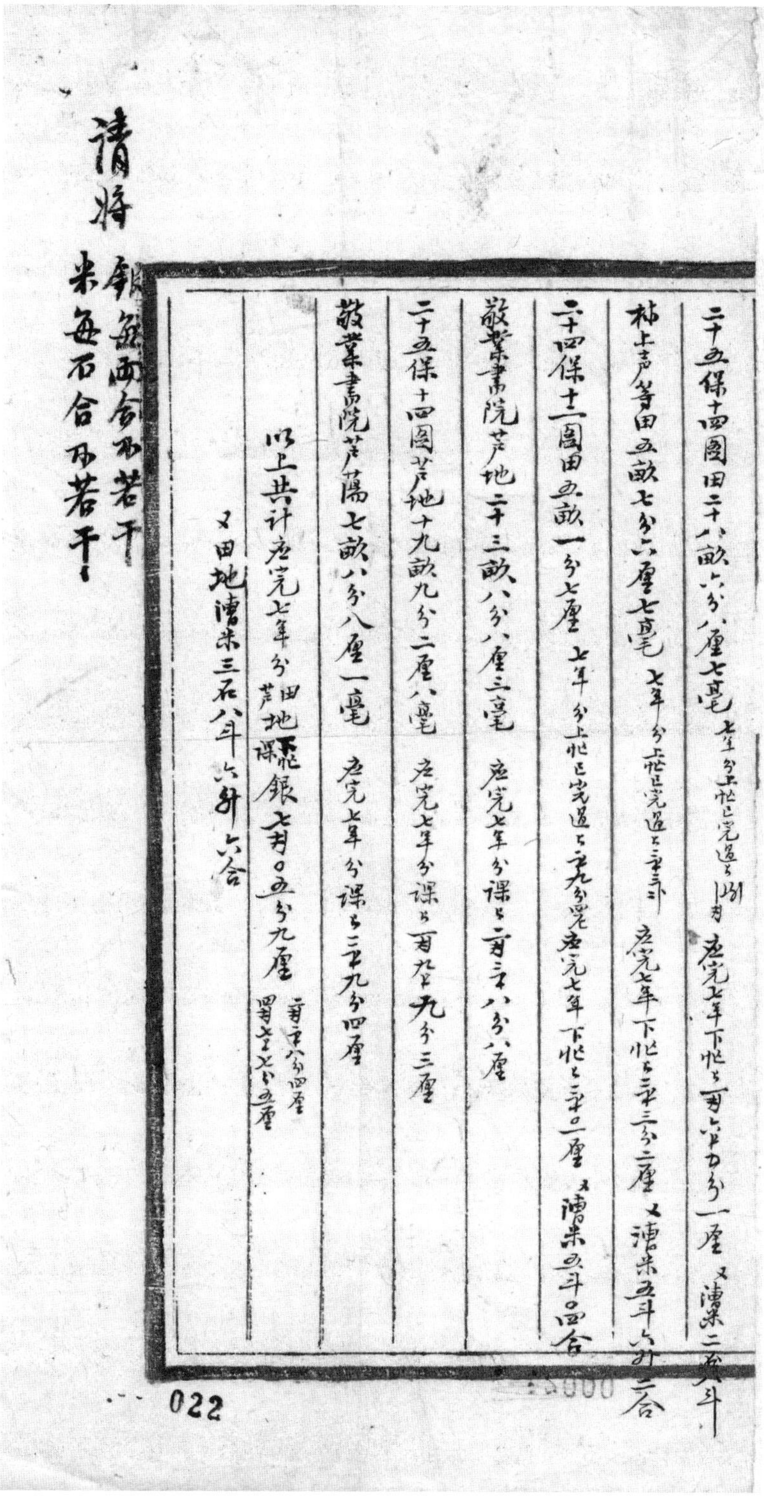

二十五保十四圖田二十八畝六分八厘七毫 七年分上忙已完過銀[illegible]兩 應完七年下忙銀一兩六錢九分一厘 又漕米二[illegible]斗

補上戶等田五畝七分六厘七毫 七年分上忙已完過銀[illegible] 應完七年下忙銀[illegible]三分二厘 又漕米五斗六升二合

二十四保十一圖田五畝一分七厘 七年分上忙已完過銀[illegible]九分[illegible] 應完七年下忙銀[illegible]二厘 又漕米五斗四合

敬業書院芦地二十三畝八分八厘三毫 應完七年分課銀[illegible]八分八厘

二十五保十四圖芦地十九畝九分二厘八毫 應完七年分課銀[illegible]九分三厘

敬業書院芦蕩七畝八分八厘一毫 應完七年分課銀[illegible]九分四厘

以上共計應完七年分田芦地課下忙銀[illegible]兩○五分九厘

又田地漕米三石八斗六升六合

請將 銀[illegible]兩合錢若干 米每石合錢若干

江南機器製造局新購廠基應完銀米清單（1868 年，同治七年）

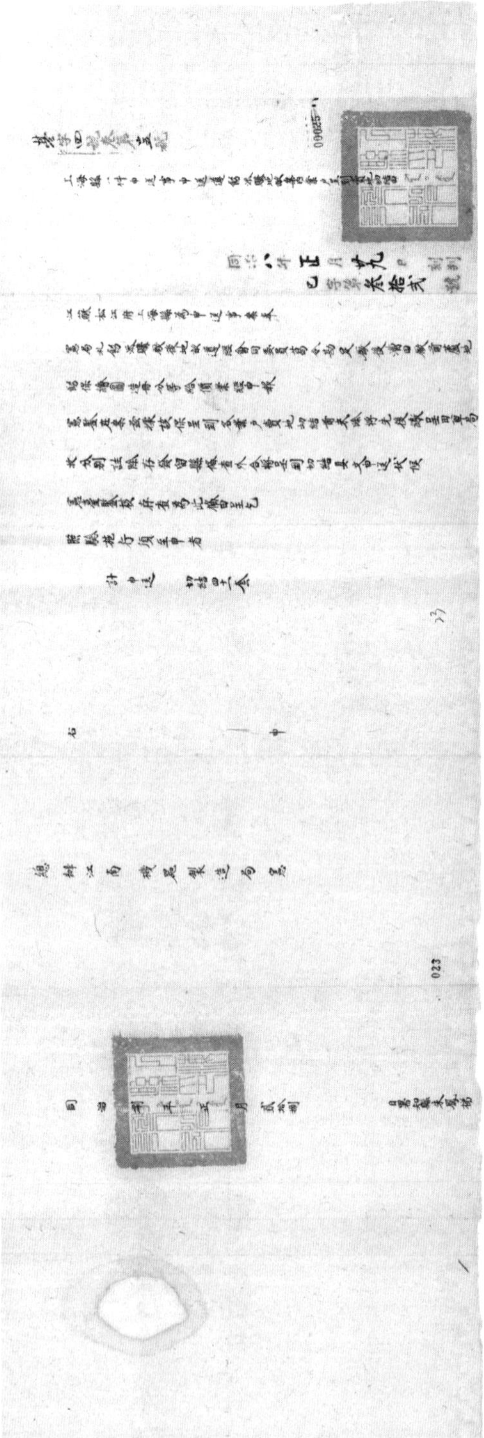

上海縣知縣朱鳳梯爲申送遵飭添購地畝案内業户呈到賣地切結事致江南機器製造局總辦申文

（1869 年 3 月 10 日，同治八年正月二十八日）

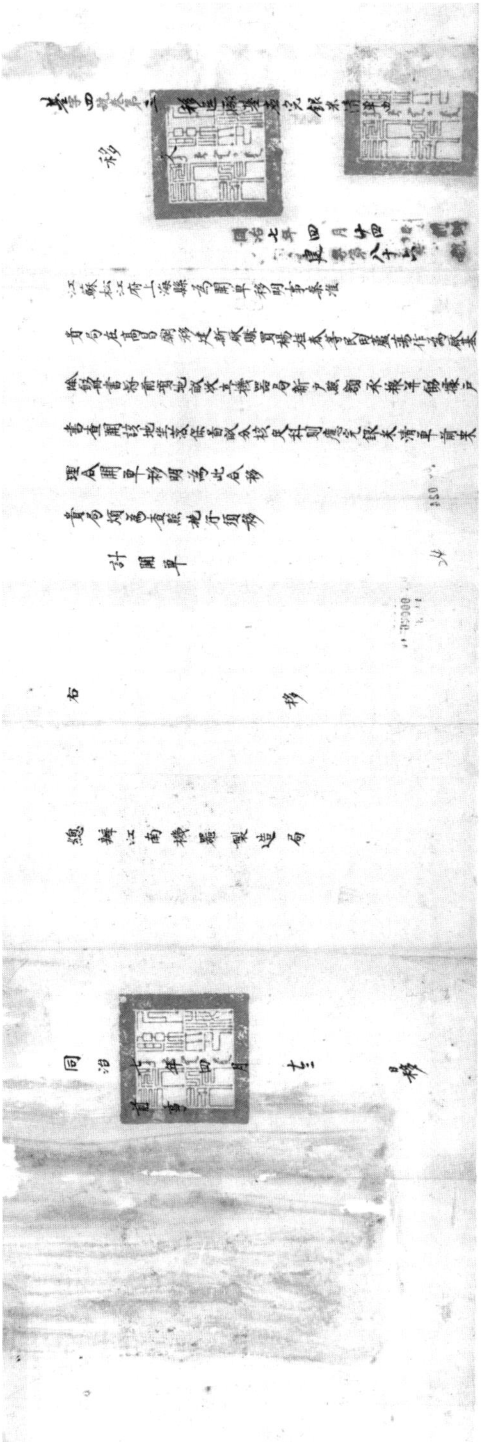

上海縣爲移送廠基應完銀米清單事致江南機器製造局總辦移文（1868 年 5 月 5 日，同治七年四月十三日）

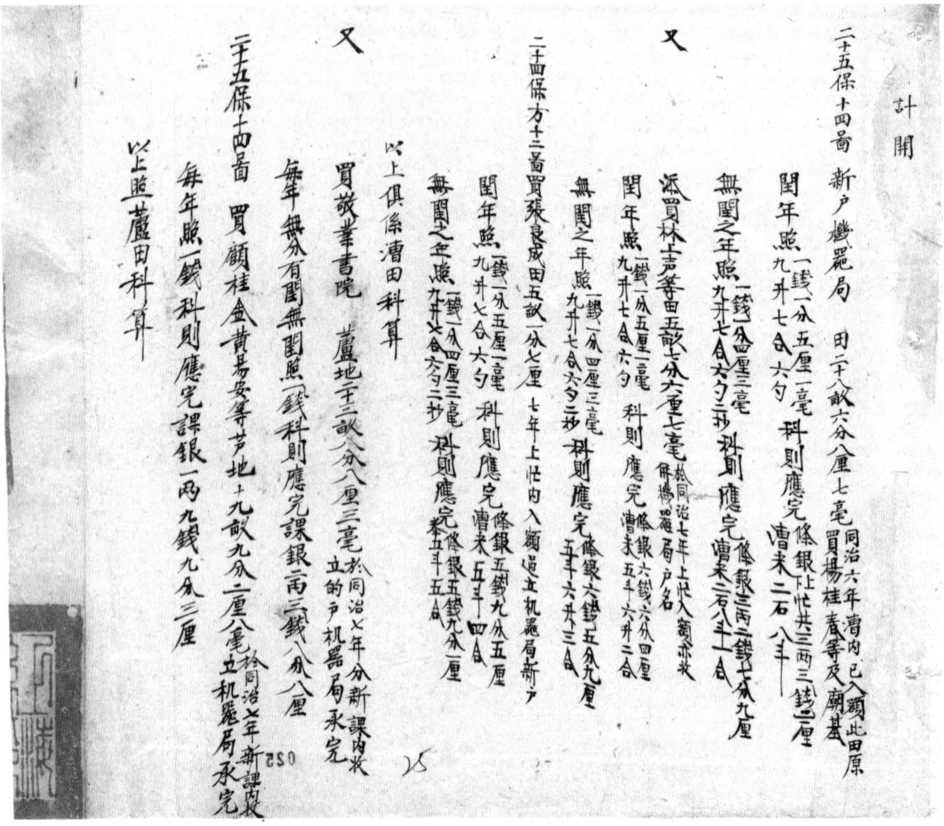

計開

二十五保十四啚 新户機器局 田二十八畝六分八厘七毫 同治六年漕内已入額此田原買楊桂春等及廟基

閏年照一錢一分五厘一毫 科則應完條銀仜忙共三兩三錢二厘

九升七合六勺 漕米二石八斗一

無閏之年照一錢一分四厘三毫 科則應完條銀三兩二錢七分九厘

九升七合六勺二抄 漕米二石八斗一合

添買林上声等田五畝七分六厘七毫 於同治七年上忙入額承粮册機器局户名

閏年照一錢一分五厘一毫 科則應完條銀六錢六分四厘

九升七合六勺 漕米五斗六升二合

又

二十四保方十三啚 買張良成田五畝一分七厘 七年上忙内入額過立机器局新户

無閏之年照一錢一分四厘三毫 科則應完條銀六錢五分九厘

九升七合六勺二抄 五斗六升三合

閏年照一錢一分五厘一毫 科則應完條銀五錢九分五厘

九升七合六勺 漕米五斗一四合

無閏之年照一錢一分四厘三毫 科則應完條銀五錢九分一厘

九升七合六勺二抄 漕米五斗五合

以上俱係漕田科算

買敬業書院 蘆地二十三畝八分八厘三毫 於同治七年分新課内收立的户机器局承完

每年無分有閏無閏照一錢科則應完課銀二兩三錢八分八厘

又

二十五保十四啚 買顧桂金黄易安等芦地十九畝九分二厘八毫 於同治七年新課内收立机器局承完

每年照一錢科則應完課銀一兩九錢九分三厘

以上照蘆田科算

上海縣爲移送廠基應完銀米清單事致江南機器製造局總辦移文（1868年5月5日，同治七年四月十三日）

上海縣知縣葉廷眷致江南機器製造局總辦沈保靖、馮焌光移文封套（1868 年 3 月 6 日，同治七年二月十三日）

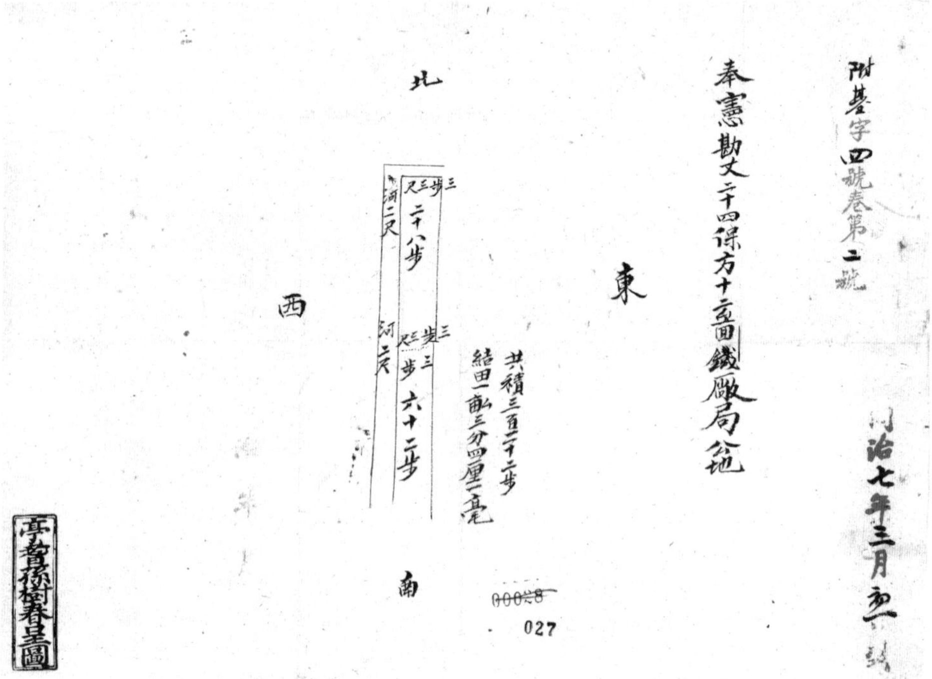

上海縣奉憲勘丈二十四保方十二圖鐵廠局公地圖（1868 年 3 月 24 日，同治七年三月初一日）

同治七年閏四月丈量委員葛繩孝來往函件並圖說　計一包

上海縣來文　移送敬業書院公產四址畝册由、

又　移送廠基應完銀米清單由

照會上海縣　備送添購船廠基地價值並蘆田畝册一紙由

移上海道　移知開前由、　共一束

又　移添購廠基請札縣會同葛令勘丈由、

上海縣來文　申送契領各式清摺由

照會上海縣　照復給發地價日期由

上海縣來文　申請會同覆勘並酌加地價由

又　申請飭發地價還賞由

又　復上海縣　照送地價請查收轉給由

上海縣來文　申繳地價印領由

又　申送購地切結四十一分由、　共一束

照會上海縣　照送續購基地業戶切結三十二套及敬業書院地價由、

又縣署來函　函地價請由局傳集各戶給發由、　共一束

另捆續購各地基草畝一紙並包函件

江南製造總局基字第四號購買地基添建廠屋卷目録（1868—1869 年，同治七年—同治八年）

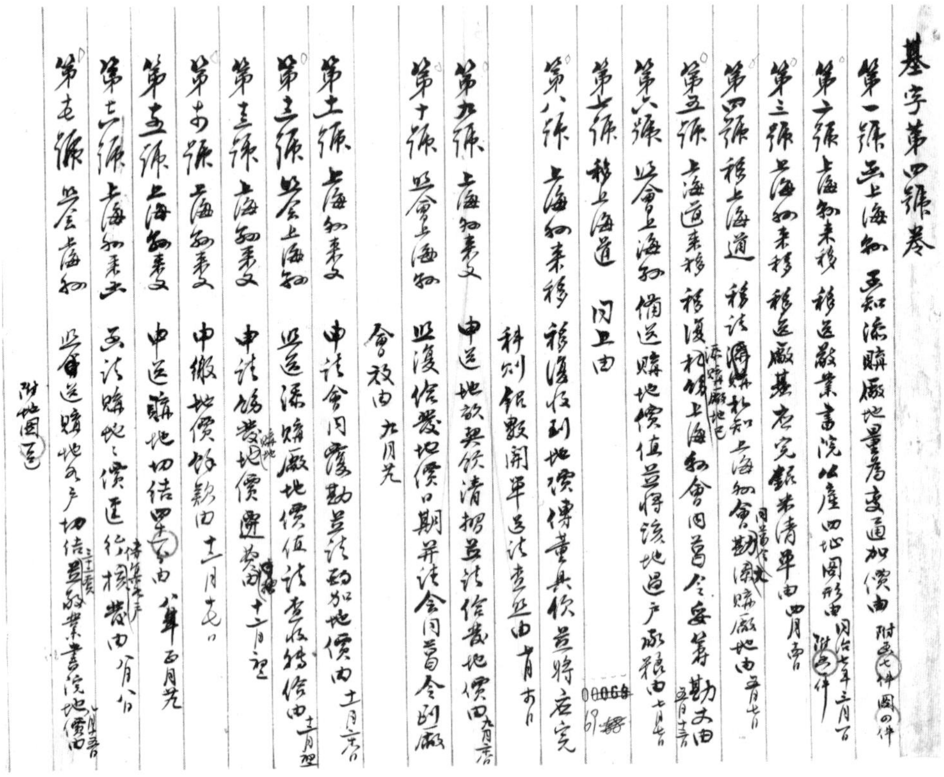

江南製造總局基字第四號購買地基添建廠屋卷目録（1868—1869年，同治七年—同治八年）

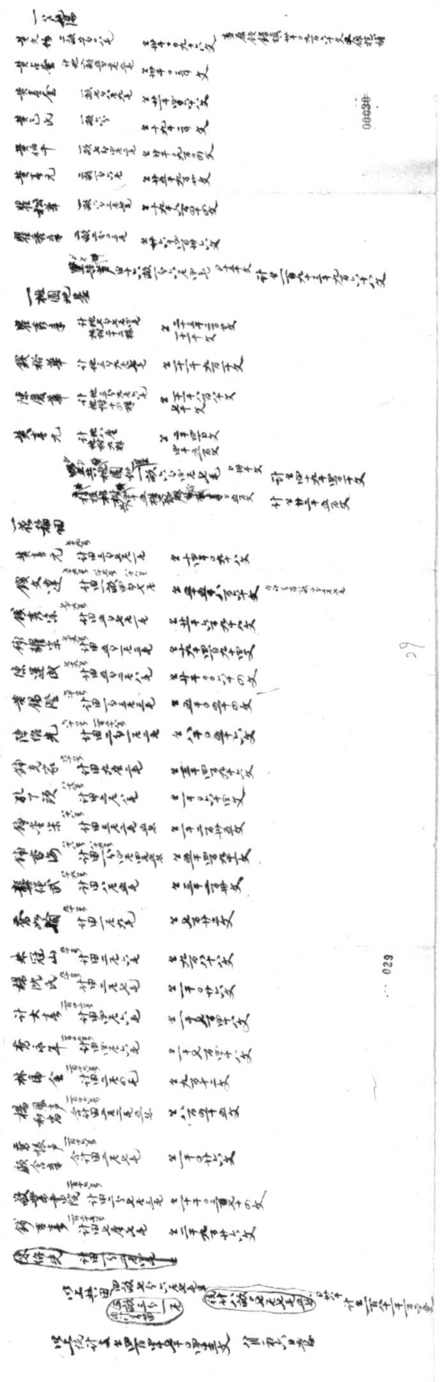

江南機器製造局續購地基價值清單（1869 年 9 月 11 日，同治八年八月初六日）

基字四號卷第七號　五諸贖地之價運行傳集各產核

農田

續購地基簽價事

八年八月初八日到

00031

030

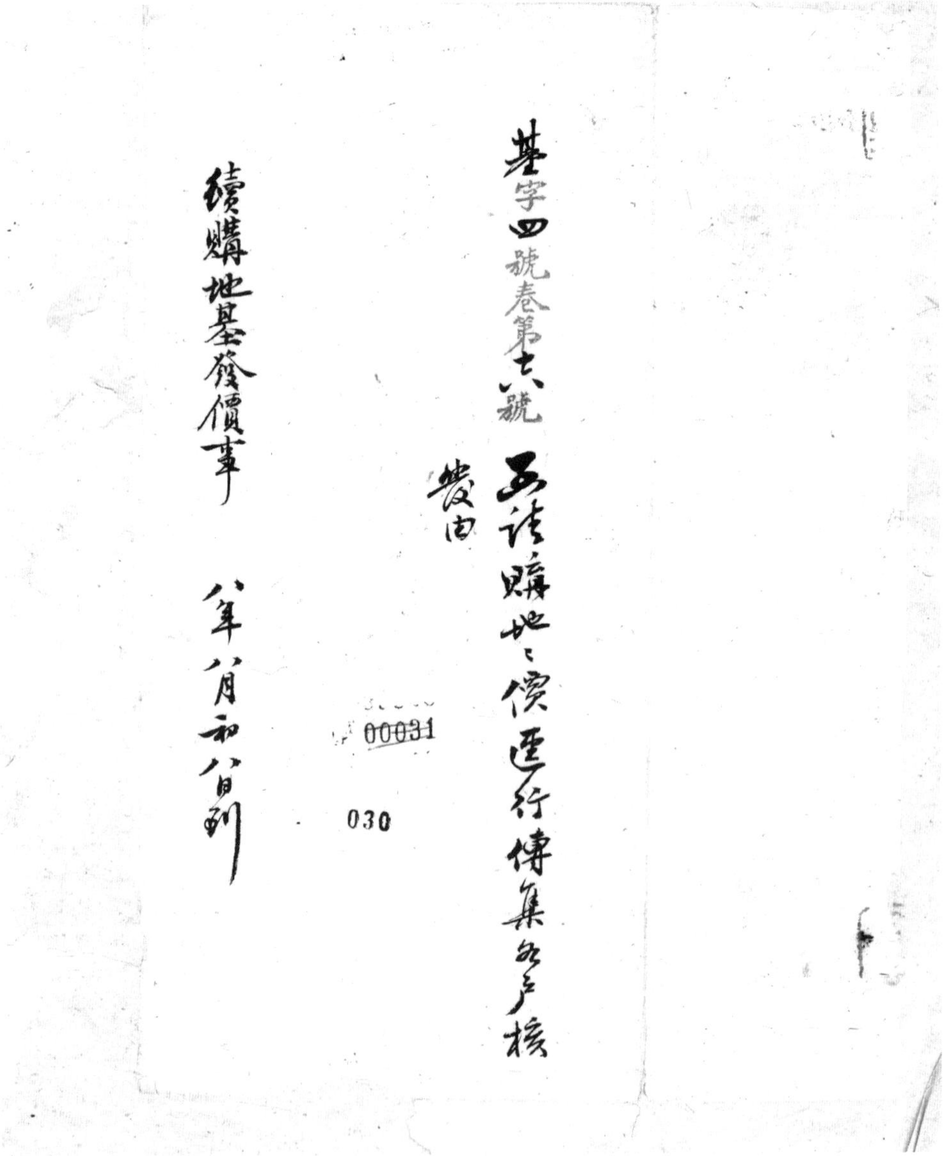

江南機器製造局續購地基價值清單（1869年9月11日，同治八年八月初六日）

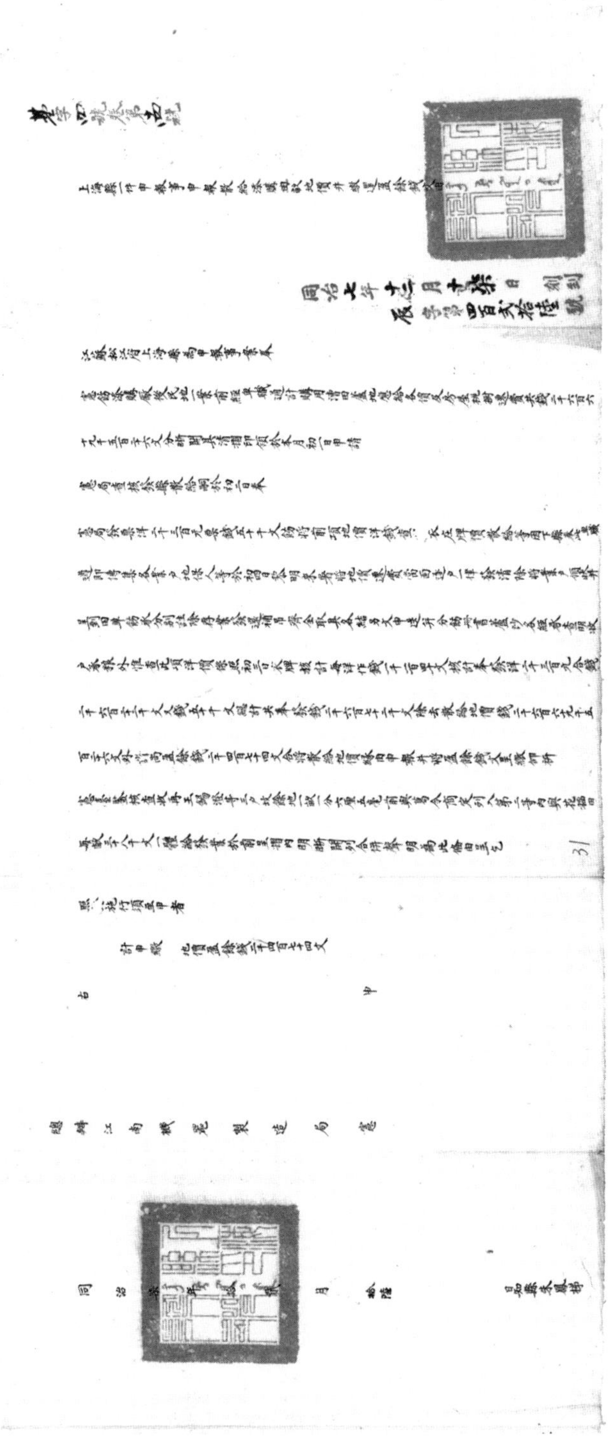

上海縣知縣朱鳳梯爲申報散給添購田畝地價并繳還盈餘錢文事致江南機器製造局總辦申文

（1869年1月28日，同治七年十二月十六日）

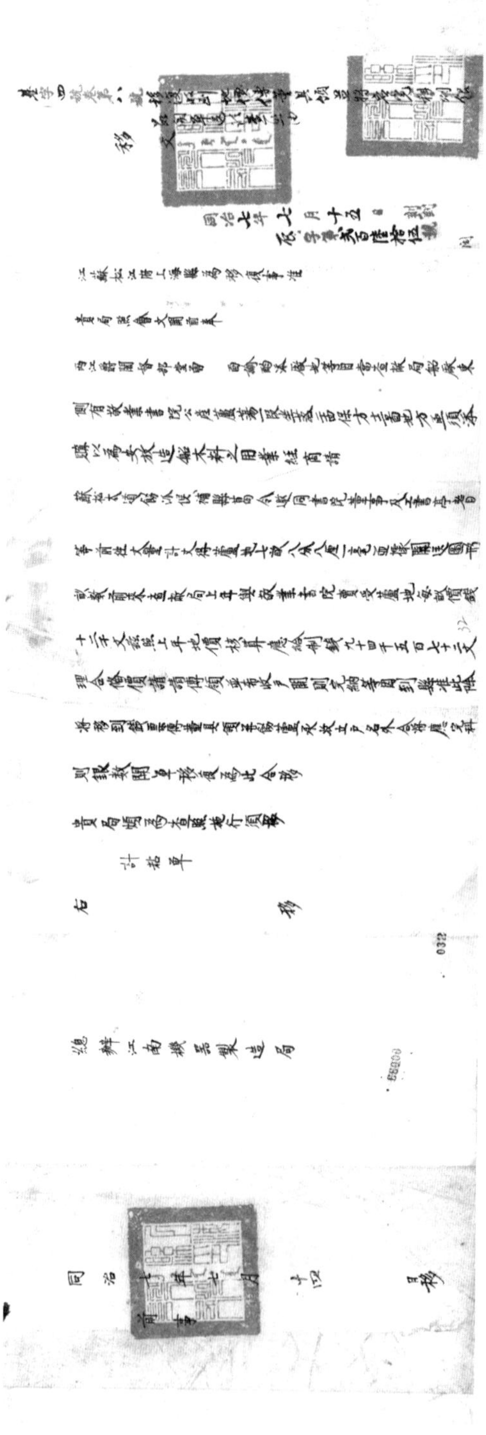

上海縣爲移覆收到地價傳董具領並將應完科則銀數開單送請查照事致江南機器製造局總辦移文（1868 年 8 月 31 日，同治七年七月十四日）

計開

二十四保方十二啚原戶敬業書院公產芦蕩地七畝八分八厘一毫

以上地畝每畝每年應完課銀五分正

033

上海縣爲移覆收到地價傳董具領並將應完科則銀數開單送請查照事致江南機器製造局總辦移文（1868年8月31日，同治七年七月十四日）

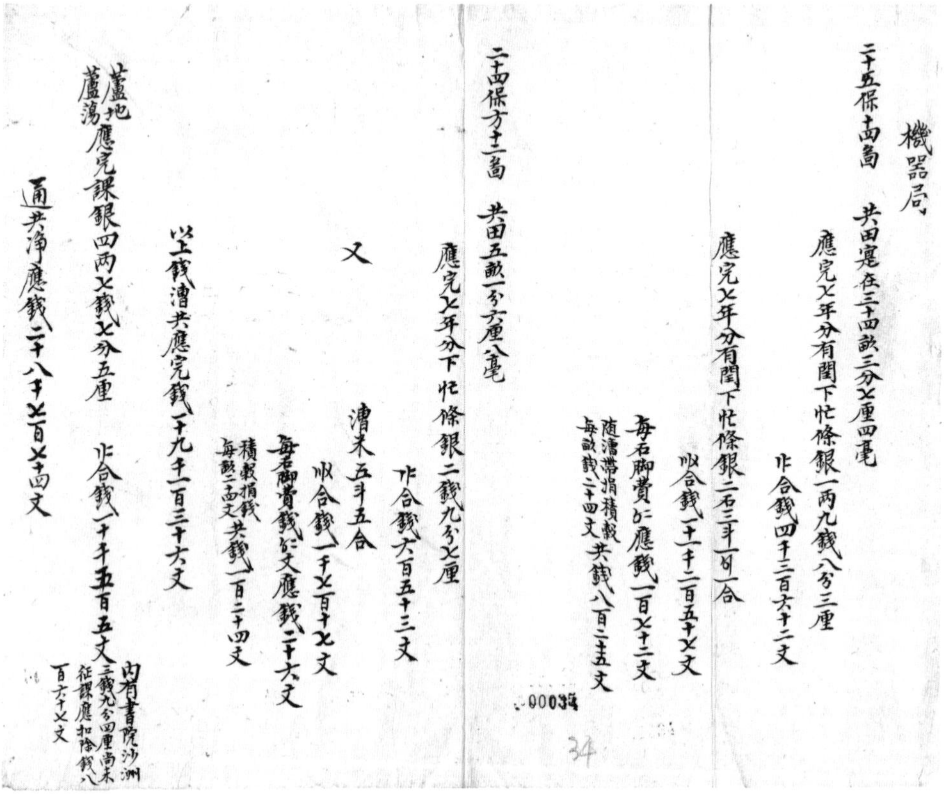

機器局

二十五保十四圖　共田寔在三十四畝三分七厘四毫

應完七年分有閏下忙條銀一兩九錢八分三厘

作合錢四千三百六十二文

應完七年分有閏下忙條銀二石三斗一升一合

收合錢一十一千二百五十七文

每石脚費六十應錢一百七十二文

隨漕帶捐積穀每畝錢二十四文共錢八百二十五文

二十四保方十二圖　共田五畝一分六厘八毫

應完七年分下忙條銀二錢九分七厘

作合錢六百五十三文

漕米五斗五合

收合錢一千七百十七文

每石脚費錢六十文應錢二十六文

積穀捐錢每畝二十四文共錢一百二十四文

以上錢漕共應完錢一十九千一百三十六文

蘆地

蘆蕩應完課銀四兩七錢七分五厘

作合錢一十千五百五文

內有書院沙洲三錢九分四厘尚未征課應扣除錢八百六十七文

通共淨應錢二十八千七百七十四文

00034

34

上海縣爲移覆收到地價傳董具領並將應完科則銀數開單送請查照事致江南機器製造局總辦移文（1868 年 8 月 31 日，同治七年七月十四日）

二十五保十四啚　機器局　同治六年分無閏漕米二石八斗一合

每石收應完錢十千九百二十四文

又　同治七年有閏上忙條銀一兩六錢五分一厘

每兩〃應完錢三千六百三十二文

機器局　同治七年有閏上忙條銀三錢三分二厘

每〃應完錢七百三十文

二十四保方十二啚　機器局

又　上忙銀二錢九分四厘

每〃應完錢六百五十六文

另外芦田應歸同治七年下忙內啓征芦課再行核算　因銀價隨時漲落

上海縣稟　七年閏月廿三日

00037

035

上海縣爲移覆收到地價傳董具領並將應完科則銀數開單送請查照事致江南機器製造局總辦移文（1868年8月31日，同治七年七月十四日）

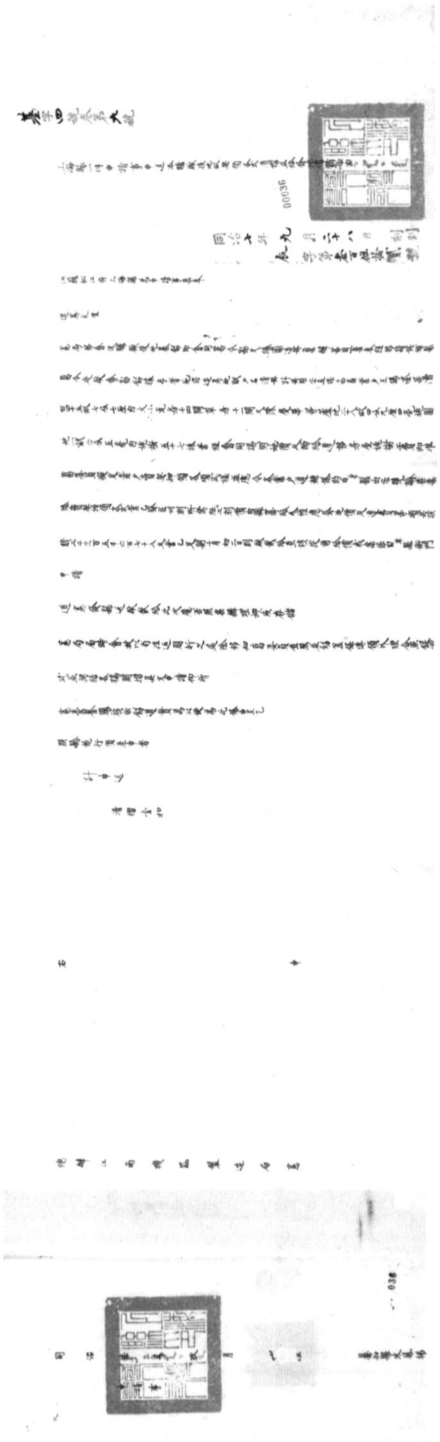

上海縣知縣朱鳳梯爲申送添購廠後地畝契領各式清摺并給發地價請示事致江南機器製造局總辦申文（1868年11月10日，同治七年九月二十六日）

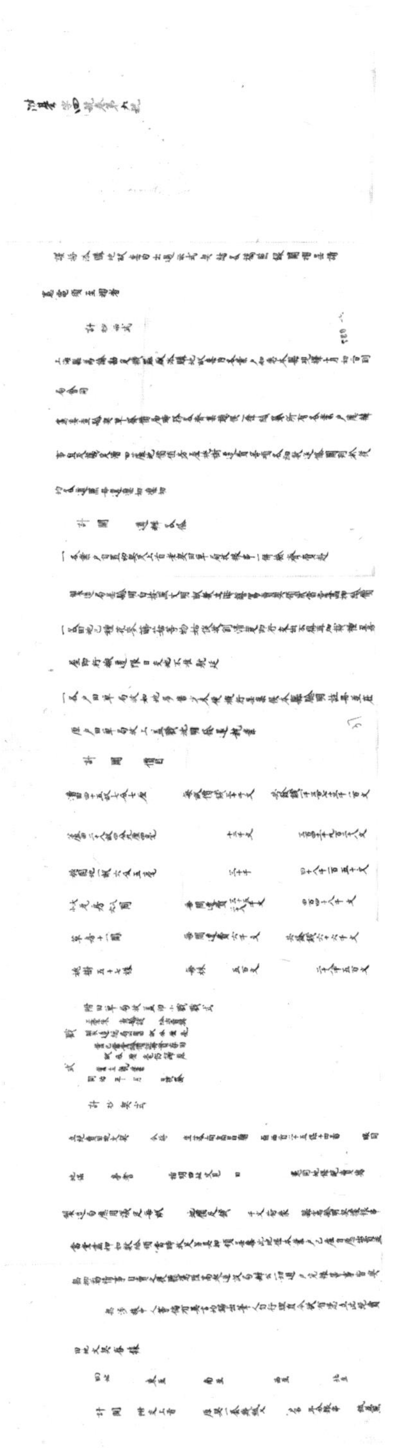

上海縣知縣朱鳳梯爲申送添購廠後地畝契領各式清摺并給發地價請示事致江南機器製造局總辦申文（1868年11月10日，同治七年九月二十六日）

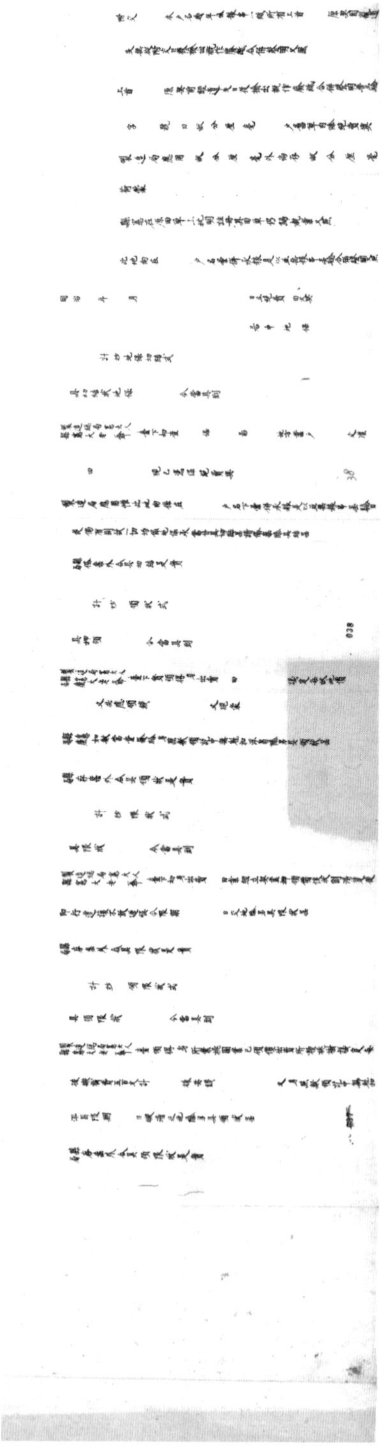

上海縣知縣朱鳳梯爲申送添購廠後地畝契領各式清摺并給發地價請示事致江南機器製造局總辦申文（1868 年 11 月 10 日，同治七年九月二十六日）

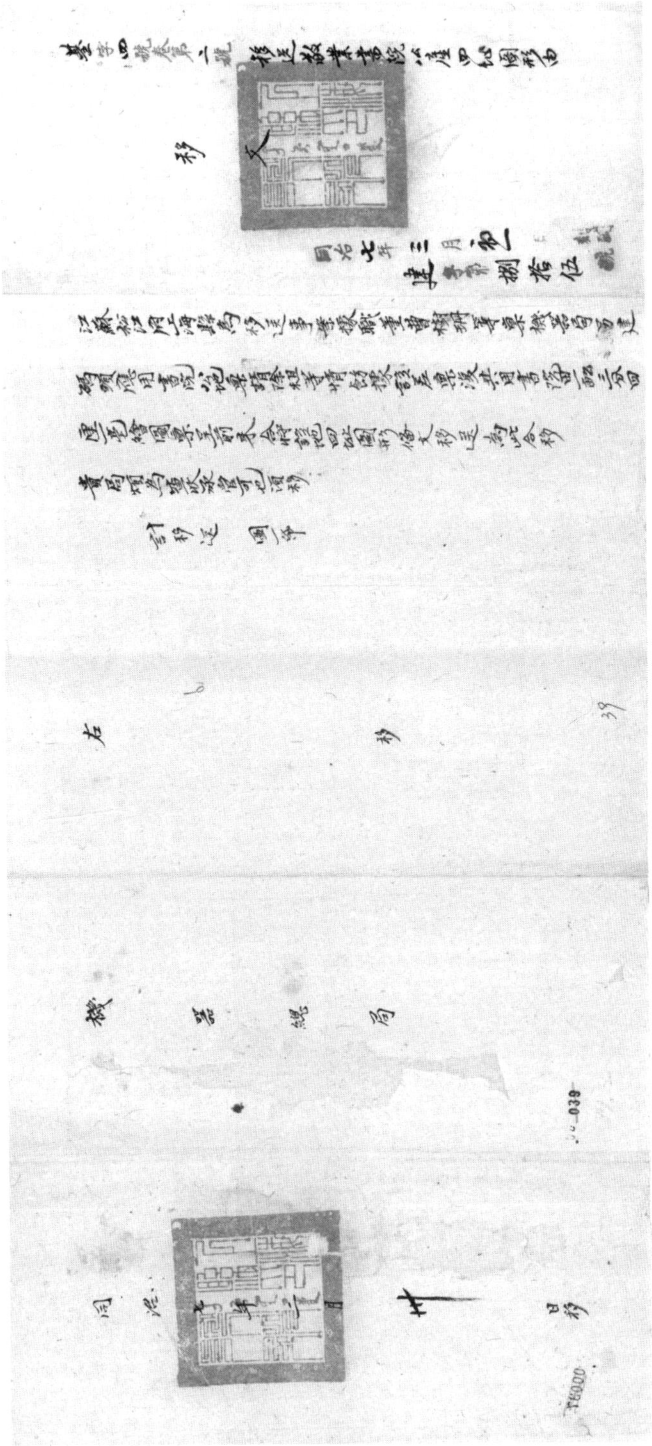

上海縣爲移送敬業書院公産四址圖形事致江南機器製造總局移文（1868 年 3 月 23 日，同治七年二月卅日）

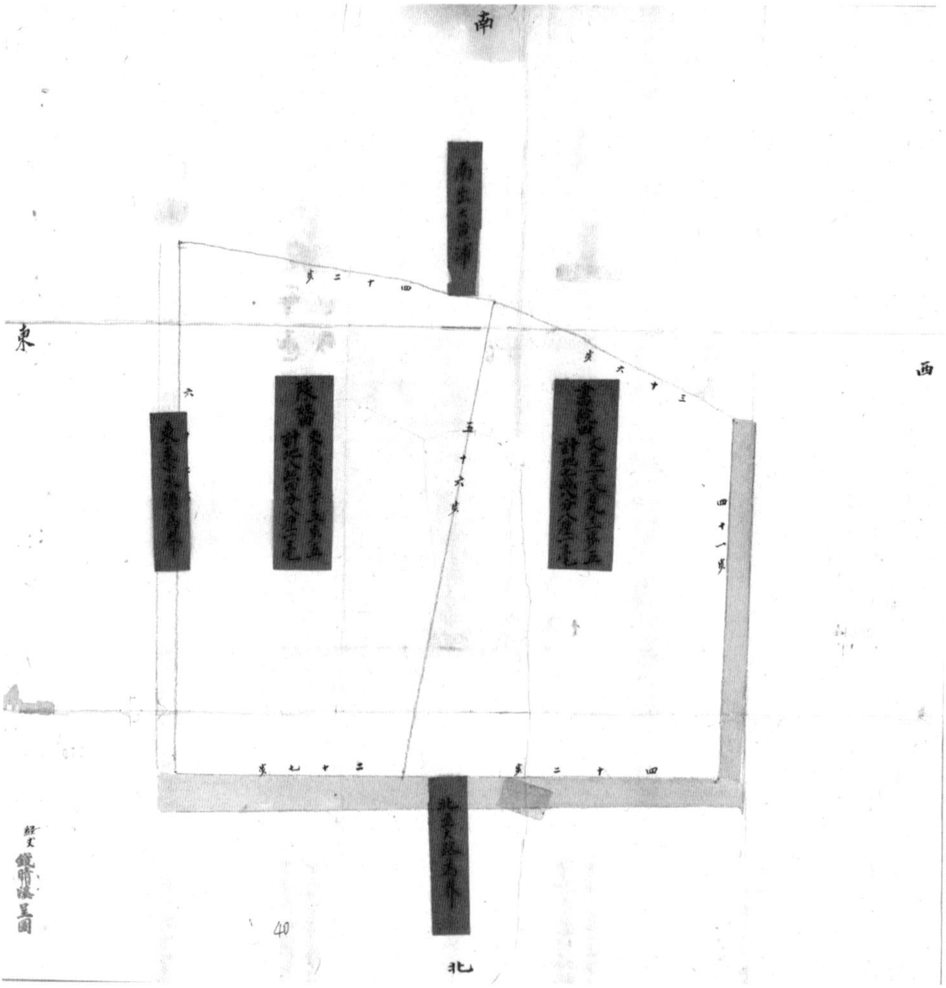

上海縣爲移送敬業書院公産四址圖形事致江南機器製造總局移文（1868 年 3 月 23 日，同治七年二月卅日）

奉
諭飭丈二十四保十二啚民田兩
方坵形繪圖貼說稟覆

上海縣爲移送敬業書院公産四址圖形事致江南機器製造總局移文（1868 年 3 月 23 日，同治七年二月卅日）

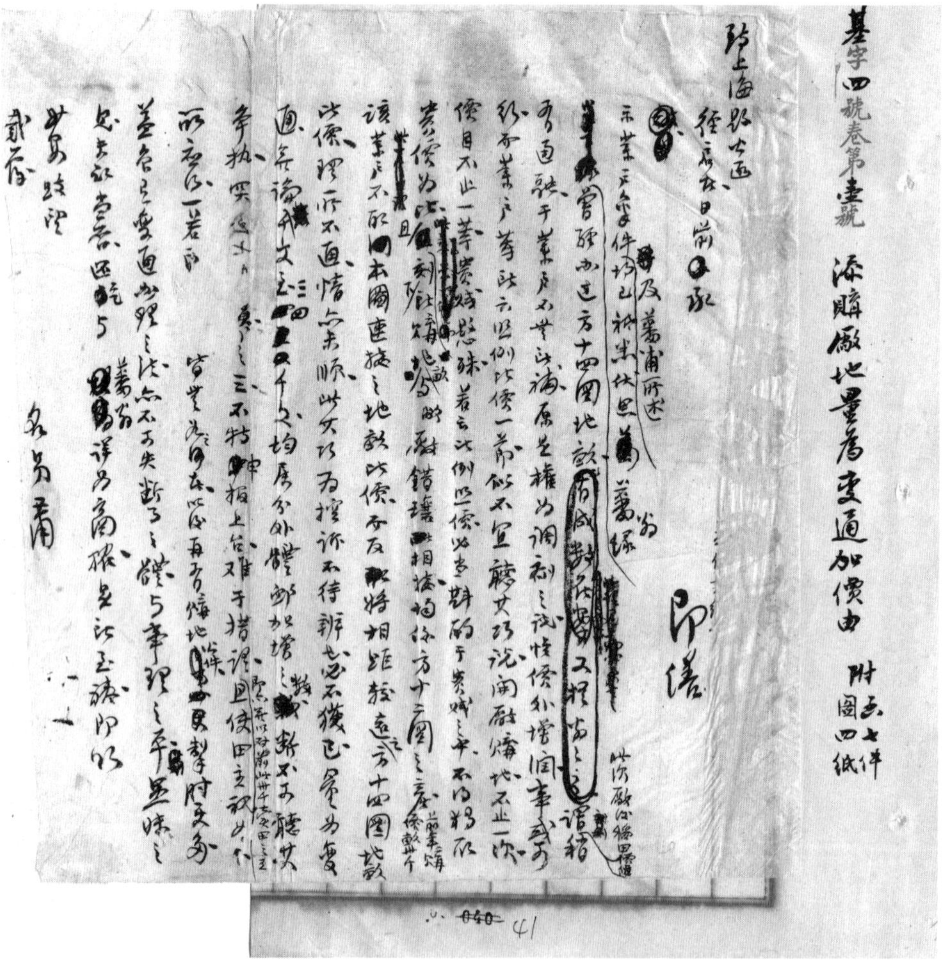
基字四號卷第壹號

添購廠地量爲變通加價由

江南機器製造局爲添購廠地量爲變通加價事致上海縣公函稿（1868 年，同治七年）

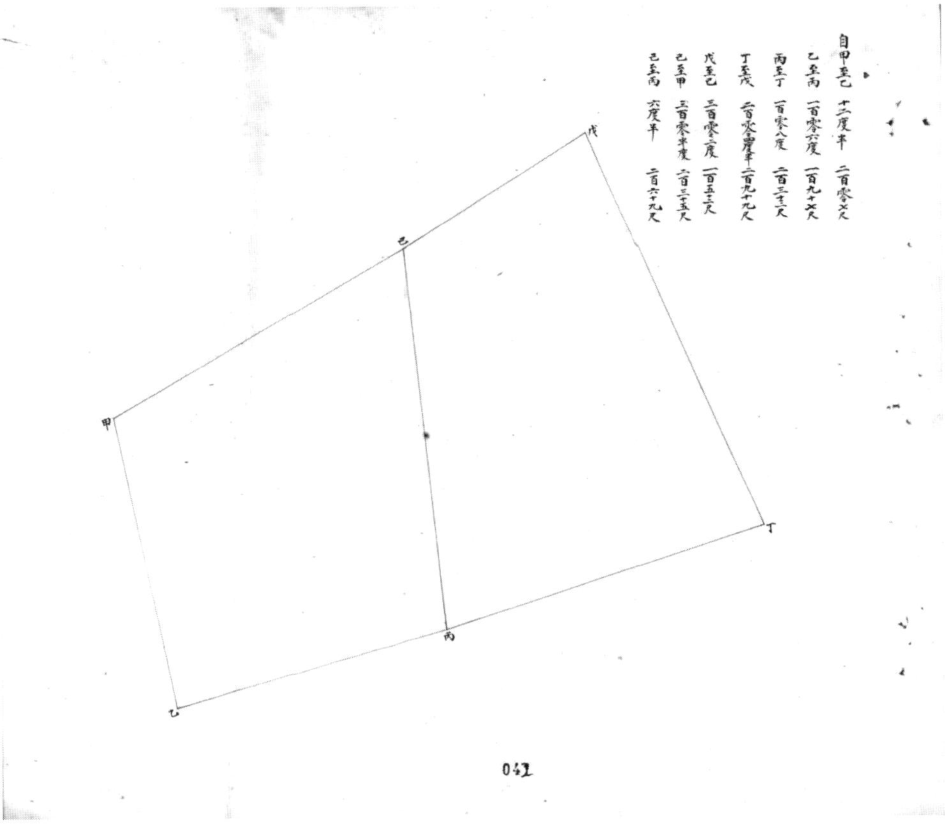

江南機器製造局擬購廠前西偏蘆地及桃園繪圖（1868 年，同治七年）

附基字四號卷第一號

擬購廠前西偏蘆地及桃園繪

圖呈

覽

42

江南機器製造局擬購廠前西偏蘆地及桃園繪圖（1868 年，同治七年）

品
卓翁太守大人閣下連日奉
道憲委隨辦義國和約並賫赴省垣來回
公冗紛紜以致
貴廠應行分丈各業戶地畝未克趨侍
核辦本擬十六日祇謁
台端丈量分界定準奈因家慈抱病已久刻
下頗形沉重兼自又感受暑熱焦灼萬分
只得請假十日在寓侍奉湯藥稍遲數日即

丈量委員葛繩孝爲請假十日推遲丈量分界事致江南機器製造局總辦沈保靖、馮焌光函（1868年8月3日，同治七年六月十五日）

衍躬諸私衷艱阨莫可名言，實不得已之下情，為祈
鑒諒，專肅奉達，敬請
勛安，諸希
涵照不備。

葛繩孝頓首
六月望日

043-2

丈量委員葛繩孝爲請假十日推遲丈量分界事致江南機器製造局總辦沈保靖、馮焌光函（1868年8月3日，同治七年六月十五日）

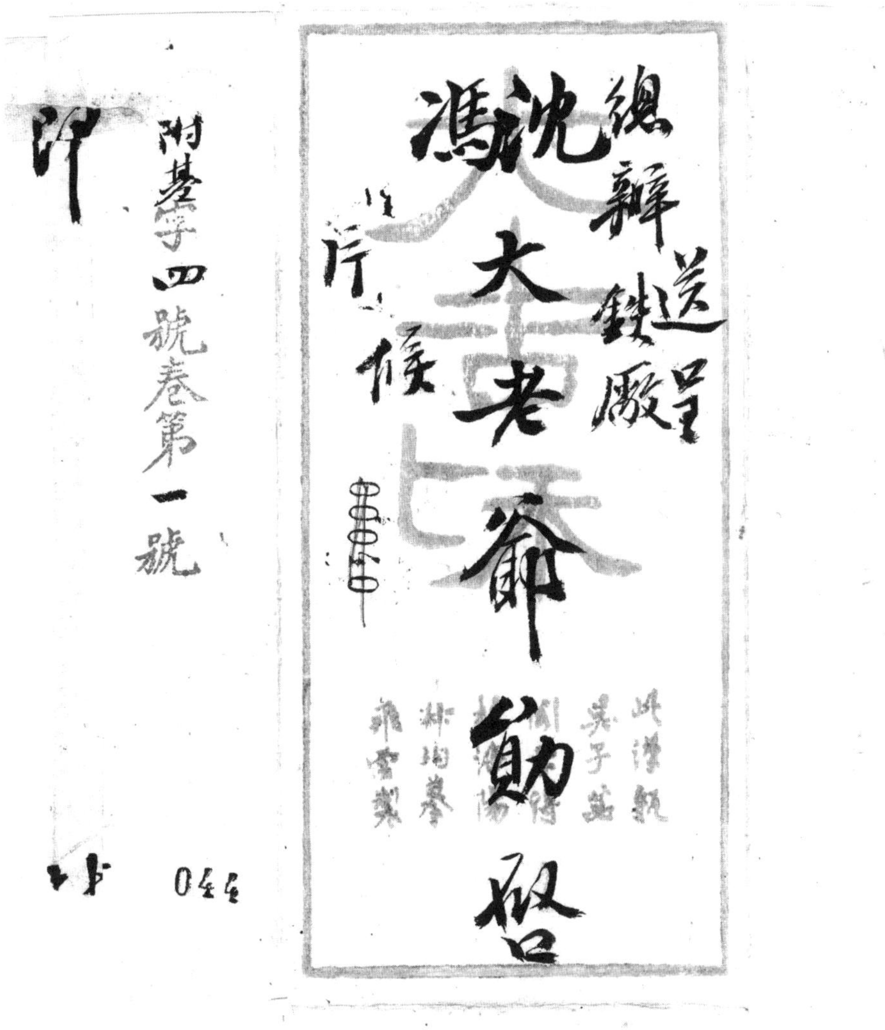
總辦鐵廠
送呈
沈
馮大老爺勛啓
附基字四號卷第一號
044

丈量委員葛繩孝爲請假十日推遲丈量分界事致江南機器製造局總辦沈保靖、馮焌光函（1868年8月3日，同治七年六月十五日）

霞堂 丈地事

貴大老爺均啓

閏月廿六到

葛繩孝爲蕩田係敬業書院出租之産似可不待丈量事致江南機器製造局總辦沈保靖、馮焌光函
（1868 年 6 月 16 日，同治七年閏四月二十六日）

附基字四號卷第一號

葛繩孝爲蕩田係敬業書院出租之産似可不待丈量事致江南機器製造局總辦沈保靖、馮焌光函

（1868年6月16日，同治七年閏四月二十六日）

竹品翁太守大人閣下：本擬今日趨謁，爲雨所阻。誠如
來示，覆勘雖行，俟天晴即當躬詣。惟蕩田係
敬業書院出租之產，如
尊處即須堆儲木料，儘可照董原信先行移縣，
似可不待丈量也。是否，尚祈
酌之。所有繪圖並地保冊子均已飭差分催呈送
核奪。專此肅復，敬請
勛安，不具。

葛繩孝頓首　閏月二十六日

046

葛繩孝爲蕩田係敬業書院出租之産似可不待丈量事致江南機器製造局總辦沈保靖、馮焌光函

（1868 年 6 月 16 日，同治七年閏四月二十六日）

葛繩孝爲着地保送上原契稿一紙擬改清稿一紙呈請閱後酌定事致江南機器製造局總辦馮焌光函（1868 年 9 月 11 日，同治七年九月初五日）

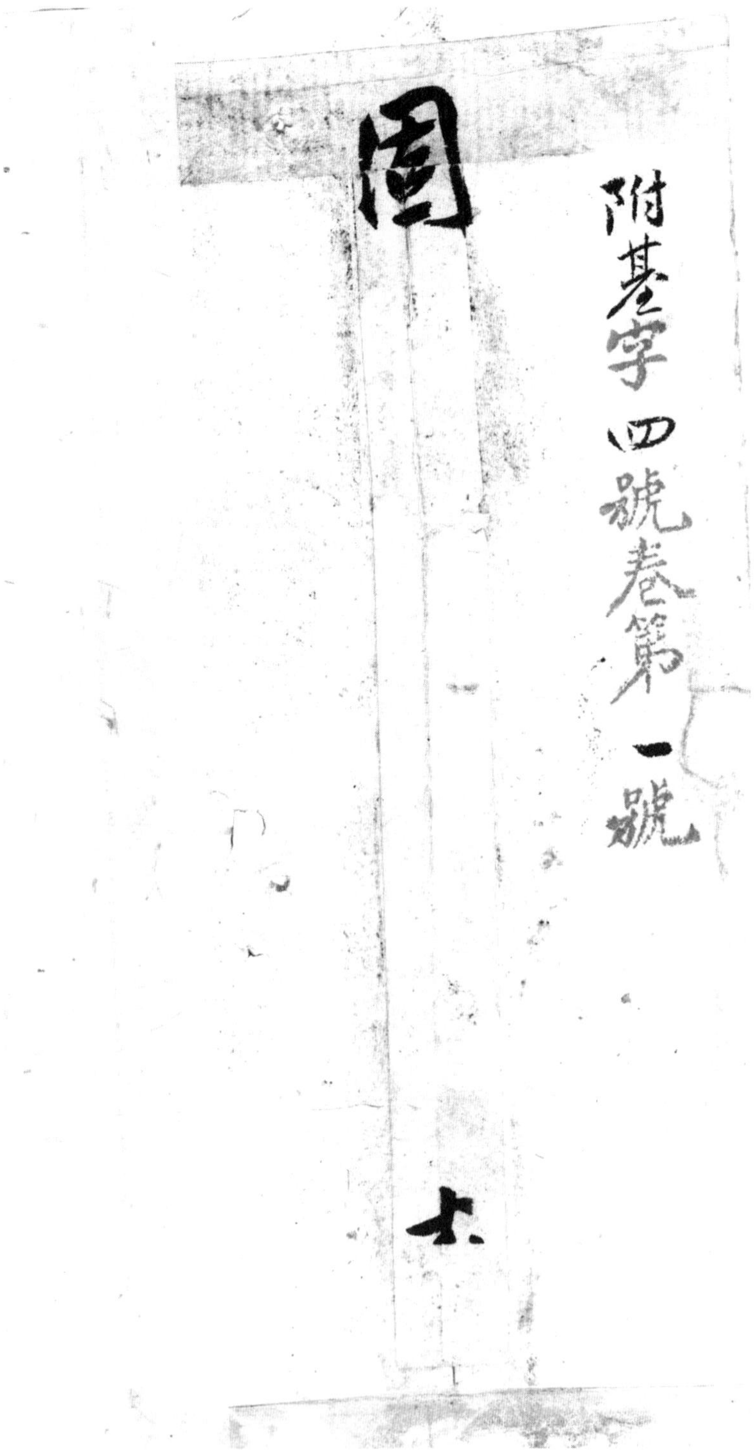
圖
附基字四號卷第一號
十

葛繩孝爲着地保送上原契稿一紙擬改清稿一紙呈請閱後酌定事致江南機器製造局總辦馮焌光函（1868 年 9 月 11 日，同治七年九月初五日）

定期由縣示期若價可也專此再肅敬請
勛安諸希
垂鑒不一
葛繩孝頓首
附上契稿二紙
鄭玉翁前乞代叱名請安
九月初五日

00048

048

葛繩孝爲着地保送上原契稿一紙擬改清稿一紙呈請閱後酌定事致江南機器製造局總辦馮焌光函（1868 年 9 月 11 日，同治七年九月初五日）

竹翁太守大人閣下今日午刻泐奉片函並附陳

左原信一紙計邀

台覽諒早接船赴駁矣刻間地保来交到承

閱示價目總單一紙領卷並着地保送上原

契稿一紙擬改清稿一紙呈請

閱後酌定將二稿仍望一併

發下尚須仿擬蘆田契稿再爲轉致　朱梧翁

閱核改商請

049

葛繩孝爲着地保送上原契稿一紙擬改清稿一紙呈請閱後酌定事致江南機器製造局總辦馮焌光函（1868 年 9 月 11 日，同治七年九月初五日）

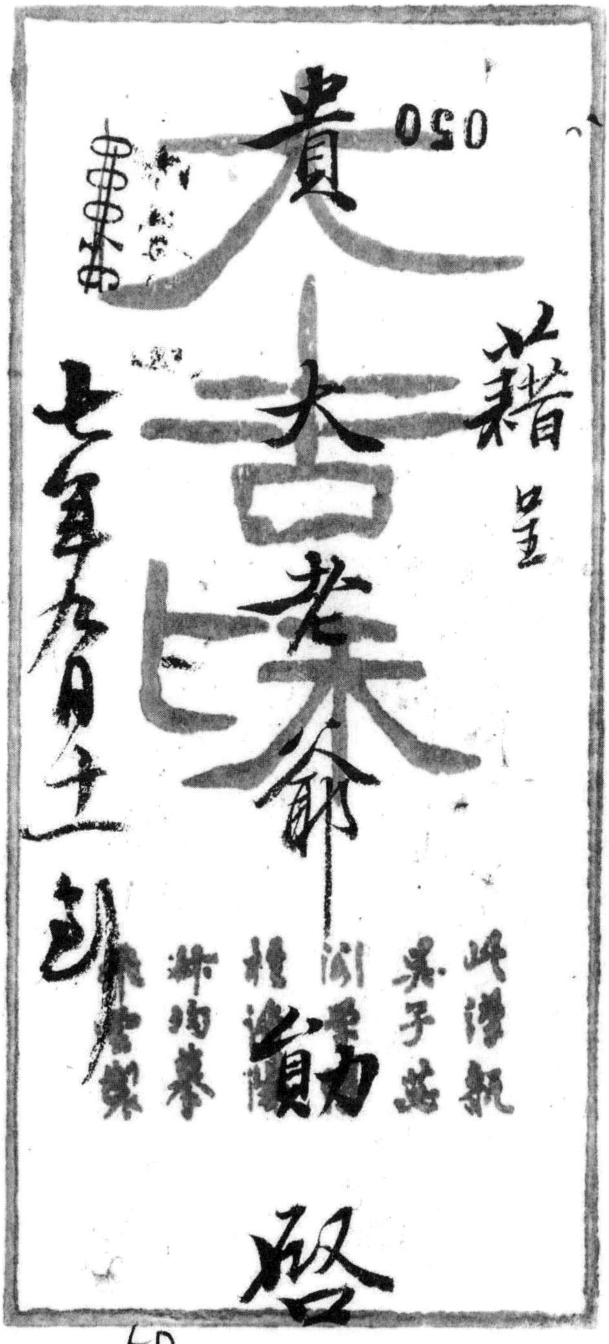

葛繩孝爲曉諭示期發價朱鳳梯囑爲轉請定期以便出示事致江南機器製造局總辦馮焌光函

（1868 年 10 月 26 日，同治七年九月十一日）

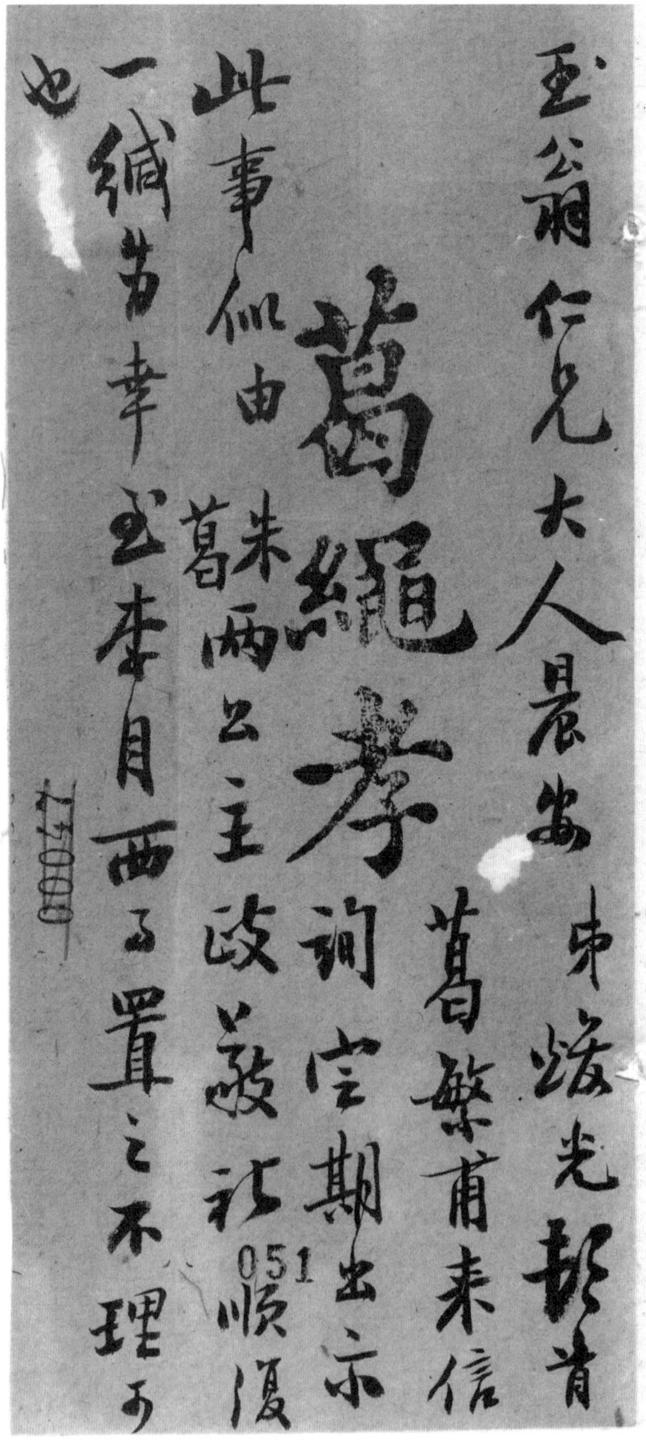
玉翁仁兄大人晨安[illegible][illegible]光[illegible]肯
葛繁甫來信
葛繩孝詢定期出示
此事似由朱葛兩公主政[illegible]祈順復
一織芳幸玉李月西子罣之不理可
也
051

葛繩孝爲曉諭示期發價朱鳳梯囑爲轉請定期以便出示事致江南機器製造局總辦馮焌光函
（1868 年 10 月 26 日，同治七年九月十一日）

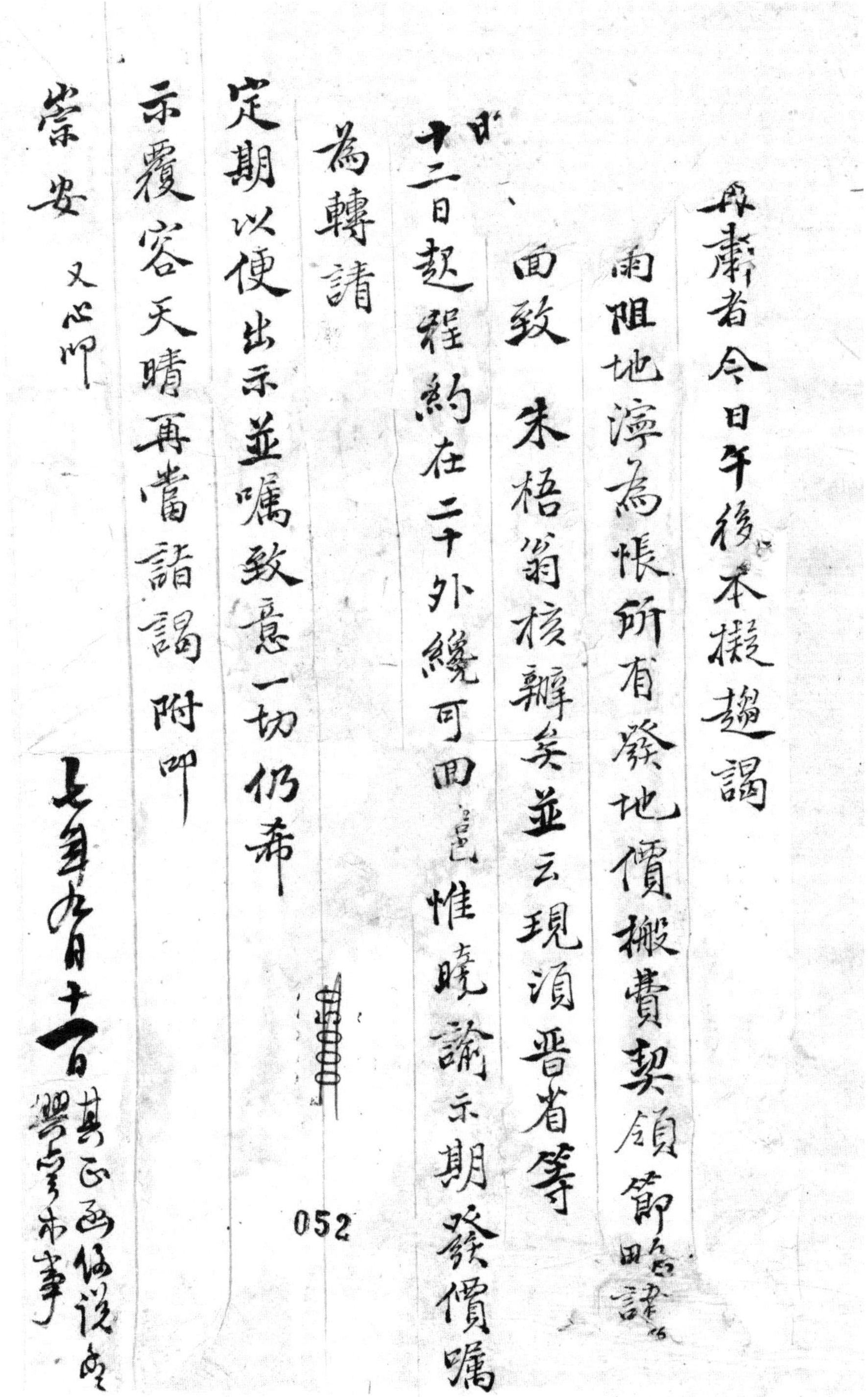
再肅者今日午後本擬趨謁
雨阻地濘爲帳所有發地價搬費契領節略請
面致 朱梧翁核辦矣並云現須晋省等
十二日起程約在二十外纔可回邑惟曉諭示期發價囑
爲轉請
定期以便出示並囑致意一切仍希
示覆容天晴再當詣謁 附叩
崇安 又心叩
七年九月十一日
其正函係說發價出示事

052

葛繩孝爲曉諭示期發價朱鳳梯囑爲轉請定期以便出示事致江南機器製造局總辦馮焌光函

（1868 年 10 月 26 日，同治七年九月十一日）

葛繩孝爲將敬業書院董事賈雲階原信附呈臺覽事致江南機器製造局總辦沈保靖、馮焌光函

（1868年6月16日，同治七年閏四月二十六日）

竹品翁太守大人閣下廿三日趨謝
枉顧藉聆
教言別後即將看定書院蕩田地段面致董事賈
雲階等約其二十六日仝來會勘一切茲接復信並
開来原捐田額一紙云及該地有漲無坍既歸公用
只須照額移縣傳飭原戶退租給領房樹等價
毋須丈勘等情蘆柴業已飭差傳知地保租戶
所去其地即先應用並請照来信緣由移縣可

~~00051~~
053

也茲將原信附呈
台覽。今日本應趨陳，因昨雨未霽，且地圖尚未繪好，
已經去催，現在赶繪，一俟畫成，擬於二十八日再行躬
詣面呈。專肅布達，敬請
勛安，祗希
垂詧不備。
葛繩孝頓首　閏月二十六日
附上原信並名片二件

00052

054

葛繩孝爲將敬業書院董事賈雲階原信附呈臺覽事致江南機器製造局總辦沈保靖、馮焌光函
（1868年6月16日，同治七年閏四月二十六日）

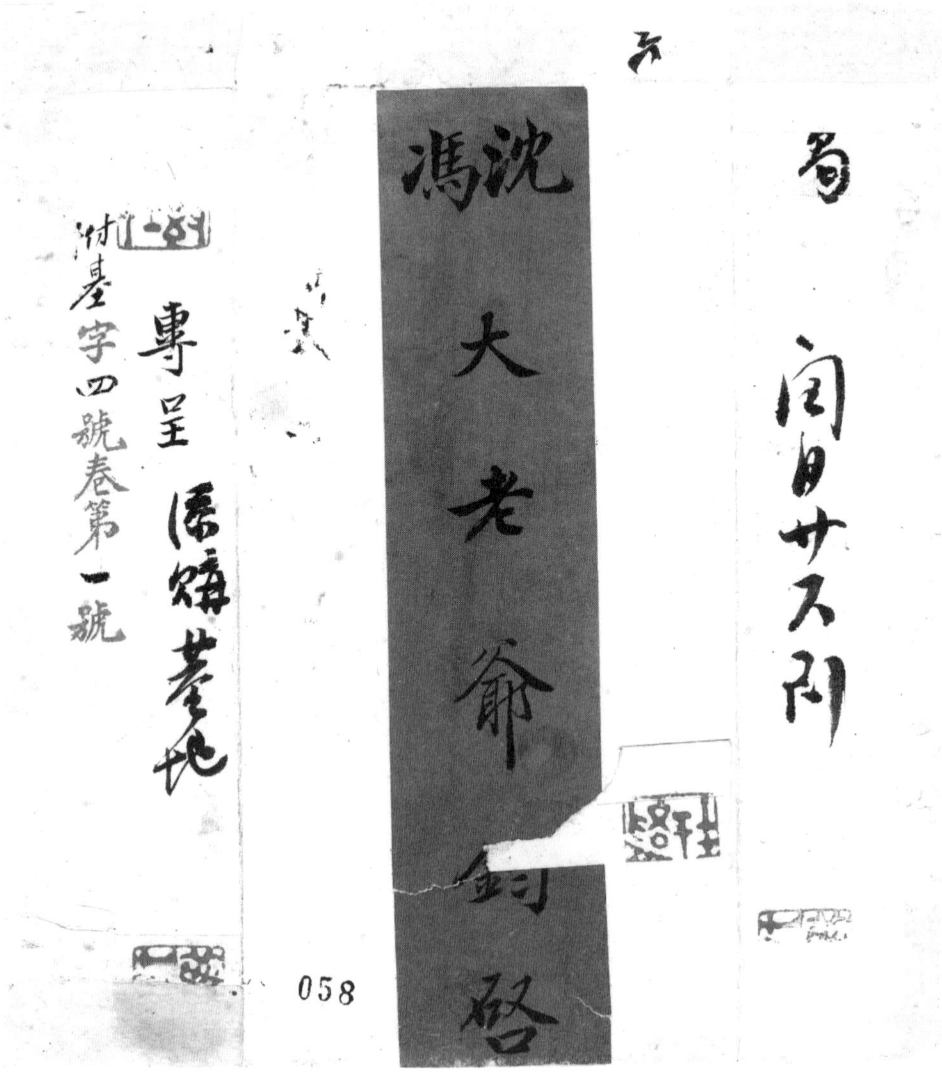

葛繩孝爲將敬業書院董事賈雲階原信附呈臺覽事致江南機器製造局總辦沈保靖、馮焌光函
（1868年6月16日，同治七年閏四月二十六日）

蕃甫仁兄明府大人閣下 昨承
關照機器局需添用東偏書院
公田堆儲木料囑於廿六日隨同到地勘丈價買等情查該田
上年移建高昌渡馬頭用去一条經董報 縣備案不取田價今
欲全用似宜給價由 縣另買取租庶經費無絀曾與經承商酌
未敢擅專茲將原捐田額抄呈祈代回明
總辦移 縣傳飭原户退租買歸機器局可也惟房屋樹木之類係
該租户自置與書院不涉額田有漲無坍不丈亦可此復統惟
安鑒不備

弟名片肅

閏月二十五日

055

敬業書院董事賈履（雲階）爲將原捐田額抄呈祈代回明總辦移縣傳飭原户退租買歸機器局事覆葛繩孝函（1868 年 6 月 15 日，同治七年閏四月二十五日）

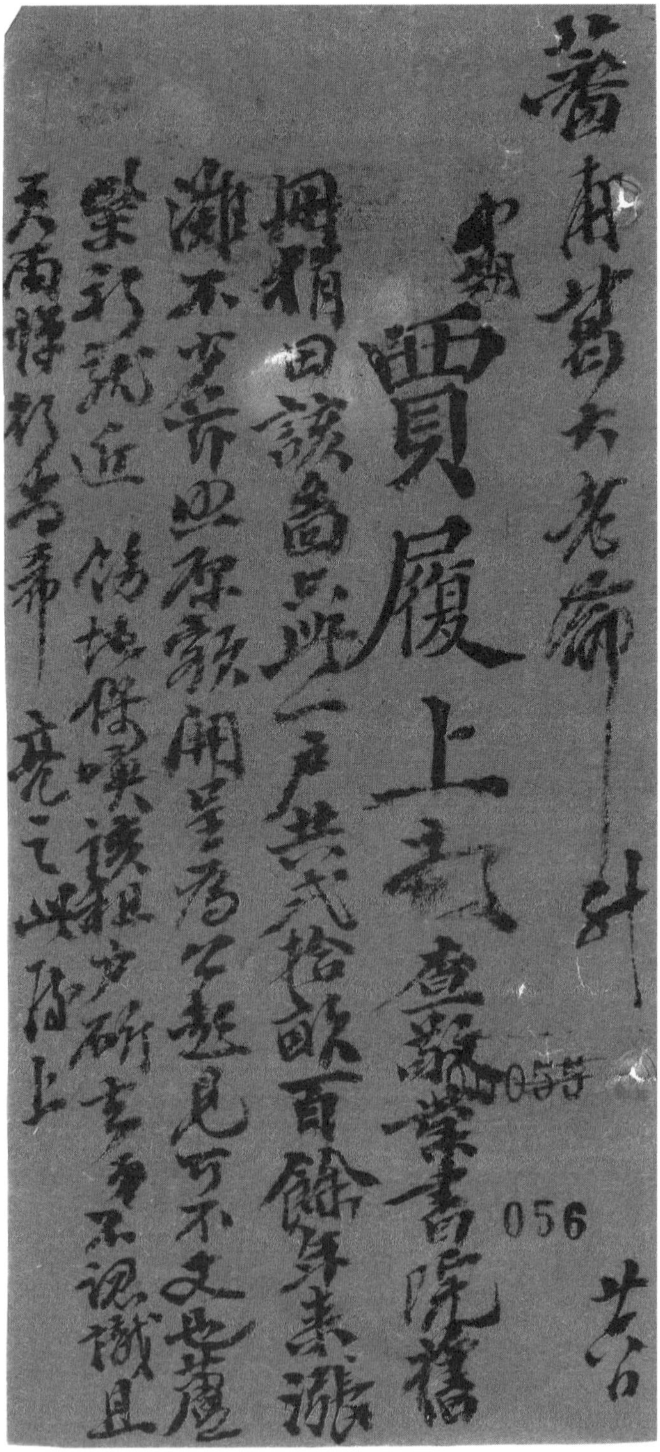

敬業書院董事賈履（雲階）爲將原捐田額抄呈祈代回明總辦移縣傳飭原户退租買歸機器局事覆葛繩孝函（1868年6月15日，同治七年閏四月二十五日）

嘉慶十七年　藩憲刊頒敬業書院規条　田租項下載

一於乾隆五十九年寶邑民黄希英亭捐二十四保方十二啚蘆

蕩貳拾畝額收七折租錢捌兩折足錢伍千陸伯文

00054

057

敬業書院董事賈履（雲階）爲將原捐田額抄呈祈代回明總辦移縣傳飭原户退租買歸機器局事覆葛繩孝函（1868年6月15日，同治七年閏四月二十五日）

七年十二月初二到

馮大人鈞啟

函復收到地價事

059

上海縣知縣朱鳳梯爲回覆照收田畝地價事致江南機器製造局總辦馮焌光函（1869 年 1 月 14 日，同治七年十二月初二日）

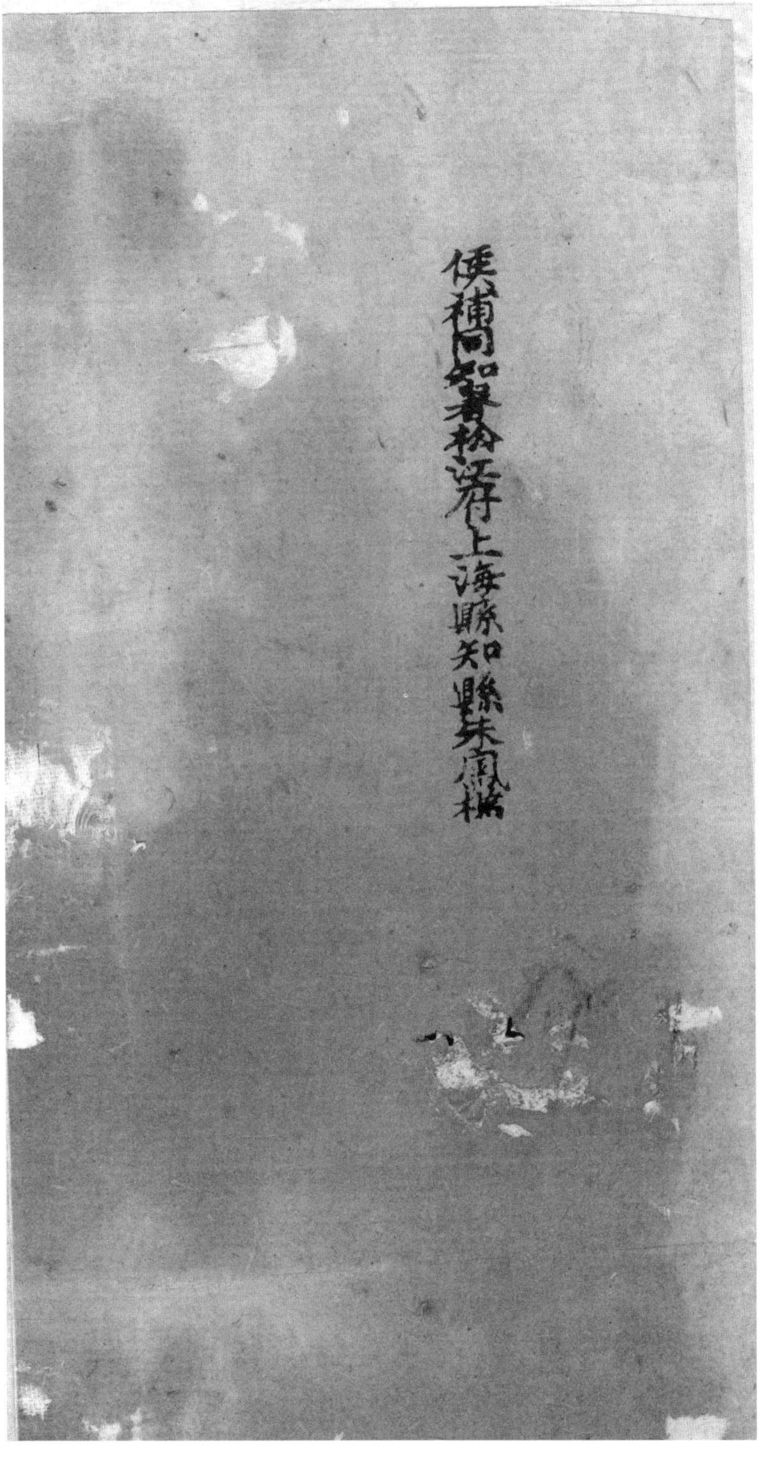
候補同知署松江府上海縣知縣朱鳳梯

上海縣知縣朱鳳梯爲回覆照收田畝地價事致江南機器製造局總辦馮焌光函（1869 年 1 月 14 日，同治七年十二月初二日）

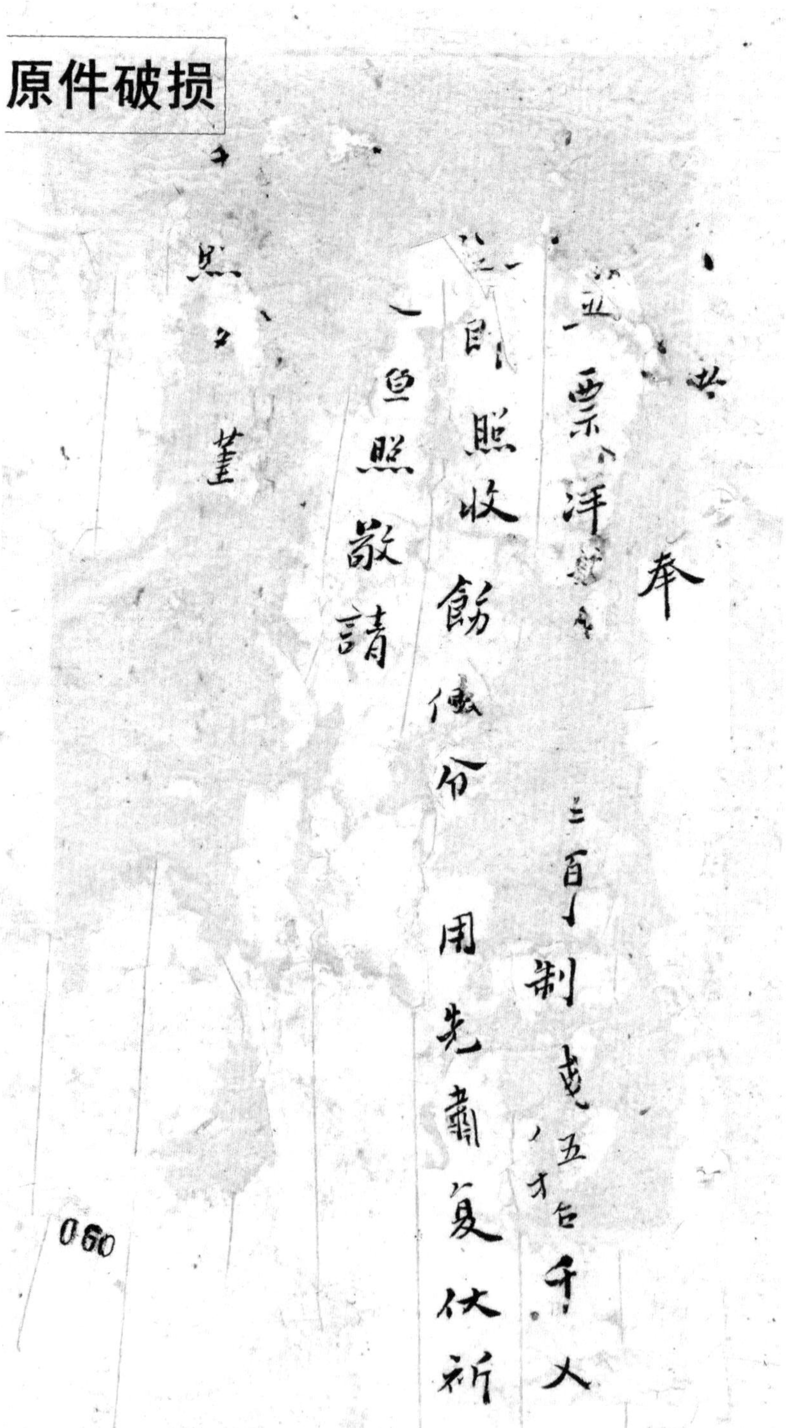

上海縣知縣朱鳳梯爲回覆照收田畝地價事致江南機器製造局總辦馮焌光函（1869 年 1 月 14 日，同治七年十二月初二日）

敬肅者頃奉
賜函以給發地價想照前議分别加增
飭將各户田段分列三等畝數開送以便逐一算準届
期飭發等因遵查此項地價係照前議酌增業經具
文申請在案奉
諭前因用特開具各户地畝分等清摺肅泐專呈仰祈
鑒核再梯擬定明日巳刻親詣
貴局知關

~~00057~~

061

上海縣知縣朱鳳梯爲開具各户地畝分等清摺肅泐專呈仰祈鑒核事致江南機器製造局總辦馮焌光函（1869年1月10日，同治七年十一月二十八日）

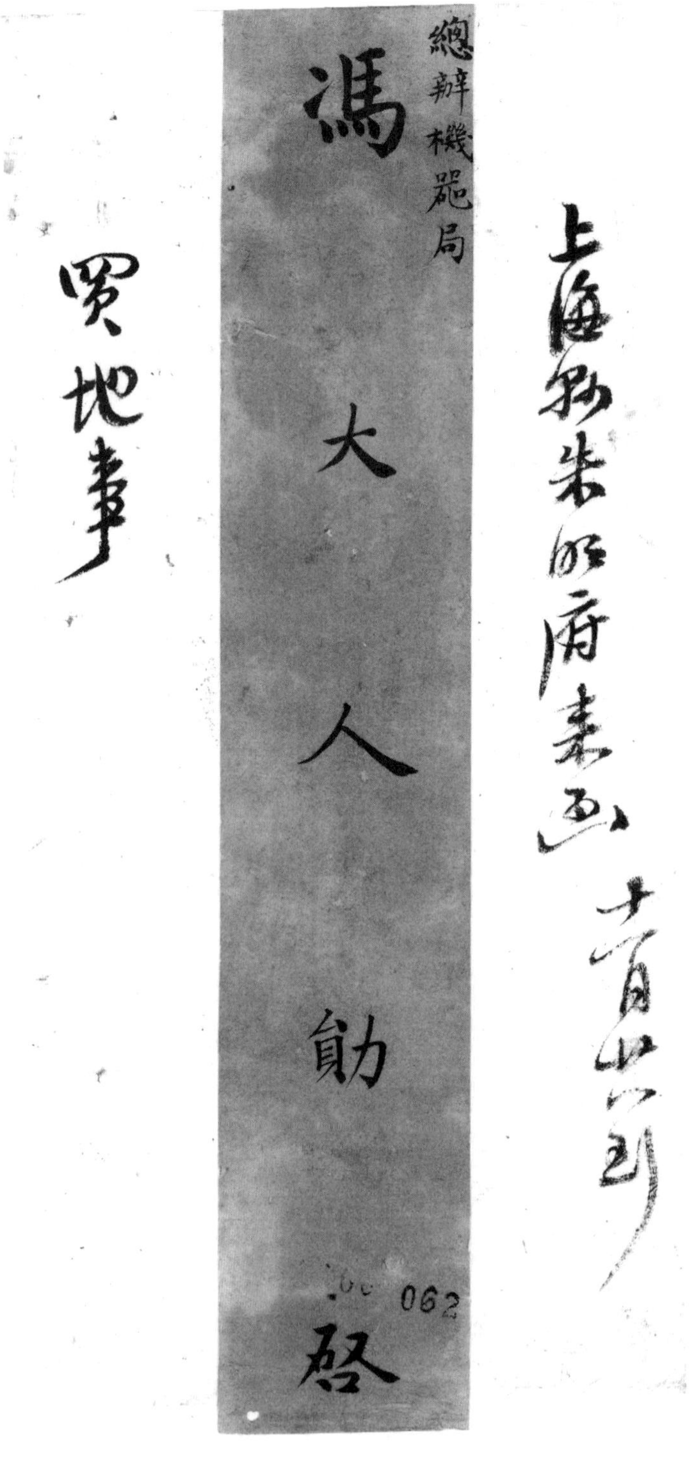
總辦機器局
馮大人勛啓
上海縣朱縣府素函
十一月廿八到
買地事
062

上海縣知縣朱鳳梯爲開具各户地畝分等清摺肅泐專呈仰祈鑒核事致江南機器製造局總辦馮焌光函（1869年1月10日，同治七年十一月二十八日）

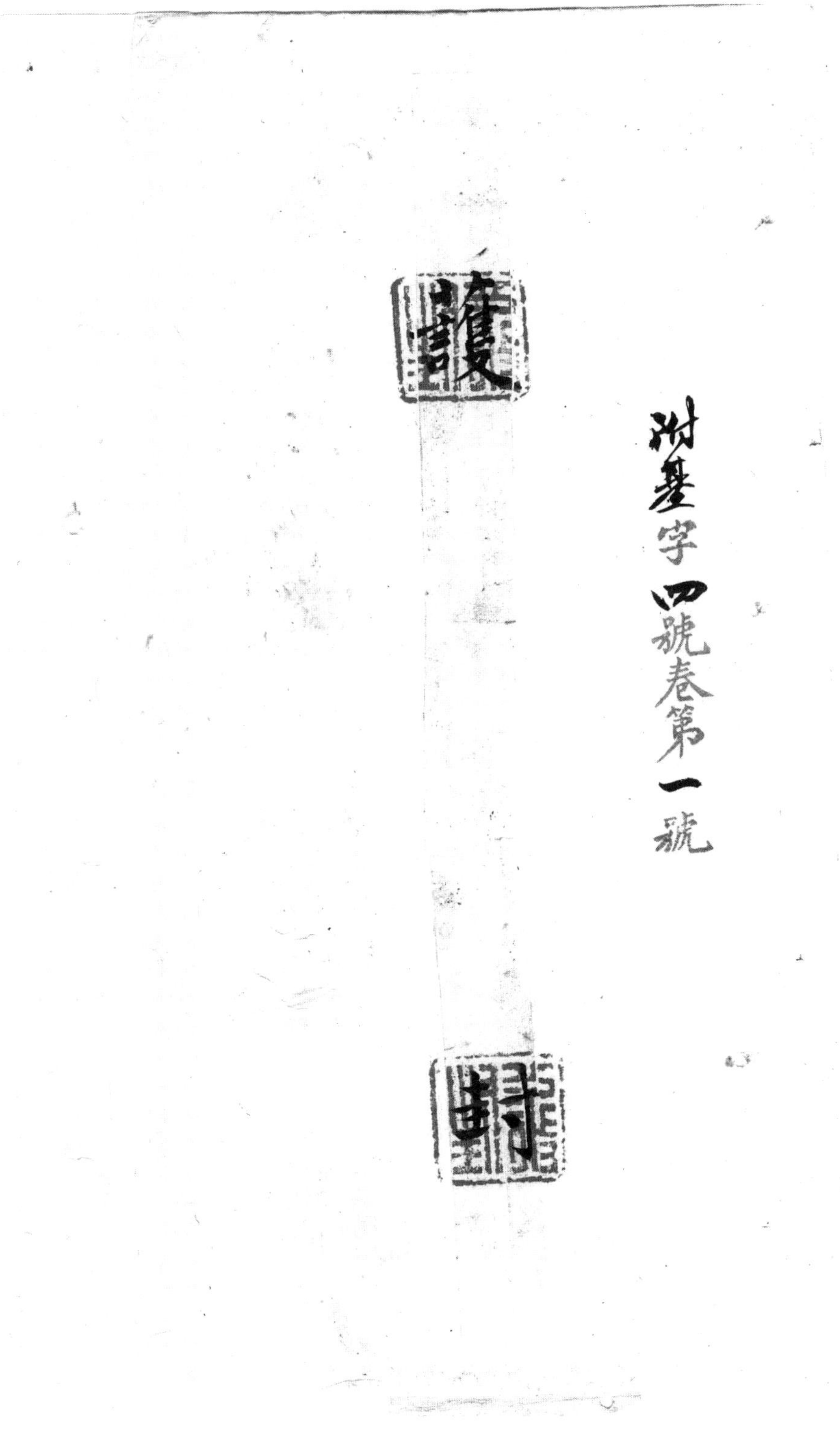
護

附基字四號卷第一號

封

江南機器製造局丈船廠東偏蘆地數目圖（1868 年 6 月 21 日，同治七年五月初二日）

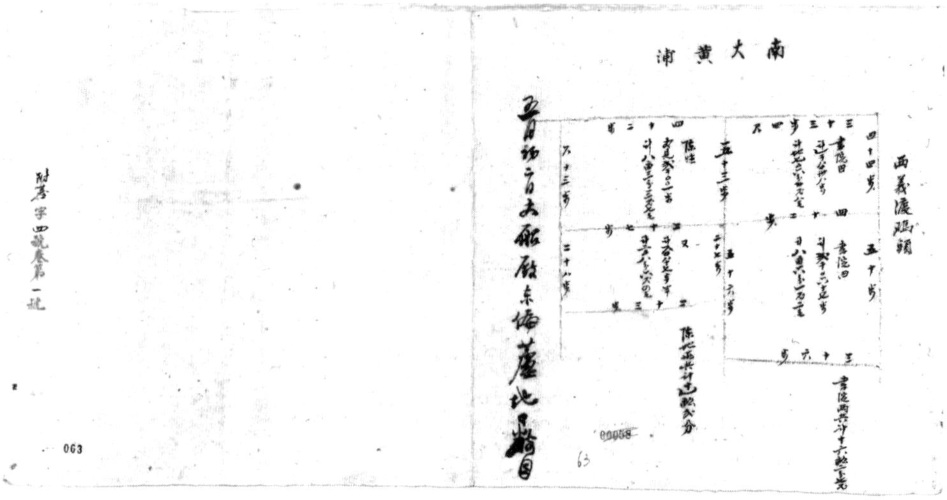

江南機器製造局丈船廠東偏蘆地數目圖（1868 年 6 月 21 日，同治七年五月初二日）

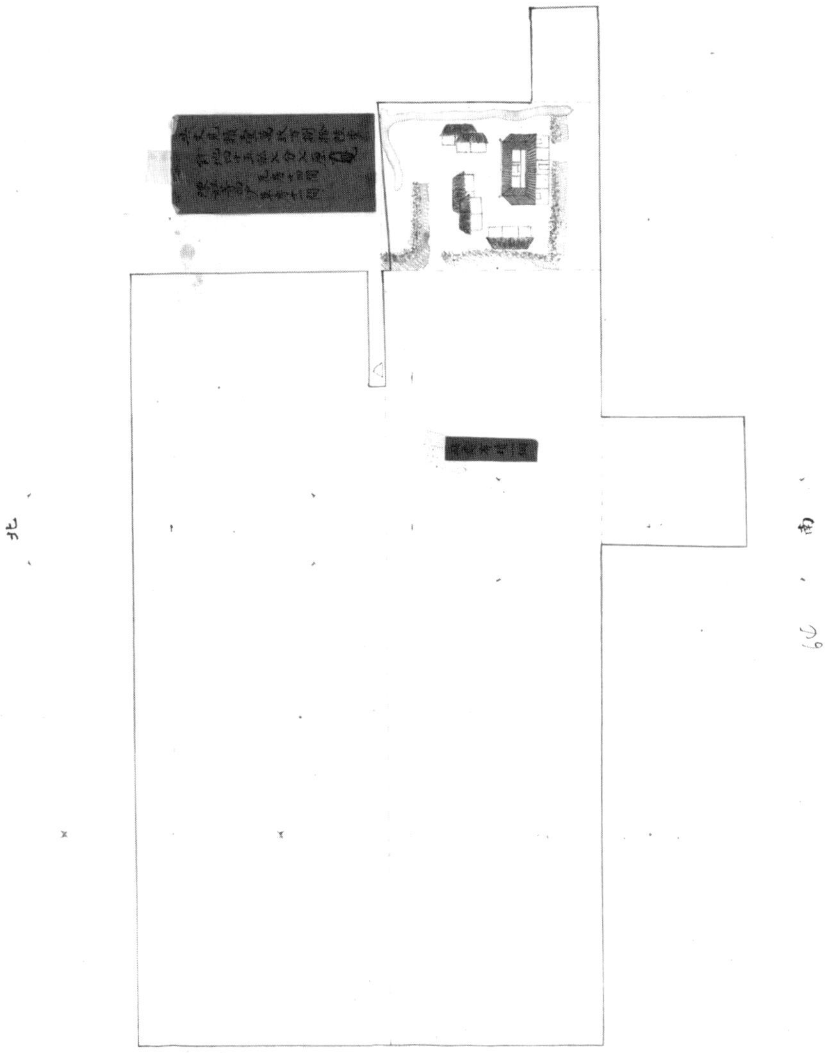

江南機器製造局擬購廠後稻田及民房繪圖（1868 年，同治七年）

鑒

擬購廠後稻田及民房繪圖呈

附芝字四號卷第一號

64

江南機器製造局擬購廠後稻田及民房繪圖（1868 年，同治七年）

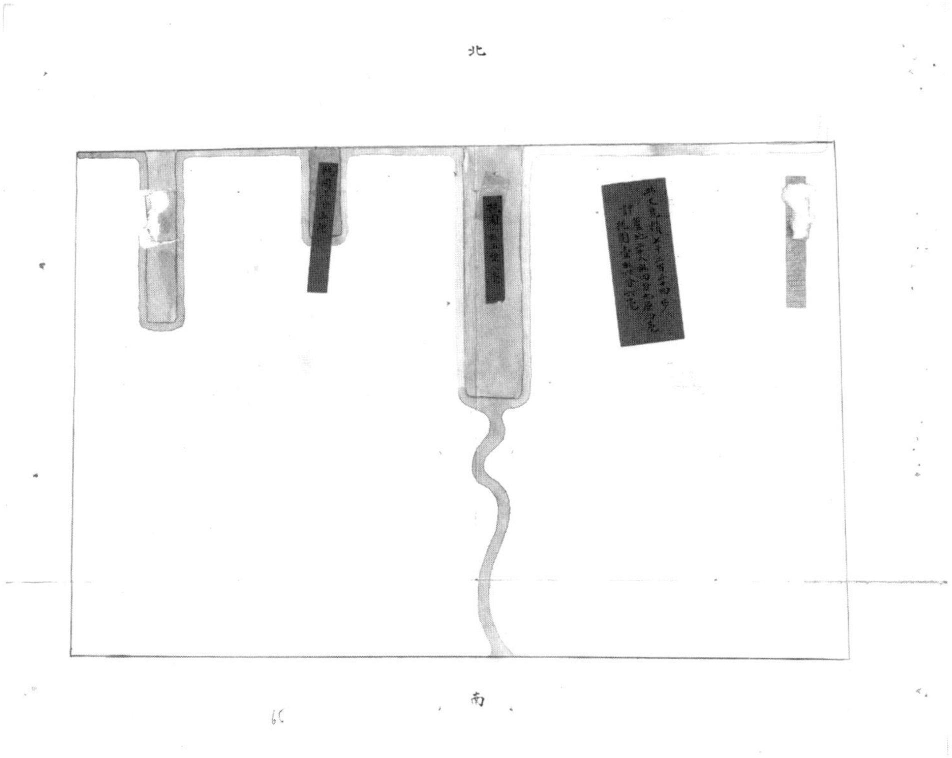

江南機器製造局擬購廠後稻田及民房繪圖（1868 年，同治七年）

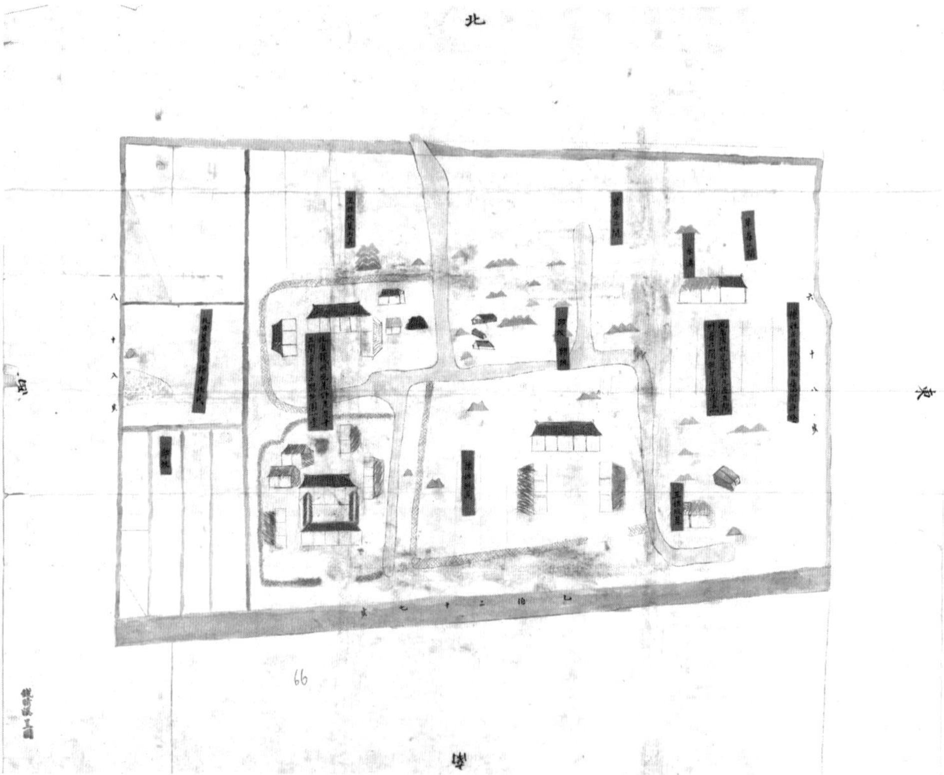

江南機器製造局擬購廠後稻田及民房繪圖（1868年，同治七年）

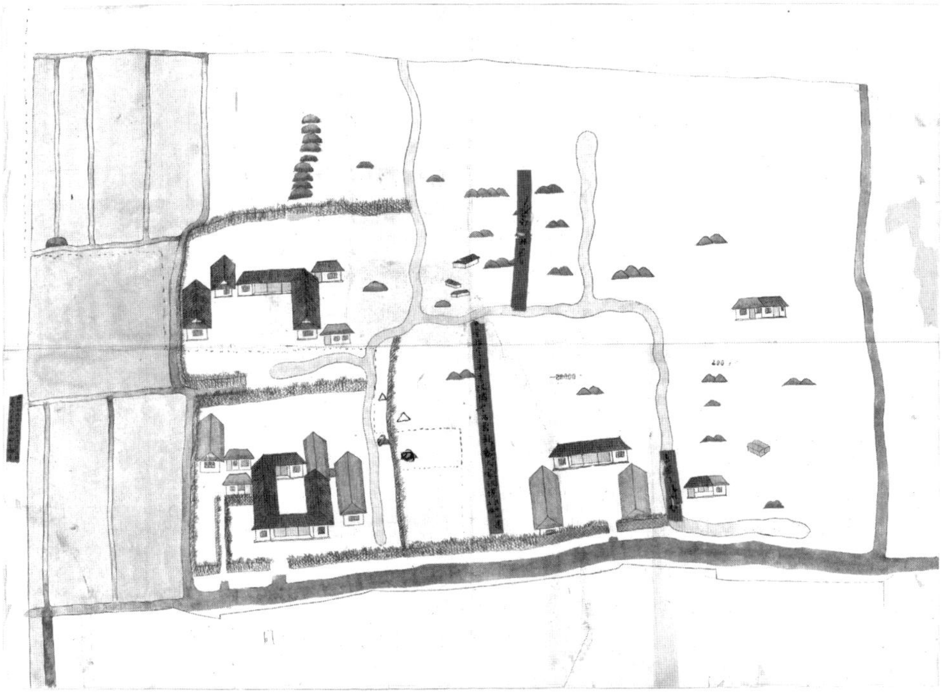

江南機器製造局擬購廠後稻田及民房繪圖（1868 年，同治七年）

内廿五保十三四五圖
楊才金 楊敬山 高青廷寸代筆領結
朱桂堂 朱錦堂 朱桂堂二戶領結
又本局與蘇留田業主令同調換契一紙
係將廿五保十三圖[illegible]字六十八號田一畝二分九厘朱耀坤之業立與田業主調換地一畝一分八厘

江南機器製造局爲函知添購廠地量爲變通加價事致上海縣公函附件清單（1868年，同治七年）

頃奉

台函誦悉種切

貴局擬購敬業書院地畝移建碼頭前據該董具禀情願捐讓以公濟公等情業經批准一面飭保查明繪具圖冊以憑移交

貴局承晉在案現在既因春漲急須辦理儘可先行築建容即飭催趕緊繪圖造冊移送可也專此布復順請

升安

愚弟葉廷眷頓首

上海縣知縣葉廷眷爲擬購敬業書院地畝儘可先行築建碼頭事致江南機器製造局函（1868年，同治七年）

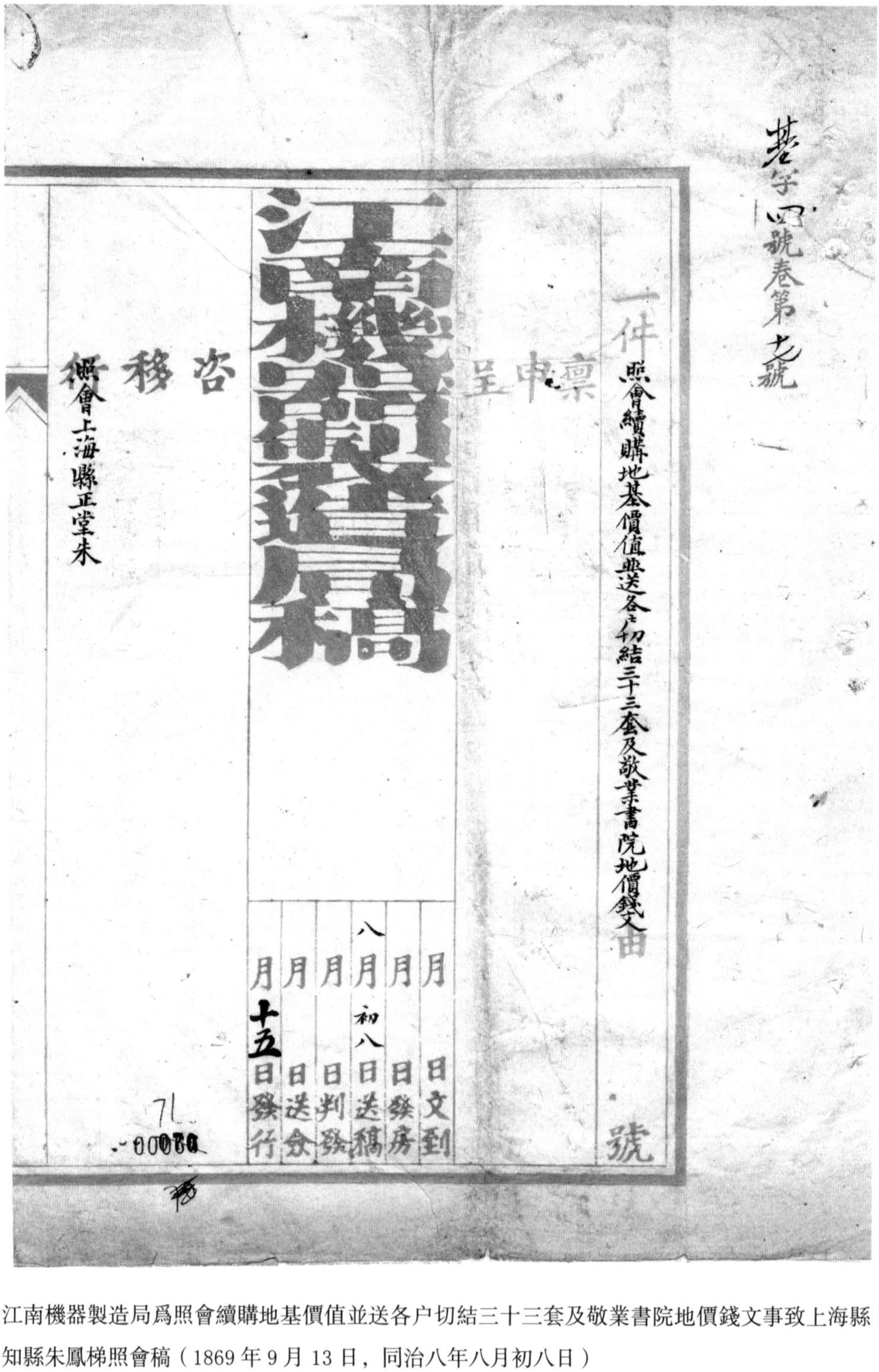
甚字四號卷第七號

一件 照會續購地基價值並送各户切結三十三套及敬業書院地價錢文由

號

稟 申 呈

江南機器製造局稿

咨 移

照會上海縣正堂朱

札

月 日文到

月 日發房

八月初八日送稿

月 日判發

月 日送僉

月十五日發行

71

00070

江南機器製造局爲照會續購地基價值並送各户切結三十三套及敬業書院地價錢文事致上海縣知縣朱鳳梯照會稿（1869 年 9 月 13 日，同治八年八月初八日）

為照會事案查 敝局上年購買地基歷經移會

貴縣勘明核給價值在案兹在廠地圍墻以外續購稻田地基計六畝四分一厘四毫五絲

又添購廠前蘆蕩一十六畝一分六厘四毫均經亭耆會同業户丈量明白計地價並移植

桃樹工費共錢四百四十七千四十三文内除敬業書院地價錢一十千三百七十四文未經發給其

餘統於本年八月初六日傳集各户當局核發清楚當據呈到賣地領價各切結除將

各户押領存局備查外相應開單並結三十三套及敬業書院地價錢一十千三百七十四文一併移送為此照會

貴縣煩為查照備案將送到敬業書院地價錢文並請飭董具領仍希收作機器局新户開示科

則數目以便完納須至照會者

計送 敬業書院地價制錢一十千三百七十四文 切結三十三套 清單一紙

71-2

江南機器製造局爲照會續購地基價值並送各户切結三十三套及敬業書院地價錢文事致上海縣知縣朱鳳梯照會稿（1869年9月13日，同治八年八月初八日）

計開購買地基畝數價值並移植桃樹工費

一桃園地基 坐落二十五保十四圖

瞿秀章 計地七分七厘四毫 桃樹二十二株工費 錢二十三千二百二十文 一十一千文

錢裕華 計地三分九厘七毫 錢一十一千九百一十文

陳慶華 計地三分九厘六毫 桃樹十四株工費 錢一十一千八百八十文 七千文

黃春元 計地八厘 桃樹九株工費 錢二千四百文 四千五百文

以上共桃園地基一畝六分四厘七毫 每畝錢三十千文 共計錢四十九千四百一十文

共給移植桃樹四十五株工費 每株錢五百文 共計錢二十二千五百文

一花稻田 坐落二十五保十四圖

71-3

00007

江南機器製造局爲照會續購地基價值並送各户切結三十三套及敬業書院地價錢文事致上海縣知縣朱鳳梯照會稿（1869年9月13日，同治八年八月初八日）

黄春元	七十九號	地三分七厘一毫	錢一十四千九十八文
錢文達	七十九 八十七 八十八號	地一畝三分二厘七毫 一分一厘四毫 二厘九毫	共錢五十五千八百六十文
錢秀宗	七十九號	地五分七厘一毫	錢二十一千六百九十八文
錢耀宗	七十九號	地五分一厘三毫	錢一十九千四百九十四文
陳運成	七十九號	地五分二厘八毫	錢二十千六十四文
黄錫澄	六十號	地一分三厘三毫	錢五千五十四文
陳紹先	六十號 一百二十八號	地五厘八毫 一分五厘四毫	共錢八千五十六文
錢克家	六十號	地九厘二毫	錢三千四百九十六文
孔丫頭	八十八號	地二厘八毫	錢一千六十四文

71-4

江南機器製造局爲照會續購地基價值並送各户切結三十三套及敬業書院地價錢文事致上海縣知縣朱鳳梯照會稿（1869年9月13日，同治八年八月初八日）

錢金宗	八十八號	地三厘二毫五絲	錢一千二百三十五文
錢杏海	八十八 九號	地三厘二毫五絲 一分一厘二毫	共錢五千四百九十一文
龔繩武	八十九號	地八厘五毫	錢三千二百三十文
喬如翰	九十號	地一厘九毫	錢七百二十二文
朱冠山	九十號	地二厘六毫	錢九百八十八文
楊沈氏	九十號	地二厘七毫	錢一千二十六文
喬永年	一百二號	地四厘六毫	錢一千柒百四十八文
計大春	一百二號	地四厘六毫	錢一千七百四十八文
林虎金	一百十六號	地二厘四毫	錢九百一十二文
楊鳳聲 和尚	一百十六號	合地二厘二毫五絲	錢八百五十五文

00072

72

江南機器製造局爲照會續購地基價值並送各户切結三十三套及敬業書院地價錢文事致上海縣知縣朱鳳梯照會稿（1869年9月13日，同治八年八月初八日）

喬根聲 顧含章 一百十六號 合地二厘七毫 錢一千二十六文

錢杏春 一百二十七號 地七厘七毫 錢二千九百二十六文

敬業書院 一百十六號 地二分七厘三毫 錢一十千三百七十四文

以上共花稻田四畝七分六厘七毫五絲 每畝錢三十八千文 共計錢一百八十一千一百六十五文

一盧蕩 坐落二十五保十四圖

黃文餘 計地二畝五分八毫 錢三十千九十六文

黃占奎 計地二畝五分二厘五毫 錢三十千三百文

黃春奎 計地一畝七分八厘九毫 錢二十一千四百六十八文

黃邑氏 計地一畝六分 錢一十九千二百文

江南機器製造局爲照會續購地基價值並送各户切結三十三套及敬業書院地價錢文事致上海縣知縣朱鳳梯照會稿（1869年9月13日，同治八年八月初八日）

黃伯千　計地一畝七分四厘二毫　錢二十千九百零四文

黃春元　計地二畝一分六厘　錢二十五千九百二十文

瞿松華　計地一畝六分三厘七毫　錢一十九千六百四十四文

瞿秀章　計地二畝二分三毫　錢二十六千四百三十六文

以上共蘆蕩一十六畝一分六厘四毫　每畝錢十二千文　共計錢一百九十三千九百六十八文

以上統計支錢四百四十七千四十三文

江南機器製造局爲照會續購地基價值並送各户切結三十三套及敬業書院地價錢文事致上海縣知縣朱鳳梯照會稿（1869 年 9 月 13 日，同治八年八月初八日）

同治八年八月初八日

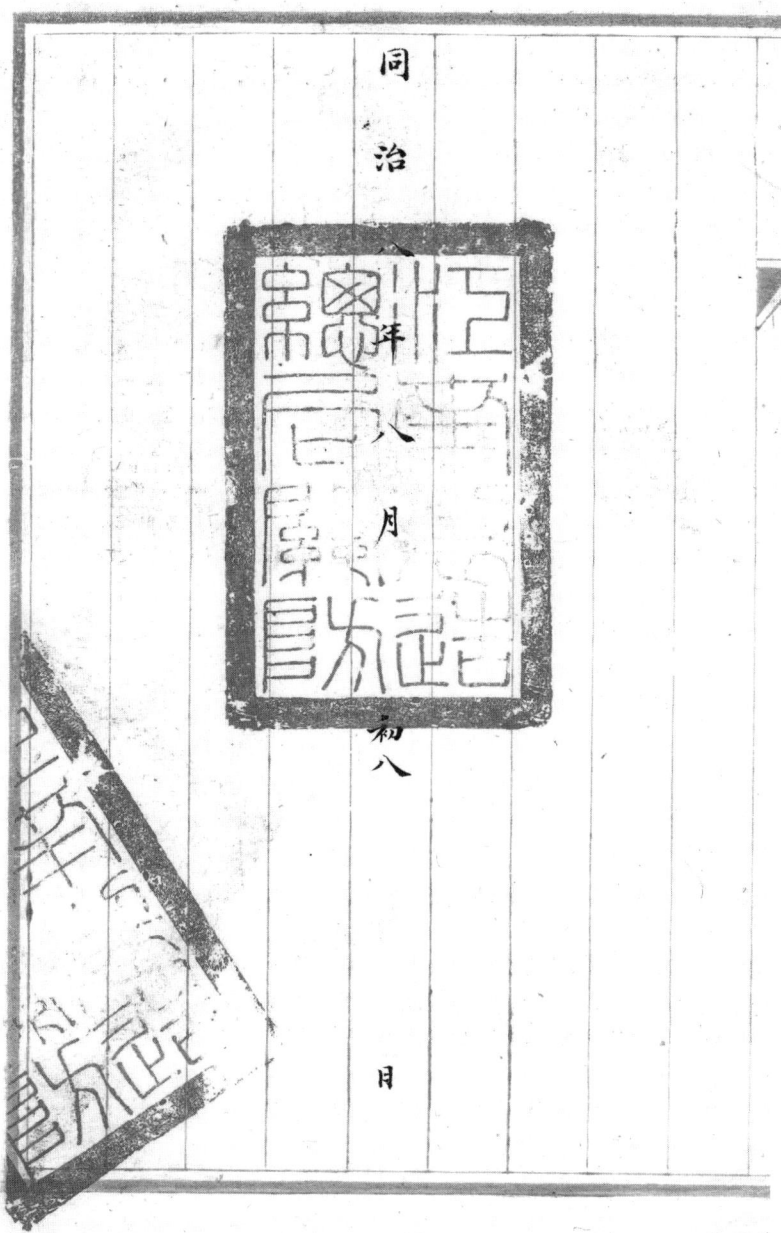

江南機器製造局爲照會續購地基價值並送各户切結三十三套及敬業書院地價錢文事致上海縣知縣朱鳳梯照會稿（1869 年 9 月 13 日，同治八年八月初八日）

江蘇儘先補用道馮

布政使銜江蘇蘇松太兵備道杜

遇缺儘先選用直隸州正堂鄭

00070

074

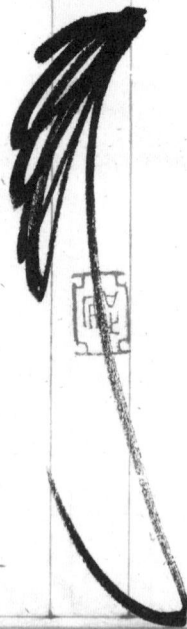

江南機器製造局爲照會續購地基價值並送各户切結三十三套及敬業書院地價錢文事致上海縣知縣朱鳳梯照會稿（1869 年 9 月 13 日，同治八年八月初八日）

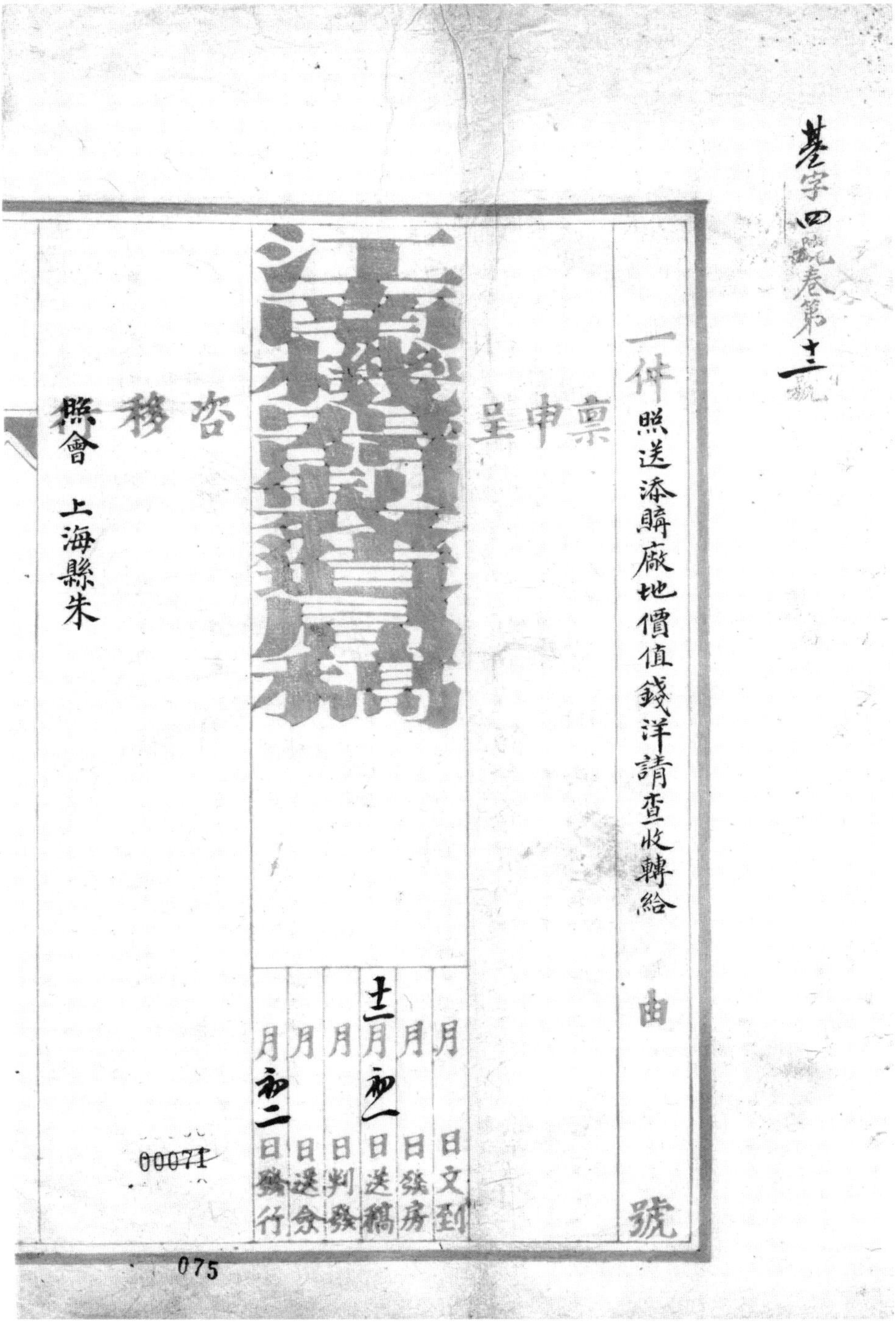

基字四號卷第十三號

一件照送添購廠地價值錢洋請查收轉給　由　　號

江南機器製造局稿

禀

申

呈

咨

移

照會

上海縣朱

月　日文到

月　日發房

十二月初一日送稿

月　日判發

月　日送佥

月初二日發行

00071

075

江南機器製造局爲照送添購廠地價值錢洋請查收轉給事致上海縣知縣朱鳳梯照會稿（1869年1月13日，同治七年十二月初一日）

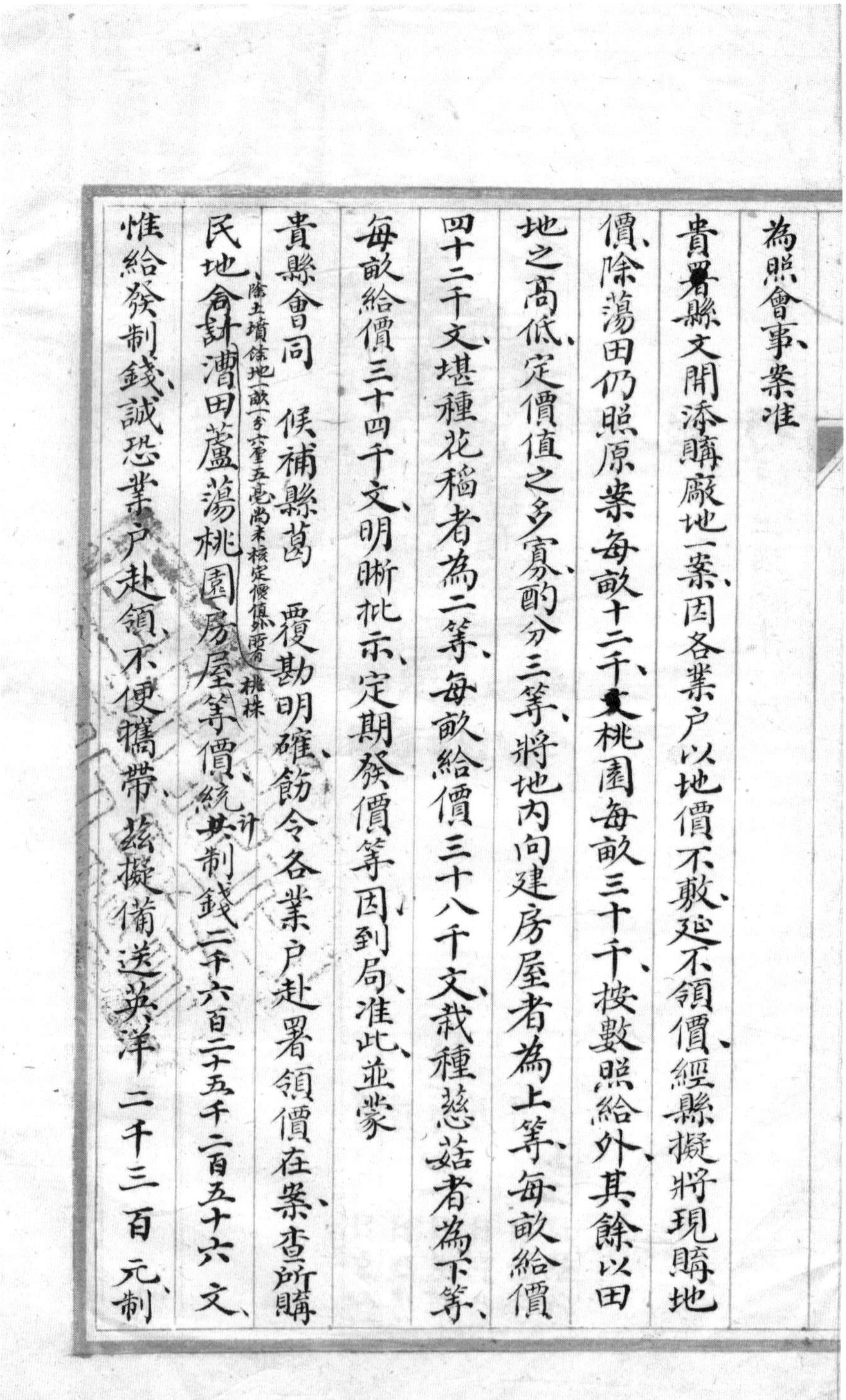
為照會事、案准
貴署縣文開添購廠地一案、因各業户以地價不敷、延不領價、經縣擬將現購地
價、除蕩田仍照原案每畝十二千文、桃園每畝三十千、按數照給外、其餘以田
地之高低、定價值之多寡、酌分三等、將地內向建房屋者為上等、每畝給價
四十二千文、堪種花稻者為二等、每畝給價三十八千文、栽種慈菇者為下等、
每畝給價三十四千文、明晰批示、定期發價等因到局、准此、並蒙
貴縣會同 候補縣葛 覆勘明確、飭令各業户赴署領價在案、查所購
除土墳餘地一畝一分六釐五毫尚未核定價值外、所有 桃株 計
民地合計漕田蘆蕩桃園房屋等價、統共制錢二千六百二十五千二百五十六文、
惟給發制錢、誠恐業户赴領不便攜帶、茲擬備送英洋二千三百 元、制

江南機器製造局爲照送添購廠地價值錢洋請查收轉給事致上海縣知縣朱鳳梯照會稿（1869 年 1 月 13 日，同治七年十二月初一日）

錢伍拾千文請由
貴縣飭查衣莊時價將錢合洋核給其零數仍以制錢找發俾期簡
便理合開单備文照送爲此照會
貴縣煩爲查收飭傳給領希將發過錢洋數目連各業户等繳到契
結限狀一併送局備案再查王錫澄陳裕勳錢秀宗三户墳餘地一畝
一分六厘五毫應列第幾等地價統煩查核酌給施行須至照會者
計送英洋二千叁百元制錢伍拾千文抄单一紙

00072

076

江南機器製造局爲照送添購廠地價值錢洋請查收轉給事致上海縣知縣朱鳳梯照會稿（1869 年 1 月 13 日，同治七年十二月初一日）

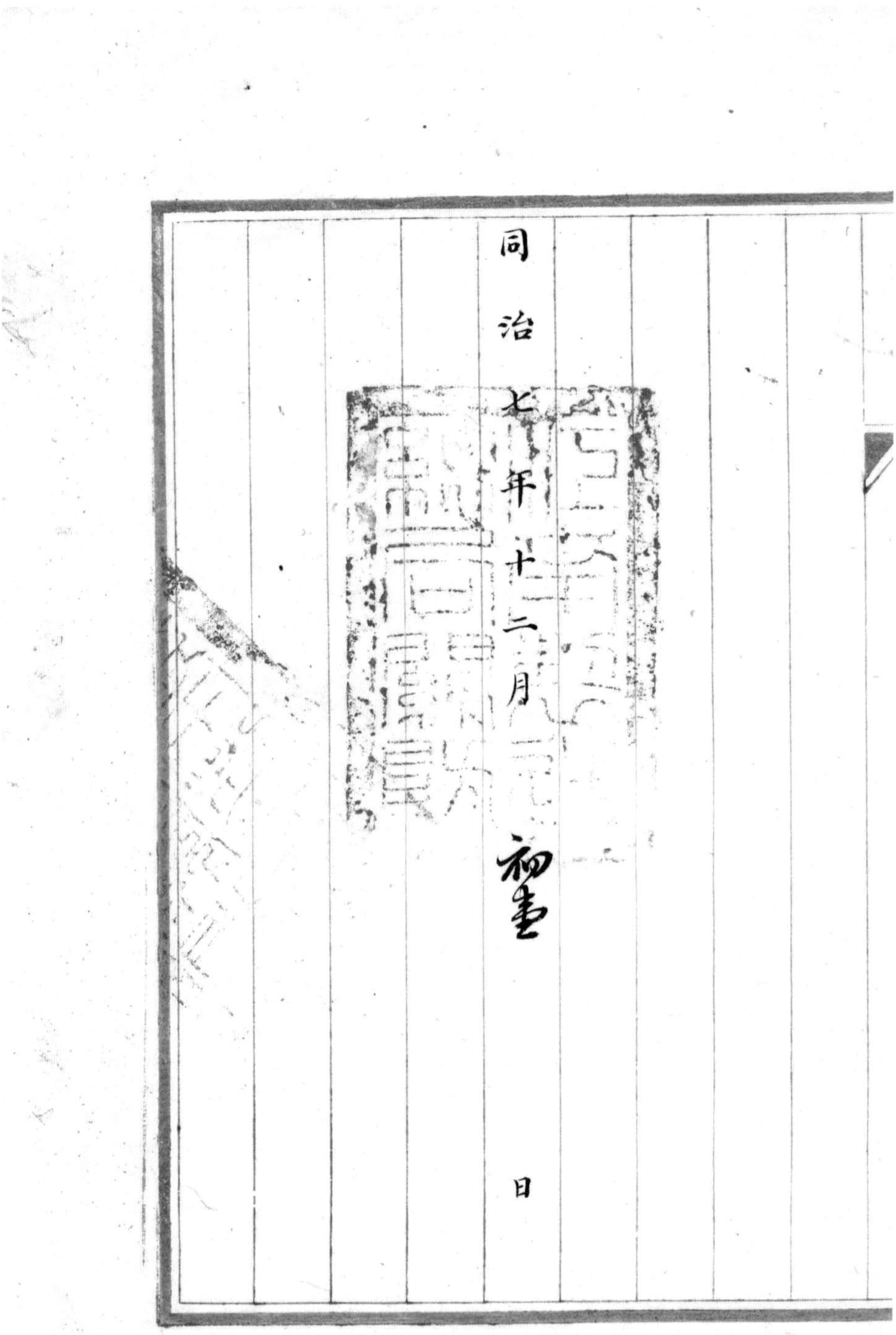
同治七年十二月初一日

江南機器製造局爲照送添購廠地價值錢洋請查收轉給事致上海縣知縣朱鳳梯照會稿（1869 年 1 月 13 日，同治七年十二月初一日）

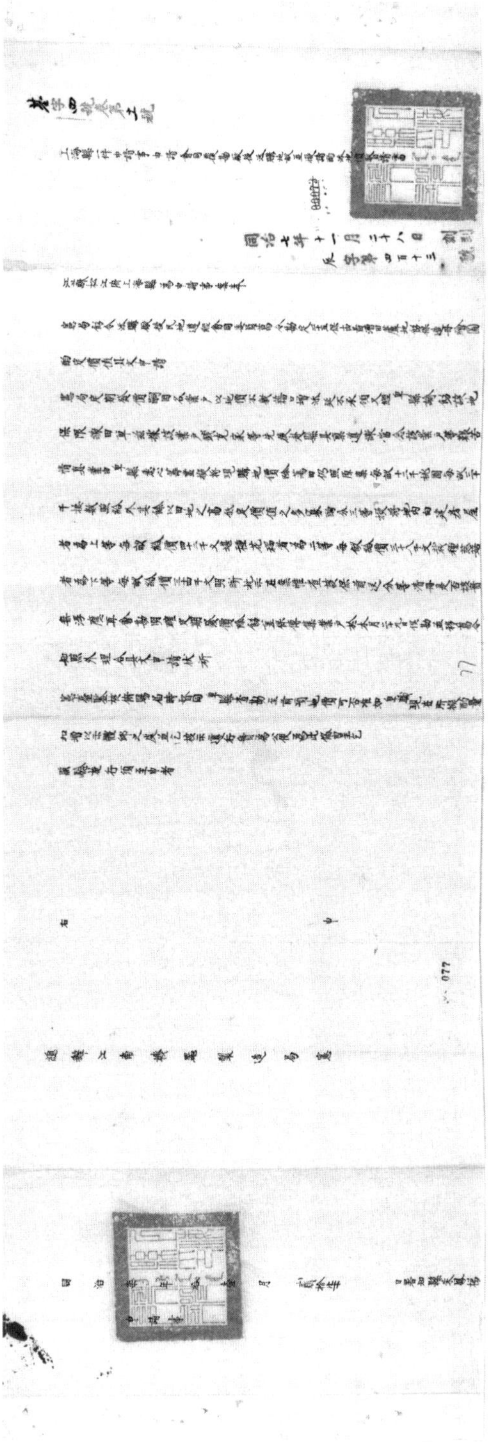

上海縣知縣朱鳳梯爲申請會同覆勘廠後添購地畝並擬請酌添地價數目請示事致江南機器製造局總辦申文（1869 年 1 月 9 日，同治七年十一月二十七日）

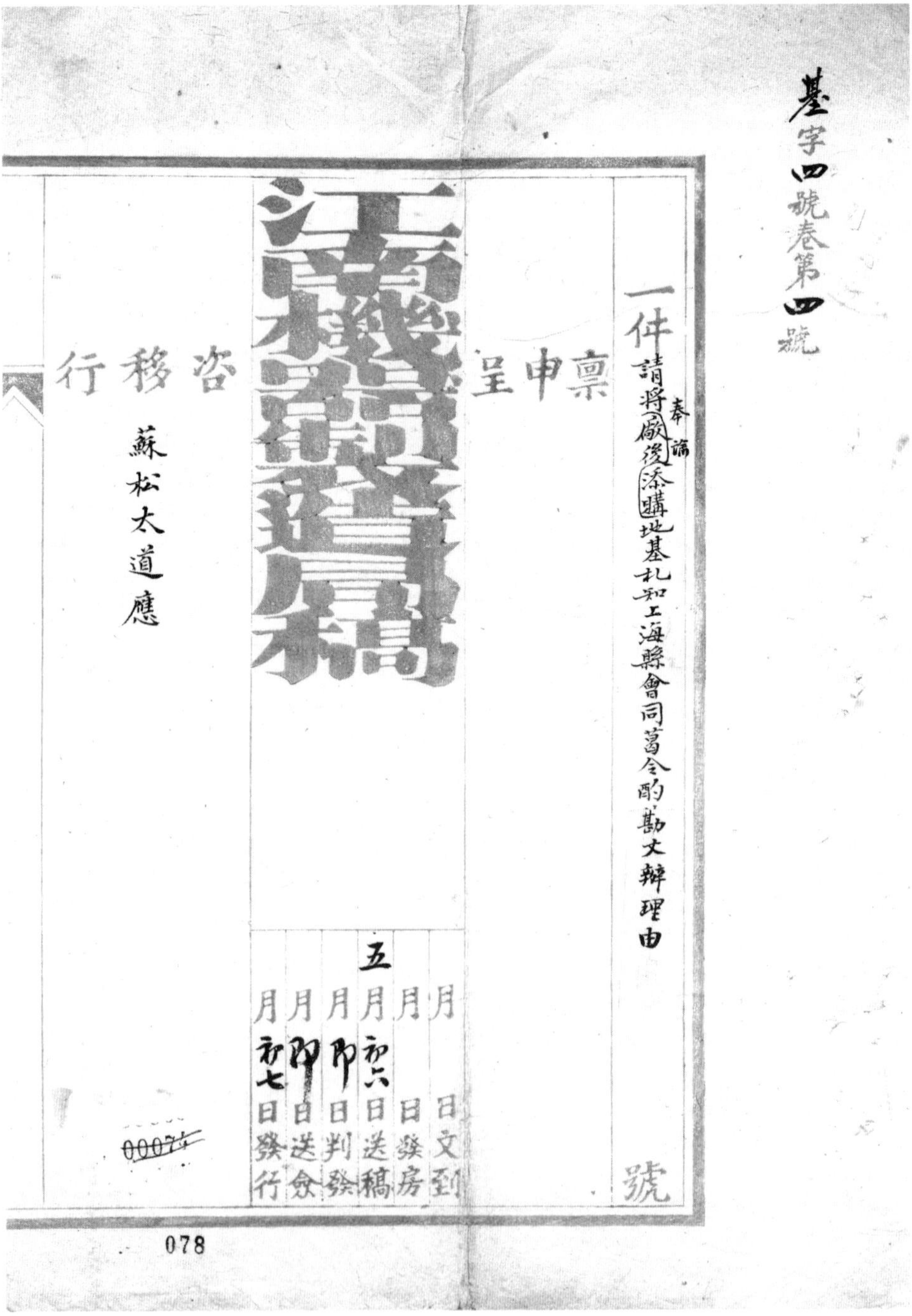
基字四號卷第四號

一件請將奉諭廠後添購地基札知上海縣會同葛令酌勘丈辦理由

號

稟 申 呈

江南機器製造局稿

咨 移 行

蘇松太道應

月 日文到
月 日發房
五月初六日送稿
月即日判發
月即日送僉
月初七日發行

00074

078

江南機器製造局爲請將奉諭添購廠後地基札知上海縣會同葛繩孝酌勘丈辦理事致蘇松太道應寶時移文稿（1868年6月25日，同治七年五月初六日）

為移請事、同治七年閏四月內、
爵閣督部堂曾
江蘇撫部院丁 臨視敝廠、當奉面諭、飭在廠後添購地基、預備增建廠
屋、安置機器、並建學堂等因、奉此、業蒙
（添設現在廠基略為寬廣）
貴道飭派候補知縣葛令繩孝前往察看、查得敝廠後面連界地段約計
三十餘畝、堪以購用、惟該處除稻田外、間有瓦房草房、以及新舊土墳、
尚須酌令遷徙、方能建造、似宜由縣先行勘丈、繪畫准圖、酌定地價、還費
諭知該處地保業戶人等、一體遵辦、合亟備文移請、為此合移
貴道、請煩查照、即希札知上海縣、會同葛令妥籌辦理、以憑轉稟（報）望
切施行、須至移者、

江南機器製造局爲請將奉諭添購廠後地基札知上海縣會同葛繩孝酌勘丈辦理事致蘇松太道應寶時移文稿（1868 年 6 月 25 日，同治七年五月初六日）

同治七年五月初陸日

00075

079

江南機器製造局爲請將奉諭添購廠後地基札知上海縣會同葛繩孝酌勘丈辦理事致蘇松太道應寶時移文稿（1868年6月25日，同治七年五月初六日）

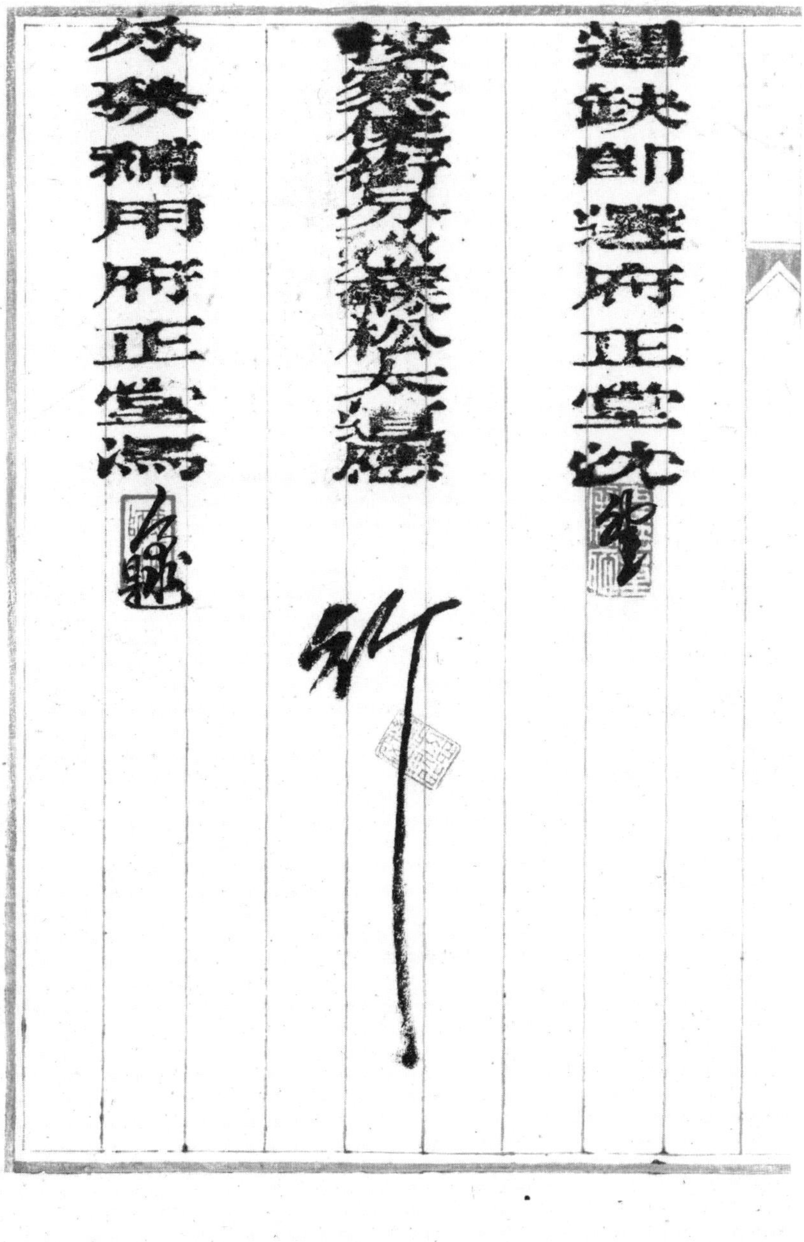

遇缺即選府正堂沈
按察使銜分巡蘇松太道應
分發補用府正堂馮

江南機器製造局爲請將奉諭添購廠後地基札知上海縣會同葛繩孝酌勘丈辦理事致蘇松太道應寶時移文稿（1868 年 6 月 25 日，同治七年五月初六日）

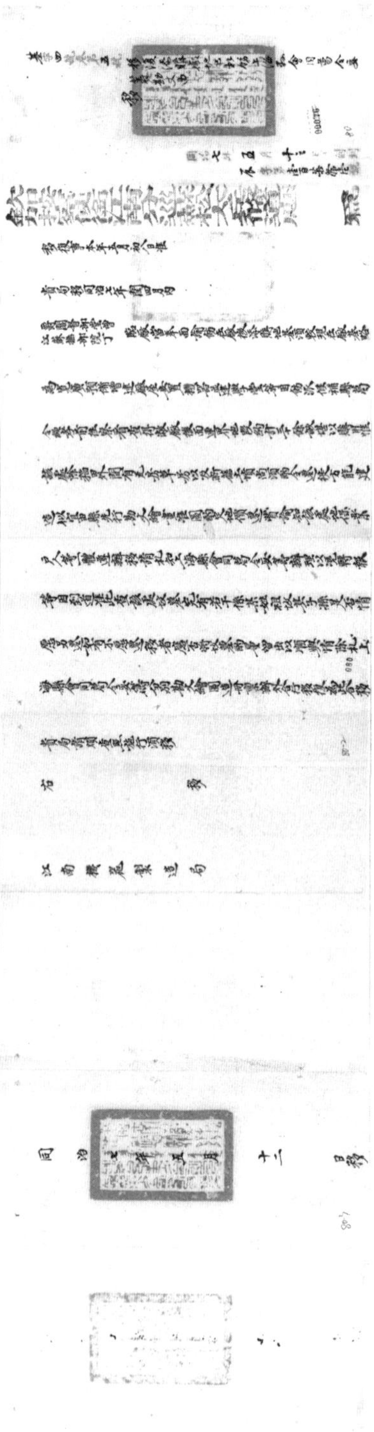

蘇松太道應寶時爲移復添購廠地已札飭上海縣會同葛繩孝妥籌勘丈事致江南機器製造局移文

（1868年7月1日，同治七年五月十二日）

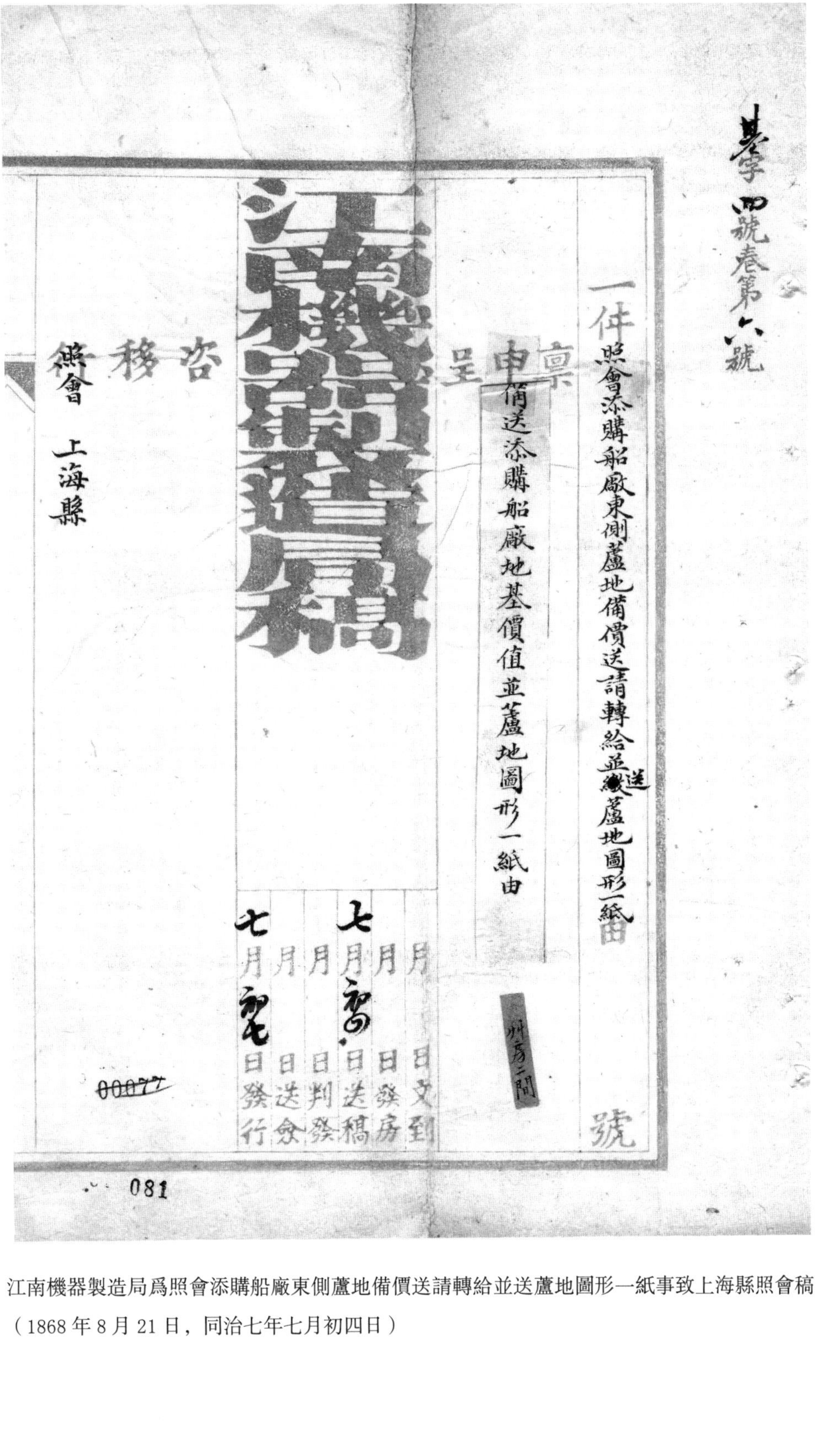
基字四號卷第六號
一件照會添購船廠東側蘆地備價送請轉給並送蘆地圖形一紙由
號
稟
申
呈
備送添購船廠地基價值並蘆地圖形一紙由
江南機器製造局稿
咨
移
照會　上海縣
月日文到
月日發房
七月初四日送稿
月日判發
月日送僉
七月初七日發行
州房二間
00077
081

江南機器製造局爲照會添購船廠東側蘆地備價送請轉給並送蘆地圖形一紙事致上海縣照會稿

（1868年8月21日，同治七年七月初四日）

為照會事、前奉
兩江爵閣督部堂曾　面諭酌添廠地等因、當查　敝局船廠東側、有敬
業書院公產蘆蕩一段、坐落二十四保方十二圖地方、亟須添購、以為安放
造船木料之用、業經商請
蘇松太道、飭派候補縣葛令、邀同書院董事及工書亭耆等前往丈量、計丈得蘆
地七畝八分八厘一毫、並據開送圖形畝數前來、查　敝局上年與敬業書
院賣受蘆地、每畝價錢一十二千文、茲照上年地價核算、應給制錢九十四
千五百七十二文、理合備價送請轉給、為此照會
貴縣、煩為查收、飭傳該董事赴領、並希將前項蘆地收歸機器局新戶

江南機器製造局爲照會添購船廠東側蘆地備價送請轉給並送蘆地圖形一紙事致上海縣照會稿
（1868年8月21日，同治七年七月初四日）

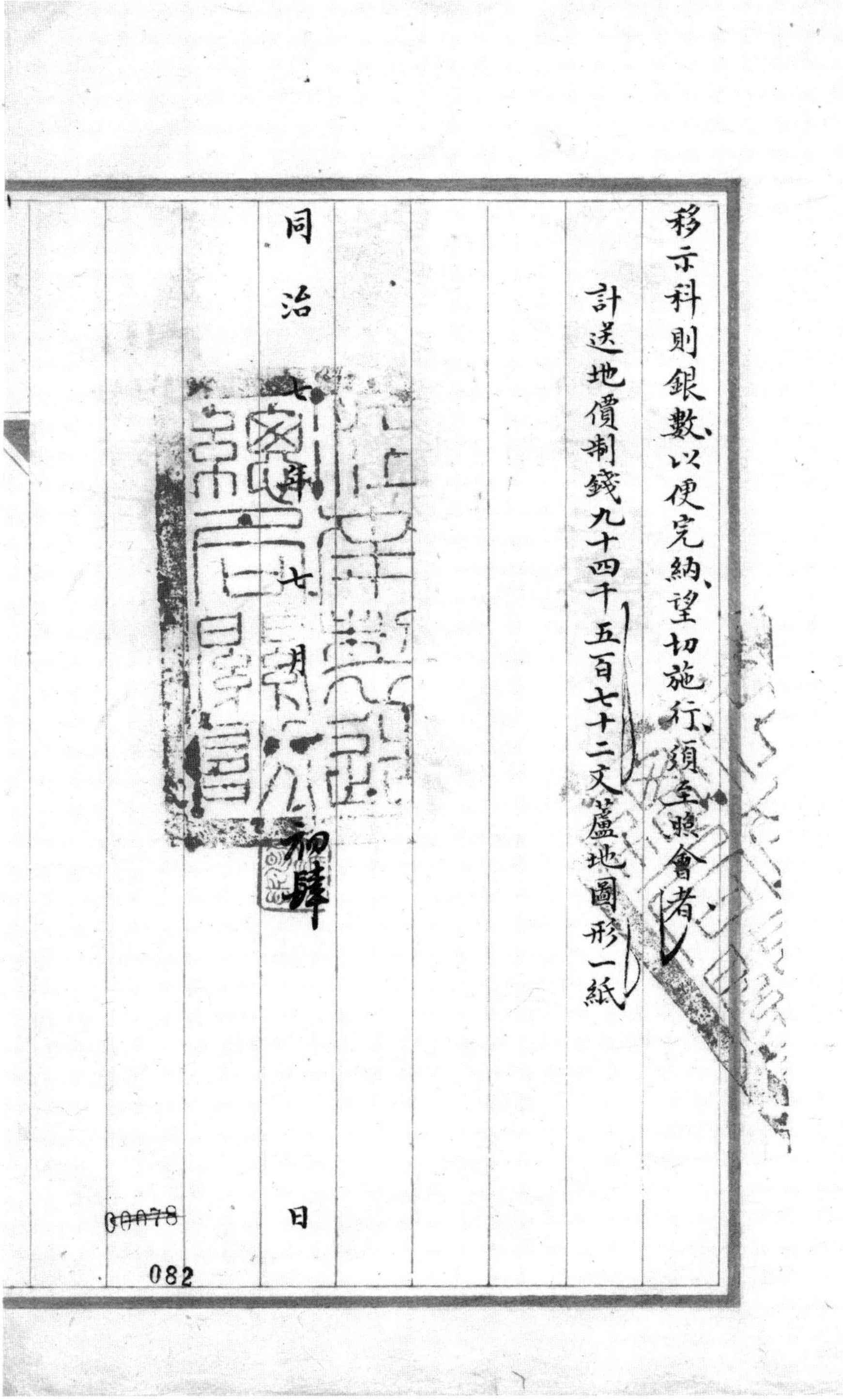

移示科則銀數、以便完納、望切施行、須至照會者、

計送地價制錢九十四千五百七十二文、蘆地圖形一紙

同治七年七月初肆日

~~00078~~

082

江南機器製造局爲照會添購船廠東側蘆地備價送請轉給並送蘆地圖形一紙事致上海縣照會稿

（1868 年 8 月 21 日，同治七年七月初四日）

欽加運同銜即選府正堂沈
按察使銜分巡蘇松太道應
分發補用府正堂署上海縣
行

江南機器製造局爲照會添購船廠東側蘆地備價送請轉給並送蘆地圖形一紙事致上海縣照會稿
（1868 年 8 月 21 日，同治七年七月初四日）

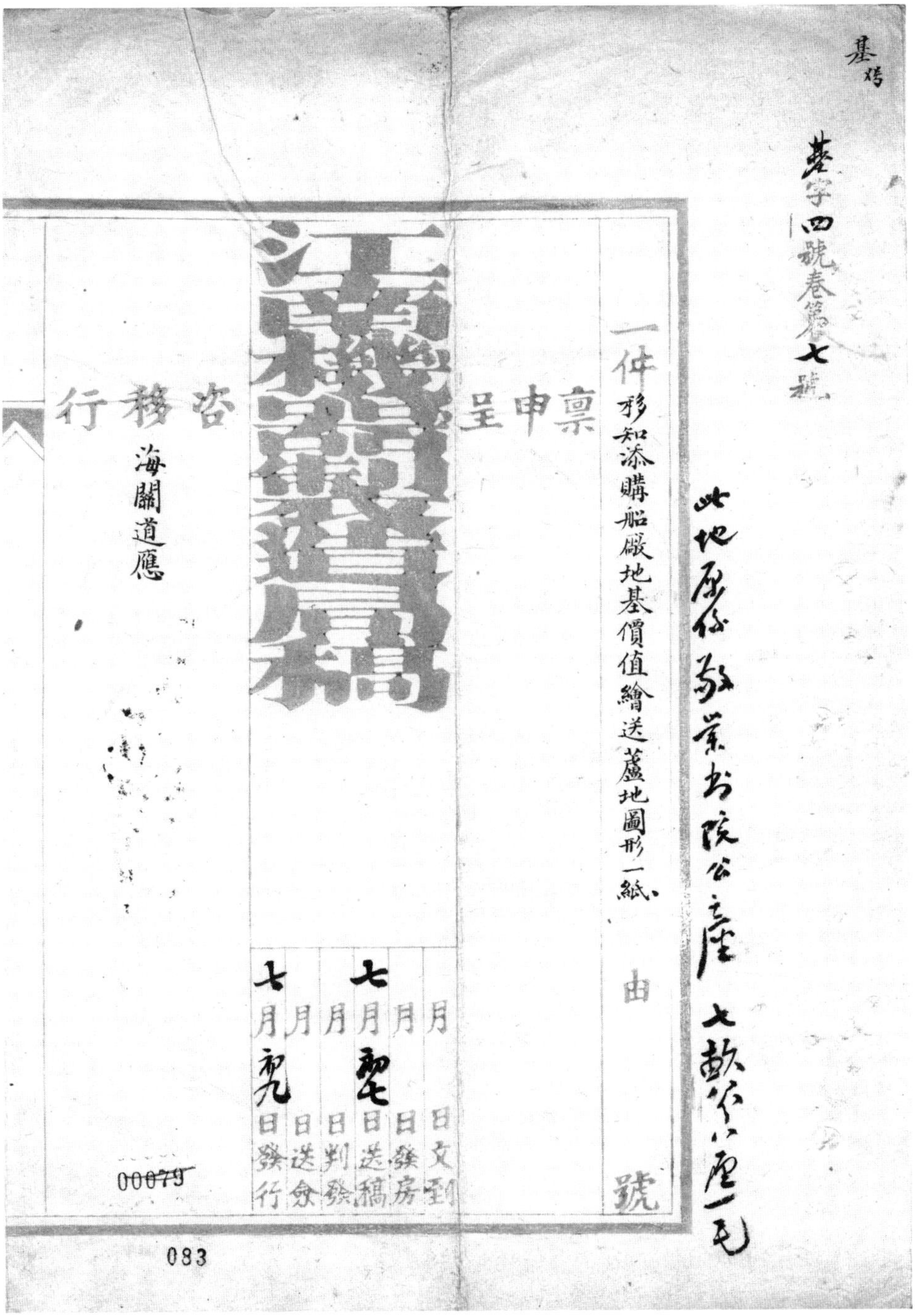
基字四號卷第七號

此地原係敬業書院公產 七畝

一件 移知添購船廠地基價值繪送蘆地圖形一紙 由 號

江南機器製造局稿

稟申呈咨移行

海關道應

月 日文到

月 日發房

七月初七日送稿

月 日判發

月 日送僉

七月初九日發行

00079

083

江南機器製造局爲移知添購船廠地基價值繪送蘆地圖形一紙事致海關道應寶時移文稿（1868年8月24日，同治七年七月初七日）

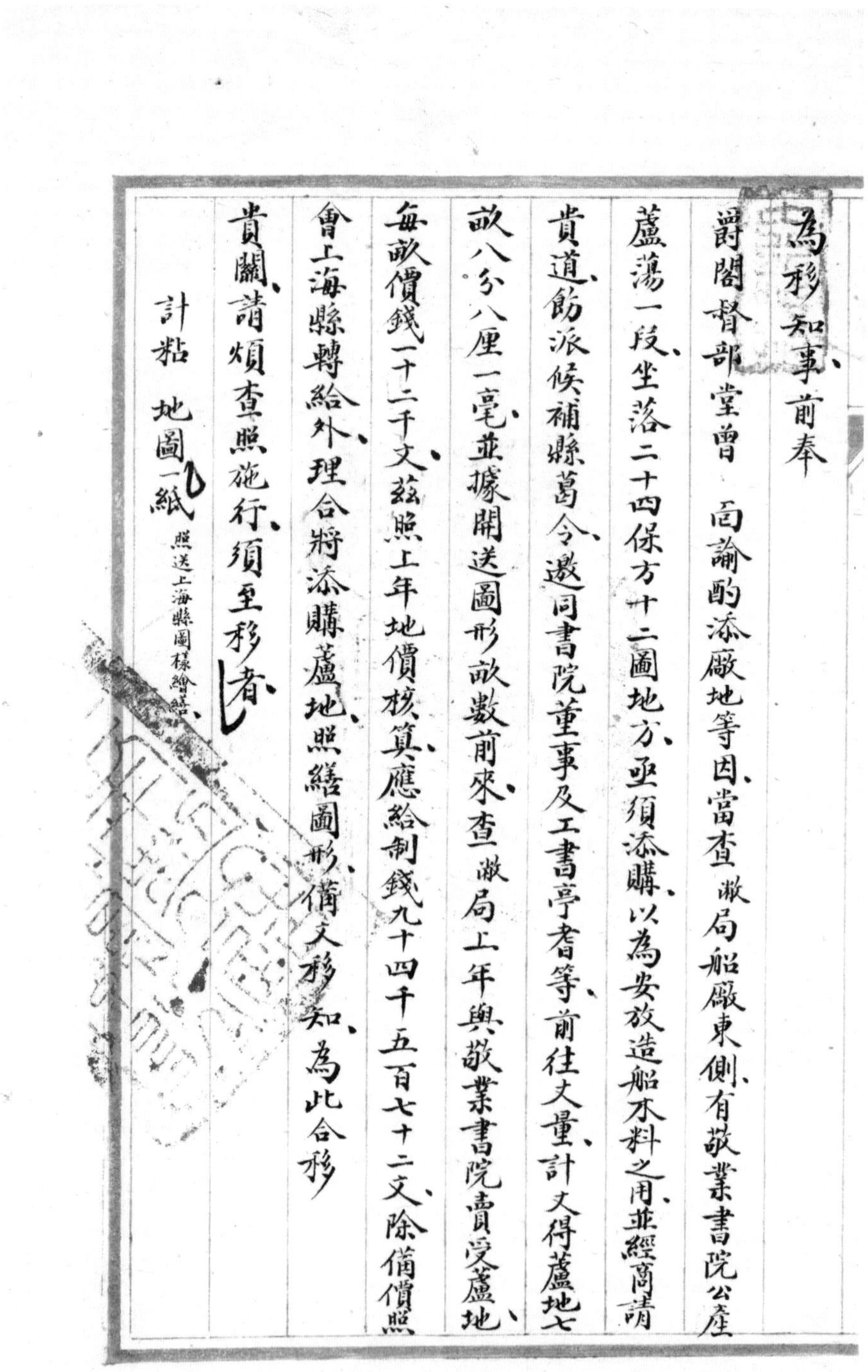
為移知事、前奉
爵閣督部堂曾　面諭酌添廠地等因、當查敝局船廠東側、有敬業書院公產
蘆蕩一段、坐落二十四保方廿二圖地方、亟須添購、以為安放造船木料之用、並經商請
貴道飭派候補縣葛令邀同書院董事及工書亭耆等前往丈量、計丈得蘆地七
畝八分八厘一毫、並據開送圖形畝數前來、查敝局上年與敬業書院購受蘆地、
每畝價錢一十二千文、茲照上年地價核算、應給制錢九十四千五百七十二文、除備價照
會上海縣轉給外、理合將添購蘆地照繕圖形、備文移知、為此合移
貴關、請煩查照施行、須至移者、
計粘　地圖一紙　照送上海縣圖樣繪繕、

江南機器製造局爲移知添購船廠地基價值繪送蘆地圖形一紙事致海關道應寶時移文稿（1868年8月24日，同治七年七月初七日）

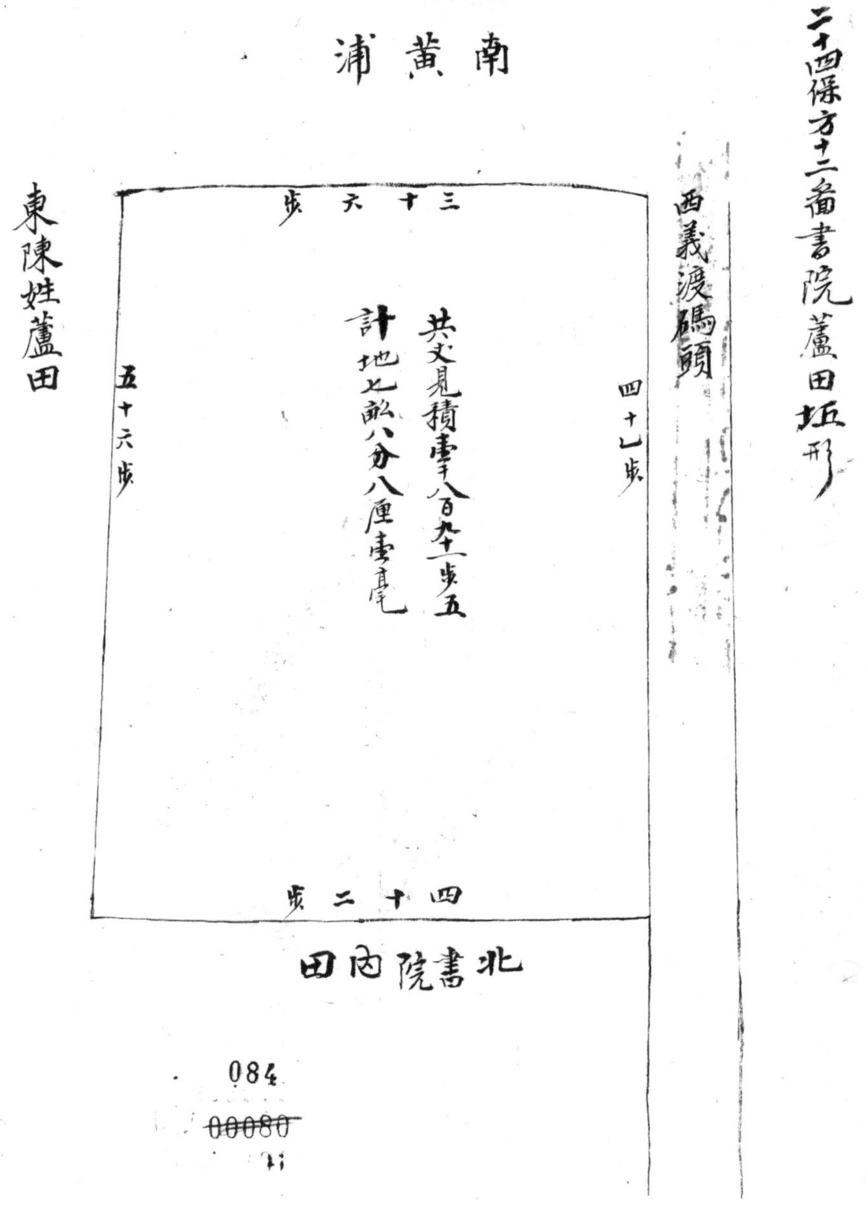

江南機器製造局爲移知添購船廠地基價值繪送蘆地圖形一紙事致海關道應寶時移文稿（1868年8月24日，同治七年七月初七日）

同治七年七月初七日

00081

085

江南機器製造局爲移知添購船廠地基價值繪送蘆地圖形一紙事致海關道應寶時移文稿（1868年8月24日，同治七年七月初七日）

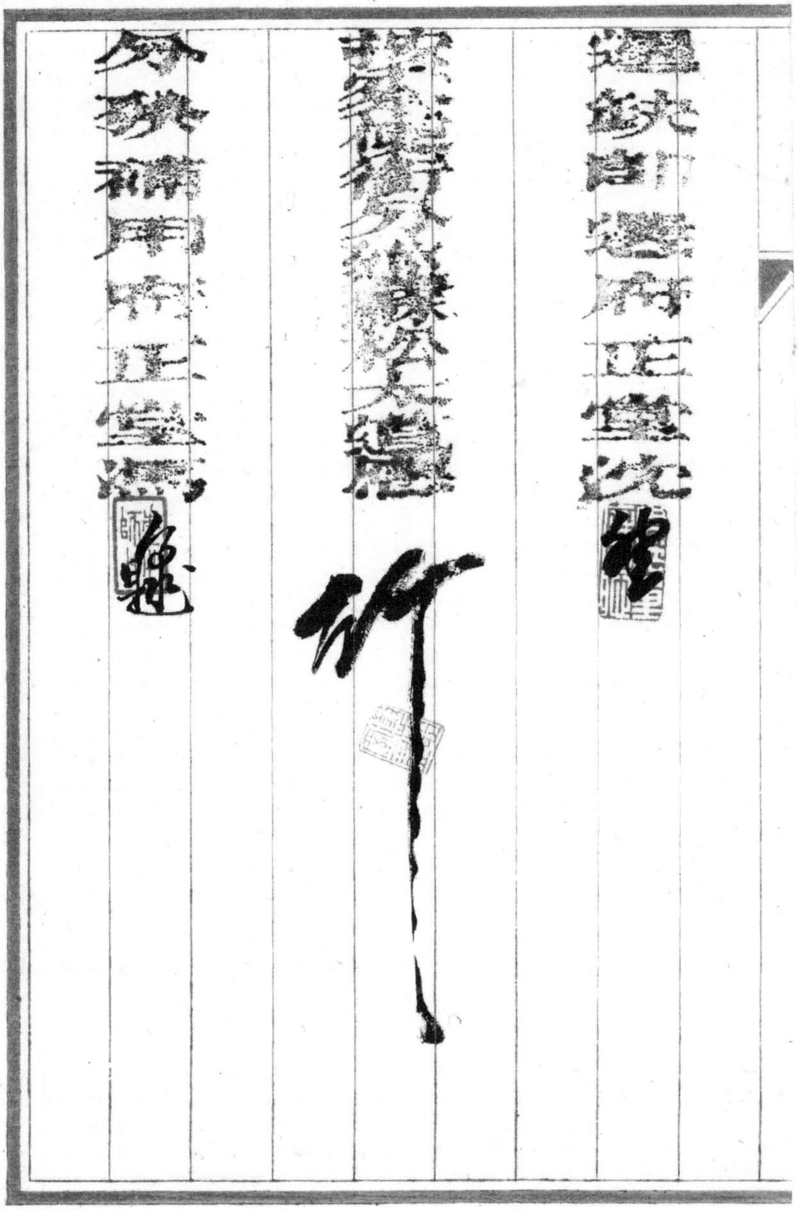

江南機器製造局爲移知添購船廠地基價值繪送廬地圖形一紙事致海關道應寶時移文稿（1868年8月24日，同治七年七月初七日）

計開漕田蘆蕩桃園畝數價值及桃株房屋遷費

一宅基民地 議列上等每畝給制錢四十二千文

林土观	六十一號	三分六厘	計錢十五千一百二十文
錢克家	又	五分三厘八毫	計錢二十二千五百九十六文
錢裕華	又	五分四厘	計錢二十二千六百八十文
陳慶華	又	七分一厘九毫	計錢三十千一百九十八文
錢裕華	八十四號	一畝四厘一毫	計錢四十三千七百二十二文
錢克家	又	五分三厘	計錢二十二千二百六十文
錢秀宗	又	五分三厘	計錢二十二千二百六十文

江南機器製造局開漕田蘆蕩桃園畝數價值及桃株房屋遷費抄單（1869年1月13日，同治七年十二月初一日）

以上宅基四畝二分五厘八毫 每畝四十二千文 共計錢一百七十八千八百三十六文

一花稻田 議列中等每畝給制錢三十八千文

一黄春元 七十九號 一畝一分三毫 計錢四十一千九百一十四文

一楊桂春 八十一號 八分 計錢三十千四百文

一錢裕華 八十五號 二畝五分七厘六毫 計錢九十七千八百八十八文

一孔了頭 八十八號 一畝八分四厘二毫 計錢六十九千九百九十六文

一喬如翰 八十九號 一畝二分七厘六毫 計錢四十八千四百八十八文

一龔繩武 又 五畝一分五厘六毫 計錢一百九十五千九百二十八文

一陳裕如 九十二號 二畝六分九毫 計錢九十九千一百四十二文

江南機器製造局開漕田蘆蕩桃園畝數價值及桃株房屋遷費抄單（1869 年 1 月 13 日，同治七年十二月初一日）

一陳茂元	九十二號	二畝六分九毫	計錢九十九千一百四十二文
一林虎金	一百十六號	一畝五分八厘三毫	計錢六十千一百五十四文
一陳紹先	一百二十八號	一畝九分二厘一毫	計錢七十二千九百九十八文
一錢文達	八十七號	一畝一分三毫	計錢四十一千九百一十四文

以上十户俱種花地

一錢金宗	八十八號	一畝九分一厘	計錢七十二千五百八十文
一錢杏海	又	二畝一分五厘六毫	計錢八十一千九百二十八文
一錢文達	又	二畝一分五厘六毫	計錢八十一千九百二十八文
一朱冠山	八十九號	一畝六分五厘	計錢六十二千七百文
一楊沈氏	九十號	一畝六分七厘七毫	計錢六十三千七百二十六文

江南機器製造局開漕田蘆蕩桃園畝數價值及桃株房屋遷費抄單（1869 年 1 月 13 日，同治七年十二月初一日）

一顧含章 一百十六號 九分二厘八毫 計錢三十五千二百六十四文

一喬振聲 一百十六號 九分二厘八毫 計錢三十五千二百六十四文

一楊和尚 又 七分六厘四毫 計錢二十九千三十二文

一楊鳳生 又 七分六厘四毫 、、、、、、十二文

以上花稻田三十五畝五分一厘一毫 每畝三十八千文 共計錢一千三百四十九千四百十八文 以上十户俱種稻地

一芋艿蒔菇田 議列下等每畝給制錢三十四千文

一錢文達 七十九號 九分六厘六毫 計錢三十二千八百四十四文

一錢秀宗 八十六號 一畝四分五厘二毫 計錢四十九千三百六十八文

一錢耀宗 八十六號 一畝四分五厘二毫 計錢四十九千三百六十八文

江南機器製造局開漕田蘆蕩桃園畝數價值及桃株房屋遷費抄單（1869 年 1 月 13 日，同治七年十二月初一日）

一 錢裕華 八十七號 九分六厘六毫 計錢三十二千八百四十四文

以上芋艿蒔菇田四畝八分三厘六毫 每畝三十四千文 共計錢一百六十四千四百二十四文

一 坟餘地 請酌核給價

一 王錫澄 六十號 五分七厘二毫

一 陳裕勳 六十號 三分九厘

一 錢秀宗 七十九號 二分三毫

以上坟餘地一畝一分六厘五毫

一 蘆蕩桃園 照案蘆蕩每畝給制錢十二千文 桃園每畝給制錢三十千文

一 陳慶華 蘆田八分六厘四毫 每畝十二千文 計錢十千三百六十八文

088 00084

江南機器製造局開漕田蘆蕩桃園畝數價值及桃株房屋遷費抄單（1869 年 1 月 13 日，同治七年十二月初一日）

錢裕華　蘆田八分九厘　計錢十千六百八十文

林虎金　蘆田七分三厘七毫　計錢八千八百四十四文

林會生　蘆田七分一厘二毫　計錢八千五百四十四文

林寶全　蘆田七分一厘二毫　計錢八千五百四十四文

林上生　蘆田七分一厘九毫　計錢八千六百二十八文
桃園三分五厘每畝三千文　十千五百文

林海和　蘆田一畝一分六毫　計錢十三千二百七十二文

胡元貞　蘆田四畝八分九厘三毫　計錢五十八千七百十六文

林金華　蘆田二畝一分二厘二毫　計錢二十五千四百六十四文

黃茂全　蘆田一畝三分七厘九毫　計錢十六千五百四十八文
桃園一分五厘八毫　四千七百四十文

江南機器製造局開漕田蘆蕩桃園畝數價值及桃株房屋遷費抄單（1869年1月13日，同治七年十二月初一日）

林茂生　蘆田二畝五分八厘三毫　計錢三十千九百九十六文

林永昌　蘆田一畝四厘六毫　桃園一畝九厘七毫　計錢十二千五百五十二文　三十二千九百一十文

林了頭　蘆田二畝五分五厘七毫　計錢三十千六百八十四文

黃茂春　蘆田一畝五分二厘四毫　計錢十八千二百八十八文

林鳳明　蘆田一畝八分九厘六毫　計錢二十二千七百五十二文

張勝明　蘆田六分七厘四毫　計錢八千八十八文

林老南　蘆田一畝二分三厘　計錢十四千七百六十文

黃如昌　蘆田二畝八分五厘　計錢三十四千二百文

以上十八戶計　蘆田二十八畝四分九厘四毫　桃園一畝六分五毫　共計錢三百九十千七十八文

00085

089

江南機器製造局開漕田蘆蕩桃園畝數價值及桃株房屋遷費抄單（1869 年 1 月 13 日，同治七年十二月初一日）

一移植桃樹工本　每桃樹一株議給制錢五百文

林永昌　桃樹卌七株　每株五百文　計錢二十三千五百文

黄茂全　桃樹十株　計錢五千文

以上兩户共計錢二十八千五百文

一房屋遷費　大瓦房每間議給制錢三十五千文小瓦房每間議給制錢二十八千文草房每間議給制錢六千文

陳慶華　正屋大瓦房二間半　每間三十五千　計錢八十七千五百文

陳慶華　廂屋小瓦房三間　每間二十八千　計錢八十四千文

草屋八間　每間六千　計錢四十八千文

共錢二百一十九千五百文

江南機器製造局開漕田蘆蕩桃園畝數價值及桃株房屋遷費抄單（1869年1月13日，同治七年十二月初一日）

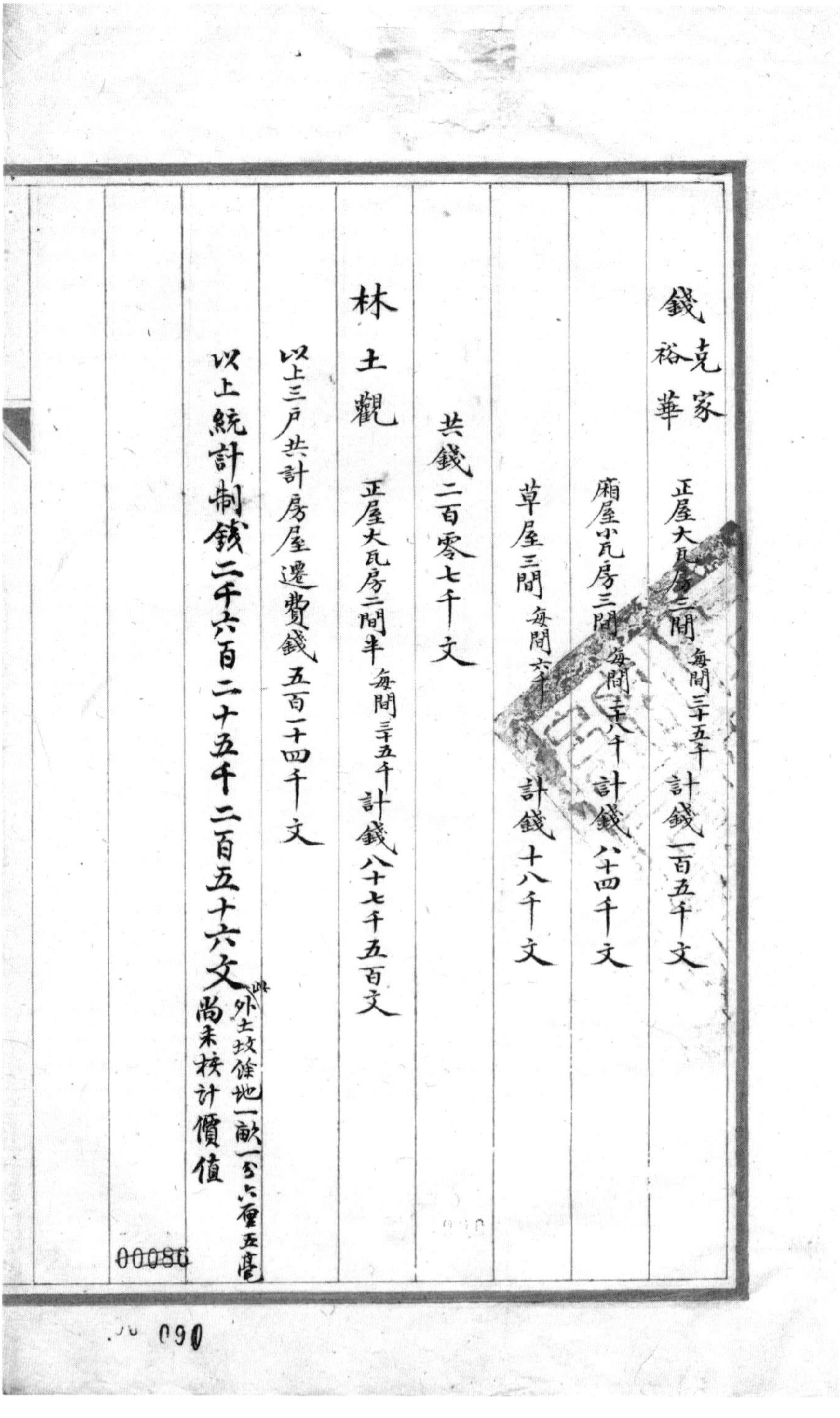
錢克家 裕華

正屋大瓦房三間 每間三十五千 計錢一百五千文

廂屋小瓦房三間 每間二十八千 計錢八十四千文

草屋三間 每間六千 計錢十八千文

共錢二百零七千文

林土觀

正屋大瓦房二間半 每間三十五千 計錢八十七千五百文

以上三戶共計房屋遷費錢五百一十四千文

以上統計制錢二千六百二十五千二百五十六文 外土坟餘地一畝一分六厘五毫 尚未核計價值

江南機器製造局開漕田蘆蕩桃園畝數價值及桃株房屋遷費抄單（1869 年 1 月 13 日，同治七年十二月初一日）

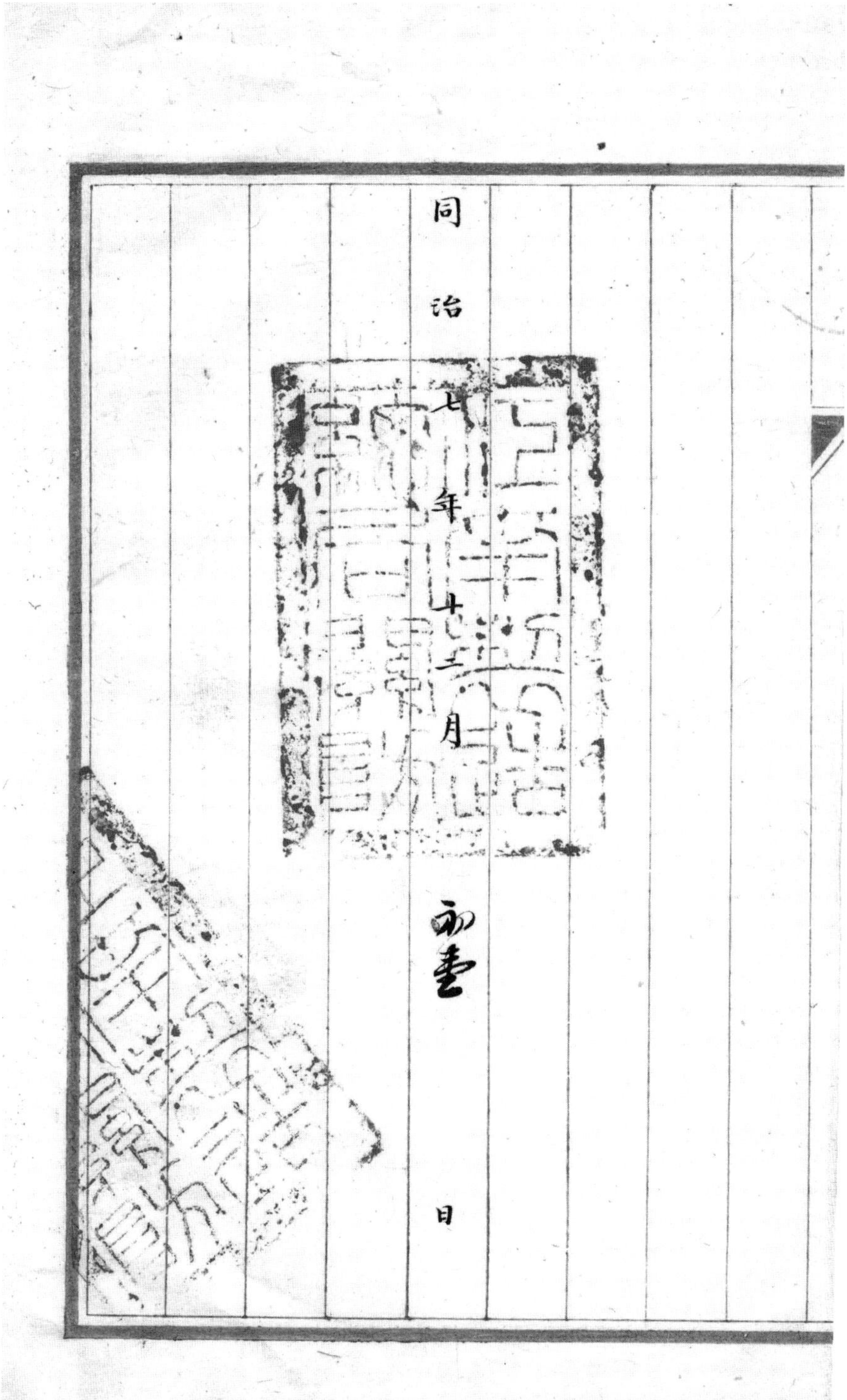

同治七年十二月初壹日

江南機器製造局開漕田蘆蕩桃園畝數價值及桃株房屋遷費抄單（1869 年 1 月 13 日，同治七年十二月初一日）

查原議陳慶華等遷屋後即在敝局所買稻田之內酌撥地段給予建房居住曾經議定陳慶華名下領回花稻地七分一釐九毫錢克家錢裕華兩戶名下領回花稻地一畝零七釐八毫林土觀名下領回花稻地一分二釐四毫仍令繳回地價即為該戶自己產業茲請

諭飭各該戶如果自願領地建房擬照中等地價在於應給房屋遷費內核扣倘不領地仍聽其便可也

江南機器製造局開漕田蘆蕩桃園畝數價值及桃株房屋遷費抄單（1869年1月13日，同治七年十二月初一日）

江南機器製造局開漕田蘆蕩桃園畝數價值及桃株房屋遷費抄單（1869 年 1 月 13 日，同治七年十二月初一日）

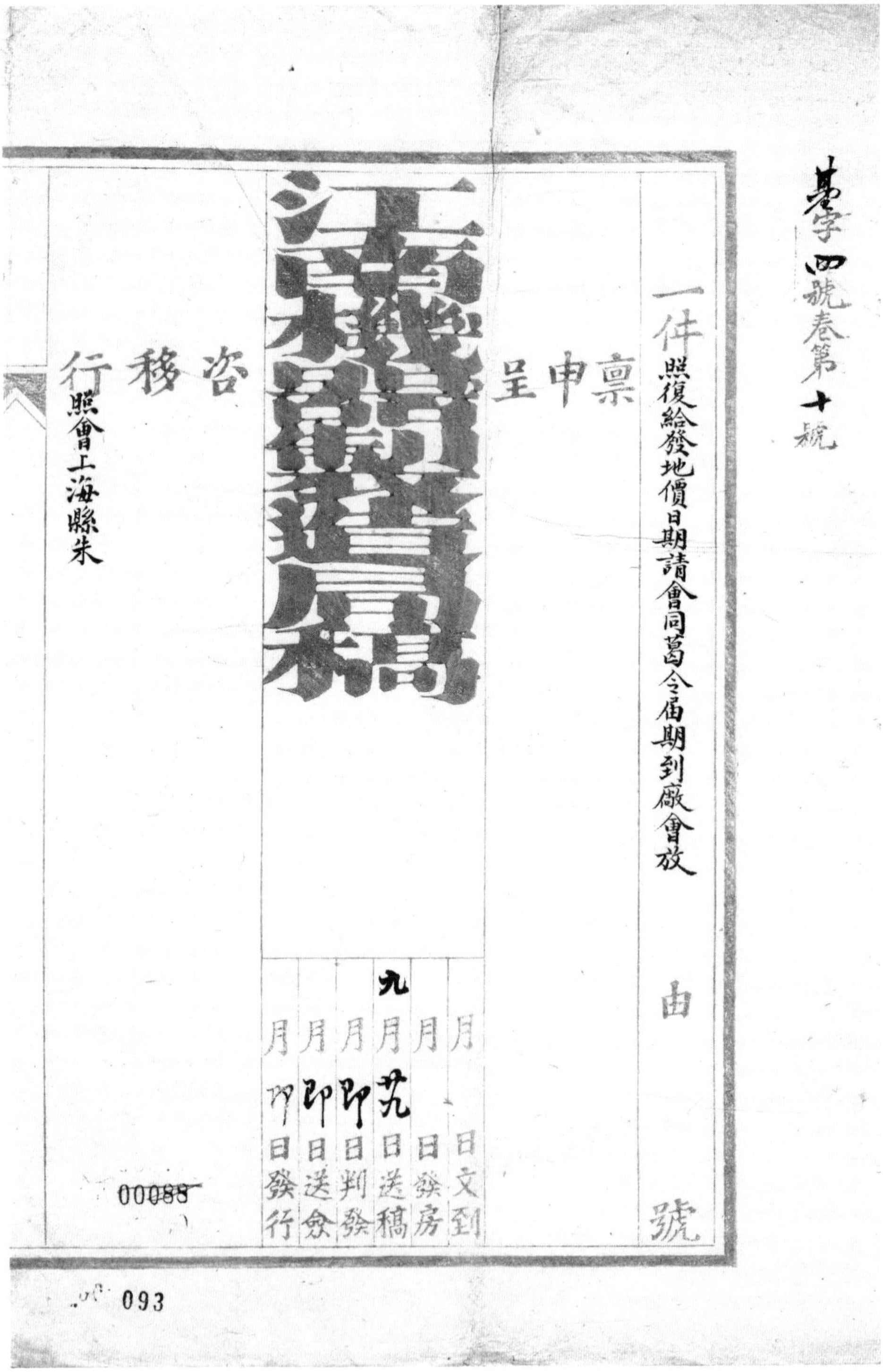
基字四號卷第十號

一件照復給發地價日期請會同葛令届期到廠會放　由　號

稟　申　呈

江南機器製造局稿

咨　移　行

照會上海縣朱

月　日文到
月　日發房
九月廿九日送稿
月　卯日判發
月　卯日送僉
月　卯日發行

00088

093

江南機器製造局爲照復給發地價日期請會同葛繩孝届期到廠會放事致上海縣知縣朱鳳梯照會稿（1868年11月13日，同治七年九月二十九日）

為照會事准

貴縣文開案奉

道憲札准局移會添購廠後地基飭即會同葛令勘丈繪圖造册稟報等因一案奉經

移請候補縣葛令赴廠會勘飭據亭耆地保造具地畝户名清册計共用二十五保十四圖業

户王錫澄等漕田四十五畝七分七厘内大小瓦房十四間草房十一間又陳慶華等蘆地二十八

畝四分九厘四毫桃園地一畝六分五毫内桃樹五十七株業經會同議明地價及酌給遷移房

屋桃樹工費即准葛委員擬定業户賣契押領各項式樣並應令各業户遵辦條約

由縣出示曉諭在案除賣契押領各式業已發匠刊刻所需紙工刻價由縣籌給外惟

應發地價及遷費等項共該錢二千三百五千六百七十八文業已定期十月初二日到廠散給

江南機器製造局爲照復給發地價日期請會同葛繩孝届期到廠會放事致上海縣知縣朱鳳梯照會稿（1868年11月13日，同治七年九月二十九日）

查核從前給價成案，係由縣衙門申請
道憲發縣送廠散給。此次應否照案辦理，抑或存儲憲局屆時會放，以省往返周
折之處，除移知葛委員查照，並飭差保傳領外，照録示式並契結各稿，開摺具請
查復等因。准此，所有此項添購廠前後蘆田稻田及遷移桃樹房屋等項價值，准於
十月初二日在廠會同給發，相應備文照復，為此照會
貴縣，請煩查照，屆期即請會同葛令過廠，以便發價，望切施行，須至照會者。

00089

094

江南機器製造局爲照復給發地價日期請會同葛繩孝届期到廠會放事致上海縣知縣朱鳳梯照會稿（1868年11月13日，同治七年九月二十九日）

同治七年九月廿九日

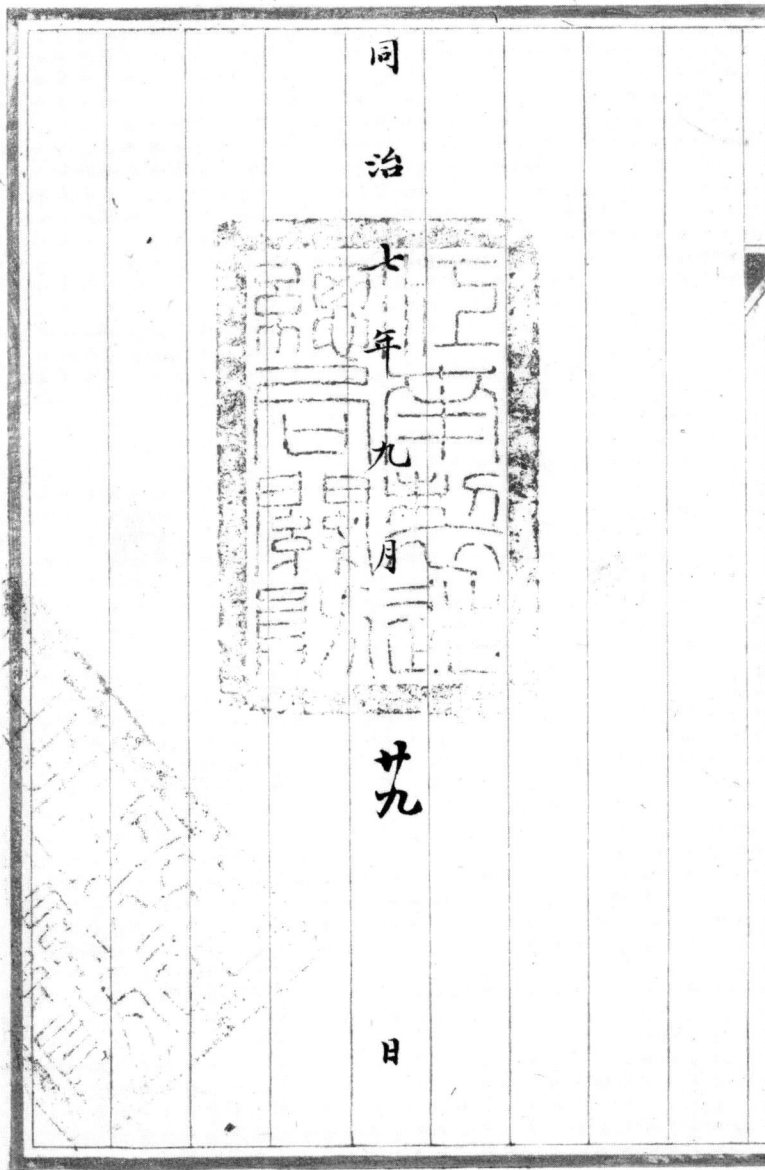

江南機器製造局爲照復給發地價日期請會同葛繩孝届期到廠會放事致上海縣知縣朱鳳梯照會稿（1868 年 11 月 13 日，同治七年九月二十九日）

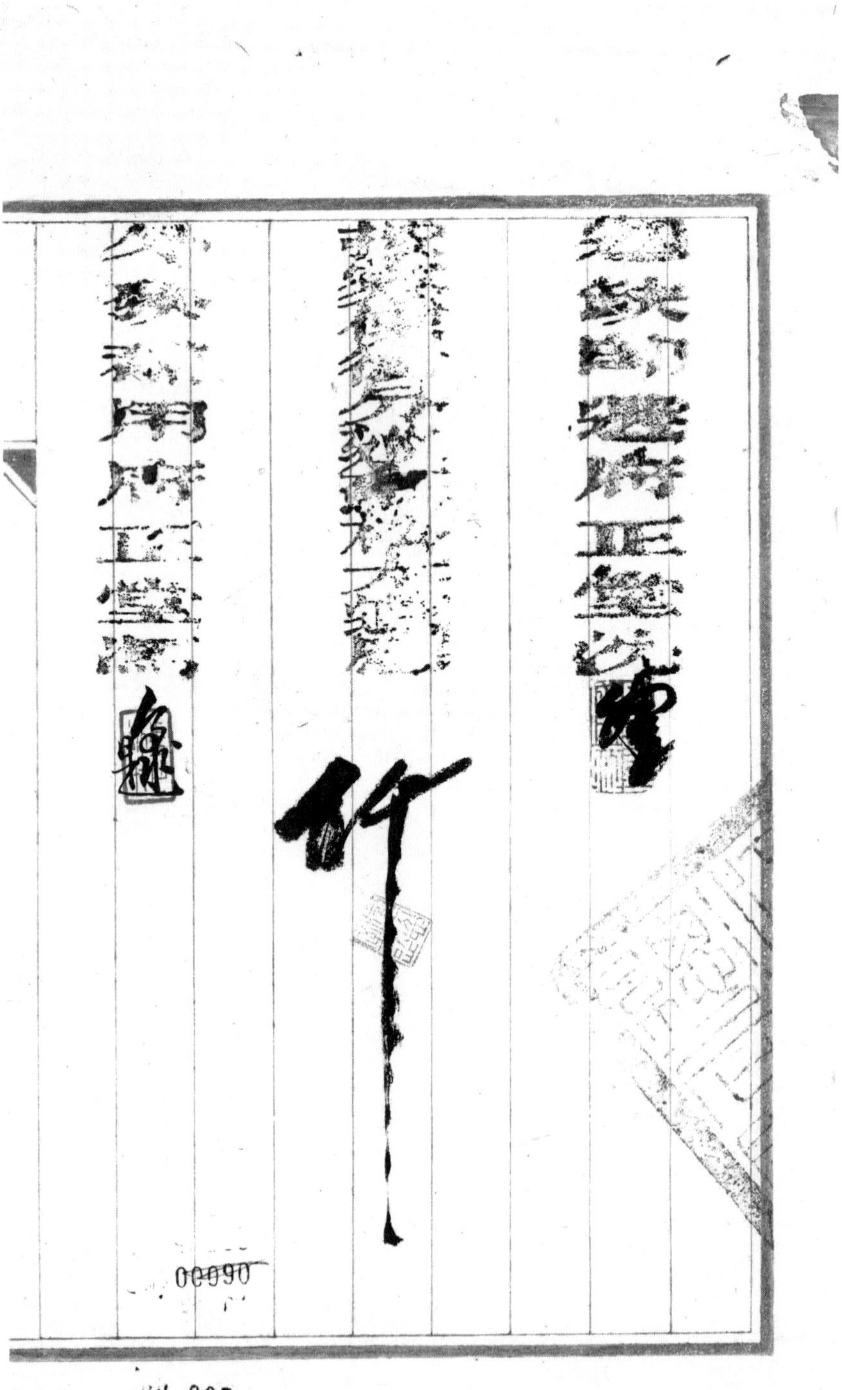

江南機器製造局爲照復給發地價日期請會同葛繩孝屆期到廠會放事致上海縣知縣朱鳳梯照會稿（1868 年 11 月 13 日，同治七年九月二十九日）

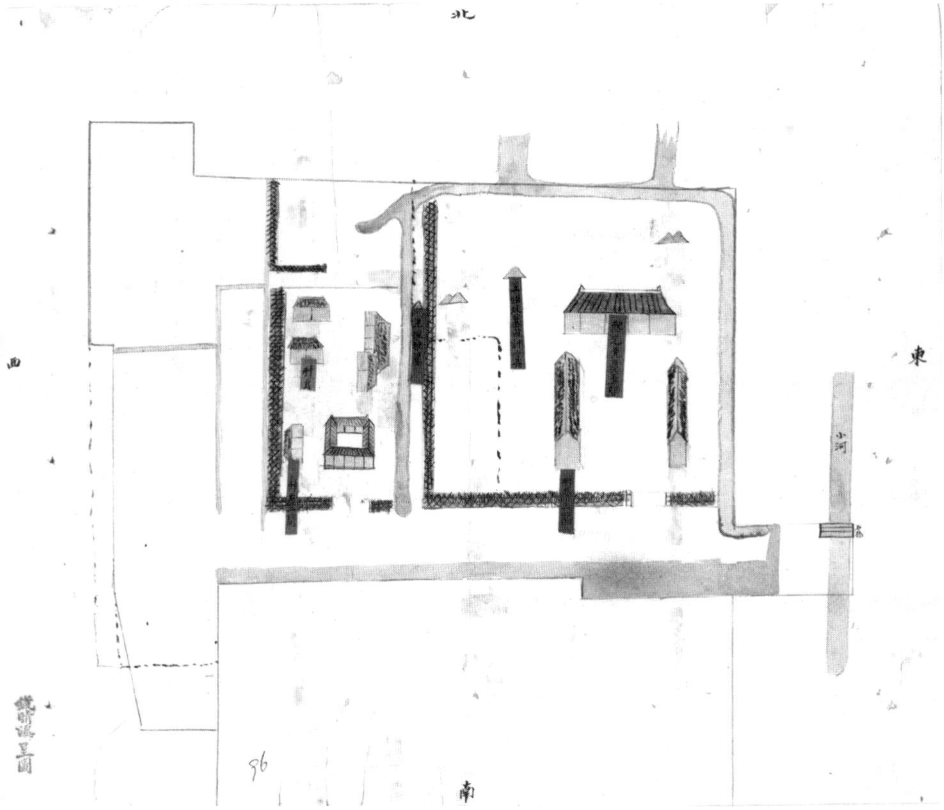

二十五保十四圖製造局後草圖（1868 年，同治七年）

二十五保十四圖製造局後草圖（1868年，同治七年）

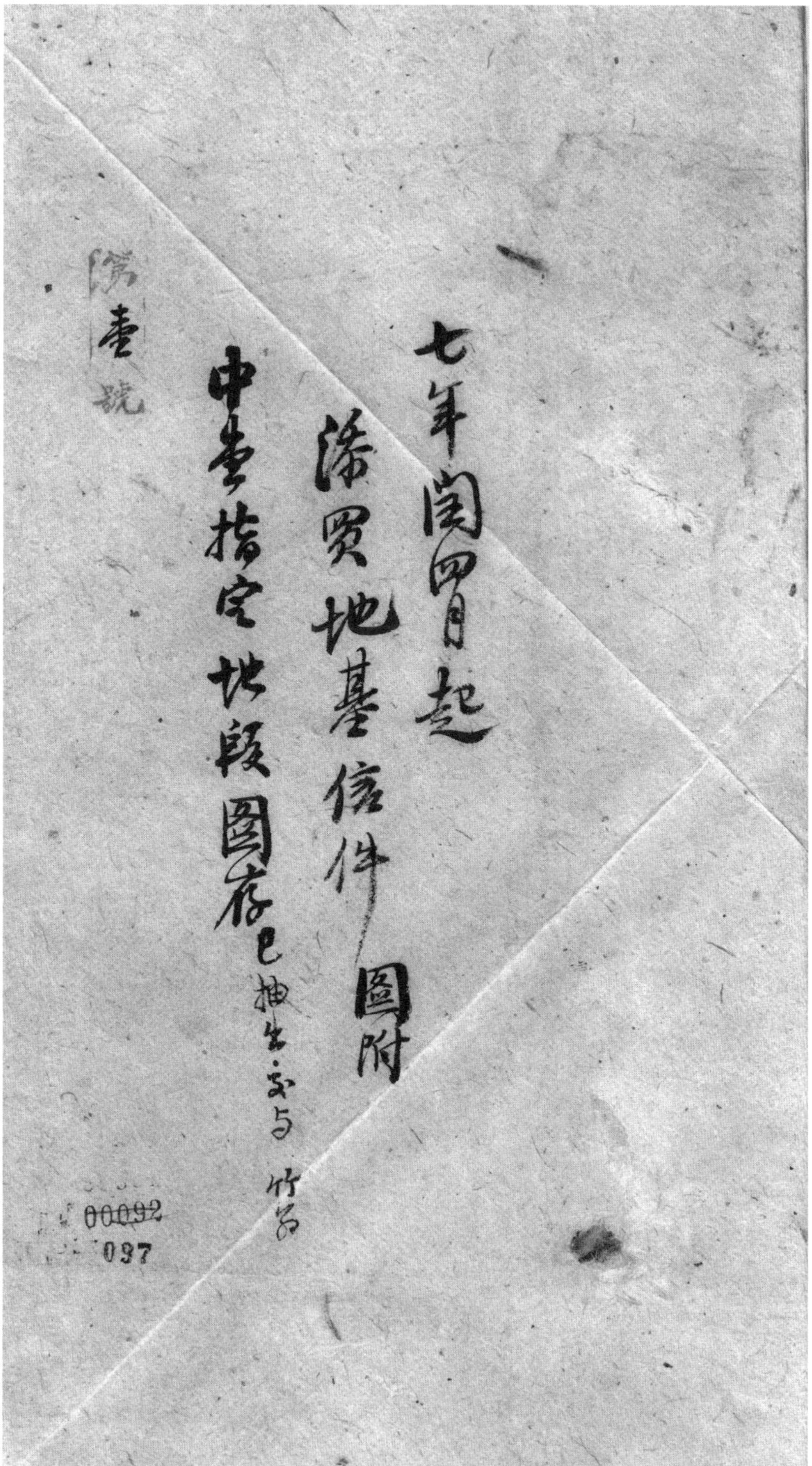

江南機器製造局添買地基信件圖附包裝紙（1868年，同治七年）

業户細册

二十伍保十四圖地保黄秀廷

00098

二十五保十四圖業户細册（時間不詳）

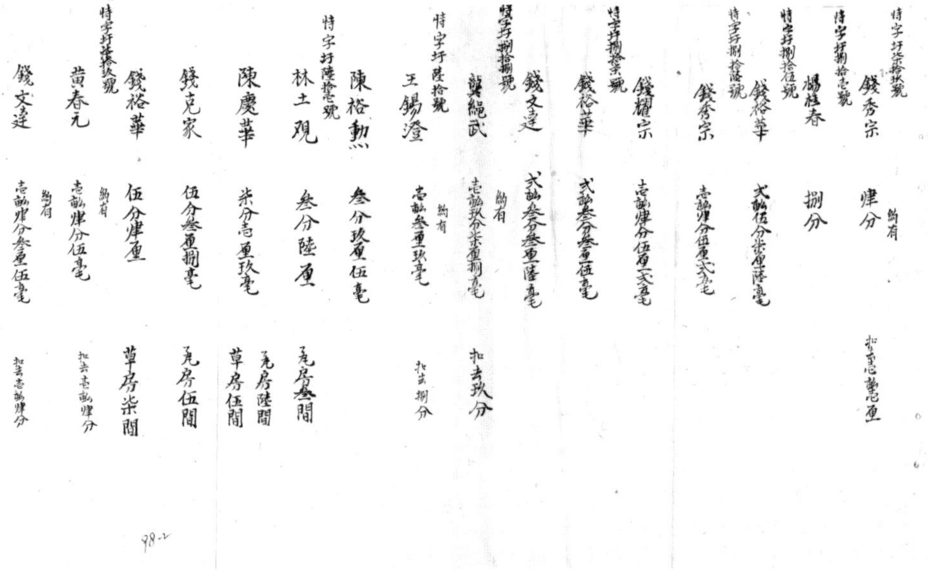

特字圩柒拾玖號　錢秀宗　肆分　約有　扣去壹釐壹厘
特字圩捌拾壹號　楊桂春　捌分
特字圩捌拾伍號　錢裕華　貳畝伍分柒厘陸毫
特字圩捌拾陸號　錢秀宗　壹畝肆分伍厘貳毫
特字圩捌拾柒號　錢耀宗　壹畝肆分伍厘貳毫
錢裕華　貳畝叁分叁厘伍毫
特字圩捌拾捌號　錢文達　貳畝叁分叁厘陸毫
龔繩武　壹畝玖分柒厘捌毫　約有　扣去玖分
特字圩陸拾號　王錫澄　壹畝叁厘玖毫　約有　扣去捌分
陳裕勳　叁分玖厘伍毫
特字圩陸拾壹號　林土觀　叁分陸厘　瓦房叁間
陳慶華　柒分壹厘玖毫　瓦房陸間　草房伍間
錢克家　伍分叁厘捌毫　瓦房伍間
特字圩捌拾玖號　錢裕華　伍分肆厘　草房柒間
黃春元　壹畝肆分伍毫　約有　扣去壹畝肆分
錢文達　壹畝肆分叁厘伍毫　約有　扣去壹畝肆分

98-2

二十五保十四圖業户細冊（時間不詳）

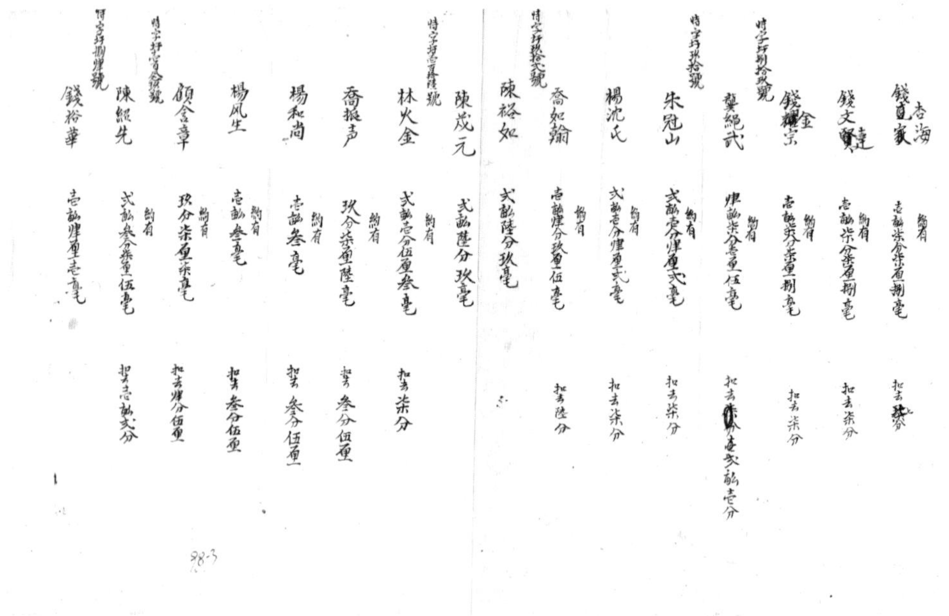

二十五保十四圖業户細册（時間不詳）

錢克家　伍分叁釐

入　共土田伍拾鉛捌分陸釐肆毫

共吉　瓦房拾四間
　　　草房拾壹間

98-X

二十五保十四圖業户細册（時間不詳）

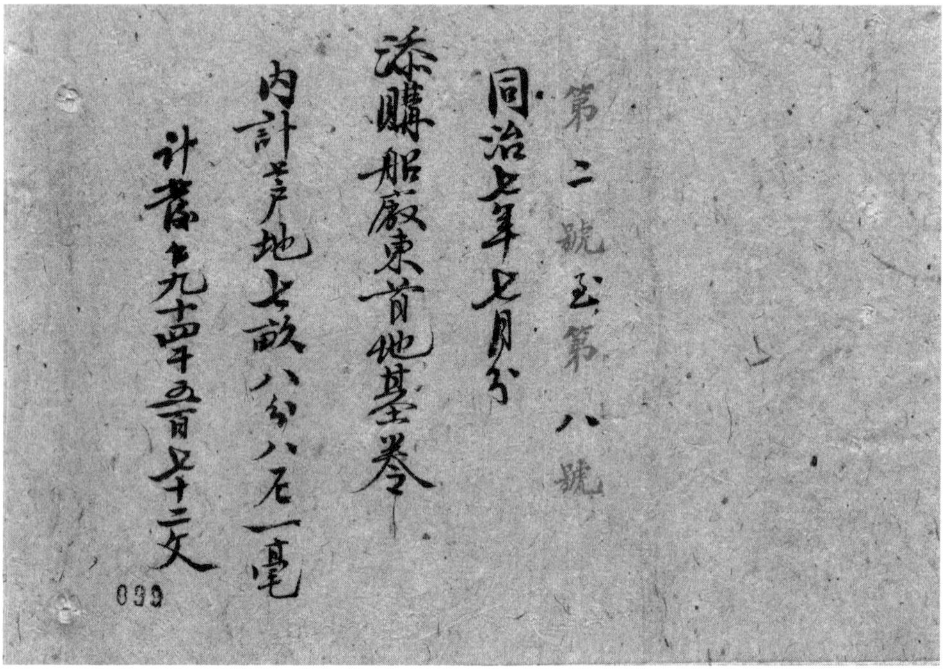

第二號至第八號

同治七年七月分

添購船廠東首地基卷

內計芦地七畝八分八厘一毫

計錢七百九十四千五百五十二文

039

江南機器製造局添購船廠東首地基卷內蘆地畝分錢文清單(1868年8月或9月,同治七年七月)

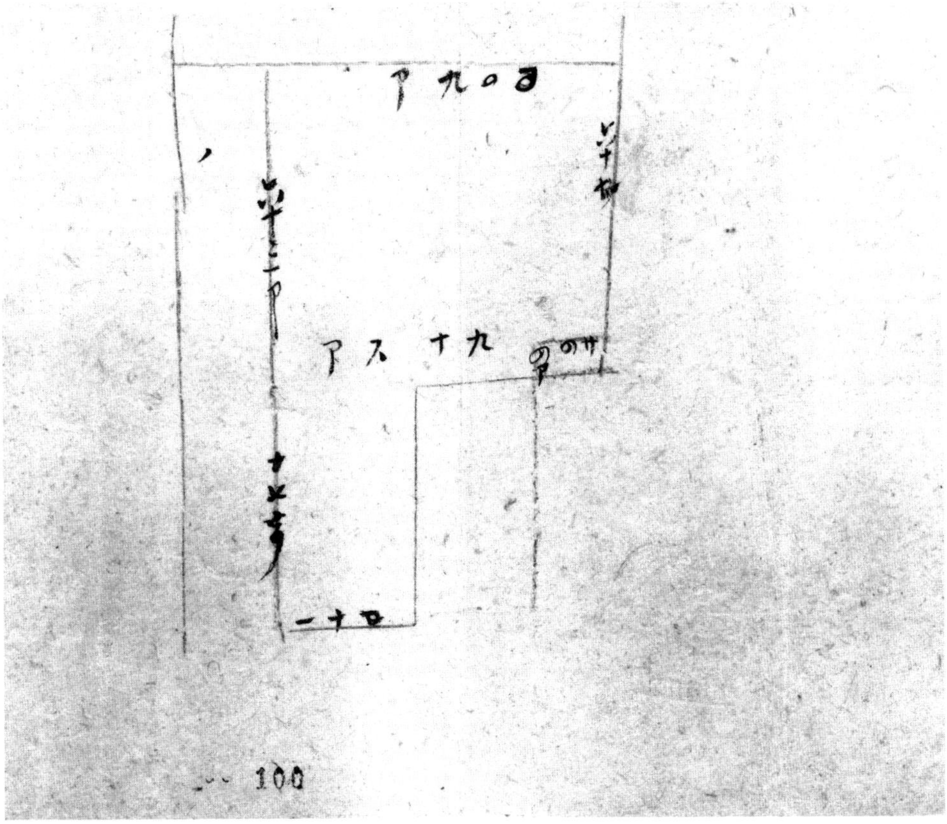

江南機器製造局添購船廠東首地基蘆地繪圖（1868年8月或9月，同治七年七月）

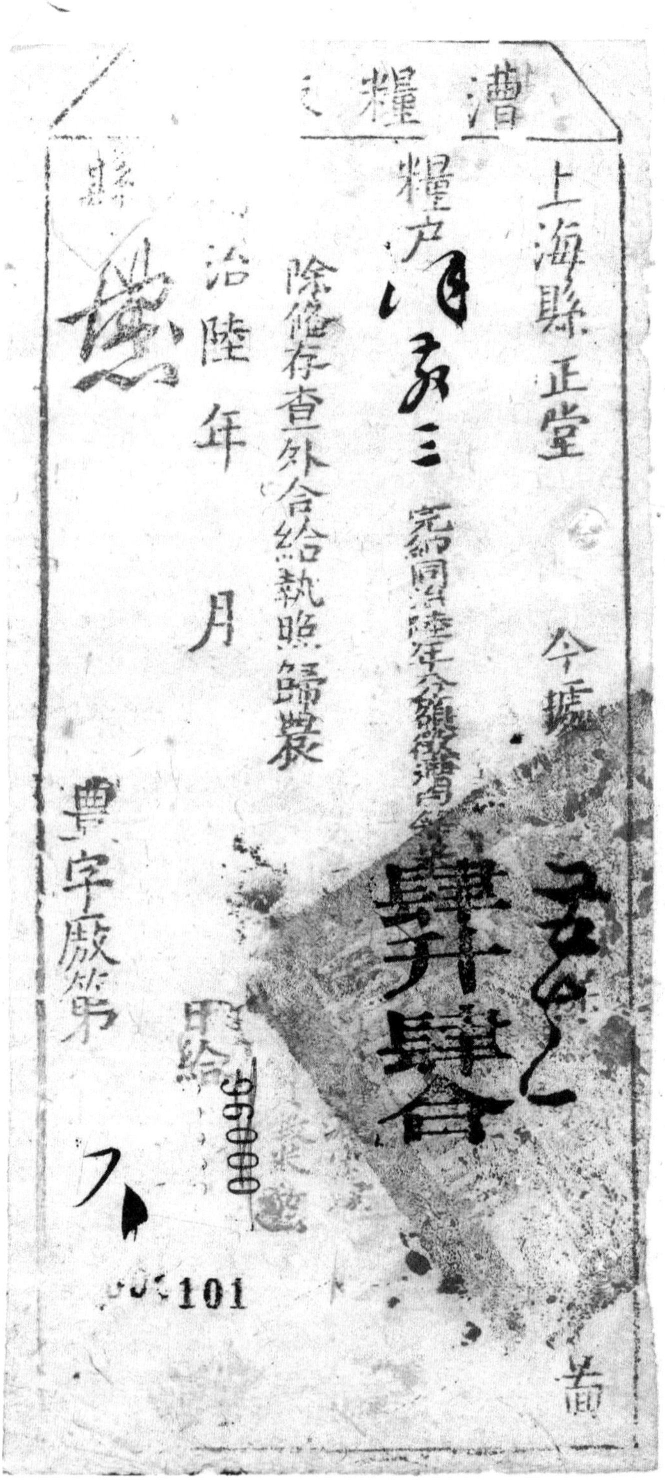

漕糧

上海縣正堂　今據

糧户馮敬三　完納同治陸年分額徵漕白米　肆升肆合

除備存查外合給執照歸農

同治陸年　年　月　日給

豐字廠第　號

101

馮敬三完納漕糧文串執照（1867年，同治六年）

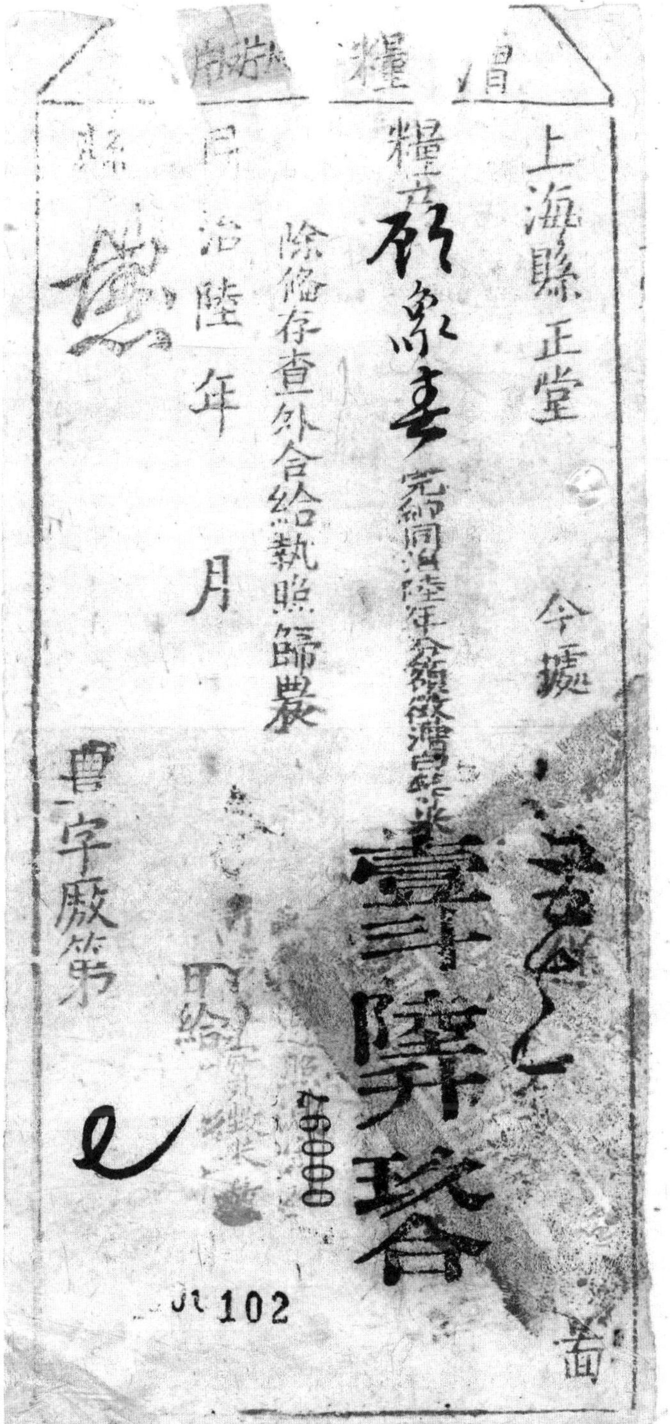

顧象春完納漕糧文串執照（1867 年，同治六年）

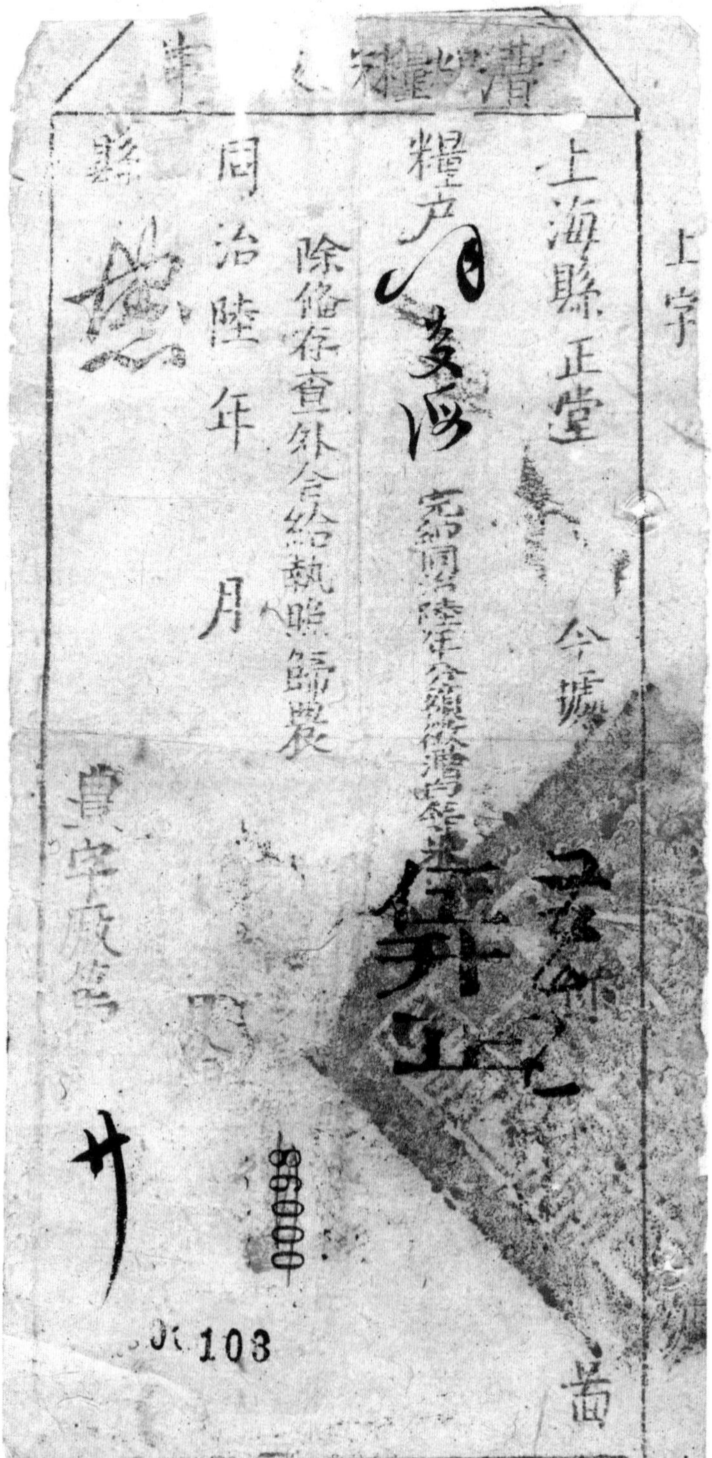

漕糧文串

上海縣正堂　今據

糧戶馮炎海

除備存查外合給執照歸農

同治陸年　月

縣

103

馮炎海完納漕糧文串執照（1867 年，同治六年）

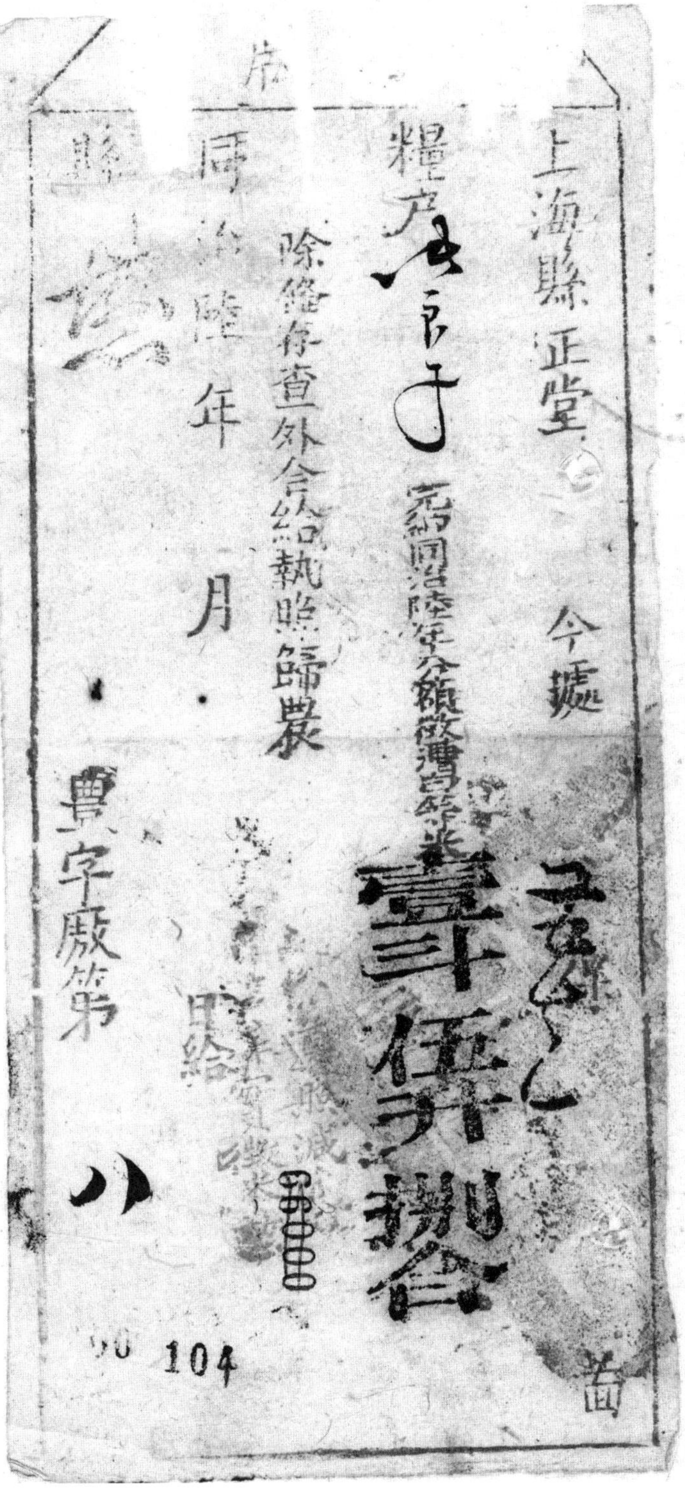
上海縣正堂　今據
糧户馮良于完納同治陸年分額徵漕白糧米壹斗伍升捌合
除錢存查外合給執照歸農
同治陸年　月　日給
縣　字廠第八
104

馮良于完納漕糧文串執照（1867年，同治六年）

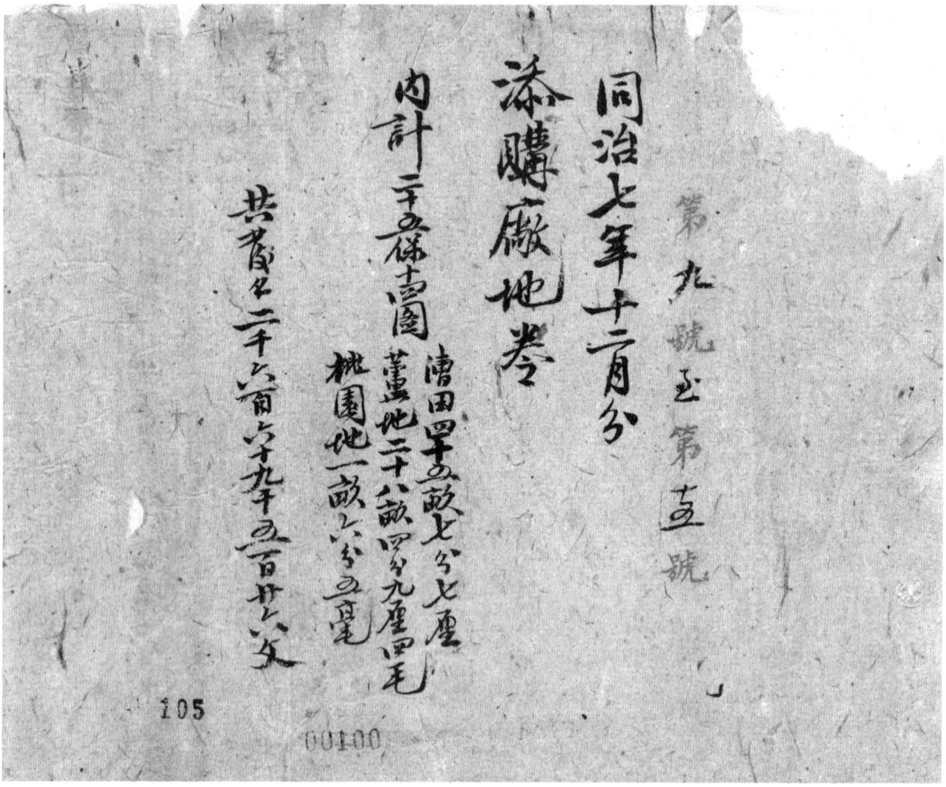

江南機器製造局添購廠地卷內二十五保十四圖漕田、蘆地、桃園地畝分錢文清單（1869 年 1 月或 2 月，同治七年十二月）

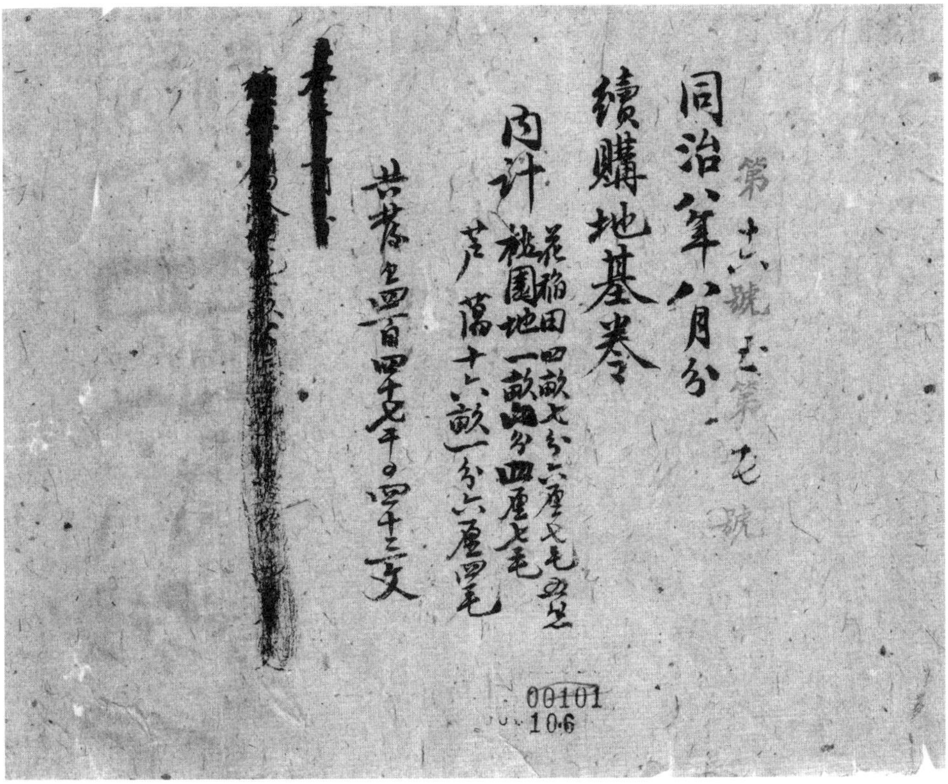

同治八年八月分　第十六號至第七十號

續購地基卷

內計　花稻田四畝七分六厘七毛五忽

桃園地一畝四分四厘七毛

芦蕩十六畝一分六厘四毛

共發足四百四十九千○四十二文

江南機器製造局續購地基卷内花稻田、桃園地、蘆蕩畝分錢文清單（1869年9月或10月，同治八年八月）

基字の號卷第五號

具賣地切結業户林虎金今具到

正堂大老爺案下寔結得切有二十五保十四啚啓業一百十六號花田壹畝伍分捌厘叁毫正又蘆田柒分叁厘柒毫已出賣於

機器局作為公用業已收領地價交割清楚合具切結是實

同治捌年正月日具賣地切結業户林虎金十

107

林虎金具賣地切結（1869年2月或3月，同治八年正月）

基字四號卷第五號

具賣地切結業户林鳳鳴 今具到

正堂大老爺 案下寔結得切有二十五保十四啚晉業 號蘆 田壹畝陸分叁釐陸毫正已出賣於

機器局作爲公用業已收領地價交割清楚合具切結是寔

同治捌年正月 日具賣地切結業户林鳳明 十

108

林鳳鳴具賣地切結（1869年2月或3月，同治八年正月）

春字四號春第十五號

具賣地切結業戶黄如昌今具到

正堂大老爺案下寔結得切有念五保十四圖管業號蘆田貳畝叁分伍厘正已出賣於

機器局作為公用業已收領地價交割清楚合具切結是寔

同治捌年正月　　具賣地切結業戶黄如昌　十

109

黄如昌具賣地切結（1869年2月或3月，同治八年正月）

甚字四號卷第五號

具賣地切結業户林老南 今具到

正堂大老爺 案下實結得切有二十五保十四啚晉業 號蘆 田壹畝貳分叁釐正巳出賣於

機器局作為公用業巳收領地價交割清楚合具切結是實

同治捌年正月 日具賣地切結業户林老南 十

110

林老南具賣地切結（1869年2月或3月，同治八年正月）

暮字四號卷第十五號

具賣地切結業戶張聖明今具到

正堂大老爺案下寔結得切有念五保十四啚管業號蘆田陸分叁厘肆毫正已出賣於

機器局作爲公用業已收領地價交割清楚合具切結是實

111

同治捌年正月

具賣地切結業戶張聖明 十

張聖明具賣地切結（1869 年 2 月或 3 月，同治八年正月）

甚字の號春字第十五號

具賣地切結業戶黃春元今具到

正堂大老爺案下寔結得切有二十五保十四啚晉業七十九號花田壹畝壹分叁毫正已出賣於

機器局作爲公用業已收領地價交割清楚合具切結是寔

同治捌年正月　日具賣地切結業戶黃春元　十

112

黃春元具賣地切結（1869年2月或3月，同治八年正月）

基字〇號春十五號

具賣地切結業户楊桂春今具到

正堂大老爺 案下寔結得 切有念五保十四啚管業八十一號花田八分 正已出賣於

機器局作為公用業已收領地價交割清楚合具切結是寔

同治捌年正月

具賣地切結業户楊桂春 十

113

楊桂春具賣地切結（1869 年 2 月或 3 月，同治八年正月）

基字の號卷第十三號

具賣地切結業戶孔了頭今具到

正堂大老爺　案下寔結得切有二十五保十四啚晉業八十八號花田壹畝叁分肆厘貳毫正已出賣於

機器局作爲公用業已收領地價交割清楚合具切結是寔

同治捌年正月

具賣地切結業戶孔了頭

十

114

孔了頭具賣地切結（1869年2月或3月，同治八年正月）

基字の號卷第十五號

具賣地切結業户喬如翰今具到

正堂大老爺案下寔結得切有二十五保十四啚管業入十九號花田壹畝貳分柒厘陸毫正巳出賣於

機器局作爲公用業巳收領地價交割清楚合具切結是寔

同治捌年正月　日具賣地切結業户喬如翰　十

115

喬如翰具賣地切結（1869年2月或3月，同治八年正月）

荃字の號卷第五號

具賣地切結業户龔繩武　今具到

正堂大老爺　案下寔結得切有二十五保十四畐啚業八十九號稻田畝壹分伍厘陸毫正已出賣於

機器局作為公用業已收領地價交割清楚合具切結是寔

同治捌年正月　日具賣地切結業户龔繩武　十

116

龔繩武具賣地切結（1869年2月或3月，同治八年正月）

甚字四號卷第十五號

具賣地切結業户陳裕如今具到

正堂大老爺案下寔結得切有二十五保十四啚管業九十二號花田貳畝陸分玖毫正已出賣於

機器局作爲公用業已收領地價交割清楚合具切結是寔

同治捌年正月　日具賣地切結業户陳裕如　十

陳裕如具賣地切結（1869年2月或3月，同治八年正月）

甚字の號卷第十五號

具賣地切結業户陳茂元今具到

正堂大老爺　案下寔結得切有二十五保十四啚管業九十二號花田貳畝陸分玖毫正已出賣於

機器局作為公用業已收領地價交割清楚合具切結是寔

同治捌年正月　日具賣地切結業户陳茂元　十

118

陳茂元具賣地切結（1869年2月或3月，同治八年正月）

華字の號卷第十三號

具賣地切結業户陳紹先今具到

正堂大老爺案下寔結得切有二十五保十四啚管業一百三十八號花田壹畝叁分貳厘壹毫正已出賣於

機器局作為公用業已收領地價交割清楚合具切結是寔

同治捌年正月　日具賣地切結業户陳紹先　十

119

陳紹先具賣地切結（1869 年 2 月或 3 月，同治八年正月）

基字の號卷第十五號

具賣地切結業戶錢金宗今具到

正堂大老爺案下寔結得切有念五保十四啚管業稻田八十八號稻田壹畝玖分壹厘正已出賣於

機器局作為公用業已收領地價交割清楚合具切結是寔

同治捌年正月

具賣地切結業戶錢金宗 十

120

錢金宗具賣地切結（1869年2月或3月，同治八年正月）

基字の號卷第五號

具賣地切結業戶錢杏海 今具到

正堂大老爺 案下寔結得切有二十五保十四啚管業八十八號稱田貳畝壹分伍厘陸毫正已出賣於

機器局作爲公用業已收領地價交割清楚合具切結是寔

同治捌年正月

日具賣地切結業戶錢杏海 十

.121

錢杏海具賣地切結（1869年2月或3月，同治八年正月）

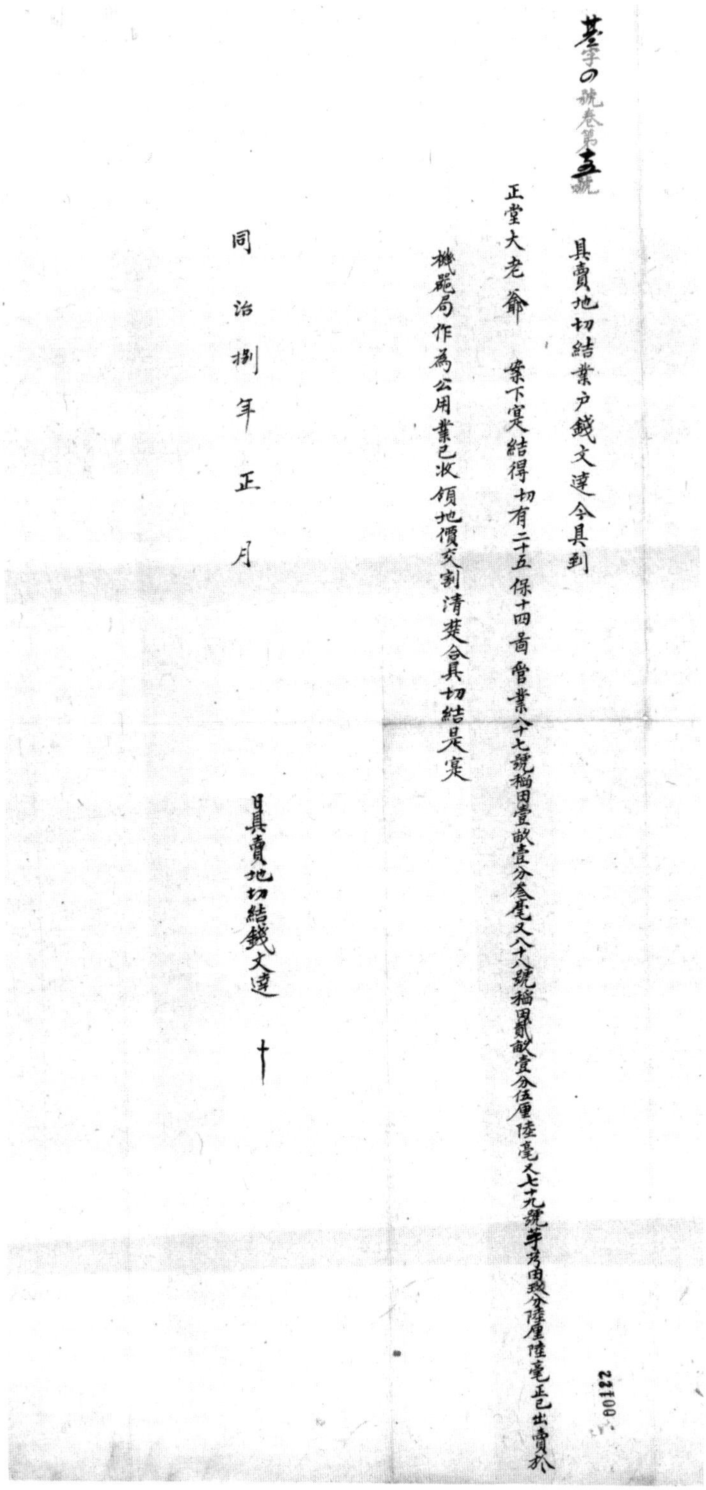

甚字の號卷第五號

具賣地切結業户錢文達今具到

正堂大老爺　案下寔結得切有二十五保十四啚曾業八十七號稻田壹畝壹分叁毫又八十八號稻田貳畝壹分伍厘陸毫又七十九號芋艿田玖分陸厘陸毫正已出賣於

機器局作爲公用業已收領地價交割清楚合具切結是寔

同治捌年正月

具賣地切結錢文達　十

00122

錢文達具賣地切結（1869 年 2 月或 3 月，同治八年正月）

甚字四號卷第五號

具賣地切結業户朱冠山今具到

正堂大老爺 案下寔結得切有二五保南啚管業八十九號漕田壹畝陸分伍厘正已出賣於

機器局作爲公用業已收領地價交割清楚合具切結是寔

同治捌年正月

具賣地切結業户朱冠山 十

朱冠山具賣地切結（1869 年 2 月或 3 月，同治八年正月）

甚字の號卷第十五號

具賣地切結業户楊沈氏今具到

正堂大老爺案下寔結得切有二十五保十四啚呂業九十號稻田壹畝陸分柒厘柒毫正已出賣於

機器局作爲公用業已收領地價交割清楚合具切結是寔

同治捌年正月　日具賣地切結業户楊沈氏十

124

楊沈氏具賣地切結（1869年2月或3月，同治八年正月）

基字〇號卷第五號

具賣地切結業戶顧含章今具到

正堂大老爺案下寔結得切有二十五保十四啚管業二百十六號稻田玖分貳厘捌毫正已出賣於

機器局作爲公用業已收領地價交割清楚合具切結是寔

同治捌年正月　日具賣地切結業戶顧含章　十

125

顧含章具賣地切結（1869年2月或3月，同治八年正月）

甚字の號叁第五號

具賣地切結業戶喬振聲今具到

正堂大老爺案下寔結得切有二十五保十四啚管業一百土六號稻田玖分貳釐捌毫正已出賣於

機器局作為公用業已收領地價交割清楚合具切結是寔

同治捌年正月

具賣地切結業戶喬振聲 十

126

喬振聲具賣地切結（1869年2月或3月，同治八年正月）

甚字の號卷第五十五號

具賣地切結業户楊和尚今具到

正堂大老爺案下寔結得切有二十五保十四啚曾業一百十六號稻田柒分陸厘肆毫正已出賣於

機器局作爲公用業已收領地價交割清楚合具切結是寔

同治捌年正月

日具賣地切結業户楊和尚十

127

楊和尚具賣地切結（1869年2月或3月，同治八年正月）

甚字の號卷第五號

具賣地切結業戶楊鳳生 今具到

正堂大老爺 案下寔結得切有二十五保十四啚營業一百十六號稻 田柒分陸釐肆毫正已出賣於

機器局作為公用業已收領地價交割清楚合具切結是寔

同 治 捌 年 正 月 日具賣地切結業戶楊鳳生 十

128

江南製造總局

楊鳳生具賣地切結（1869年2月或3月，同治八年正月）

甚字四號卷第五號

具賣地切結業戶錢耀宗今具到

正堂大老爺案下實結得切有二十五保十四啚晉業八十六號蒔䓢田壹畝肆分伍厘貳毫正已出賣於

機器局作爲公用業已收領地價交割清楚合具切結是實

同治捌年正月　日具賣地切結業戶錢耀宗　十

129

錢耀宗具賣地切結（1869年2月或3月，同治八年正月）

基字四號卷第五號

具賣地切結業户王錫澄今具到

正堂大老爺 案下寔結得切有二十五保西啚官業六十號坟餘田伍分柒厘貳毫正已出賣於

機器局作爲公用業已收領地價交割清楚合具切結是寔

同治捌年正月 日具賣地切結業户王錫澄 十

130

王錫澄具賣地切結（1869年2月或3月，同治八年正月）

七、

𠮷字四號卷第三十五號

具賣地切結業户陳裕勳今具到

正堂大老爺　案下寔結得切有二十五保十四啚管業六十號忲餘田叁分玖厘正已出賣於

機器局作爲公用業已收領地價交割清楚合具切結是寔

同治捌年正月　日具賣地切結陳裕勳　十

131

陳裕勳具賣地切結（1869年2月或3月，同治八年正月）

甚字四號卷第五號

具賣地切結業戶陳慶華今具到

正堂大老爺案下實結得切有二十五保十四啚營業六十一號宅基田柒分壹厘玖毫又蘆田捌分陸厘肆毫正已出賣於

機器局作爲公用業已收領地價交割清楚合具切結是實

同治捌年正月　　具賣地切結業戶陳慶華　十

132

陳慶華具賣地切結（1869年2月或3月，同治八年正月）

基字の號卷第五號

具賣地切結業户錢裕華今具到

正堂大老爺 案下寔結得切有二十五保十四啚官業八十四號宅基田壹畝肆厘壹毫又六十一號伍分肆厘又八十五號花田貳畝伍分柒厘陸毫又時茄田八十七號玖分陸厘陸毫又

蘆田捌分玖厘已出賣於 機器局作爲公用業已收領地價交割清楚合具切結是實

同治捌年正月 日具賣地切結業户錢裕華 十

00189

錢裕華具賣地切結（1869 年 2 月或 3 月，同治八年正月）

巷字四號卷第五號

具賣地切結業戶錢克家今具到

正堂大老爺案下寔結得切有二十五保十四啚管業空八畐號宅基田壹畝陸厘捌毫正已出賣於

機器局作為公用業已收領地價交割清楚合具切結是寔

同治捌年正月

具賣地切結業戶錢克家十

134

錢克家俱賣地切結（1869年2月或3月，同治八年正月）

基字田號卷第五號

具賣地切結業户林士觀今具到

正堂大老爺案下寔結得切有二十五保十四啚管業六十一號宅基田叁分陸厘正已出賣於

機器局作爲公用業已收領地價交割清楚今具切結是寔

同治捌年正月　日具賣地切結林士觀　十

135

林士觀具賣地切結（1869 年 2 月或 3 月，同治八年正月）

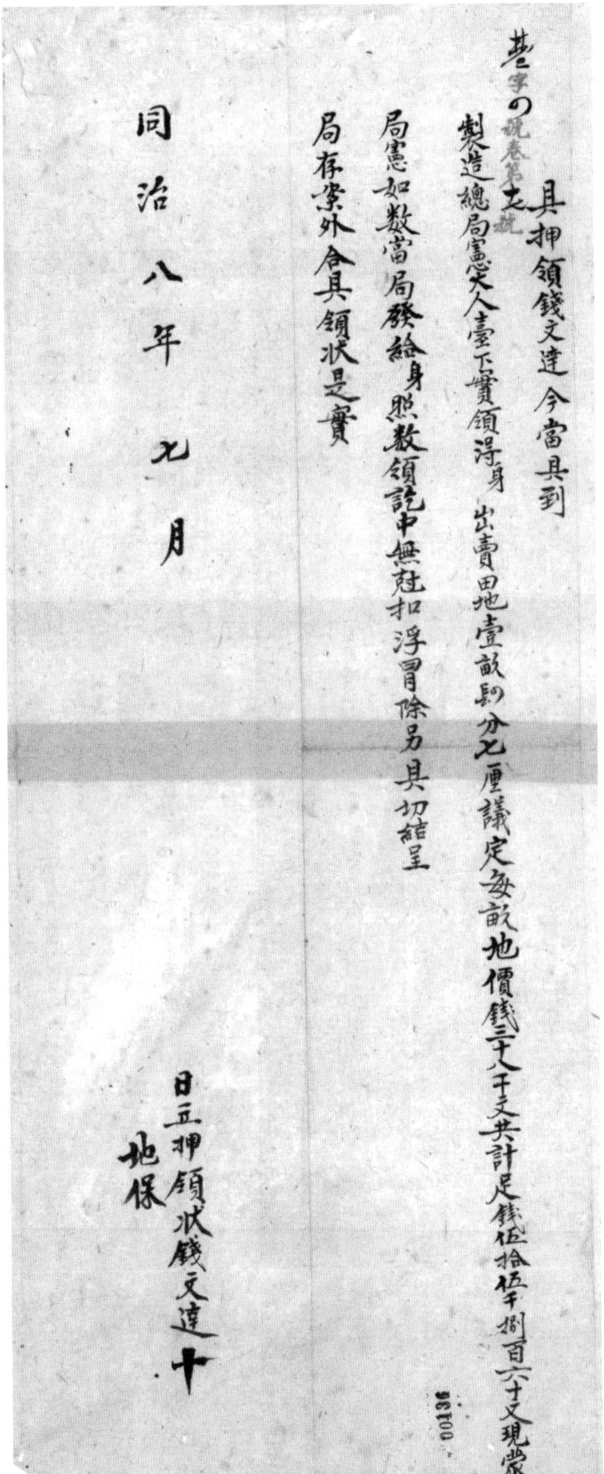

甚字 號卷第 號
具押領錢文達今當具到
製造總局憲大人臺下實領得身
出責田地壹畝肆分七厘議定每畝地價錢三十八千文共計足錢伍拾伍千捌百六十文現蒙
局憲如數當局發給身照數領訖中無短扣浮冒除另具切結呈
局存案外合具領狀是實
同治八年七月
日立押領狀錢文達 十
地保

錢文達具押領（1869年8月或9月，同治八年七月）

基字四號卷第七號

具押領黃春元今當具到

製造總局憲大人臺下實領浮身　出賣田地叁分七厘壹毫議定每畝地價錢三十八仟文共計足錢拾肆仟零玖拾八文現蒙

局憲如數當局發給身照數領訖中無短扣浮冒除另具切結呈

局存案外合具領狀是實

同治八年七月

具押領狀黃春元 七

地保

00183

黃春元具押領（1869 年 8 月或 9 月，同治八年七月）

基字の號卷第之號

具押領黃春元今當具到

製造總局憲大人臺下實領得身出賣田地八厘正每畝地價錢叁拾仟文共計錢二仟肆百文現蒙挑樹九枝分本每枝伍百文共結錢肆仟伍百文

地價挑樹分本共結足錢陸仟九百文現蒙

局憲如數當局發給身照數扣訖中無短扣浮冒除另具切結呈

局存案外合具領狀是實

同治八年七月

日立押領狀黃春元 十

00138

黃春元具押領（1869 年 8 月或 9 月，同治八年七月）

巷字〇號卷第七號

具押領陳慶華今當具到

製造總局憲大人臺下實領得身出賣田地三分九厘六毫議定每畝地價錢叁拾千文共計足錢拾壹千八百八拾文現簽桃樹公柔共結拾肆枝每枝

公本伍百文共拾肆枝共錢柒千文共結拾捌千八百八拾文

局憲如數當面發給身照數領訖中無短扣浮冒除另具切結呈

局存案外合具領狀是實

同治八年七月　日具押領狀陳慶華　十

陳慶華具押領（1869年8月或9月，同治八年七月）

茎字の號卷第七號

具押領錢裕華今當具到

製造總局憲大人臺下實領得身出賣田地三分九厘七毫議定每畝地價錢叁拾仟文共計足錢拾壹仟玖佰拾文現蒙

局憲如數當局發給身照數領訖中無尅扣浮冒除另具切結呈

局存案外合具領收是實

同治八年七月　　日立押領收錢裕華 十

錢裕華具押領（1869 年 8 月或 9 月，同治八年七月）

基字⑦號卷第十之號

具押領錢秀宗今當具到

製造總局憲大人臺下實領得身出賣田地伍分七厘壹毫議定每畝地價錢三十八仟文共計足錢念壹仟陸百九拾叁文現蒙

局憲如數當局發給身照數領訖中無剋扣浮冒除另具切結呈

局存案外合具領狀是實

同治八年　七月

具押領狀錢秀宗　十

地保

錢秀宗具押領（1869年8月或9月，同治八年七月）

華字□號卷第□之□號

具押領錢耀宗今當具到

製造總局憲大人臺下實領淨身　出賣田地伍分壹厘三毫議定每畝地價錢三十八仟文共計足錢拾玖仟肆百玖拾肆文現蒙

局憲如數當局發給身照數領訖中無尅扣浮冒除另具切結呈

局存案外合具領狀是實

同治八年七月　日立押領狀錢耀宗十

地保

00142

錢耀宗具押領（1869 年 8 月或 9 月，同治八年七月）

甚字〇號卷第十七號

具押領陳運成今當具到

製造總局憲大人臺下實領浔身出賣田地伍分二厘八毫議定每畝地價錢三十八仟文共計足錢念仟零零陸拾捌文現蒙

局憲如數當局發給身照數領訖中無短扣浮冒除另具切結呈

局存案外合具領狀是實

同治八年七月

呈押領狀陳運成十

地保

陳運成具押領（1869 年 8 月或 9 月，同治八年七月）

壹字の號卷第七號

具押領黃錫澄今當具到

製造總局憲大人臺下實領淨身 出賣田地壹分二釐三毫議定每畝地價錢三十八千文共計足錢伍千零伍拾肆文現蒙

局憲如數當局發給身照數領訖中無短扣浮冒除另具切結呈

局存案外合具領狀是實

同治八年 七月

日立押領狀黃錫澄 十

地保

黃錫澄具押領（1869年8月或9月，同治八年七月）

基字四號卷第十三號

江蘇松江府上海縣今於

與印領實領得案奉

憲局飭令添購地畝案內應領漕田蘆地挑園田等地價及房屋桃樹等項遷費通共應領錢貳千陸百陸拾玖千伍百貳拾陸文正由卑縣如數領出散給各業户

收領中無揑冒合具印領是實

同治柒年拾貳月　日知縣朱鳳梯

同治七年十二月初二日到

上海縣知縣朱鳳梯具印領（1869年1月14日，同治七年十二月初二日）

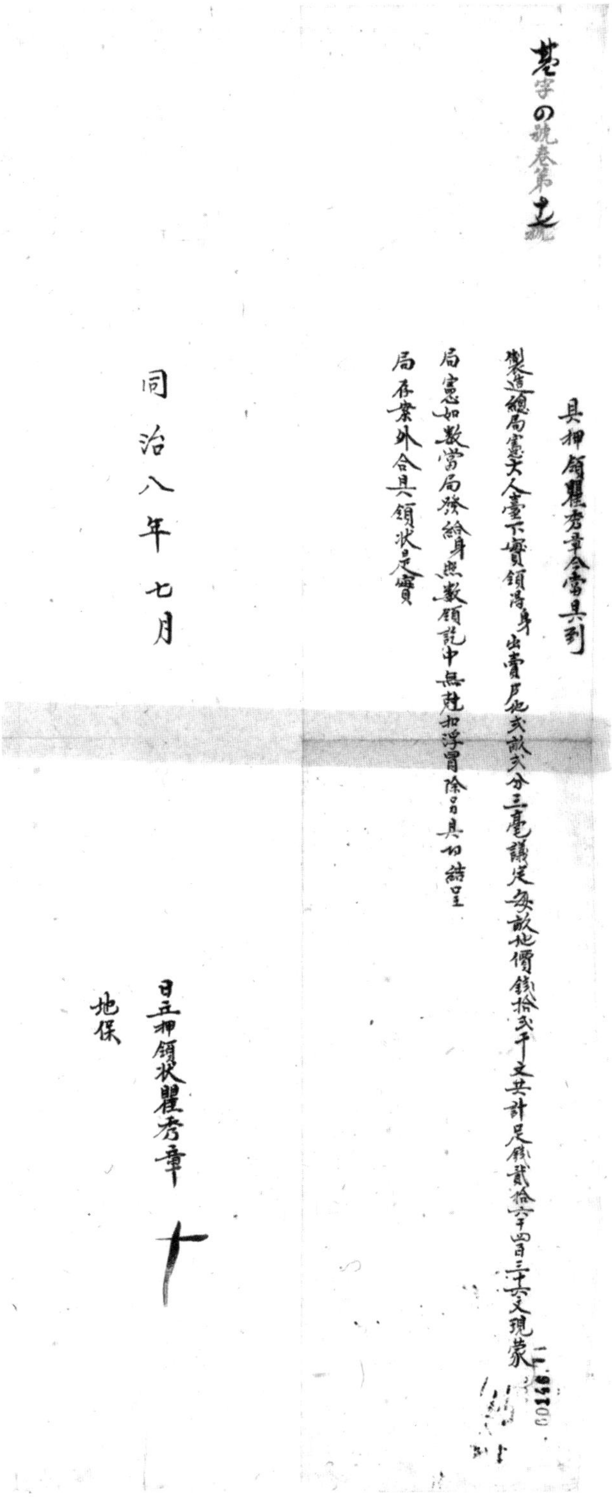

甚字號卷第七號

具押領瞿秀章今當具到

製造總局憲大人臺下實領得身出賣戶地弍畝弍分三毫議定每畝地價錢拾弍千文共計足錢貳拾六千四百三十六文現蒙

局憲如數當局發給身照數領訖中無短扣浮冒除另具切結呈

局存案外合具領狀是實

同治八年七月　日具押領狀瞿秀章　十

地保

瞿秀章具押領（1869年8月或9月，同治八年七月）

甚字の號卷第十七號

具押領瞿秀章今當具到

製造總局憲大人臺下實領得身出賣田地七分七厘四毫五絲，定每畝地價錢叁拾千文，共計足錢地價足錢二十三千貳百二十文，桃樹公木共二十二棵，每棵伍百，共結錢拾壹千文，共結地價公木足錢叁拾肆千貳百二十文

局憲如數當局發給，身照數領訖，中無短扣浮冒，除另具切結呈

局存案外，合具領狀是實

同治八年七月　日五押領狀瞿秀章　十

瞿秀章具押領（1869年8月或9月，同治八年七月）

茎字の號卷第之號

具押領瞿松華今當具到

製造總局憲大人臺下實領得身出賣戶地壹畝六分三厘七毫議定每畝地價錢拾弍千文共計足錢拾九千六百四拾四文現蒙

局憲如數當局發給身照數領訖中無短扣浮冒除另具切結呈

局存案外合具領狀是實

00148

同治八年七月

日立押領狀瞿松華 ｜

地保

瞿松華具押領（1869年8月或9月，同治八年七月）

甚字の號卷第十七號

具押領黄春元今當具到

製造總局憲大人臺下實領得身出賣戶地弍畝壹分六厘議定每畝地價錢拾弍千文共計足錢貳拾伍千九百弍拾文現蒙

局憲如數當局發給身照數領訖中無短扣浮冒除另具切結呈

局存案外合具領狀是實

同治八年七月　日具押領狀黄春元　十

地保

黄春元具押領（1869年8月或9月，同治八年七月）

甚字の號卷第十七號

具押領黃柏千今當具到

製造總局憲大人臺下實領得身出賣芦地壹畝七分四厘弍毫議定每畝地價錢拾弍千文共計足錢貳拾千玖百零四文現蒙

局憲如數當局發給身照數領訖中無短扣浮冒除另具切結呈

局存案外合具領狀是實

051100

同治八年七月　日立押領狀黃柏千 十

地保

黄柏千具押领（1869 年 8 月或 9 月，同治八年七月）

甚字□號卷第乙號

具押領黃包氏今當具到

製造總局憲大人臺下實領得身出賣田地壹畝六分議定每畝價錢拾弍千文共計足錢拾玖千弍百文現蒙

局憲如數當局發給身照數領訖中無短扣浮冒除另具切結呈

局存案外合具領狀是實

同治八年七月

日具押領狀黃包氏 十

151

黃包氏具押領（1869年8月或9月，同治八年七月）

甚字四號卷第七號

具押領黃春奎今當具到

製造總局憲大人臺下實領得身出賣芦地壹畝七分八厘九毫議定每畝地價錢拾弍千文共計足錢貳拾壹千四百六十八文現蒙

局憲如數當局發給身照數領訖中無短扣浮冒除另具加結呈

局存案外合具領狀是實

00152

同治八年七月　日立押領狀黃春奎　十

地保

黃春奎具押領（1869 年 8 月或 9 月，同治八年七月）

甚字の號卷第十七號

具押領黃占奎今當具到

製造總局憲大人臺下實領得身出賣戶地弍畝伍分弍厘五毫議定每畝地價錢拾弍千文共計足錢叁拾千零叁百文現蒙

局憲如數當局發給身照數領訖中無短扣浮冒除另具切結呈

局存案外合具領狀是實

同治八年七月

日立押領狀黃占奎 十

地保

153

黃占奎具押領（1869年8月或9月，同治八年七月）

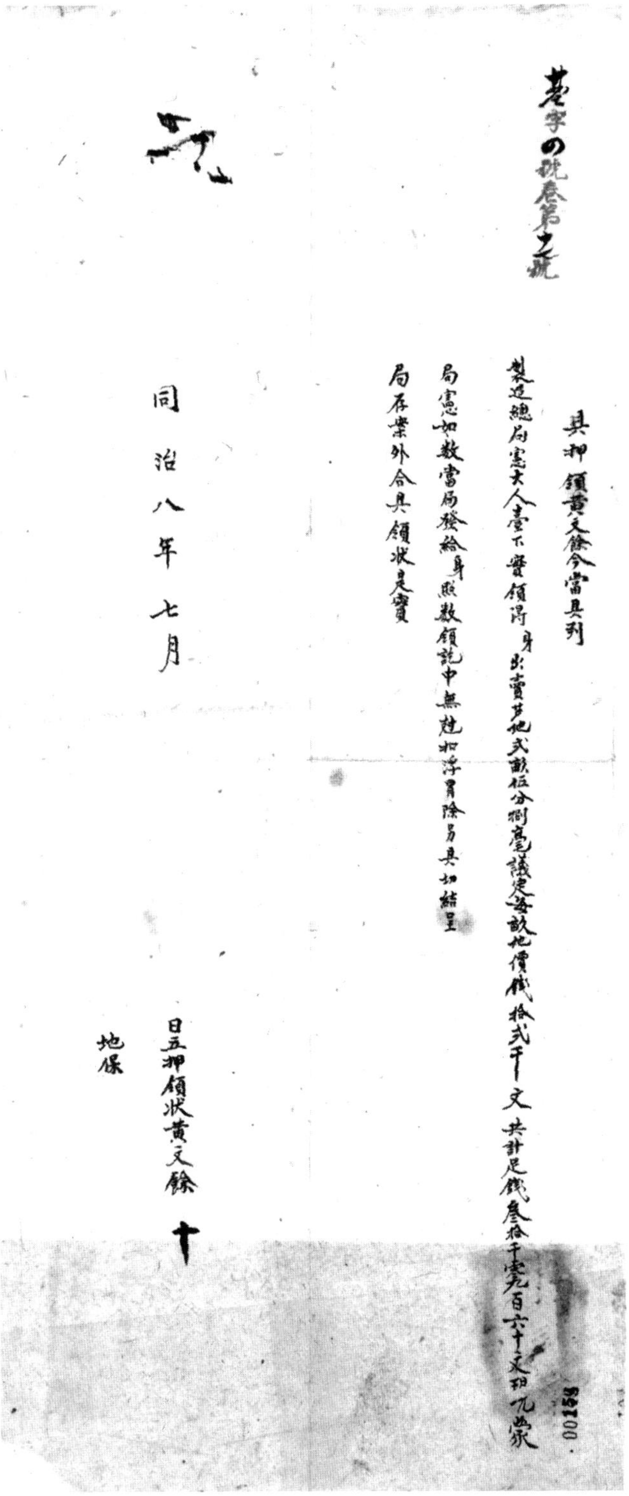

花字の號卷第七之號

二十九

具押領黄文餘今當具到

製造總局憲大人臺下實領得身出賣芦地弍畝伍分捌毫議定每畝地價錢拾弍千文共計足錢叁拾千零九百六十文[illegible]

局憲如數當局發給身照數領訖中無短扣浮冒除另具切結呈

局存案外合具領狀是實

同治八年七月　日立押領狀黄文餘 十

地保

黄文餘具押領（1869 年 8 月或 9 月，同治八年七月）

甚字の號春第十號

具押領錢杏春今當具到

製造總局憲大人臺下實領淨身出賣田地七厘七毫議定每畝地價錢三十八仟文共計足錢貳仟玖百念肆文現蒙

局憲如數當局發給身照數領訖中無短扣浮冒除另切結呈

局存案外合具領狀是實

同治八年七月

日立押領狀錢杏春 十

地保

00153

錢杏春具押領（1869年8月或9月，同治八年七月）

甚字の號卷第十號

具押領喬振聲顧含章今當具到

製造總局憲大人臺下實領得身出賣田地貳厘七毫議定每畝地價錢三十八阡文共計足錢壹阡零念伍文現蒙

局憲如數當局發給身照數領訖中無短扣浮冒除另具切結呈

局存案外合具領狀是實

同治八年七月　日立押領狀喬振生 顧含章 地保

00156

喬振聲、顧含章具押領（1869年8月或9月，同治八年七月）

基字〇號卷第十七號

具押領楊鳳生和尚今當具到

製造總局憲大人臺下實領得身出賣田地貳厘貳毫伍絲議定每畝地價錢三十八仟文共計足錢捌百伍拾伍文現蒙

局憲如數當局發給身照數領訖中無短扣浮冒除另具切結呈

局存案外合具領狀是實

855.00

同治八年七月　日

具押領狀楊鳳生 和尚 十十

地保

楊鳳生、楊和尚具押領（1869年8月或9月，同治八年七月）

基字の號卷第七號

具押領林虎金今當具到

製造總局憲大人臺下實領淨身出賣田地貳厘肆毫議定每畝地價錢三十八仟文共計足錢玖百拾貳文現蒙

局憲如數當局發給身照數領訖中無剋扣浮冒除另具切結呈

局存案外合具領狀是實

同治八年七月 日

具押領狀林虎金 十

地保

林虎金具押領（1869 年 8 月或 9 月，同治八年七月）

具押領喬永年今當具到

製造總局憲大人臺下實領浮身出賣田地肆厘肆毫議定每畝地價三十八仟文共計足錢壹仟七百肆拾八文現蒙

局憲如數當發給身照數領訖中無剋扣浮冒除另具切結呈

局存案外合具領狀是實

同治八年七月

日立押領狀喬永年
地保

00159

喬永年具押領（1869年8月或9月，同治八年七月）

具押領計大春今當具到

製造總局憲大人臺下實領得身出賣田地肆厘陸毫議定每畝地價錢三十八仟文共計足錢壹仟七百肆拾八文現蒙

局憲如數當局發給身照數領訖中無剋扣浮冒除另具切結呈

局存案外合具領狀是實

同治八年　七月　日立押領狀計大春 十

地保

計大春具押領（1869年8月或9月，同治八年七月）

墓字四號卷第十七號

具押領楊沈氏今當具到

製造總局憲大人臺下實領得身出賣田地貳厘七毫議定每畝地價錢三十八仟文共計足錢壹仟零念伍文現蒙

局憲如數當局發給身照數領訖中無剋扣浮冒除另具切結呈

局存案外合具領狀是實

同治八年七月

具押領狀楊沈氏 十

地保

00150

楊沈氏具押領（1869年8月或9月，同治八年七月）

基字の號卷第七號

具押領朱冠山今當具到

製造總局憲大人臺下實領得身出賣田地貳厘陸毫議定每畝地價錢三十八仟文共計足錢玖百八拾八文現蒙

局憲如數當局發給身照數領訖中無短扣浮冒除另具切結呈

局存案外合具領狀是實

同治八年七月

具押領狀朱冠山 十

地保

朱冠山具押領（1869年8月或9月，同治八年七月）

甚字八號卷第七號

具押領喬如翰今當具到

製造總局憲大人臺下實領淨身出賣田地壹厘玖毫議定每畝地價錢三十八仟文共計足錢七百念貳文現蒙

局憲如數當局發給身照數領訖中無短扣浮冒除另具切結呈

局存案外合具領狀是實

同治八年七月　日立押領狀喬如翰 十

地保

00153

喬如翰具押領（1869 年 8 月或 9 月，同治八年七月）

甚字の號卷第十七號

具押領龔純武今當具到

製造總局憲大人臺下實領淨身出賣田地捌釐伍毫議定每畝地價錢三十八文共計足錢叁仟貳百三拾文現蒙

局憲如數當局發給身照數領訖中無短扣淨買除另具切結呈

局存案外合具領狀是實

同治八年七月　日立押領狀龔純武十

地保

龔純武具押領（1869年8月或9月，同治八年七月）

甚字四號卷第十三號

具賣地切結業户黄茂春今具到

正堂大老爺案下實結得切有二十五保十四啚管業　號盧　田壹畝伍分貳釐肆毫壹絲正已出賣於

機器局作爲公用業已收領地價交割清楚合具切結是實

同治捌年正月　日具賣地切結業户黄茂春　十

165

黄茂春具賣地切結（1869 年 2 月或 3 月，同治八年正月）

蘆字四號卷第五號

具賣地切結業戶林了頭今具到

正堂大老爺案下寔結得切有二十五保十四啚管業 號蘆 田貳畝叁分伍厘貳毫正已出賣於

機器局作為公用業已收領地價交割清楚合具切結是寔

同治捌年正月 具賣地切結業戶林了頭 十

166

林了頭具賣地切結（1869年2月或3月，同治八年正月）

基字四號卷第十五號

具賣地切結業戶林永昌今具到

正堂大老爺案下寔結得切有二十五保西啚管業蘆地壹畝肆厘陸毫又桃園地壹畝玖分柒毫正已出賣於

機器局作爲公用業已收領地價交割清楚合具切結是寔

同治捌年正月

具賣地切結業戶林永昌 十

林永昌具賣地切結（1869 年 2 月或 3 月，同治八年正月）

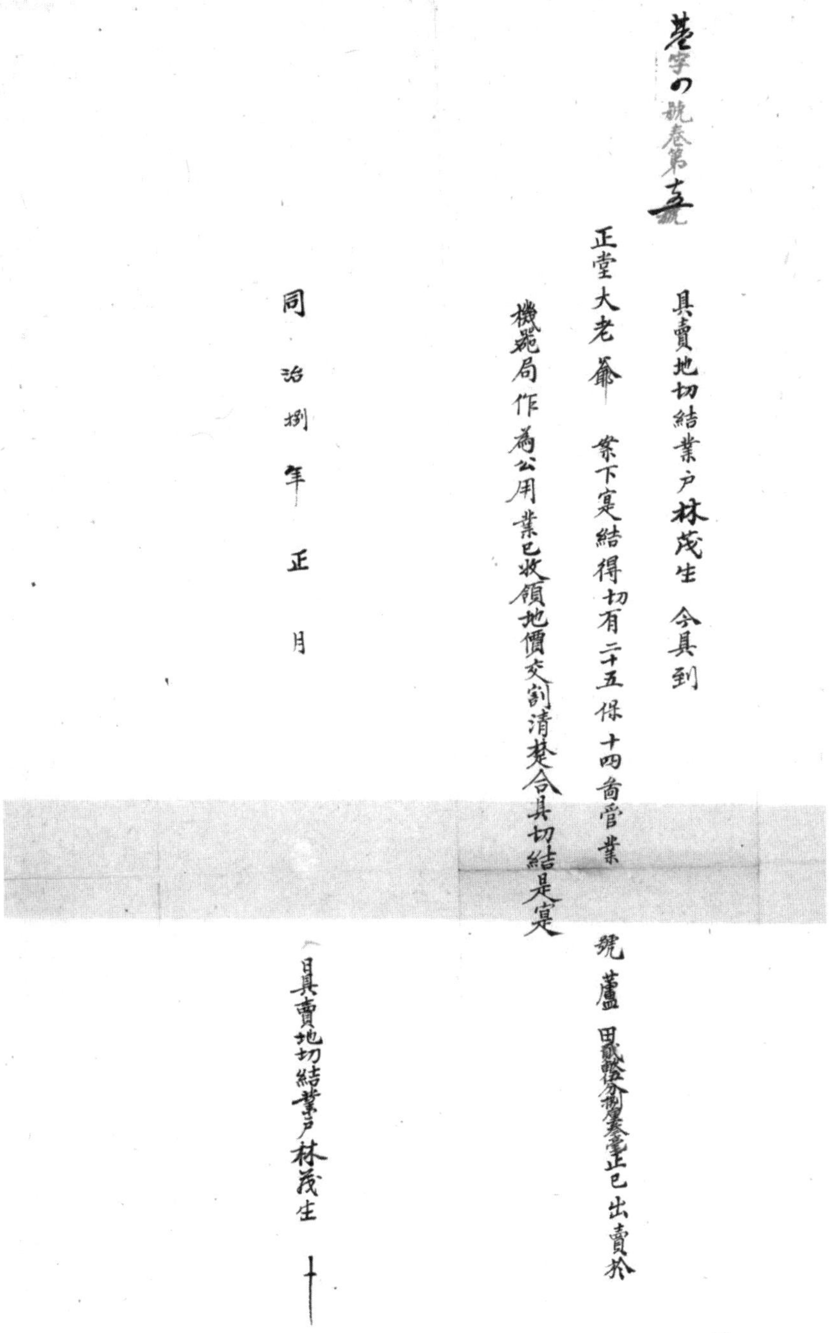

甚字の號卷第十五號

具賣地切結業戶林茂生　今具到

正堂大老爺　案下寔結得切有二十五保十四啚管業　號蘆田貳畝伍分捌釐叁毫正已出賣於

機器局作為公用業已收領地價交割清楚合具切結是寔

同治捌年正月　日具賣地切結業戶林茂生　十

168

林茂生具賣地切結（1869年2月或3月，同治八年正月）

甚字の號卷第十五號

具賣地切結業户黄茂全今具到

正堂大老爺案下寔結得切有二十五保十四啚官業蘆地壹畝叁分柒厘玖毫又桃園地壹分伍厘捌毫正已出賣於

機器局作為公用業已收領地價交割清楚合具切結是寔

同治捌年正月

具賣地切結業户黄茂全十

169

黄茂全具賣地切結（1869年2月或3月，同治八年正月）

甚字四號卷第五號

具賣地切結業戶林金華今具到

正堂大老爺　案下寔結得切有念五保十四啚管業

號蘆地貳畝柒分貳毫正已出賣於

機器局作爲公用業已收領地價交割清楚合具切結是寔

同治捌年正月　日具賣地切結業戶林金華　十

170

林金華具賣地切結（1869年2月或3月，同治八年正月）

基字の號卷第支號

具賣地切結業戶胡元貞今具到

正堂大老爺案下寔結得切有念五保十四啚管業號蘆地壹畝叄分玖厘叄毫正已出賣於

機器局作為公用業已收領地價交割清楚合具切結是寔

同治捌年正月日具賣地切結業戶胡元貞 十

胡元貞具賣地切結（1869 年 2 月或 3 月，同治八年正月）

基字の號叁第五號

具賣地切結業户林海和 今具到

正堂大老爺 案下寔結得切有念五保十四啚管業 號蘆地壹畝壹分陸毫正已出賣於

機器局作爲公用業已收領地價交割清楚合具切結是寔

同治捌年正月 日具賣地切結業户林海和 十

林海和具賣地切結（1869年2月或3月，同治八年正月）

甚字の號卷第五號

具賣地切結業戶林上聲今具到

正堂大老爺　案下寔結得切有二十五保十四啚營業蘆號桃園田叁分伍釐（業叁壹釐叁毫）正已出賣於

機器局作爲公用業已收領地價交割清楚合具切結是寔

同治捌年正月

具賣地切結業戶林上聲　十

林上聲具賣地切結（1869 年 2 月或 3 月，同治八年正月）

甚字の號卷第十五號

具賣地切結業户林寶全　今具到

正堂大老爺　案下寔結得切有二十五保十四啚官業　號蘆田肆分壹厘貳毫正已出賣於

機器局作為公用業已收領地價交割清楚合具切結是寔

同治捌年正月　具賣地切結業户林寶生　十

174

林寶全具賣地切結（1869 年 2 月或 3 月，同治八年正月）

荃字の號叁百五號

具賣地切結業户林會生 今具到

正堂大老爺 案下寔結得切有二十五保十四啚管業 號蘆田叁分壹厘貳毫正已出賣於

機器局作為公用業已收領地價交割清楚合具切結是寔

同治捌年正月 日具賣地切結業户林會生 十

林會生具賣地切結（1869年2月或3月，同治八年正月）

基字〇號卷第七號

具押領錢杏海今當具到

製造總局憲大人臺下實領得身出賣田地壹分四厘四毫伍絲議定每畝地價錢三十八千文共計足錢伍千肆百九十一文現蒙

局憲如數當局發給身照數領訖中無虧扣浮冒除另具切結呈

局存案外合具領狀是實

同治八年　七月　日立押領狀錢杏海　十

地保

錢杏海具押領（1869 年 8 月或 9 月，同治八年七月）

巷字の號卷第十九號

具押領錢金宗今當具到

製造總局憲大人臺下實領淨身出賣田地三厘二毫伍絲議定每畝地價錢三十八千文共計足錢壹千貳百三十伍文現蒙

局憲如數當局發給身照數領訖中無短扣淨胃除另具切結呈

局存案外合具領狀是實

同治八年七月　日立押領狀錢金宗 十

地保

錢金宗具押領（1869 年 8 月或 9 月，同治八年七月）

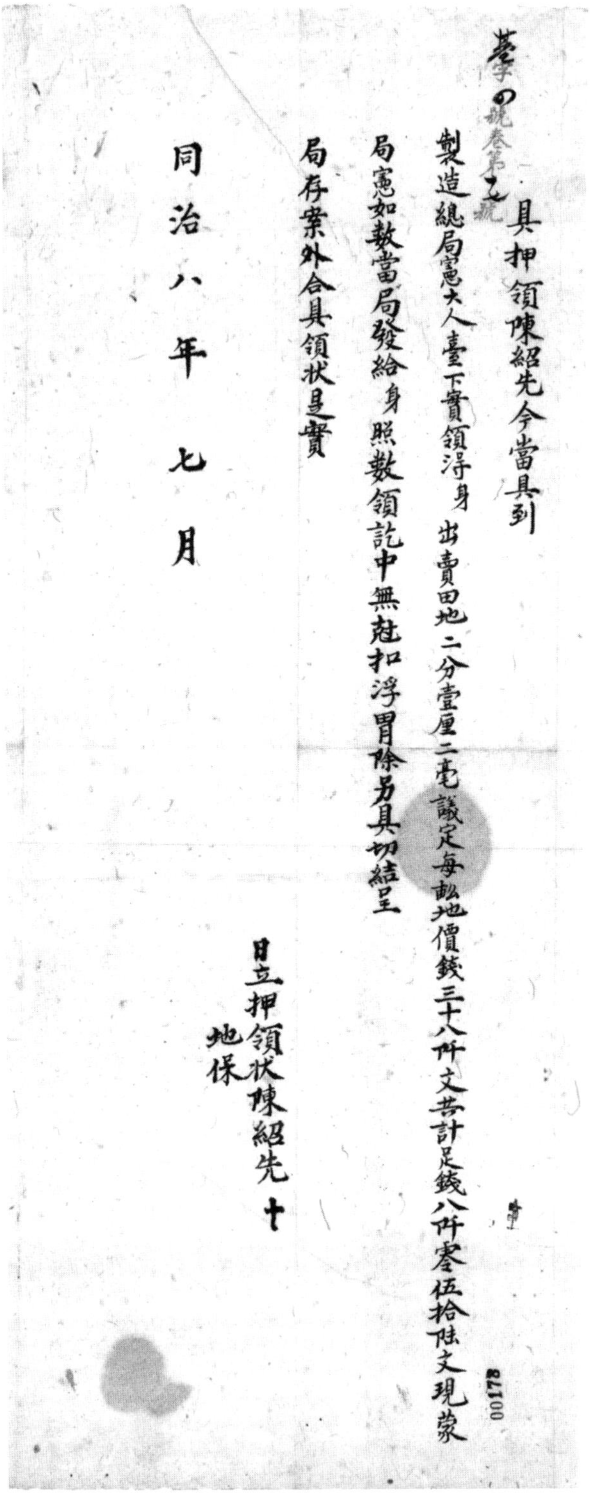

巷字四號卷第七號

具押領陳紹先今當具到

製造總局憲大人臺下實領得身 出賣田地二分壹厘二毫議定每畝地價錢三十八仟文共計足錢八仟零伍拾陸文現蒙

局憲如數當局發給身照數領訖中無短扣浮冒除另具切結呈

局存案外合具領状是實

同治八年七月 日立押領状陳紹先 十

地保

00178

陳紹先具押領（1869 年 8 月或 9 月，同治八年七月）

甚字の號卷第十七號

具押領錢克家今當具到

製造總局憲大人臺下實領得身出賣田地玖厘二毫議定每畝地價錢三十八仟文共計足錢三仟肆百玖拾六文現蒙

局憲如數當局發給身照數領訖中無短扣浮冒除另具切結呈

局存案外合具領狀是實

00179

同治八年七月

具押領狀錢克家 十

地保

錢克家具押領（1869年8月或9月，同治八年七月）

荳字四號卷第十七號

具押領孔了頭今當具到

製造總局憲大人臺下實領得身出賣田地二厘八毫議定每畝地價錢三十八仟文共計足錢壹仟零陸拾肆文現蒙

局憲如數當局發給身照數領訖中無剋扣浮冒除另具切結呈

局存案外合具領狀是實

08400

同治八年七月　日立押領狀孔了頭十

地保

孔了頭具押領（1869年8月或9月，同治八年七月）

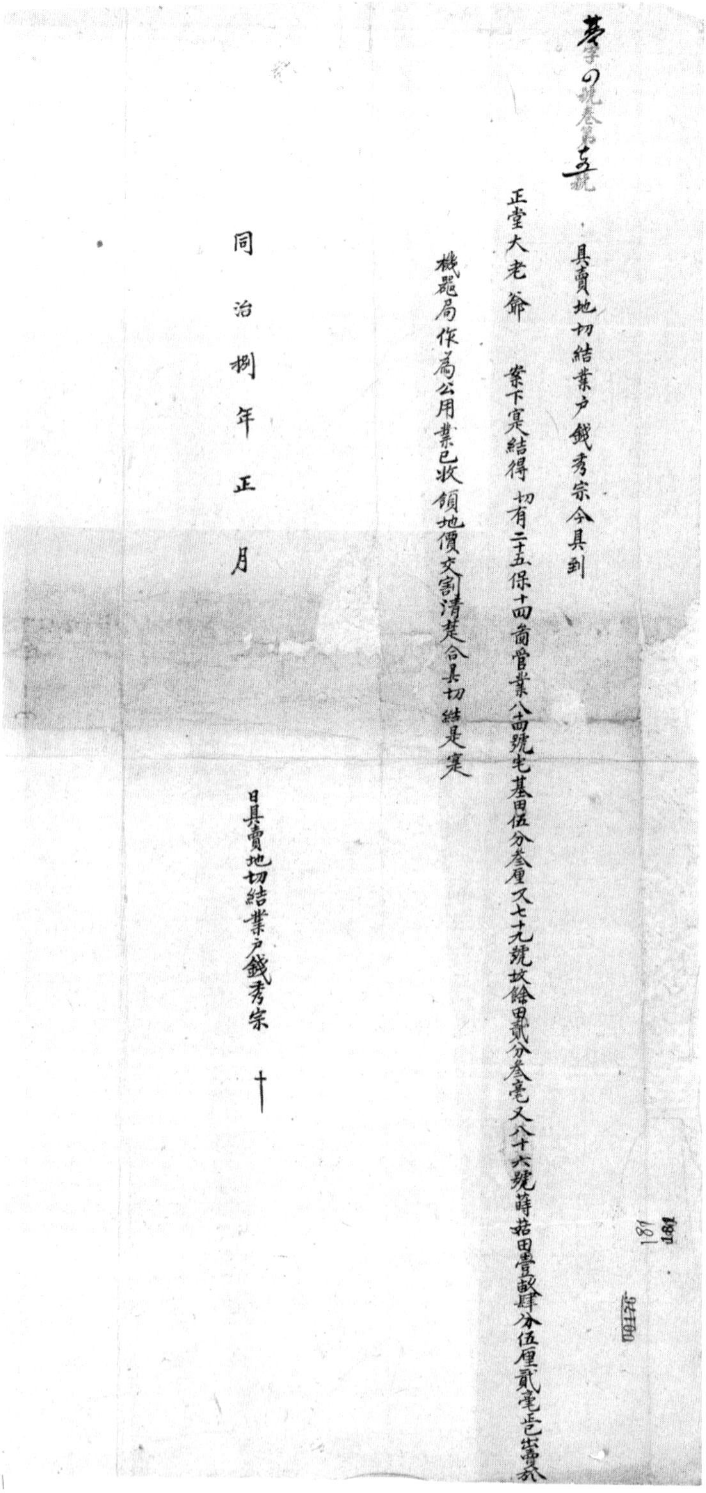
葬字の號卷第五號

具賣地切結業戶錢秀宗今具到

正堂大老爺案下寔結得切有二十五保十四啚管業八十四號宅基田伍分叁厘又七十九號坟餘田貳分叁毫又八十六號蒔菇田壹畝肆分伍厘貳毫已蒙[illegible]

機器局作爲公用業已收領地價交割清楚合具切結是寔

同治捌年正月　日具賣地切結業戶錢秀宗　十

181

錢秀宗具賣地切結（1869 年 2 月或 3 月，同治八年正月）

江南製造總局

十二、江南製造局購買高昌廟地基的有關文書

上海總商會

類第六十七號

顧道林等地產糾葛案

一

仇金泉與顧道林劉世昌等

稟三件 李提調稟一件

宗

照會申覆卷一件

卷

年 月

019

上海總商會第六十七號顧道林等地產糾葛案卷封面（時間不詳）

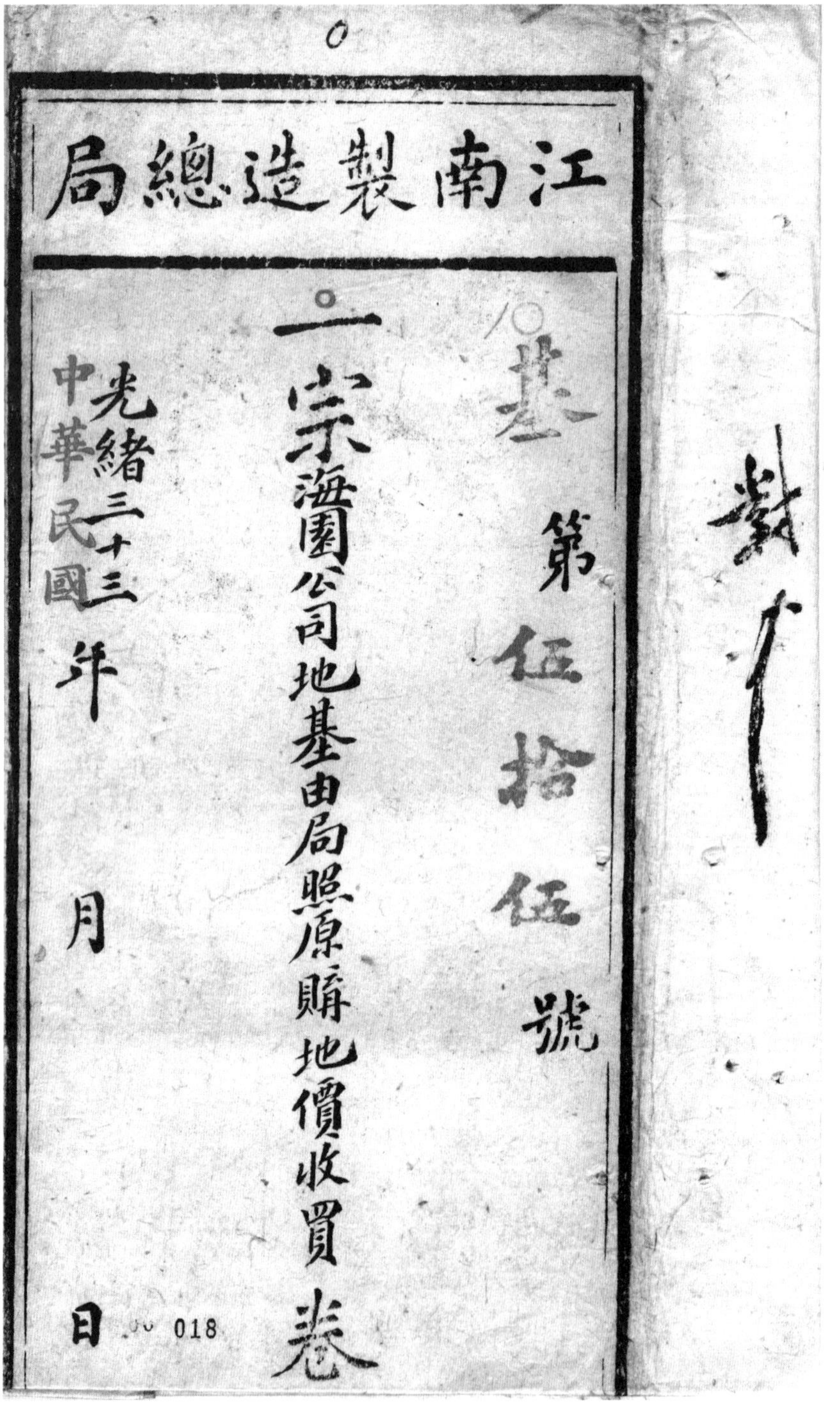

江南製造總局基字第五十五號海園公司地基由局照原購地價收買卷封面（1907—1912 年，光緒三十三年—民國元年）

收到
製造局移来裘金水地價洋壹百元地租洋壹百陸拾玖元候飭傳具領此照

上海縣署帳房收条

丁未 十二月廿三日

上海縣署帳房爲收到製造局移來裘金水地價地租洋元事收條（1908年1月26日，光緒三十三年十二月二十三日）

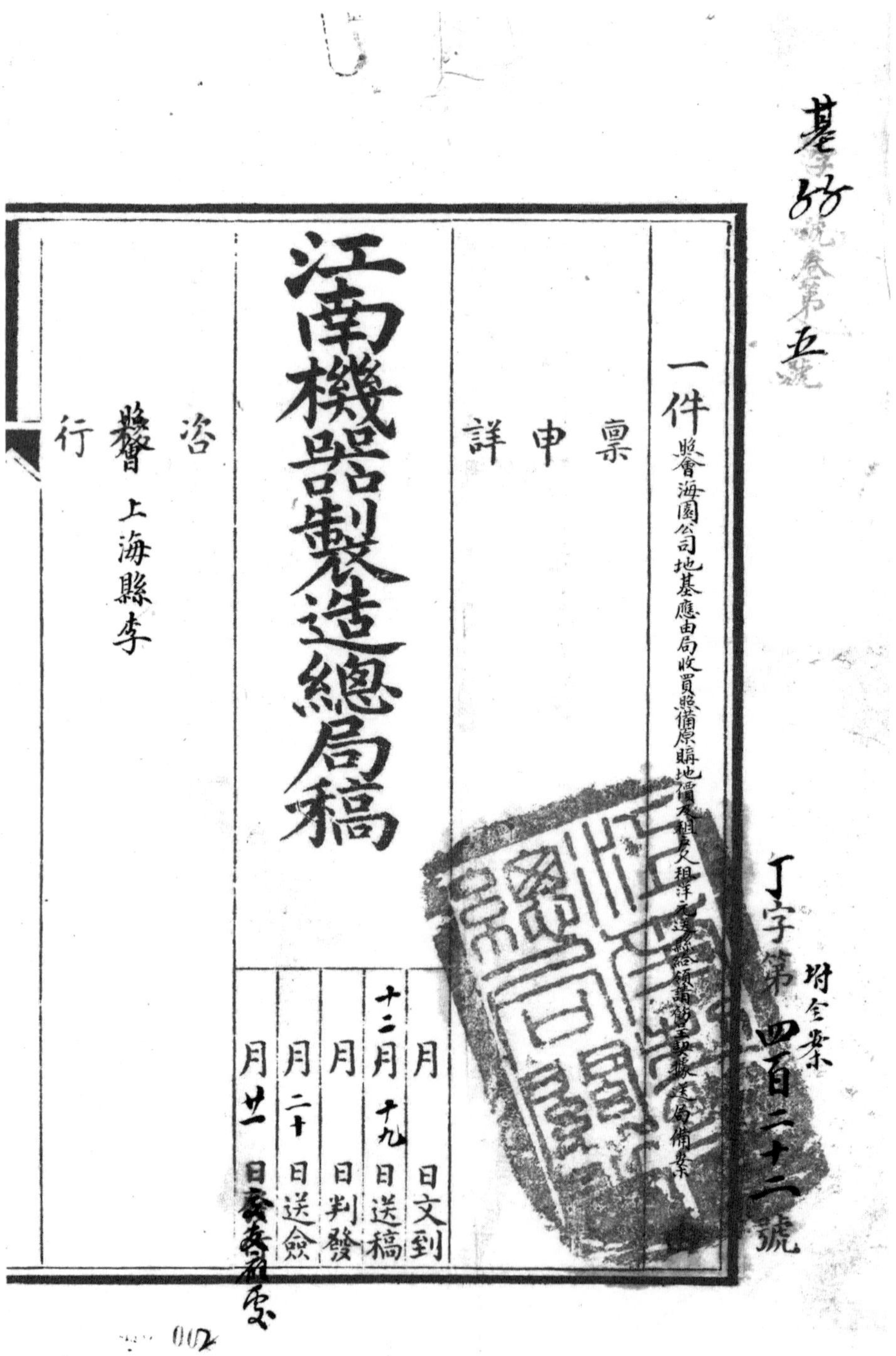

江南機器製造總局爲照會海園公司地基應由該局收買照備原購地價及租户欠租洋元送縣給領請飭呈契據送局備案事致上海縣知縣李超瓊照會稿（1908 年 1 月 22 日，光緒三十三年十二月十九日）

二品銜監督江南海關兼蘇松太兵備道梁

軍機處存記二品銜分省補用道張

行　行

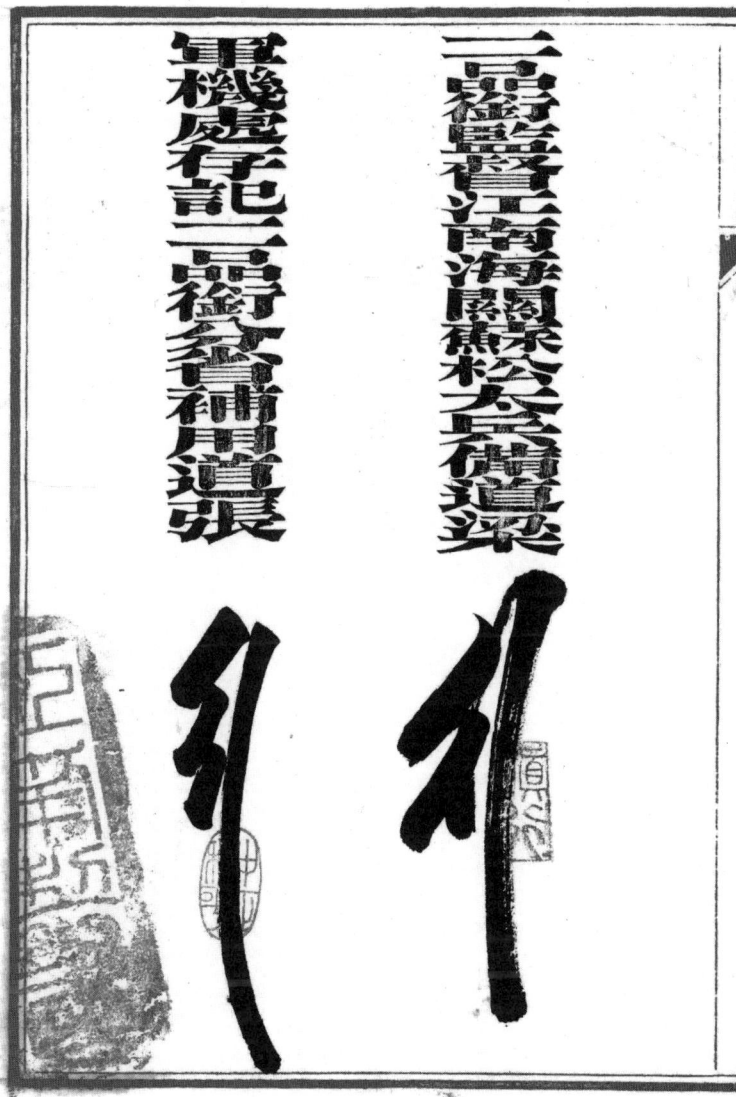

江南機器製造總局爲照會海園公司地基應由該局收買照備原購地價及租户欠租洋元送縣給領請飭呈契據送局備案事致上海縣知縣李超瓊照會稿（1908 年 1 月 22 日，光緒三十三年十二月十九日）

為照會事、本年十一月初三日據高昌廟鎮董劉世昌、蔣濟川、顧亮時、魏後戌
稟稱、窃製造局工匠樓房旁邊有地基一方、計五分四厘四、原主楊瑞瑞、於光
緒三年以一分五厘租與顧憲山造屋兩間、年納租金三元、光緒十年四月、楊
姓將地出售、經顧憲山、張松元、陳阿財、泗合號等四戶願出洋七十元合買、忽
被自稱海園公司裘金水賄通中保、加至一百洋搶買成交、催令拆房、經顧憲
山等四戶稟呈前製造局總辦聶、會辦蔡函致前上海縣莫、於光緒十一年九
月初七日堂斷、着裘金水收租三年、退還楊姓原主、如本人無力贖出、准由顧
憲山等四戶備價收還、如該公司日後再有滋鬧情事、照例嚴懲、即將該地充
公、紅契附卷存案、謹遵結案、詎裘金水收租三年後、遂匿迹不來、顧憲山復於

江南機器製造總局爲照會海園公司地基應由該局收買照備原購地價及租户欠租洋元送縣給領請飭呈契據送局備案事致上海縣知縣李超瓊照會稿（1908 年 1 月 22 日，光緒三十三年十二月十九日）

光緒十七年五月、具稟高昌廟保甲局存案備查、上年冬間、裘金水價知顧憲山等病故、遂將憲山之孫顧道林、軋至租界、逼寫欠租筆據、計洋三十八元、限至今年底止、分五期歸清、上年底第一期、顧道林因祖父母葬事、無力措繳、至本月初九日、突有縣差將顧道林押至縣署、李邑尊十四日堂斷、限顧道林一月拆房、乃其房因顧道林開設京貨店、折本已於八月中將屋及店一併抵與董姓、計洋一百五十元、一旦拆去、受虧實巨、董等維該地與局毘連、軍需重地、詎容外人覬覦、乃裘金水違抗光緒十一年莫前憲堂斷、翻悔前案、逼勒拆房、並聞拆去以後、欲販賣洋商、以圖厚利、為特實陳明、該地應否由製造局贖出招租、或擴充別用、伏乞酌核施行、等情、並抄粘莫前縣堂斷一紙、前來、據此、並

3-2

江南機器製造總局爲照會海園公司地基應由該局收買照備原購地價及租户欠租洋元送縣給領請飭呈契據送局備案事致上海縣知縣李超瓊照會稿（1908年1月22日，光緒三十三年十二月十九日）

據民人顧道林張永泉蔡阿五泗合號禀同前情當經批飭提調會同邑廟
巡防局查明確情妥議禀復去後茲於十二月十五日據提調李令鍾珏巡防
局李縣丞錫年等禀稱遵即會同親詣該處查得顧道林等所租楊瑞瑞造屋
地基五分餘實與工匠樓房毗連將來推廣局屋在所必須且業經前上海縣
莫令祥芝斷歸楊瑞瑞顧憲山等收贖自應照案辦理聞裘金水詭譎異常現
在偵知楊瑞瑞顧憲山既已物故顧道林無力取贖難保不串同洋商希圖販
賣獲利若任歸裘金水執業將來轇轕不清恐於推廣局廠多所不便鍾珏等
籌思至再惟有查明裘金水贖價若干由憲台備發上海縣飭傳裘金水具領
令將買契繳呈送局該地仍暫歸顧道林等承租另立租契聲明局中需用立

江南機器製造總局爲照會海園公司地基應由該局收買照備原購地價及租户欠租洋元送縣給領請飭呈契據送局備案事致上海縣知縣李超瓊照會稿（1908年1月22日，光緒三十三年十二月十九日）

即拆讓、並查明顧道林所欠裘金水地租若干、由局交縣給領、以示格外體恤
等情、並據李縣丞錫年查明地價洋一百元、顧道林等四户共欠租洋一百六
十九元一併聲復前來、據此、除批本局現值擴充廠屋之際、既據該提調李令
鍾珏等查明顧道林等所租楊瑞璐造屋地基五分餘、賣與工匠樓房毗連、為
局屋推廣所必須、案經上海莫前令斷歸楊瑞璐顧惠山等收贖、現楊瑞璐等
已故、顧道林既無力收贖、該地逼近局屋、製造重地、未便由自稱海園公司裘
金水輾轉經售、致生枝節、據巡防局李縣丞錫年查明地價洋一百元、應即由
局照數備價收買、以息爭端、而免後患、該地即暫歸顧道林等承租、另立租契、
載明局中需用立即拆讓、不得延宕、至顧道林等所欠裘金水地租、據李縣丞

3-4

江南機器製造總局爲照會海園公司地基應由該局收買照備原購地價及租户欠租洋元送縣給領請飭呈契據送局備案事致上海縣知縣李超瓊照會稿（1908 年 1 月 22 日，光緒三十三年十二月十九日）

查明共洋一百六十九元，准由局如數發給，連同地價一併照縣飭傳袁金水

具領，以示體恤，即由提調會同巡防局分別傳知外，合將地價洋一百元、地租

洋一百六十九元，備文照送，為此照會

貴縣，希即查照，飭傳海園公司袁金水到縣，分別給領，並飭將買契呈繳，送局

附卷備案，仍希見復施行，須至照會者。

計照送洋二百六十九元。

004

江南機器製造總局爲照會海園公司地基應由該局收買照備原購地價及租户欠租洋元送縣給領請飭呈契據送局備案事致上海縣知縣李超瓊照會稿（1908年1月22日，光緒三十三年十二月十九日）

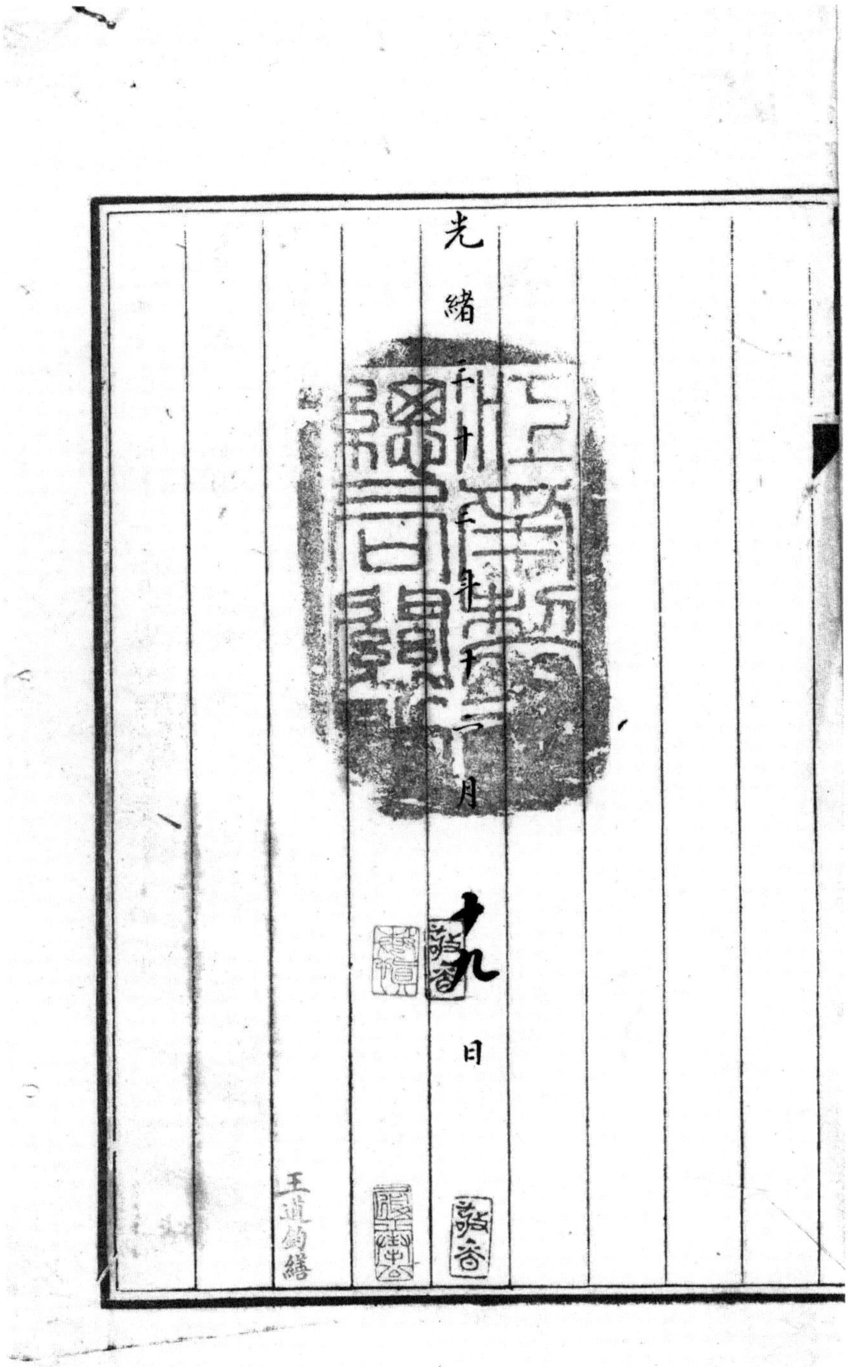
光緒三十三年十二月十九日

王道鈞繕

江南機器製造總局爲照會海園公司地基應由該局收買照備原購地價及租户欠租洋元送縣給領請飭呈契據送局備案事致上海縣知縣李超瓊照會稿（1908 年 1 月 22 日，光緒三十三年十二月十九日）

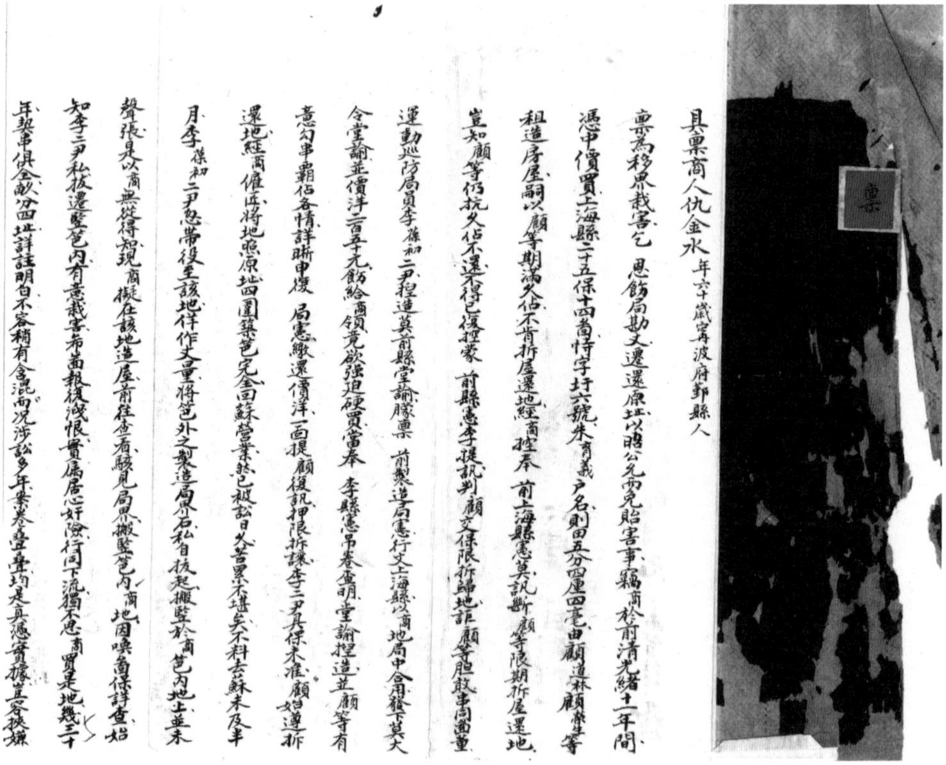
具稟商人仇金水 年六十歲寧波府鄞縣人
稟爲移界栽害乞恩飭局勘丈遷還原址以昭公允而免貽害事。竊商於前清光緒十一年間，
憑中價買上海縣二十五保十四啚恃字圩六號朱育義户名則田五分四厘四毫，由顧道林、顧恭生等
租造房屋，嗣以顧等期滿久佔，不肯拆屋還地，經商控奉前上海縣憲莫訊斷顧等限期拆屋還地。
豈知顧等仍抗久佔不還，不得已復控蒙前縣憲李提訊，判顧文保限拆歸地，詎顧等胆敢串同當董
運動巡防局員李葆初、二尹，捏造蒙前縣堂諭朦稟前製造局憲行文上海縣，以商地局中合用，豁下莫大
令堂諭，並價洋二百五十元，飭給商領，竟欲強迫硬買。當奉李縣憲吊卷查明，堂諭捏造，並顧等有
意勾串霸佔各情，詳晰申覆局憲，繳還價洋，一面提顧復訊，押限拆讓。李二尹具保，未准顧始遵拆
還地。經商僱匠將地照原址四圍築笆完全，回蘇營業，然已被訟日久，苦累不堪矣。不料去蘇未及半
月，李葆初二尹忽帶役至該地，佯作丈量，將笆外之製造局界石私自拔起，搬豎於商笆内地上，並未
聲張，是以商無從得知。現商擬在該地造屋，前往查看，驟見局界搬豎笆内，商地因喚啚保詳查，始
知李二尹私拔還豎笆内，有意栽害，希啚報復，洩恨實屬居心奸險，行同下流。獨不思商買是地幾三十
年，契串俱全，畝分四址詳註明白，不容稍有含混，而況涉訟多年，案卷叠叠，均是真憑實據，豈容挾嫌

商人仇金水爲移界栽害乞恩飭局勘丈遷還原址以昭公允而免貽害事致江南機器製造總局稟文
（1912年5月，民國元年五月）

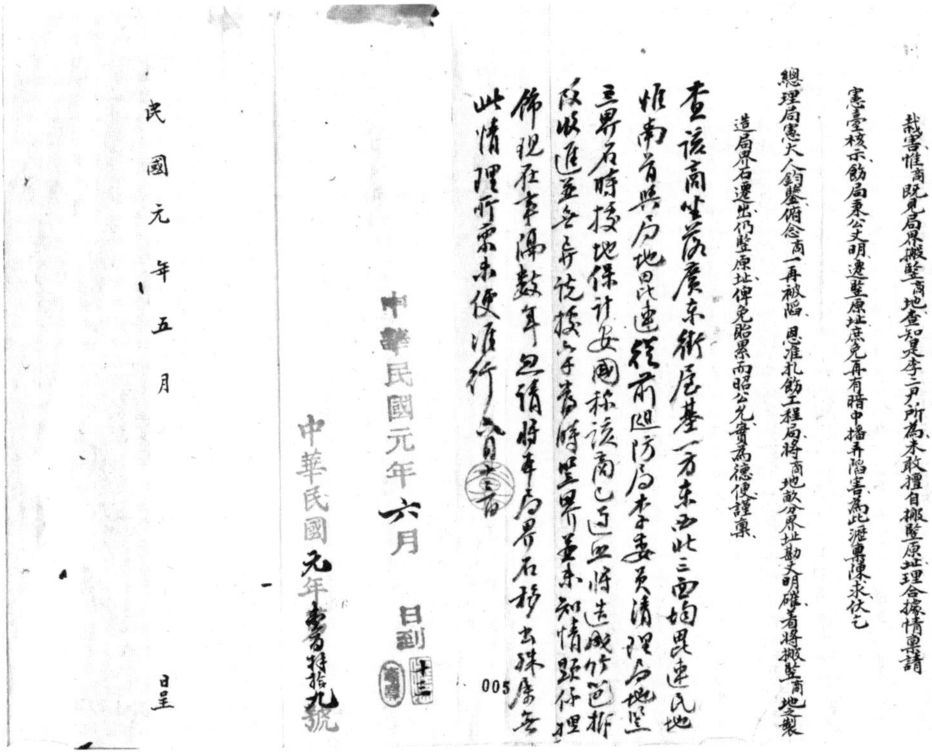
栽害惟商既見局界搬豎商地查知是李三户所為未敢擅自搬豎原址理合據情禀請
憲臺核示飭局秉公丈明遷豎原址庶免再有暗中播弄陷害爲此瀝禀陳求伏乞
總理局憲大人鈞鑒俯念商一再被陷恩准札飭工程局將商地畝分界址勘丈明確着將搬豎商地之製
造局界石遷出仍豎原址俾免貽累而昭公允實爲德便謹禀

查該商坐落廣東街屋基一方東西北三面均界連民地
惟南首與局地毗連經前巡防局李委員清理局地豎
立界石時據地保計安國稱該商已退並將造成竹笆拆
改收進並令其從據公平當時豎界並未知情照仔推
飭現在事隔數年忽請將本局界石移出殊屬無
此情理所禀未便准行 六月十三日

中華民國元年六月 日到 十三

中華民國元年 [illegible] 號

民國元年五月 日呈

005

商人仇金水爲移界栽害乞恩飭局勘丈遷還原址以昭公允而免貽害事致江南機器製造總局禀

（1912 年 5 月，民國元年五月）

基字第 號卷第七號

已執行

查商人仇金水坐落廣東街屋基一方東西北三面均毘連民地即使該商地基缺少亦不能專以南首局地一方面侵佔為言從前巡防局李委員錫年清理局地豎立界石時據地保計安國稱該商已遵照將造成竹笆拆改收進並無異説據稟當時豎界並未知情顯屬揑飾現在事隔數年所請將本局界石移出一節似未便准行謹此簽復

六月十二日工程處謹簽

006

江南機器製造局工程處爲簽復商人仇金水稟文事簽條（1912年6月12日，民國元年六月十二日）

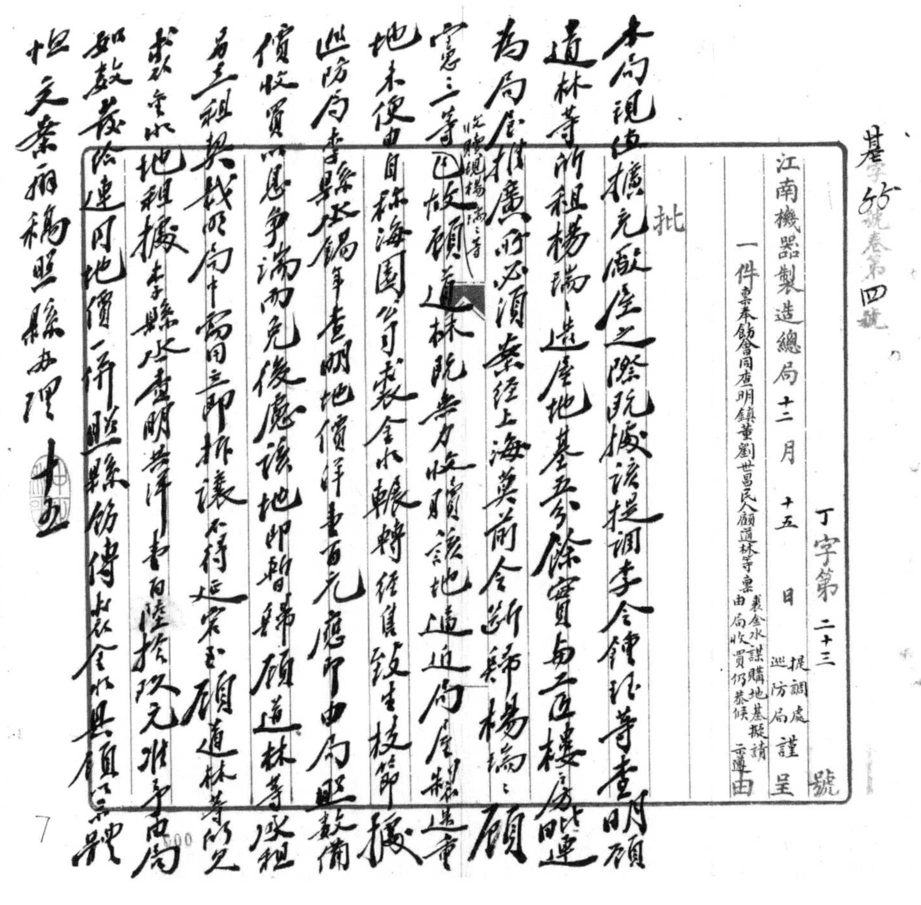

基字65號卷第四號

江南機器製造總局 十二月 十五 日 丁字第 二十三 號

批

一件 稟奉飭會同查明鎮董劉世昌民人顧道林等稟由裘金水謀購地基擬請由局收買仍恭候示遵由

提調處 巡防局 謹呈

本局現值擴充廠屋之際，既據該提調李令鍾珏等查明顧道林等所租楊瑞之造屋地基五分餘，實有三座樓房毗連，爲局屋推廣所必須，業經上海英簽令斷歸楊瑞之、顧憲三等（收贖現楊瑞之等）故顧道林既無力收贖，該地遠近局屋，赫連常地，未便由自稱海園公司裘金水輾轉經售，致生枝節。據巡防局李縣丞錫年查明地價，每畝洋壹百元，應即由局照數備價收買，以息爭端而免後患。該地即暫歸顧道林等承租，每年租契照局中章程立即擬議，不得延宕。至顧道林等所欠裘金水地租，據李縣丞查明，共洋[illegible]百陸拾玖元，准予由局如數發給，連同地價一併照繳，飭傳裘金水具領[illegible]。此文案再[illegible]照辦理。

江南機器製造局總辦關於提調處、巡防局爲奉飭會同查明鎮董劉世昌、民人顧道林等稟裘金水謀購地基擬請由局收買仍恭候示遵事稟文的批文稿（1908年1月18日，光緒三十三年十二月十五日）

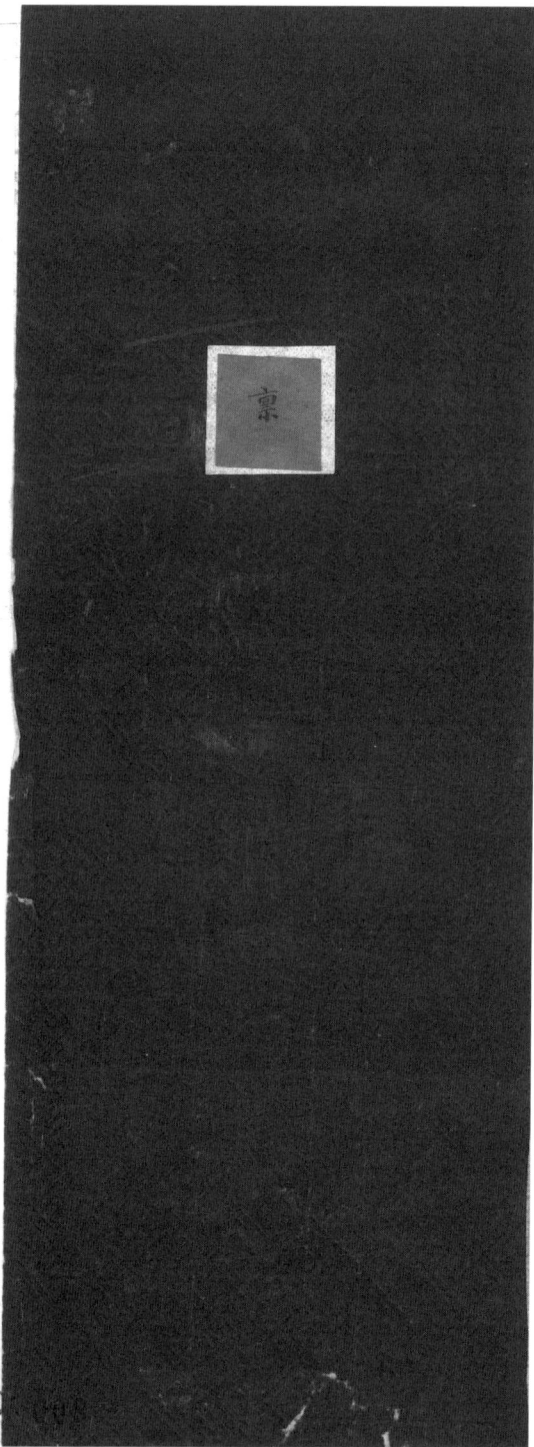

民人顧道林等爲朦稟謀奪地基應否拆讓稟請示遵事致江南機器製造總局總辦稟文（1908年1月8日，光緒三十三年十二月初五日）

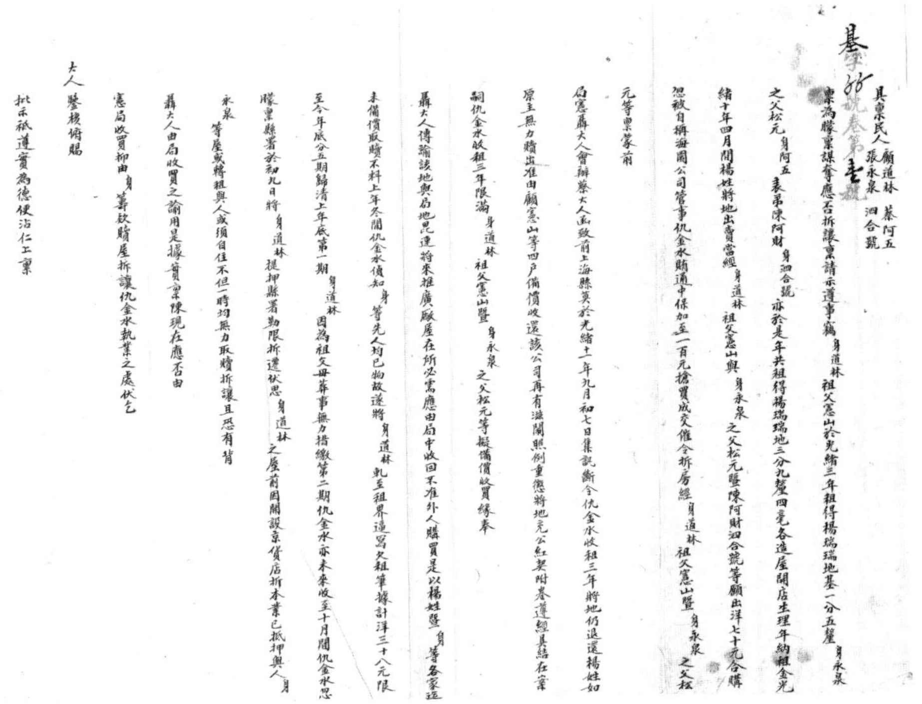

具稟民人顧道林 蔡阿五 張永泉 泗合號
稟為朦稟謀奪應否拆讓稟請示遵事竊身道林祖父憲山於光緒三年租得楊瑞瑞地基一分五釐身永泉
之父松元 身阿五 表弟陳阿財 身泗合號 亦於是年共租得楊瑞瑞地三分九釐四毫各造屋開店生理年納租金光
緒十年四月間楊姓將地出賣當經身道林祖父憲山與身永泉之父松元暨陳阿財泗合號等願出洋七十元合購
詎被自稱海關公司管事仇金水賄通中保加至一百元搶買成交僱令拆房經身道林祖父憲山暨身永泉之父松
元等稟蒙前
局憲聶大人會辦蔡大人函致前上海縣莫於光緒十一年九月初七日集訊斷令仇金水收租三年將地仍退還楊姓如
原主無力贖出准由顧憲山等四戶備價收還該公司再有滋鬧照例重懲將地充公紅契附卷遵經具結在案
嗣仇金水收租三年限滿身道林祖父憲山暨身永泉之父松元等擬備價收買緣奉
聶大人傳諭該地與局地毗連將來推廣廠屋在所必需應由局中收回不准外人購買是以楊姓暨身等各家延
未備價取贖不料上年冬間仇金水傾知身等先人均已物故遂將身道林紮至租界逼寫欠租筆據計洋三十八元限
至今年底分五期歸清上年底第一期身道林因為祖父母葬事無力措繳第二期仇金水亦未來收至十月間仇金水朦
稟縣署於初九日將身道林提押縣署勒限拆遷伏思身道林之屋前因開設京貨店折本業已抵押與人身永泉
等屋或轉租與人或須自住不但一時均無力取贖拆讓且恐有背
聶大人由局收買之諭用是據實稟陳現在應否由
憲局收買抑由身等欵贖屋拆讓仇金水執業之處伏乞
大人鑒核俯賜
批示祇遵實為德便沾仁上稟

民人顧道林等爲朦稟謀奪地基應否拆讓稟請示遵事致江南機器製造總局總辦稟文（1908 年 1 月 8 日，光緒三十三年十二月初五日）

光緒三十三年十二月初五日

呈

8-3

民人顧道林等爲朦禀謀奪地基應否拆讓禀請示遵事致江南機器製造總局總辦禀文（1908年1月8日，光緒三十三年十二月初五日）

劉世昌等稟

據稟已悉候飭打鋼廠會同巡防局查

明確情妥議稟候核奪

基弱字號卷第二號

008

江南機器製造局總辦爲批劉世昌等稟文事批條（1907 年 12 月 7 日，光緒三十三年十一月初三日）

具稟鎮董 劉世昌 顧亮時 蔣清川 魏俊茂

光緒三十三年十月初三日到

10

稟為謀佔地基朦稟逼拆叩求鑒核事竊製造局工匠樓房旁邊有地基一方計五分四釐四原主楊瑞瑞於光緒三年以一分五釐租與顧憲山造屋兩間年納租金三元光緒十年四月楊姓將地出售當經顧憲山張松元陳阿財徊合號等四户願出洋七十元合買忽被自稱海園公司裘金水賄通中保加至一百洋搶買成交催令拆房經顧憲山等四户稟呈前製造局總辦聶會辦蔡兩大人函致前上海縣莫於光緒十一年九月初七日堂斷着裘金水收租三年退還楊姓原主如本人無力贖出准由顧憲山等四户備價收還如該公司日後再有滋鬧情事照例嚴懲即將該地充公紅契附卷存案謹遵結案詎裘金水收租三年後遂匿迹不來當時顧憲山慮其狡計橫生為將來謀佔地步復於光緒十七年五月十六日具稟高昌廟保甲局存案備查自是以後歷年未曾來過直至上年冬間裘金水偵知顧憲山等均已病故遂將憲山之孫顧道林軋至租界逼寫父祖筆據計洋三十八元限至今年底止分五期歸清上年底届第一期顧道林因祖父母葬事無力措繳至本月初九日突有縣差數人將顧道林押至縣署李邑尊為裘金水朦稟未曾查悉前案情由竟於十四日堂斷限顧道林一月拆房乃其房因顧道林開設京貨店折本已於八月中將屋及店一并抵與董姓計洋一百五十元開張生理安居樂業一旦拆去受虧實巨 董 等維該地與局毘連

鎮董劉世昌等爲謀占地基朦稟逼拆叩求鑒核事致江南機器製造總局總辦稟文（1907 年 11 月 27 日，光緒三十三年十月二十二日）

軍需重地詎容外人覬覦乃裘金水違抗光緒十一年莫前縣堂斷希圖翻悔前案逞勒拆房并開拆去以後欲將
該地販賣洋商以圖厚利 董 等忝預地方公事竊見裘金水恃勢横行實屬有乖公理且事關軍需重地爲特
詳叙節畧據實陳明該地應由製造局備價贖出招租或擴充别用伏乞
憲台大人酌核施行實爲德便謹禀
黏呈前上海縣莫堂斷一紙

010

光緒三十三年十月二十二日 呈

鎮董劉世昌等爲謀占地基朦禀逼拆叩求鑒核事致江南機器製造總局總辦禀文（1907 年 11 月 27 日，光緒三十三年十月二十二日）

莫前縣堂斷

審得原中伍有常既做中人地基上有無房屋怎稱不知重責二十板以儆地保張慶華遇事理應和勸乃於無事中生出事來亦責四十板公司管事裘金水着照原價收租三年退還原主楊姓下次再有滋鬧等情照例嚴懲公司地充公紅契附卷存案

光緒十一年九月初七日 結案

011

上海縣知縣莫祥芝堂斷結案書抄件（1885 年 11 月 14 日，光緒十一年九月初七日）

[redacted]

上海縣爲將仇金水控顧道林等強霸租地一案抄録莫前縣堂諭請鑒核事致江南機器製造局總辦清摺（1908 年 1 月 31 日，光緒三十三年十二月二十八日）

基字第五十五號卷

第一號　邱道林等因仇金水霸田產請示道稟　光緒三十三年十一月初五日

第二號　鎮董劉世昌等稟因自稱海園公司邱道林仇金水等搶佔地基請飭核實陳明請

由局借續稟　光緒三十三年十一月十二日

附批條一紙　葉宗揚出單一紙

第三號　提調委巡防局李委劉世昌邱道林稟呈　光緒三十三年十二月十五日

第四號　批提調委巡防局會稟查明劉世昌邱道林等稟仇金水

謀購地基稿底　光緒三十三年十二月十五日

第五號　照會上海縣海園等地基應由局收買以備添購地據

及租戶仇洋元送縣給諸飭呈契據送局備案文

光緒三十三年十二月廿一日

第六號　上海縣申復仇金水控陳邱道林等強佔祖地文　光緒三十四年五月初十

附拓契一紙

第七號　仇金水為前稟請核果裁實請飭勘丈稟　民國元年六月

附粘工程處簽條一紙

13

江南製造總局基字第五十五號海園公司地基由局照原購地價收買卷目録（1907—1912年，光緒三十三年—民國元年）

顧道林等　稟謀奪田產請示遵由

劉世昌等　稟同前由

提調處
巡防局　稟復裘金水謀奪田產一案並擬由局收買由

致上海縣　照會海園公司地基由局照原購地價收買並租户欠租洋元

送縣給領請飭呈契據由

014

上海縣李　申復仇金水控顧道林等強霸租地一案抄錄莫前縣堂諭請鑒核由

申文一件清摺一扣

商人仇金水　爭請將局界石遷讓由　民國元年六月十三日到　并當日批示一件

江南製造總局基字第五十五號海園公司地基由局照原購地價收買卷目録（1907—1912年，光緒三十三年—民國元年）

上海縣知縣李超瓊爲申復仇金水控顧道林等強霸租地一案抄録莫前縣堂諭請鑒核事致江南機器製造局總辦申文（1908年1月31日，光緒三十三年十二月二十八日）

上海縣知縣李超瓊爲申復仇金水控顧道林等强霸租地一案抄録莫前縣堂諭請鑒核事致江南機器製造局總辦申文（1908年1月31日，光緒三十三年十二月二十八日）

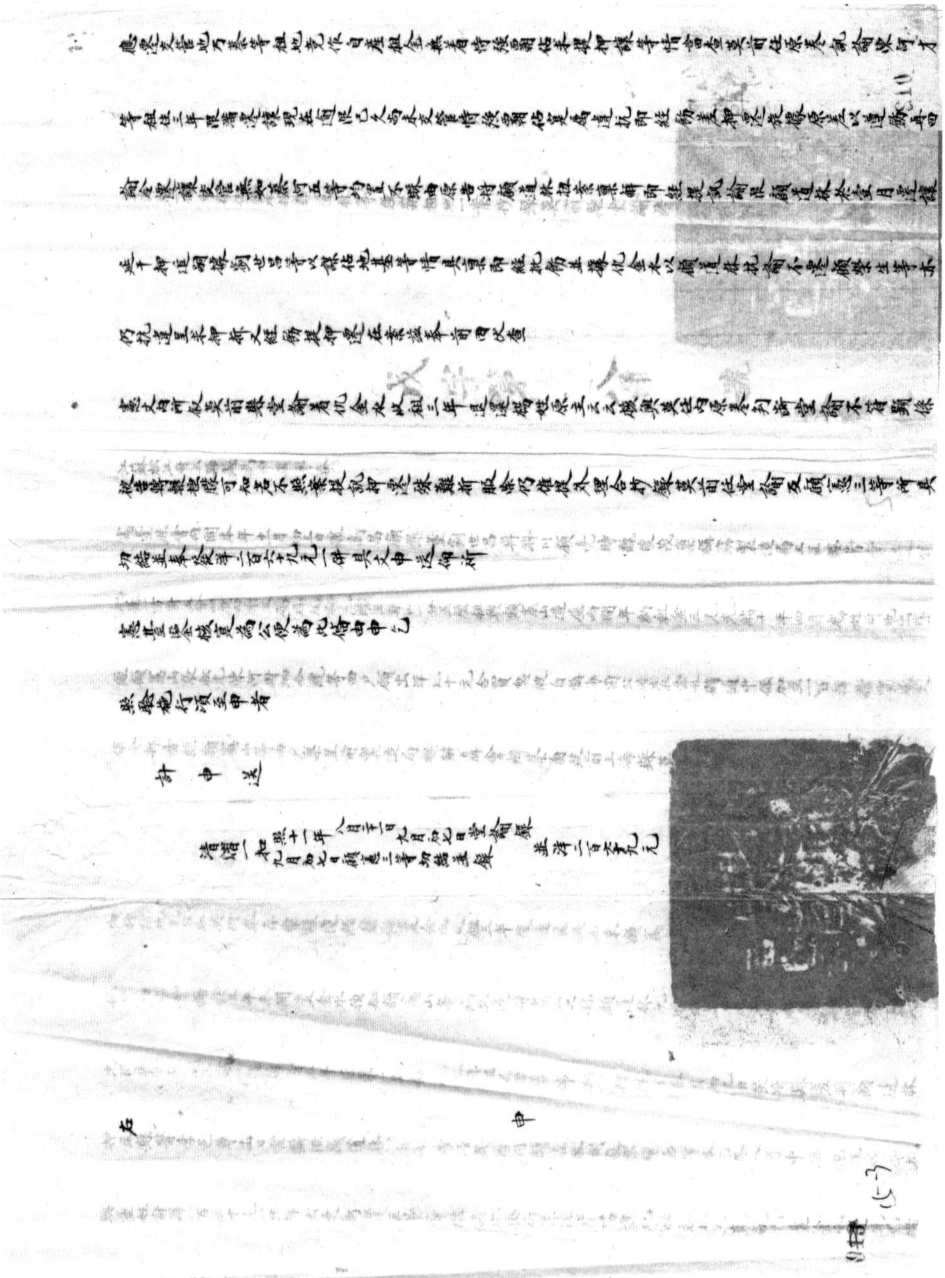

上海縣知縣李超瓊爲申復仇金水控顧道林等强霸租地一案抄録莫前縣堂諭請鑒核事致江南機器製造局總辦申文（1908 年 1 月 31 日，光緒三十三年十二月二十八日）

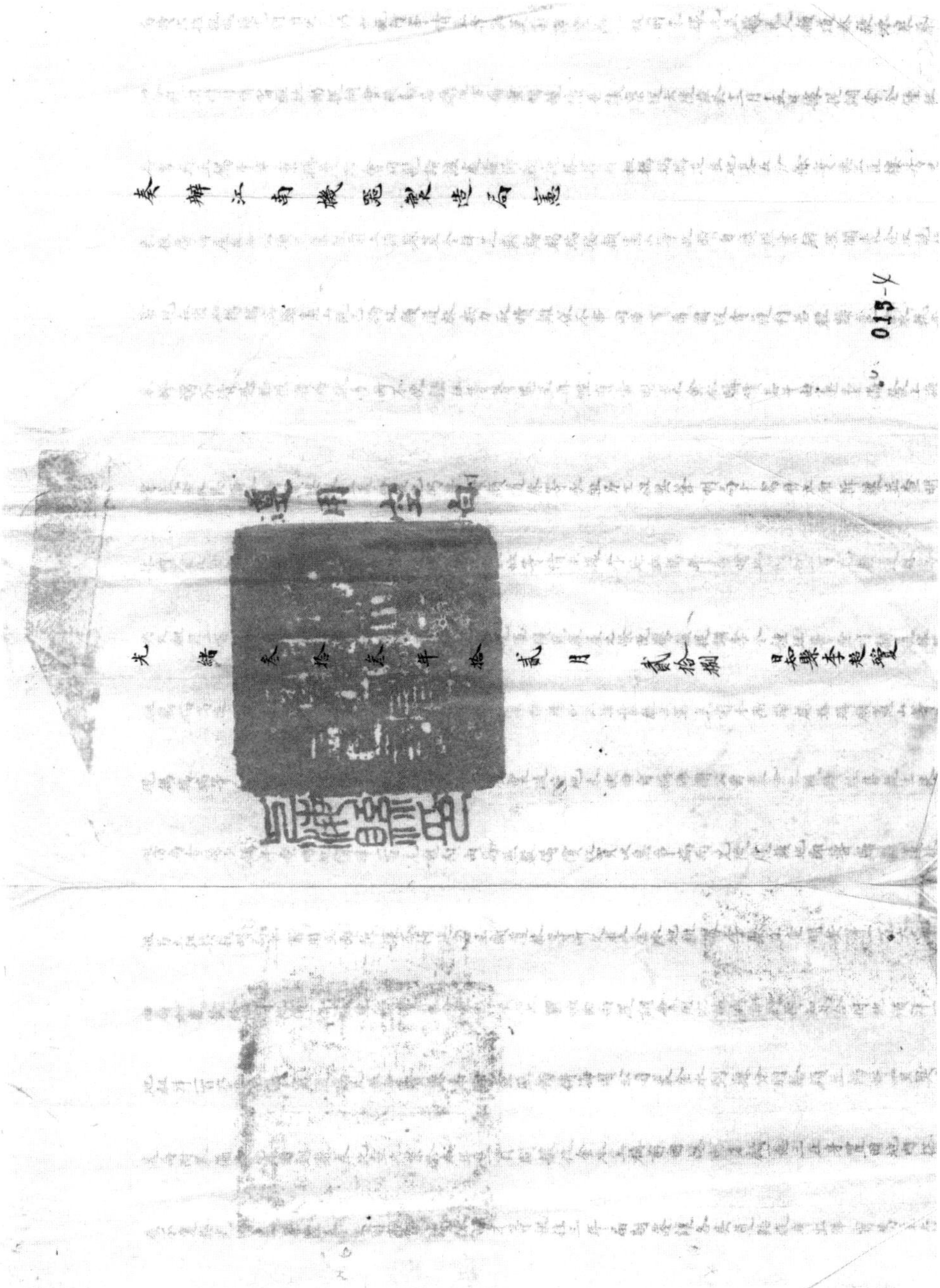

上海縣知縣李超瓊爲申復仇金水控顧道林等强霸租地一案抄録莫前縣堂諭請鑒核事致江南機器製造局總辦申文（1908 年 1 月 31 日，光緒三十三年十二月二十八日）

基字56號卷第三號

敬稟者竊奉
憲台批鎮董劉世昌等稟有自稱海園公司裘金水恃勢橫行謀佔地基朦稟逼折事關軍需重地應由製造局備價贖出或作擴充別用等情奉
批據稟已悉候飭提調處會同巡防局查明確情妥議稟候核奪等因正在會商辦法復據民人顧道林等稟同前情均經稟奉
憲台批同前由等因奉此鍾珏等遵即會同錫年親詣該處查得顧道林等所租楊瑞瑞造屋地基五分餘實與工匠樓房毗連將來推廣局屋在所必須且業經前上海縣莫令祥芝斷歸楊瑞

016

江南機器製造局提調處、巡防局爲奉飭會同查明鎮董劉世昌、民人顧道林等稟裘金水謀購地基擬請由局收買仍恭候示遵事致該局總辦稟文及總辦批文（1908 年 1 月 18 日，光緒三十三年十二月十五日）

瑞顧憲三等收贖矧聞裘金水詭譎異常難免不為洋商作倀
現在楊瑞瑞顧憲三既已物故顧道林又無力取贖若徑歸
金水執業殊於局務有妨　鍾玨　等籌思至再惟有查明裘金水
購價若干由
憲台備發上海縣飭傳裘金水具領令將買契繳呈送局該地仍暫
歸顧道林等承租另立租契聲明局中需用立即拆讓以便將來
擴充局廠而免周折並飭縣查明顧道林等所欠裘金水地租由
局照發給領庶於顧全局務之中不失體恤兩造之意愚昧之見
是否有當理合將查明情形繪圖稟覆仰祈

江南機器製造局提調處、巡防局爲奉飭會同查明鎮董劉世昌、民人顧道林等禀裘金水謀購地基擬請由局收買仍恭候示遵事致該局總辦禀文及總辦批文（1908年1月18日，光緒三十三年十二月十五日）

本局現值擴充廠屋之際既據該提調等查明顧
道林等所租楊瑞瑞之造屋地基五分餘實為工匠樓房所[illegible]
為局屋推廣所必須業經上海縣前令斷歸楊瑞瑞之顧
[illegible]等收贖現楊瑞瑞等已於顧道林既無力收贖該地
適近局屋[illegible]送重地未便由自[illegible]合行檄[illegible]
[illegible]校節 檄巡防局查[illegible]地價洋一百元[illegible]
即由局備照數備價收買以免爭端而免後患該地即着
歸顧道林等承租另立租契俟明局中需用之時撤退
[illegible]顧道林等所欠地租擬[illegible]一百六
十九元[illegible]由局如數發給連同地價一併照[illegible]
[illegible]具領以示體恤 文案如稿照辦辦理 十九

憲台鑒核示遵

附呈地圖一紙並繳呈劉世昌民人顧道林等原稟各一扣

復由錫年查得地價洋壹百元顧道林等四户共租洋壹百陸拾玖元兩共計洋貳百陸拾玖元合併陳明

光緒三十三年十二月十五日

提調處 巡防局謹呈

江南機器製造局提調處、巡防局爲奉飭會同查明鎮董劉世昌、民人顧道林等稟裘金水謀購地基擬請由局收買仍恭候示遵事致該局總辦稟文及總辦批文（1908 年 1 月 18 日，光緒三十三年十二月十五日）

江南製造總局

十三、江南製造局移建及收回新高昌廟房産的有關文書

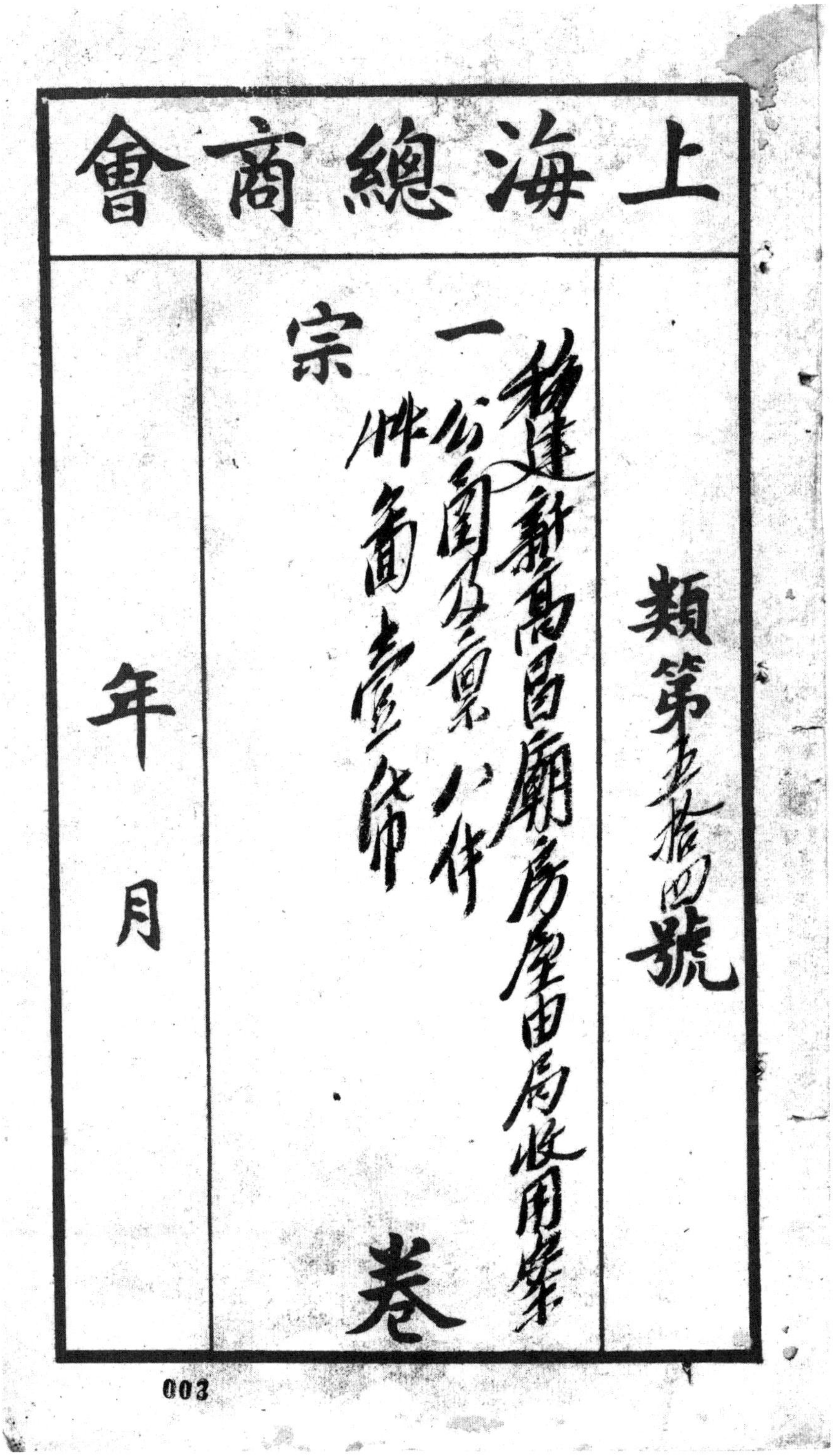

上海總商會

類第五拾四號

移建新高昌廟房屋由局收用案

一宗

公函及章程八件

附函壹件

卷

年

月

003

上海總商會第五十四號移建新高昌廟房屋由局收用案卷封面（時間不詳）

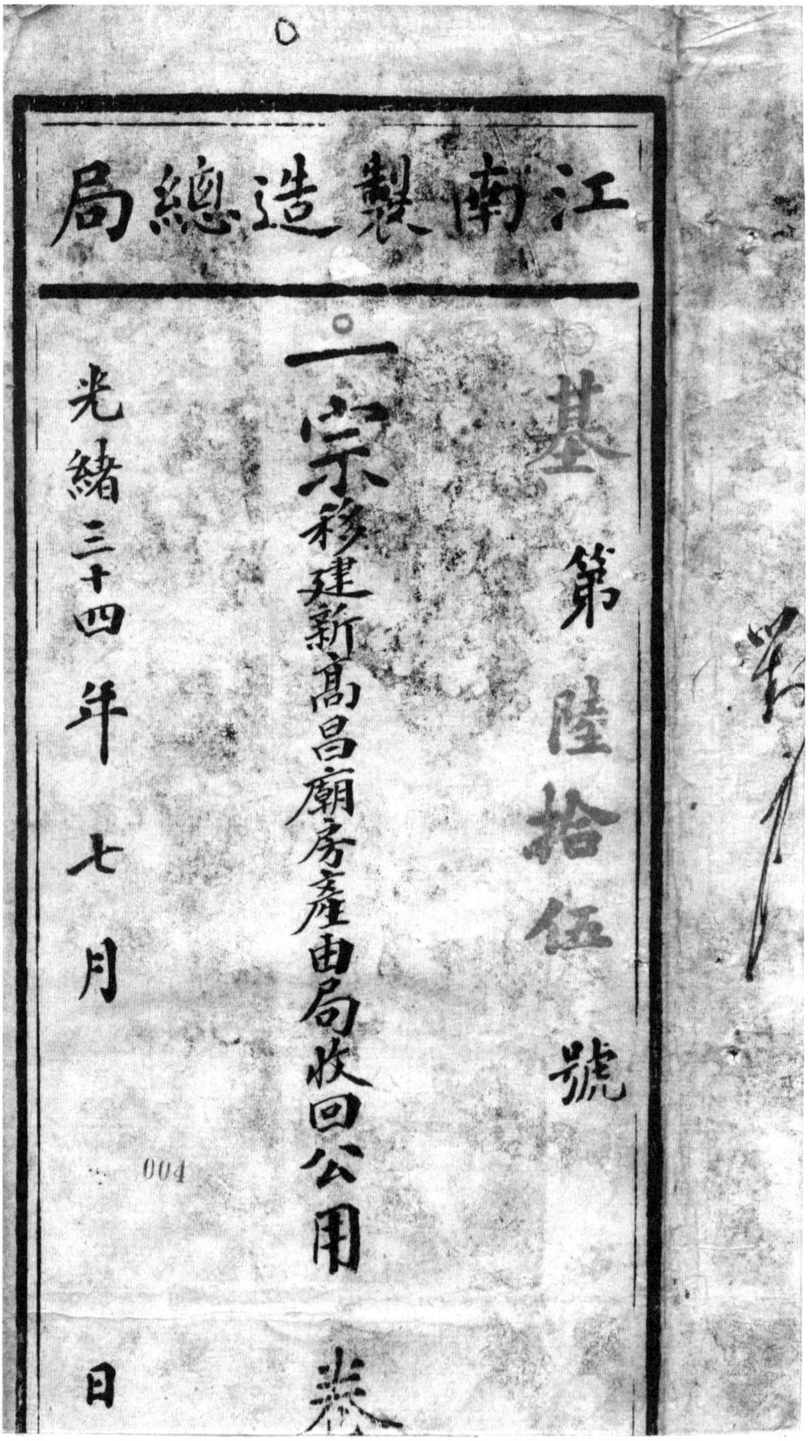
江南製造總局

基第陸拾伍號

一宗移建新高昌廟房產由局收回公用卷

光緒三十四年七月　日

004

江南製造總局基字第六十五號移建新高昌廟房産由局收回公用卷封面（1908 年 7 月或 8 月，光緒三十四年七月）

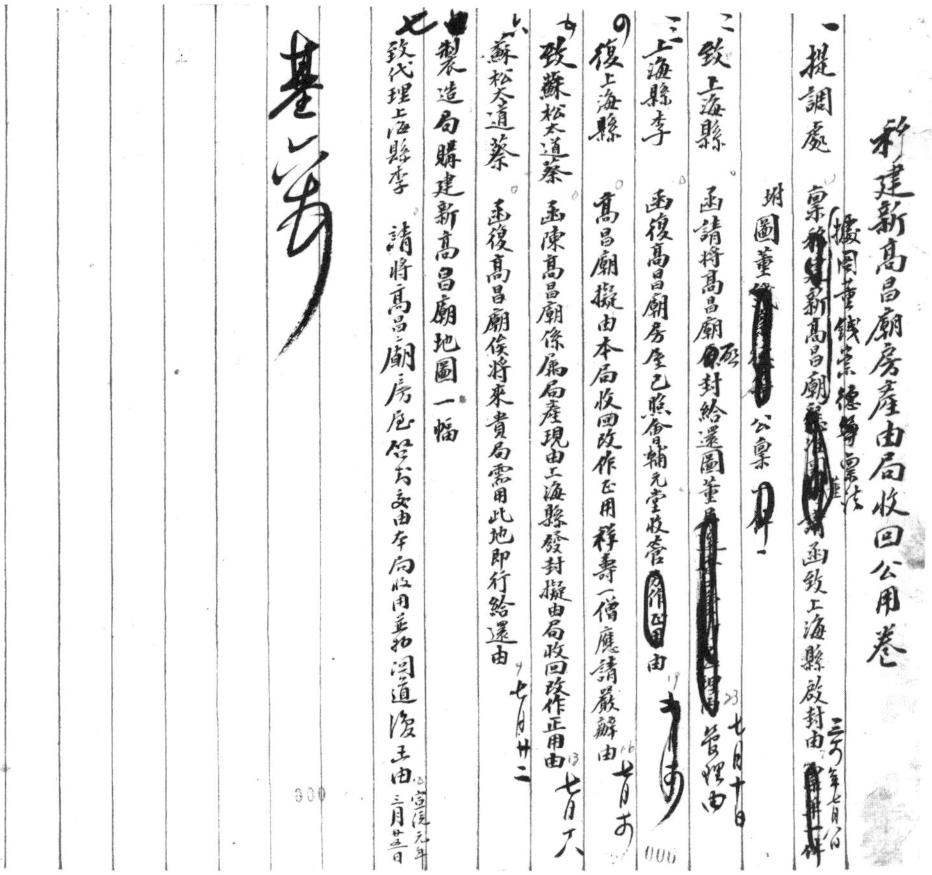
移建新高昌廟房産由局收回公用卷

一 提調處 稟[redacted]新高昌廟[redacted]函致上海縣啟封由 擬同董錢崇德等稟請 三十四年七月初[redacted]

附圖董[redacted]公稟

二 致上海縣 函請將高昌廟啟封給還圖董[redacted]管理由 七月十日

三 上海縣李 函復高昌廟房屋已照會輔元堂收管[redacted]由

四 復上海縣 高昌廟擬由本局收回改作正用，穆壽一僧應請嚴辦由

五 致蘇松太道蔡 函陳高昌廟係屬局産現由上海縣發封擬由局收回改作正用由 七月十八

六 蘇松太道蔡 函復高昌廟俟將來貴局需用此地即行給還由 七月廿二

製造局購建新高昌廟地圖一幅

七 致代理上海縣李 請將高昌廟房屋[illegible]由本局收用並[illegible]道[illegible]王由 宣統元年三月廿五日

基字

江南製造總局基字第六十五號移建新高昌廟房産由局收回公用卷目録（1908年7月或8月，光緒三十四年七月）

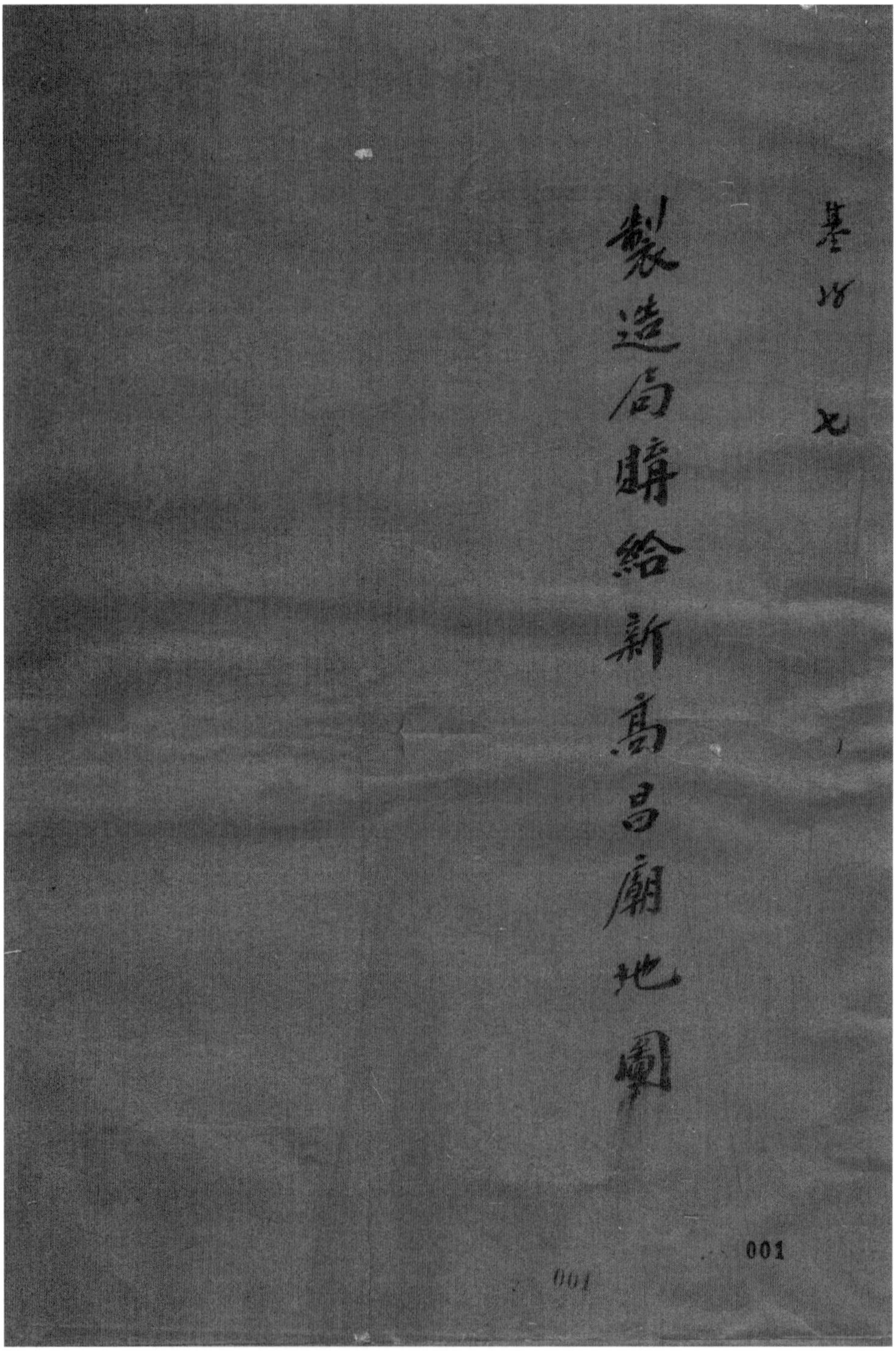
基18
七
製造局購給新高昌廟地圖
001

製造局購給新高昌廟地圖（1908 年，光緒三十四年）

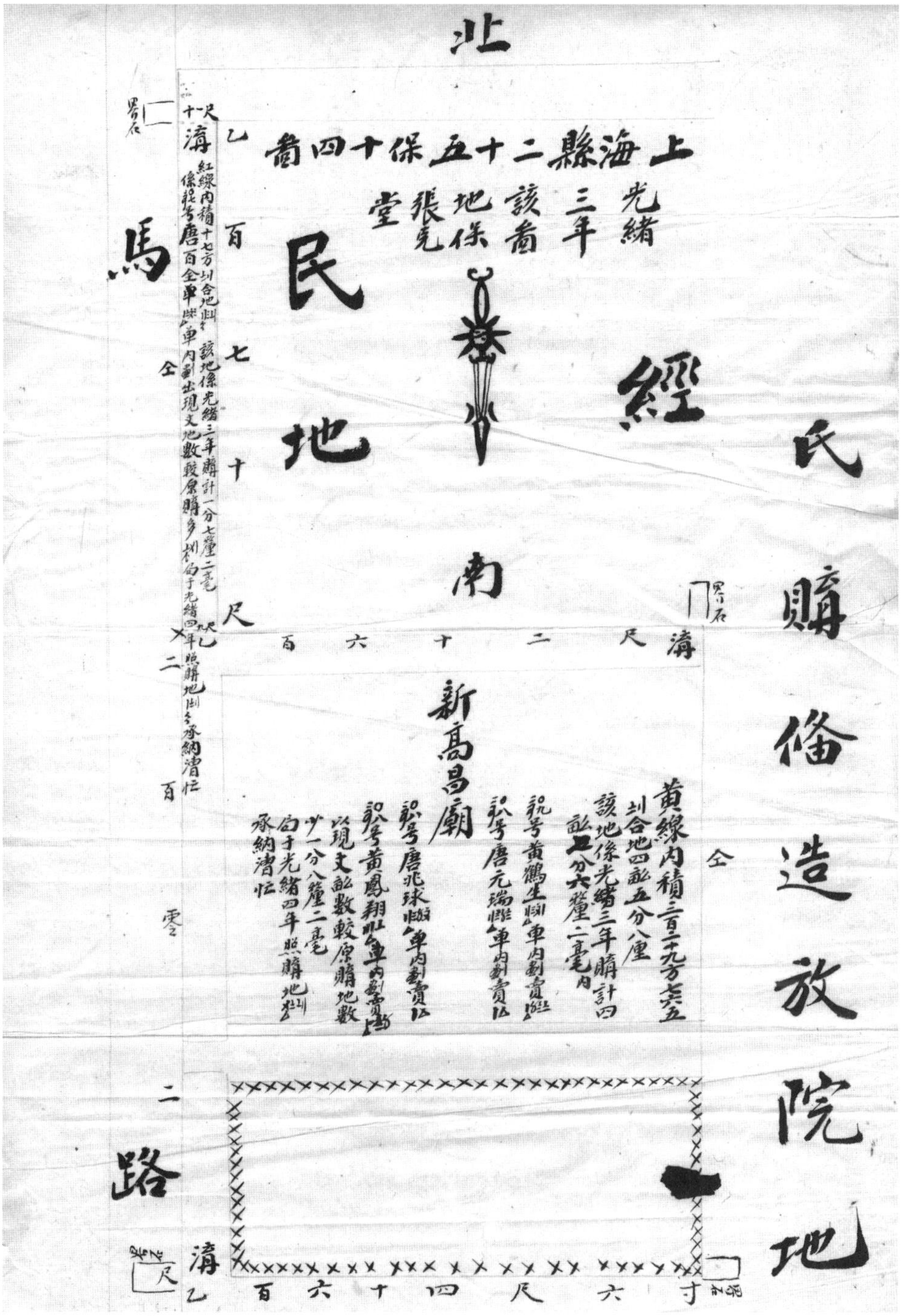

製造局購給新高昌廟地圖（1908 年，光緒三十四年）

圖董錢崇德等爲求恩設法啟封廟宇仍給管理事致江南機器製造局禀文（1908 年 7 月或 8 月，光緒三十四年七月）

具稟圖董計錫堂 顧祥生 錢崇德 顧潤德 楊昌言 喬泉生 黃鳳笙 計安國等

叁字以號一號

稟爲求

恩設法啟封廟宇仍給管理事竊查新高昌廟原由董等醵資建造在局內公務廳左近嗣因擴充廠地由局另購地基建還廟宇仍歸董等經管該廟當家老尼於今正去世即由其徒月祥接手不料月祥不守清規與前天福庵淫僧壽祥私通六月十七日晚該尼他出壽祥前來其時有女尼月魁在廟該僧責令尋回竟自作主歇宿月魁被逼不得已到來崇德處哭訴情由董等當即前去將該僧捉住正擬送保甲局究辦忽被中途脫逃現經本縣拿辦當堂供出通姦情事於昨日下午由縣飭差將廟發封該尼等既犯規律理應究辦惟廟屋由董等經營管理爲此環求

大老爺轉稟

局憲大人設法啟封重行整理實爲

德便伏乞

鈞鑒

光緒三十四年七月　日　呈

圖董錢崇德等爲求恩設法啟封廟宇仍給管理事致江南機器製造局稟文（1908年7月或8月，光緒三十四年七月）

基字26號卷第一批

敬稟者竊據圖董錢崇德等稟稱原有之高昌廟由董等建造在局中公務廳左近嗣因擴充廠地由局另行購地建還仍歸董等經管現該廟女尼月祥不守清規與淫僧壽祥私通業經由縣將該僧拘辦廟已發封惟該廟由董等經理環求轉稟

憲台設法啟封重行整理等情前來 提調等察閱稟詞係屬實在查本局現在議價處及號房之屋即係該廟當年原建舊址後因局中需用此地當由局購地建還即現在發封之新高昌廟也盡人皆知今該廟當家女尼不守清規與姦僧壽祥胆大私通深堪髮指 提調等彼此會商擬懇

江南機器製造局提調處爲稟新高昌廟據圖董錢崇德等稟請函致上海縣啟封事致該局總辦稟文及總辦批文（1908 年 8 月 4 日，光緒三十四年七月初八日）

憲台保全局製之廟產俯准該董等所請可否函致上海縣啟封
惟以後禁用僧尼即飭由該董等慎選老成持重之香工住廟
小心看管兼照應香火俾此後永無藏垢納污情事是否
有當伏祈
鈞奪批示祗遵
附呈圖董錢崇德等來禀一扣
伏查該廟在二十五保十四圖於光緒三年冬季由本局
購置地畝起造四年孟夏落成現懸匾額下款並題明機
器製造局移建字樣合併聲明

江南機器製造局提調處爲禀新高昌廟據圖董錢崇德等禀請函致上海縣啟封事致該局總辦禀文及總辦批文（1908年8月4日，光緒三十四年七月初八日）

新建高昌廟由錢崇德等管理乃該廟尼名守
性規錢崇德等自行設法稽察由縣啟
封本局礙難代為函飭姑令錢市董將高昌廟
原存廟產簿存案且廟產為本局專造函照

光緒三十四年七月初八日　提調處　謹呈

江南機器製造局提調處爲稟新高昌廟據圖董錢崇德等稟請函致上海縣啟封事致該局總辦稟及總辦批文（1908 年 8 月 4 日，光緒三十四年七月初八日）

據該董等環求飭將甲字保全以順輿情

文案即出請上海縣查照核復再行

核飭遵照

江南機器製造局提調處爲稟新高昌廟據圖董錢崇德等稟請函致上海縣啟封事致該局總辦稟文及總辦批文（1908年8月4日，光緒三十四年七月初八日）

弢樓仁兄大人閣下展誦

惠函拜悉種切高昌廟因案發封原為杜絕流弊起見現擬由局自行收回備作擴充廠基之用自無不可已函致李令接洽俟將來

貴局需用此地時即行給還知

念奉復敬請

台安

愚弟蔡乃煌頓首 七月二十二日

009

發文簿

月日	公文種類	號數	發往機關	摘由	備考

蘇松太道蔡乃煌爲函復高昌廟俟將來製造局需用此地即行給還事復江南機器製造局總辦張士珩（弢樓）函（1908年8月18日，光緒三十四年七月二十二日）

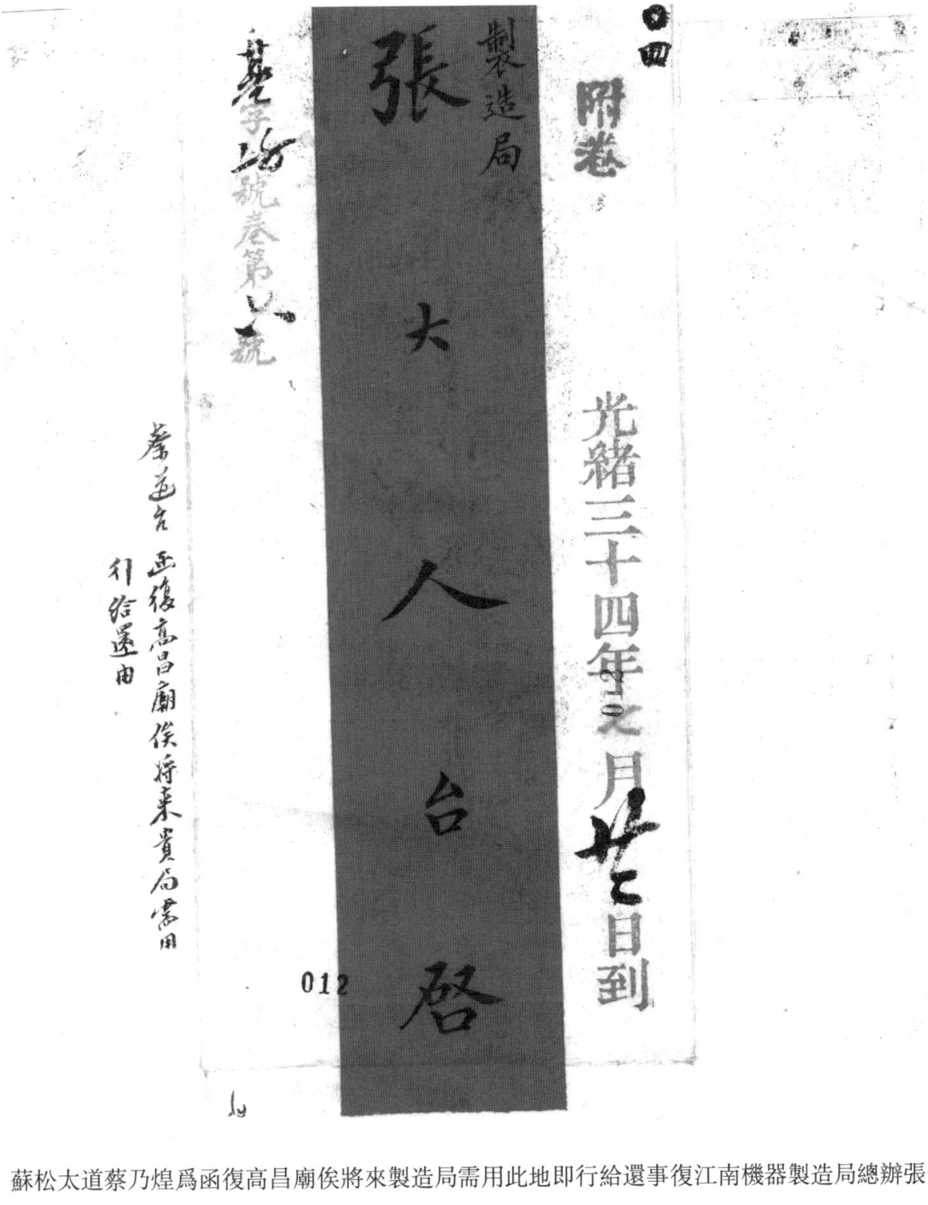
回
附卷
光緒三十四年七月廿二日到
製造局
張大人台啓
字號卷第號
蔡道台 函復高昌廟俟將來貴局需用
行給還由
012

蘇松太道蔡乃煌爲函復高昌廟俟將來製造局需用此地即行給還事復江南機器製造局總辦張士珩（弢樓）函（1908 年 8 月 18 日，光緒三十四年七月二十二日）

基字26號卷第七號

江南機器製造局公函稿

致代理上海縣李
稟
復

宣統元年三月廿四日送稿
廿五日判發
發行

一件函請將高昌廟啟封交由本局收用抄送關道復函請查照由

敬啟者：滬南高昌廟，上年七月因案發封，前經敝
局查明該廟地基房屋，統由敝局購造，錢糧又歸
敝局完納，迭次函商
貴縣交由敝局收回改作公用，並經函商
關道蔡觀察，旋准復稱，已轉致核洽，俟局中需

010

江南機器製造局爲函請將高昌廟啟封交由該局收用抄送關道復函請查照事致代理上海縣知縣李超瓊公函稿（1909年5月13日，宣統元年三月二十四日）

用、印、行、給還等因、現查敝局歷奉
部飭擴充整頓、籌辦學堂、原有廠屋之建置、
學堂之校舍、洋員之住房、均須推拓移徙、近日又奉
部文推廣槍廠、亟須認真籌辦、前項廟產距
局不遠、既係局中購置、又歸局中完糧、自應趕緊
收回改作正用、該廟封閉已大半年、其無人照看、其
中屋宇滲漏破損在所不免、尤須趕緊封查設法
修整更改、除已飭李縣丞錫年、就商
台端、並飭提調會商工程股、兩機工匠剋日前往查勘

江南機器製造局爲函請將高昌廟啟封交由該局收用抄送關道復函請查照事致代理上海縣知縣李超瓊公函稿（1909年5月13日，宣統元年三月二十四日）

修改外，合亟專函奉達，並抄關道上年復函奉

覽，尚祈

查案飭差，退即揭封，交由敝局接收應用，至紉

公誼。專此，敬請

升安，惟

照不宣。

附抄函

江南製造局函　三月廿四日

011

江南機器製造局爲函請將高昌廟啟封交由該局收用抄送關道復函請查照事致代理上海縣知縣李超瓊公函稿（1909 年 5 月 13 日，宣統元年三月二十四日）

基字 28 號卷第三號

江南機器製造局公函稿

致 蘇松太道蔡

稟

復

光緒卅四年七月十七日送稿

十八日判發

發行

一件 函陳高昌廟係屬局產現由上海縣發封擬由局收回改作正用 由

伯浩仁兄大人閣下、敬啓者、製造局外馬路旁、有高昌廟一座、該廟從前係在局内提調公務廳前、由圖董延女尼住持、房屋地址均不寬展、光緒三年因擴充廠基、該廟未便久置局中、特另購二十五保十四圖地畝由局建廟一所、令其遷入、仍由圖董經管、由局完納錢糧、相

013

江南機器製造局總辦張士珩爲函陳高昌廟系屬局產現由上海縣發封擬由局收回改作正用事致蘇松太道蔡乃煌（伯浩）公函稿（1908 年 8 月 13 日，光緒三十四年七月十七日）

沼以至於今，前者劃分船塢，近年擴充製造，致局中原
有廠基日形狹隘。該廟雖爲局產，因係地方廟宇，相
安已久，甚流弊，遂亦置之不論不議。現在該廟女尼不守清規，招
引劣僧淫肆不法，經上海縣查知，拘罰僧尼，並將該
廟房屋發封。該尼僧等固膽大妄爲，該圖董等亦漫無
稽察，言之實堪痛恨。昨據提調稟稱，圖董環求啓封
重行整理，當以該廟係由局中購造完糧，即係局產，姑
准函商縣李大令，請爲斟酌，或至封交局，另發董整
理。李令以該廟積習難返，照舊圖董既已難靠，勝予准啓

江南機器製造局總辦張士珩爲函陳高昌廟系屬局產現由上海縣發封擬由局收回改作正用事致蘇松太道蔡乃煌（伯浩）公函稿（1908年8月13日，光緒三十四年七月十七日）

封給領、係、彈將益多窮、益稱照會補充董紳收
管、該董籌理善舉、以廟產歸入該董、自是改作正
用、不至再有藏垢納污之事、籌憲極為周妥、惟
廟基既係局中購置、房屋又係局中建造、錢糧文
由局中完納、現在廟基四面、仍有製局界石、廟內匾
額、亦題明製局稱建、昨飭局中營案高昌廟地
防委員李縣丞錫年、飭派地保、將該廟地畝詳細丈
量、查明從前地主、係黃鶴生、唐元瑞、唐兆球、黃鳳翔
等四戶、廟產即在該四戶田單內劃出、從前局中所以不

江南機器製造局總辦張楚寶爲函陳高昌廟系屬局産現由上海縣發封擬由局收回改作正用事致蘇松太道蔡乃煌（伯浩）公函稿（1908年8月13日，光緒三十四年七月十七日）

造向著，因有圖董經理，現在廟已毀，仍不請圖董，又不可
靠。局中廠地狹隘，自應自行收回，頗可改作正用。近年迭奉
陸軍部札飭，擴充製造，開拓槍廠，並奉　部飭籌
辦高等兵工學堂，本年七月初間，又奉　部飭，
趕辦砲廠，擴充砲彈、鍊鋼等廠，原有廠屋之建置，
學堂之校舍，洋員之房所，均須推拓移徙，前於六
月間，因局門圍牆外陸續購買之地，多與民地錯雜，洽請
飭縣示諭，以後附近局地各業戶，售賣田地房屋，均先報
明本局核辦，因為慎重局廠起見，預備推廣地步，

江南機器製造局總辦張士珩爲函陳高昌廟系屬局産現由上海縣發封擬由局收回改作正用事致蘇松太道蔡乃煌（伯浩）公函稿（1908年8月13日，光緒三十四年七月十七日）

此項廟產、距局不遠、由局收回、極有用處、且以廟產充公而論、補充壹與製造局、同在上海轄境以內、可以歸入補充壹、即可以歸入製造局、既廟產全係製局購置、漕忙又歸製局承納、似不歸圓華經管、即應由製局收回、改作正用、較之撥歸補充壹、尤爲切當、昨復函商上海縣李令、請其轉稟定案、李令稱事明晰、此節當可允許、仍須會陳

台端、請示尊意、務乞

主持、至紉

另蓋前者老君廟發封充公、由敝局備價贖回、改作病院、

015

江南製造總局

江南機器製造局總辦張士珩爲函陳高昌廟系屬局産現由上海縣發封擬由局收回改作正用事致蘇松太道蔡乃煌（伯浩）公函稿（1908年8月13日，光緒三十四年七月十七日）

曾蒙

維持撥助經費，局匠三千人，同受其賜，然老君廟並非局產，

局中因其有用，尚可備價歸用，高昌廟則本係局產，即

在老君廟後面，距局甚近，似由局中自行收回應用，情理

尤爲順

卓見以爲何如，專肅奉商，敬請

勛安，諸維

鑒察不宣

教弟張

七月十七日

江南機器製造局總辦張士珩爲函陳高昌廟系屬局産現由上海縣發封擬由局收回改作正用事致蘇松太道蔡乃煌（伯浩）公函稿（1908年8月13日，光緒三十四年七月十七日）

華45號卷第0號

江南機器製造局公函稿

致
稟
復 上海縣李

光緒卅四年七月 十三 日

十四

送稿
判發
發行

一件 高昌廟擬由本局收回改作正用祥壽應請嚴辦 由

子璈仁兄大人閣下：頃奉
惠書，備悉壹是。高昌廟發封一案，該女尼不守清規，固
屬罪不容逭。該圖董事前庭無查察，誠如
來示，非有以繩厥印，形同雙瞶，言之寔堪痛恨。本
前函所陳係據提調稟，因該圖董等環求啟封，

016

江南機器製造局總辦張士珩爲高昌廟擬由該局收回改作正用祥壽應請嚴辦事復上海縣知縣李超瓊（子璈）公函稿（1908年8月9日，光緒三十四年七月十三日）

頗有整理之意，並查知從前高昌廟地址房屋極

小，圈入局中，現在新高昌廟，係光緒三年由局中購二

十五保十四圖地畝另造，雖係地方廟宇，由圖董延僱

女尼住持，該基地房屋統由局中購造，錢糧又歸局

中完納，寔與局產無異，姑准據情商請

左右斟酌辦理，原函所稱遴僱香火看守一節，本圖不

甚詳，該圖圖董既均環求，又請重行整理，或者遴僱

得人，驅逐不法僧尼，稍可妥協，茲一面據情商請，一面仍飭

委調查從前建置經費，擬籌久遠之策，並於局內加

江南機器製造局總辦張士珩爲高昌廟擬由該局收回改作正用祥壽應請嚴辦事復上海縣知縣李超瓊（子璥）公函稿（1908年8月9日，光緒三十四年七月十三日）

入交由本局收回、昔董慎選香二字樣、用意蓋別有
所在、擬俟
貴處定案函封後、隨時察訪、如該廟董等、仍前不
甚經意、既係由局建置、又係由局贊助、即可以由局收
回、另作正用、並祈
閣示、揭封給領、流弊滋多、將益無窮、恐爲地方風
俗之害、
籌畫周密、慮遠思深、曷勝佩仰、惟祈
示照會補之查收存一節、仍請

017

江南機器製造局總辦張士珩爲高昌廟擬由該局收回改作正用祥壽應請嚴辦事復上海縣知縣李超瓊（子璈）公函稿（1908年8月9日，光緒三十四年七月十三日）

斟酌，緣廟屋隸入輔元堂，自是改作正用，不至再有

藏垢納污之事，用意至爲周密，第念此項廟地，既

係本局所購，廟屋又爲本局營建，地方又去局甚近，每

年又由局完糧，從前局中所以不過問者，因係地方

廟宇，廟祝沿用女尼，向歸圖董經管，移建以後，一

仍其舊，現既因廟尼不法，議將該廟改作正用，爲

正本清源之計，則廟屋既係本局購造，即不歸

圖董經管，改由本局收回，亦可另作正用，本局迭奉

陸軍部札飭，擴充製造，並奉　部飭，寬籌藉爲籌

江南機器製造局總辦張士珩爲高昌廟擬由該局收回改作正用祥壽應請嚴辦事復上海縣知縣李超瓊（子璈）公函稿（1908年8月9日，光緒三十四年七月十三日）

兵工等學堂、局中之局屋地畝、均不寬展、此項廟産、
距局不遠、由局收回、斟酌更改、極有用處、以敷措
歸補元堂、材爲相宜、此節尚於
鈞鑒、再行定案、至祥壽供詞、牽涉圖董、究竟
有無其事、以或任該僧因在尼庵爲該董指駁、銜
恨切齒、因藉此以洩忿、不無迸出之詞、
明鏡高懸、必能
洞及蘊奧、但祥壽荒淫無恥、是爲佛門敗類、前在
老君廟、招留婦女、經

018

江南機器製造局總辦張士珩爲高昌廟擬由該局收回改作正用祥壽應請嚴辦事復上海縣知縣李超瓊（子璈）公函稿（1908 年 8 月 9 日，光緒三十四年七月十三日）

閣下懲辦後，不知改悔，膽敢變易裝服，又於深夜至

高昌廟淫肆不法，與女尼苟合，膽大妄爲，怙惡不悛，可惡已

極。若不從嚴懲治，即將來釋放以後，故態復萌，流

弊不可勝言，實足爲地方風俗之害。度

執事嫉惡素嚴，必不致稍從寬假也。專此敬請

升安，諸希

朗照不宣。　愚弟張□

七月十三日

江南機器製造局總辦張士珩爲高昌廟擬由該局收回改作正用祥壽應請嚴辦事復上海縣知縣李超瓊（子璈）公函稿（1908年8月9日，光緒三十四年七月十三日）

敬稟者竊奉
鈞諭以據提調轉據啚董錢崇德等稟稱原有高昌廟由董等醵資
建造在今製造局公務廳左近嗣因擴充廠地由局另行購地建
造仍歸董等經管現該廟女尼月祥不守清規由縣發封稟乞設
法啟封重行整頓等情
飭即將廟尼逐去仍將該廟啟封交局飭董選工管理等因奉此伏
查該啚董等經理此廟始於何年乃縱容淫尼等窟穴其中穢跡
昭著即如姦僧祥壽所供往來該廟已三年有餘悅寬悅亮均與

上海縣知縣李超瓊爲高昌廟房屋已照會輔元堂紳董收管另作正用事復江南機器製造局總辦張士珩函（1908年8月，光緒三十四年七月）

苟合其淫穢之跡不堪形諸筆墨實大為佛門之玷有傷風化更
不待言該董等竟不一過問其為有心縱庇可知否則亦屬形同
聾聵且祥壽并供有悅寬與晶董亦嘗往來并牽涉及圖董之子
雖未便深求致多株累然此次糾集流氓私將祥壽綑綁吊打據
供幾致斃命而即皆圖董所為野蠻至此尚須查究若准揭封給
領流弊將益無窮恐大為地方風俗之害該廟房屋現已照會輔
元堂紳董收管另作正用容俟具稟到日再請
道憲核示辦理有負

192

020

上海縣知縣李超瓊爲高昌廟房屋已照會輔元堂紳董收管另作正用事復江南機器製造局總辦張士珩函（1908年8月，光緒三十四年七月）

雅命之處尚乞
海涵專肅泐復敬請
勛安伏乞
垂鑒知縣超瓊謹稟

021

上海縣知縣李超瓊爲高昌廟房屋已照會輔元堂紳董收管另作正用事復江南機器製造局總辦張士珩函（1908 年 8 月，光緒三十四年七月）

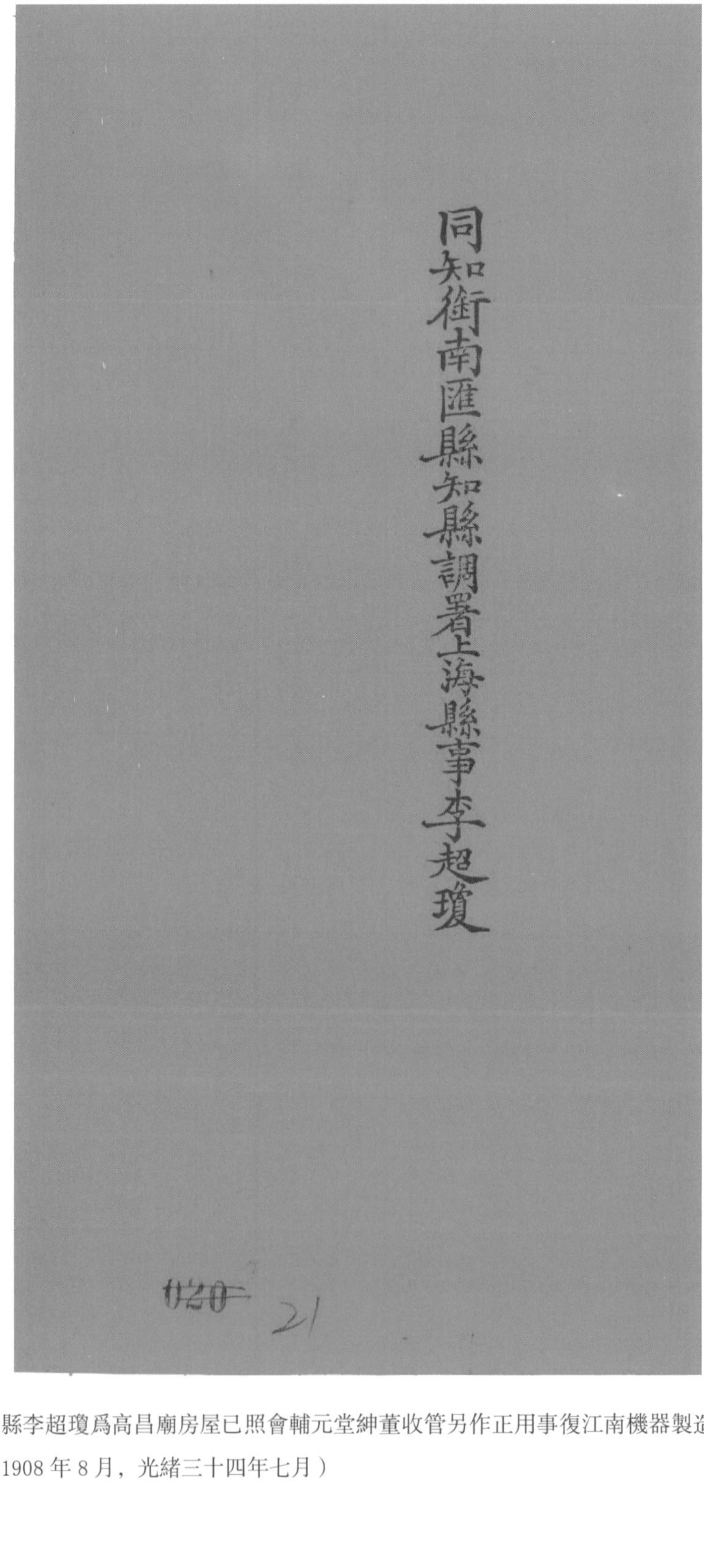

同知銜南匯縣知縣調署上海縣事李超瓊

~~020~~ 21

上海縣知縣李超瓊爲高昌廟房屋已照會輔元堂紳董收管另作正用事復江南機器製造局總辦張士珩函（1908 年 8 月，光緒三十四年七月）

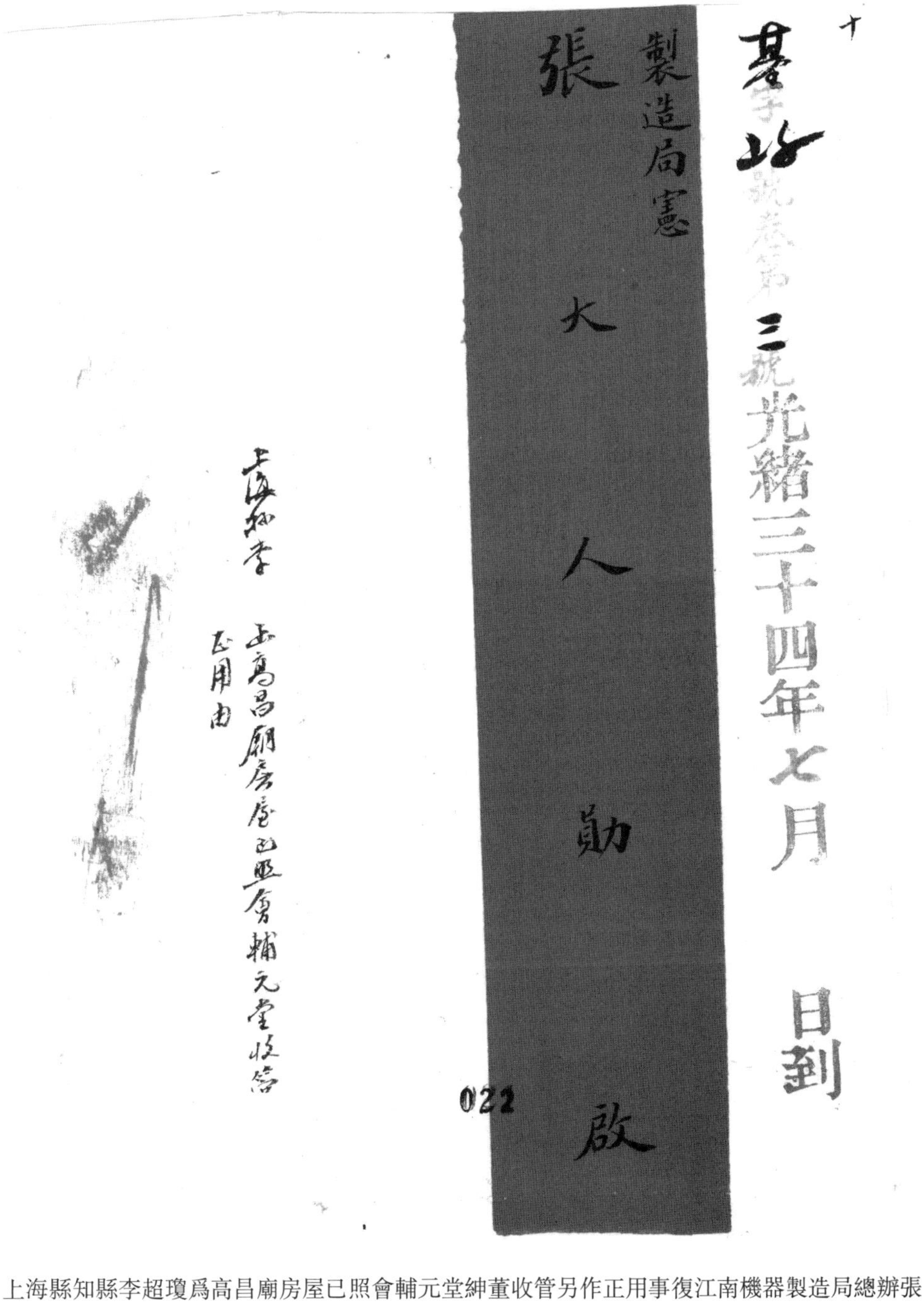

上海縣知縣李超瓊爲高昌廟房屋已照會輔元堂紳董收管另作正用事復江南機器製造局總辦張士珩函（1908 年 8 月，光緒三十四年七月）

基字28號卷第二號

江南機器製造局公函稿

致 上海縣李
稟
復

光緒卅四年七月初九日判發 送稿
初十早繕發

一件 請將高昌廟啟封給還圖董另選香工重行整理 由

敬啓者，本月初八日據本局提調稟稱，窃據高昌廟圖董錢崇德等稟稱，原有高昌廟，由董等醵資建造，在今製造局公務廳左近，嗣因擴充廠地，由局另行擇地建還，仍歸董等經管。現該廟女尼月祥不守清規，與僧壽祥私通，業經由縣將該僧拘辦，廟

023

江南機器製造局爲請將高昌廟啟封給還圖董另選香工重行整理事致上海縣知縣李超瓊公函稿
（1908年8月5日，光緒三十四年七月初九日）

並由縣發封。惟該廟向由董等經理，爲此環求轉筆
局憲，設法函致，重行整理等情。前來。提調查現在局
中議價案及雜房之屋，即係該廟當年原建舊址。
後因局中需用此地，由局另購建還，即現在發封之該高
昌廟也。今該廟女尼不守清規，與奸僧專祥私通，殊堪
髮指。提調再三商酌，擬請憲台俯念廟產爲本局建
還，准予函致上海縣，啟封發還該董等，以後禁用僧尼，
即由該董等慎選老成香工，住廟小心看管，照應香火，俾
此後永無藏垢納污之事。伏祈鈞奪批示，等情。據此，查該廟

江南製造總局

江南機器製造局爲請將高昌廟啟封給還圖董另選香工重行整理事致上海縣知縣李超瓊公函稿
（1908年8月5日，光緒三十四年七月初九日）

既由圖董經管，所延廟祝無論僧尼，均應恪守清規，謹慎
看守，乃該廟女尼不知自愛，膽敢與淫僧私通，該圖董等
平时亦竟睦同其自然，漫無稽察，殊不可解。既經
貴縣發封，〔本局諸高郎兄均悉〕自應靜候辦理，詢念此間市鎮本以高昌廟名存〔常載在輿志〕
此廟以符名實，並為合鎮居人〔亦本局工匠〕歲时祈禳會集之地，未可
不可，且廟〔地〕產係為本局建還〔而購廟產仲本局建置〕，既據圖董環求啟封，重行
整理，並擬提調年稱，以後禁用僧尼，由〔局〕董慎選香工，必能
管業，核尚屬可行，除批示外，用特專函奉達，尚祈
查照，曲予保全，諭飭差保，祇將廟尼逐去，仍將該廟啟封發還〔交由本局照管封〕

024

江南機器製造局爲請將高昌廟啟封給還圖董另選香工重行整理事致上海縣知縣李超瓊公函稿
（1908年8月5日，光緒三十四年七月初九日）

飭香董該圖董錢崇德等揀選香工，謹慎管理，以順輿情而資整頓，最為合宜。再查該廟原在局中提調公務廳旁，後因局中需用，於光緒三年冬間由局在二十五保十四圖地方另行購地一區，代為起造新廟所，令其遷入。光緒四年落成，欽賜匾額，下款題明機器製造局稿建字樣，每年仍由本局在差務完納錢糧，合併奉明。敬請

升安，諸惟

朗照不宣。

江南製造局函

江南機器製造局爲請將高昌廟啟封給還圖董另選香工重行整理事致上海縣知縣李超瓊公函稿

（1908年8月5日，光緒三十四年七月初九日）

江南製造總局

十四、江南製造局關於並未占用敬業書院田產致上海縣的復文

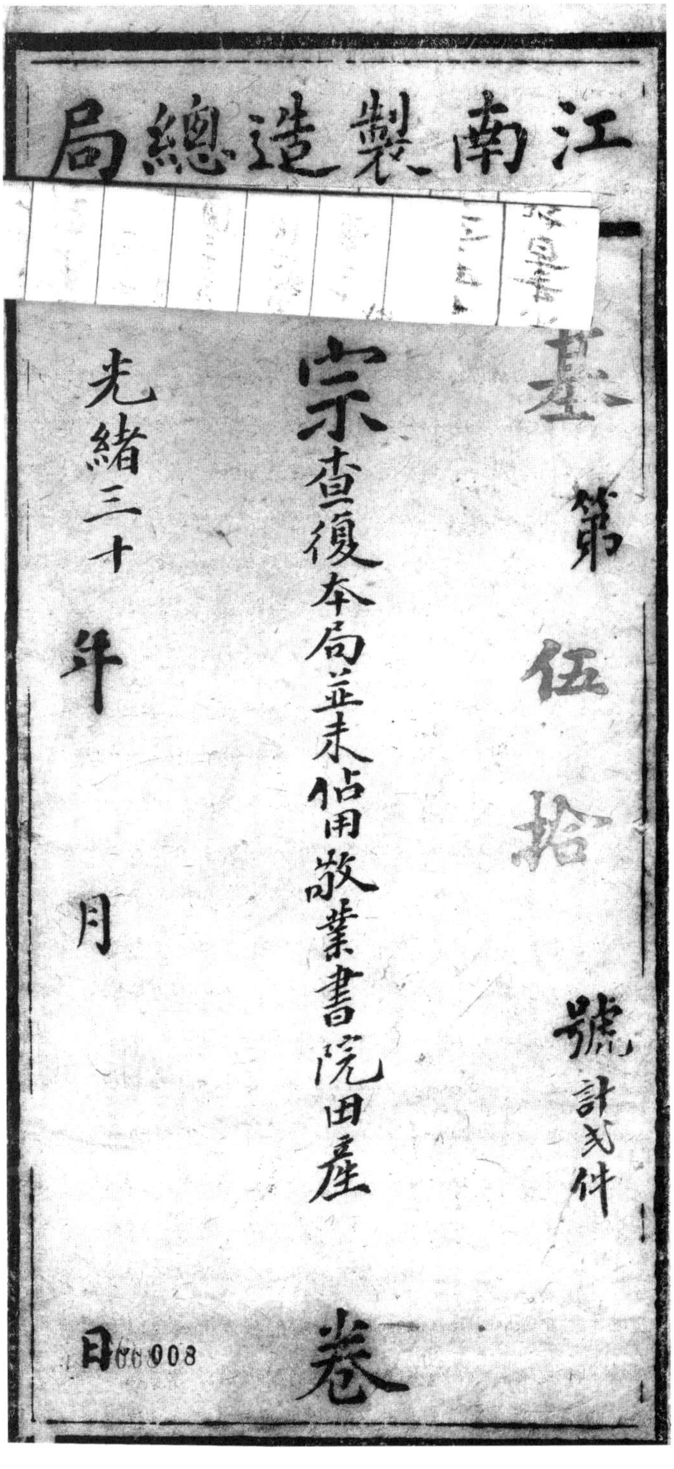

江南製造總局基字第五十號查復本局並未占用敬業書院田産卷封面（1904-1905年，光緒三十年）

上海總商會

類第七拾號

查復並未占用敬業書院田產案

一來往移文兩件

宗　　　　卷

年　　月

009

上海總商會第七十號查復並未占用敬業書院田產案卷封面（時間不詳）

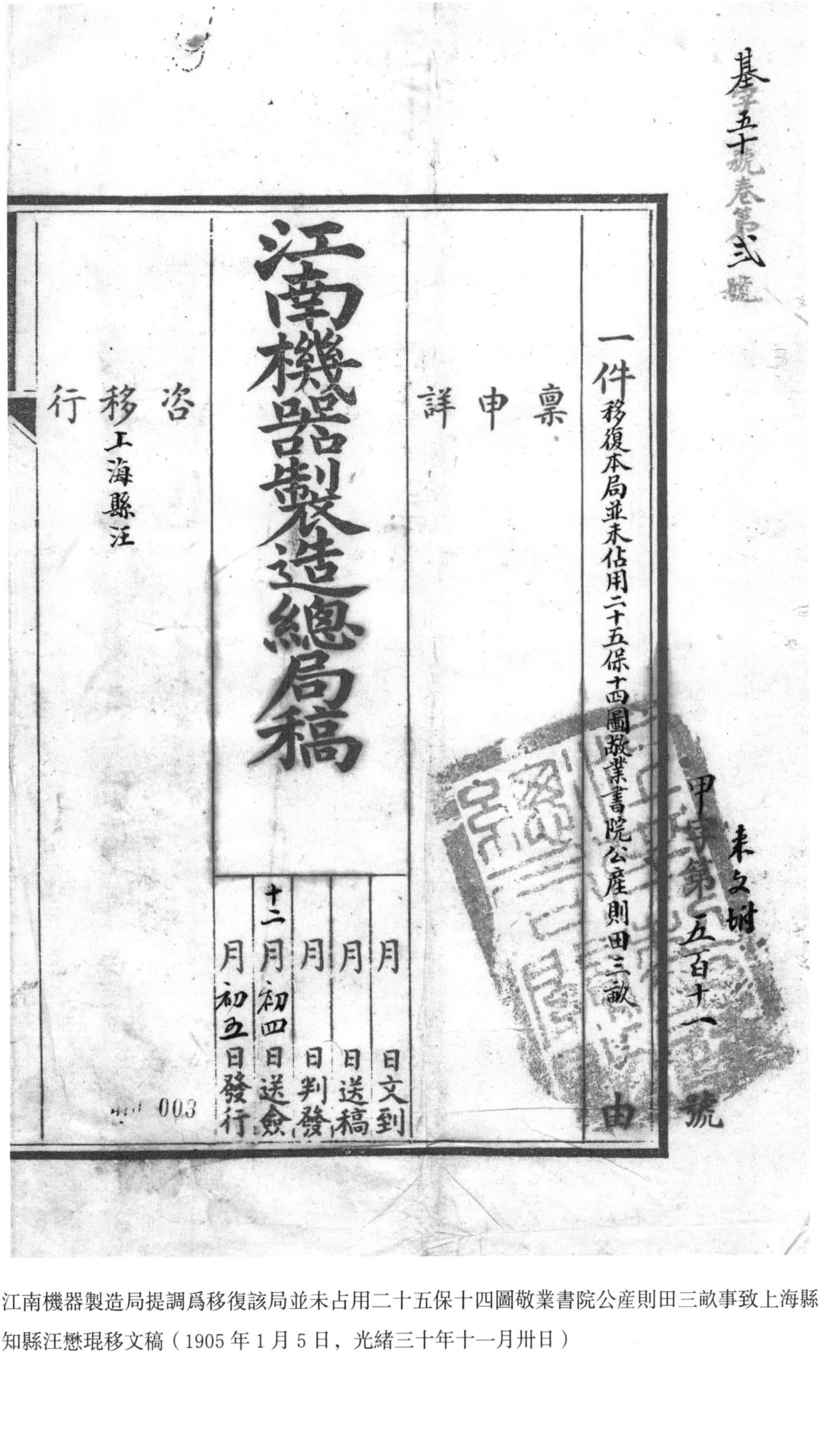

江南機器製造局提調爲移復該局並未占用二十五保十四圖敬業書院公産則田三畝事致上海縣知縣汪懋琨移文稿（1905年1月5日，光緒三十年十一月卅日）

為移復事、光緒三十年十一月二十三日准

貴縣移開、據書院董事姚文枏等函稱、以二十五保十四圖一百十六號則田三畝、係敬業書院公産、製造局初開生鉄廠佔用、現值清理院産之際、可否估值議租、或由局價購、請即移局查照辦理等情前來、合移貴提調、煩照來文查明前項院産於何時佔用、究有若干畝、現在應否議租、或由局價購之處、希與院董酌議辦理、復縣核辦等因、准此查本局由虹口移設高昌廟地方、陸續購買地畝、建造廠房、船塢、碼頭等項、同治四年〔六年月〕價買敬業書院公産蕩地二十三畝八分八釐、坐落二十四保十四圖、每畝付價錢十二千文、同治七年二月准

001

江南機器製造局提調爲移復該局並未占用二十五保十四圖敬業書院公産則田三畝事致上海縣知縣汪懋琨移文稿（1905 年 1 月 5 日，光緒三十年十一月卅日）

貴縣文函以二十四保十二圖内又有地一畝三分四厘一毫亦係敬業書
院公産該院職董書樹珊稟稱情願捐讓製造局建築碼頭不收地
價亦不收租價繪圖送局備案同治七年七月局中添購廠基又價買
敬業書院公産蕩地七畝八分八厘一毫亦坐落二十四保十二圖每畝仍
照付價錢十二千文同治八年八月又價買敬業書院公産稻田二分七厘
三毫坐落二十五保十四圖共付價錢十一千三百七十四文此外並未購用
敬業書院公地亦並無初開生鉄廠時佔用二十五保十四圖敬業書院公
産則田三畝之事相應據實移復為此合移
貴縣請煩查照核復院董施行須移

江南機器製造局提調爲移復該局並未占用二十五保十四圖敬業書院公産則田三畝事致上海縣知縣汪懋琨移文稿（1905 年 1 月 5 日，光緒三十年十一月卅日）

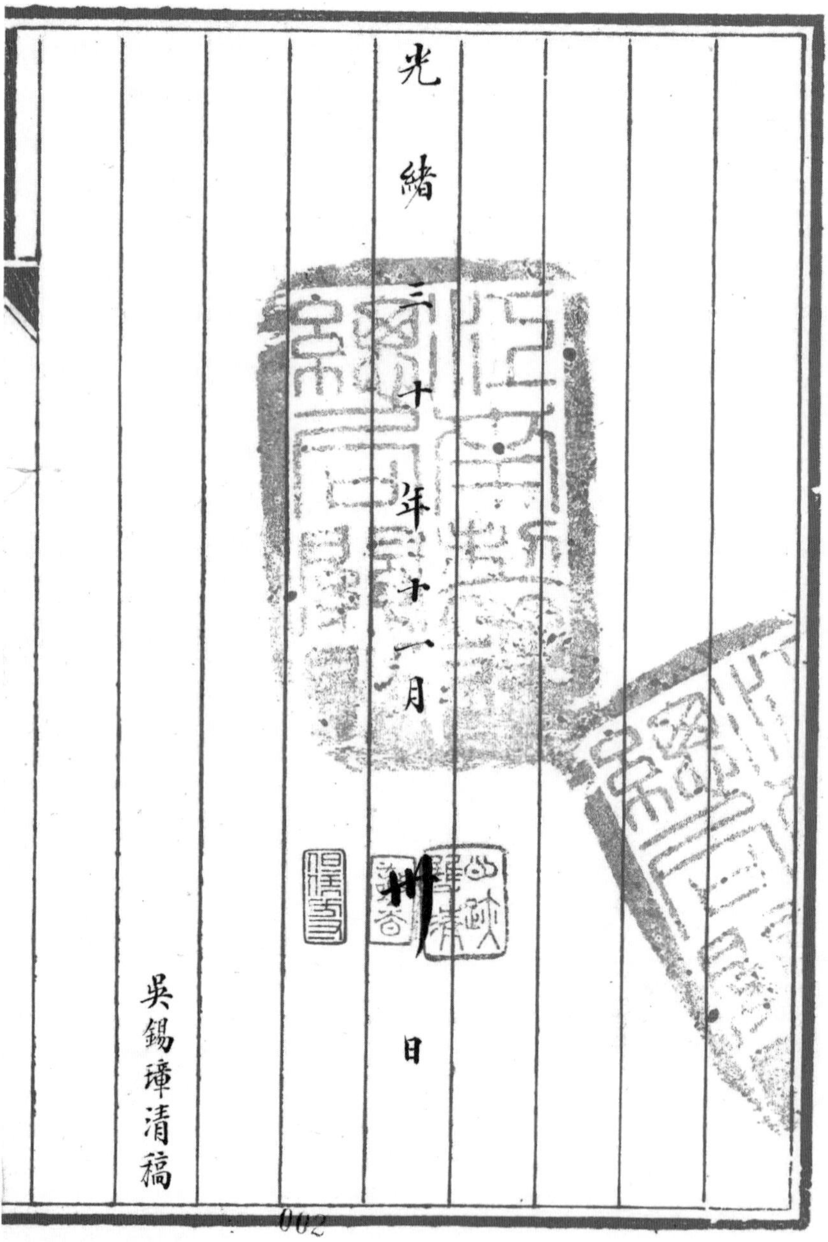
光緒三十年十一月卅日

吳錫璋清稿

002

江南機器製造局提調爲移復該局並未占用二十五保十四圖敬業書院公産則田三畝事致上海縣知縣汪懋琨移文稿（1905年1月5日，光緒三十年十一月卅日）

此案由上海縣移詢提調即由提調

備文移復　十二月初六日　汪

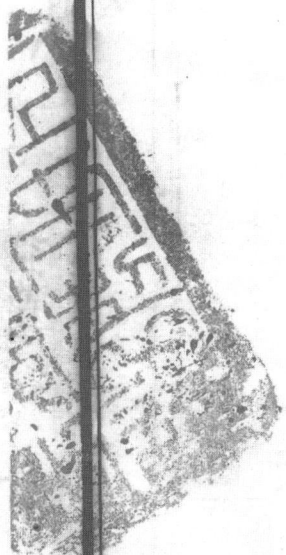

江南機器製造局提調爲移復該局並未占用二十五保十四圖敬業書院公産則田三畝事致上海縣知縣汪懋琨移文稿（1905 年 1 月 5 日，光緒三十年十一月卅日）

查復本局並未佔用敬業書院田產

一上海縣移詢本局提調　移據書院董事姚文枬等函告本局佔用敬業書院公產

請查明復縣核辦由　附單二張坿粘文尾

卅年十月廿三日

二提調移上海縣　移復本局並未佔用二十五保十六圖敬業書院公

產則田三畝四請轉復院董由

十一月二十五日

基字第五十號

江南製造總局基字第五十號查復本局並未占用敬業書院田產卷目録（1904-1905年，光緒三十年）

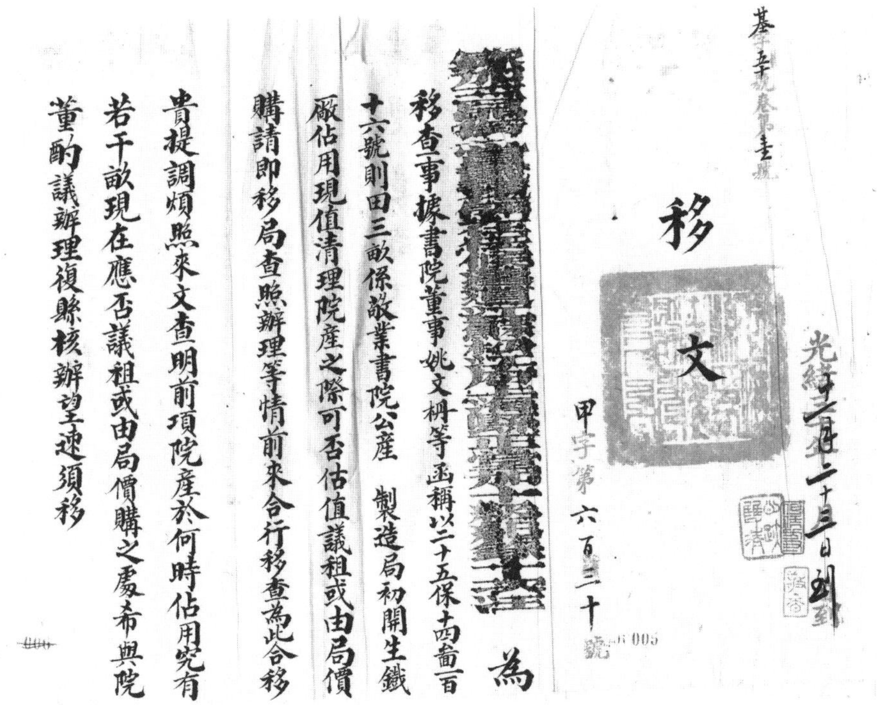
移文

光緒三十年十一月二十三日到

甲字第六百三十號

爲

移查事據書院董事姚文枬等函稱以二十五保十四啚百

十六號則田三畝係敬業書院公産 製造局初開生鐵

廠佔用現值清理院産之際可否估值議租或由局價

購請即移局查照辦理等情前來合行移查爲此合移

貴提調煩照來文查明前項院産於何時佔用究有

若干畝現在應否議租或由局價購之處希與院

董酌議辦理復縣核辦望速須移

上海縣知縣汪懋琨爲移查据敬業書院董事姚文枬等函告該局占用書院公産請查明復縣核辦事致江南機器製造局提調移文（1904 年 12 月 27 日，光緒三十年十一月二十一日）

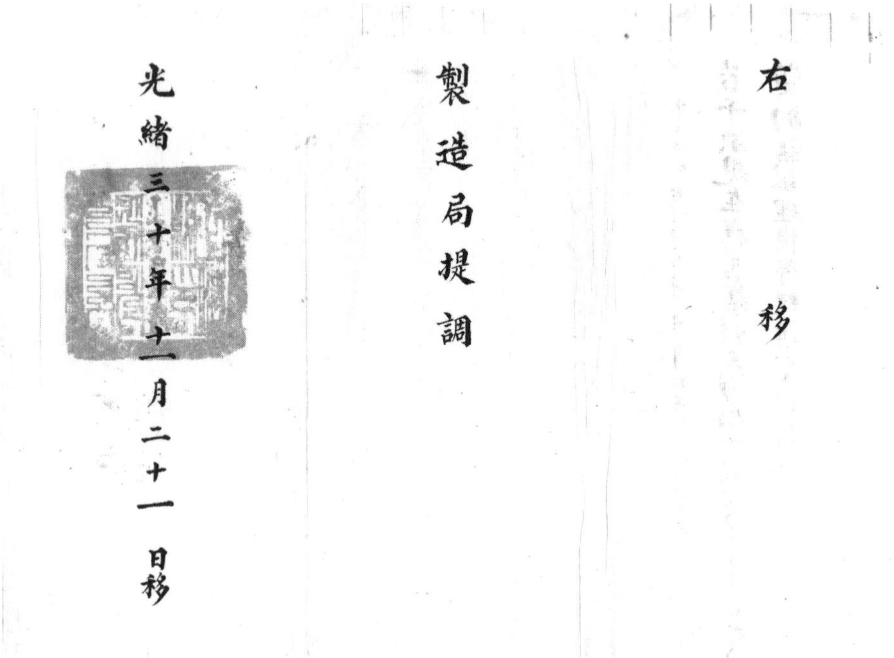

右　　移

製造局提調

光緒三十年十一月二十一日移

上海縣知縣汪懋琨爲移查据敬業書院董事姚文枏等函告該局占用書院公産請查明復縣核辦事致江南機器製造局提調移文（1904 年 12 月 27 日，光緒三十年十一月二十一日）

江南製造總局

敬業書院公產　基計乙

廿五保十四圖壹百捌陸號田三畝正乾隆三十九年紳士秦鍾沂捐　繳冊栽租戶王大年　撥地保稱製造局生鐵廠占用

廿四保方十三圖蘆蕩念畝正乾隆五十九年寶山縣民人黃英亭捐

廿四保方十三圖新卅田（咸豐九年沙洲案內）念弍畝五分一厘一毫　此田於同治三年紳董嘉寶縣清以補湊舊租缺數載明邑志

以上兩件撥地保稱礮隊營占用

006

查卷內只有購買敬業書院公產基地案兩宗礮隊營購地一宗

呈請

鑒核

敬業書院公產清單（1904年12月31日，光緒三十年十一月二十五日）

苗保方十二叁　敬業書院芦蕩　卅三畝八分八厘三毛　價每畝十二千　同治六年四月

苗保卅方十二圖　一敬業書院公產　一畝三分四厘一毛　捐浦建碼頭　未給價　同治七年二月　由馬西林取業書樹珊　奉憲飭捐議除租並由　物移送地圖備案

苗保方十二圖　敬業書院芦蕩　七畝八分八厘一毛　價每畝十二千　又　七月

廿五保十四叁　敬業書院稻田　二分七厘三毛　價共十一千三百七十五文　同治八年八月

業經查明以上各田俱係給價買受　各業廣餘積稍後芸

007

敬業書院公産清單（1904年12月31日，光緒三十年十一月二十五日）

江南製造總局

十五、江南製造局購買老君廟地基的契據及有關文書

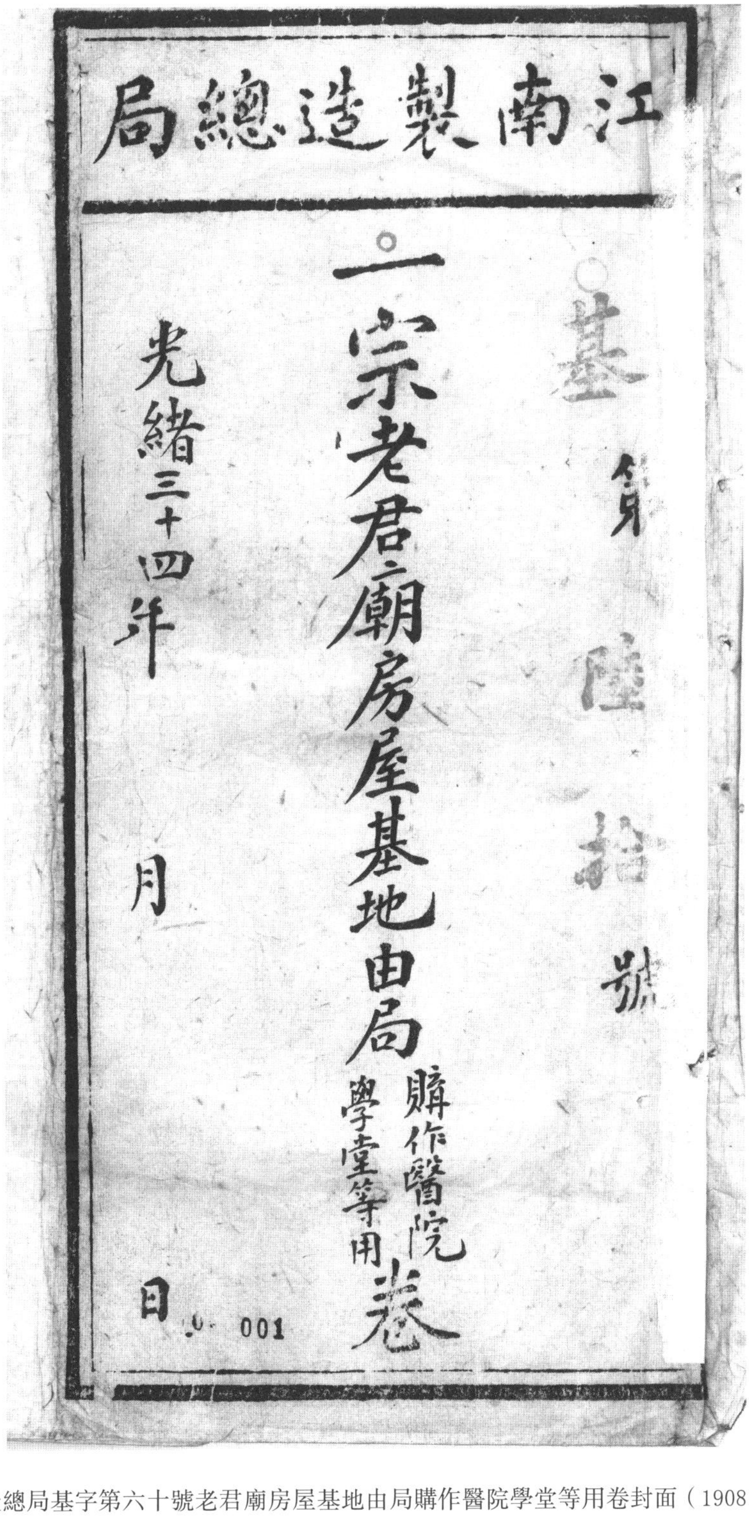
江南製造總局

基第陸拾號

一宗老君廟房屋基地由局購作醫院學堂等用卷

光緒三十四年　月　日

001

江南製造總局基字第六十號老君廟房屋基地由局購作醫院學堂等用卷封面（1908年，光緒三十四年）

上海總商會

類第六十八號

老君廟屋基由局購買案卷

一宗

田單一張　執照一張　牌面一紙

蔡孝道等圖樣玖件

申文一件

唐金銓等白契三紙

共田土壹畝一分七厘

年　月

002

上海總商會第六十八號老君廟屋基由局購買案卷封面（時間不詳）

上海縣知縣李超瓊爲老君廟由關道定價二千一百元事致江南機器製造局總辦張士珩稟文
（1908 年 5 月 30 日，光緒三十四年五月初一日）

敬禀者窃奉
鈞諭以老君廟發封充公一案
飭即禀詢
關道憲廟產變價若干以便籌款贖回等因遵經詢悉
道憲之意擬將該廟作價二千一百元以七百元撥歸
憲局作工匠醫局之費以一千四百元解候分撥亦奉前因合肅禀復仰祈
大人鑒核施行敬請
勛安伏乞

029

上海縣知縣李超瓊爲老君廟由關道定價二千一百元事致江南機器製造局總辦張士珩禀文
（1908年5月30日，光緒三十四年五月初一日）

垂鑒
知縣超瓊謹稟

030

上海縣知縣李超瓊爲老君廟由關道定價二千一百元事致江南機器製造局總辦張士珩稟文
（1908 年 5 月 30 日，光緒三十四年五月初一日）

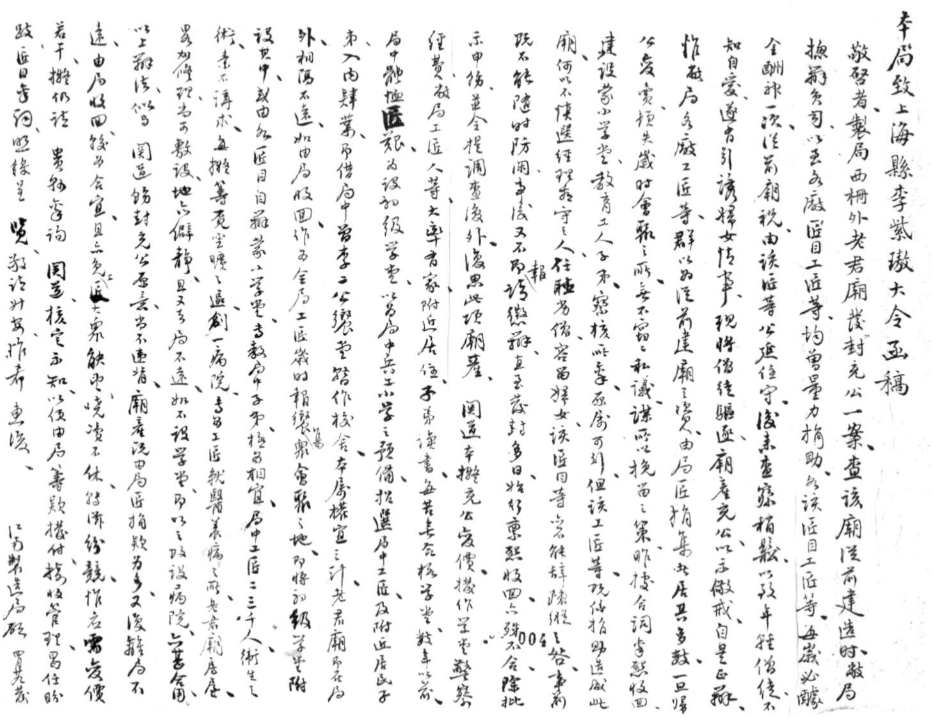

本局致上海縣李紫璈大令函稿

江南機器製造局爲函復老君廟變價系關道飭縣辦理應請仍照前函詢明定價示知事致上海縣知縣李超瓊（紫璈）函稿（1908 年 5 月 28 日，光緒三十四年四月二十九日）

内要函件專呈

提調李大老爺平書甫台啓

製造局緘

005

江南機器製造局總辦張士珩爲仍希將收回老君廟事一爲詳達蘇松太道或上海縣知縣并催其及早定案示以價值事致江南機器製造局提調李鍾珏（平書）函（1908 年 5 月 31 日，光緒三十四年五月初二日）

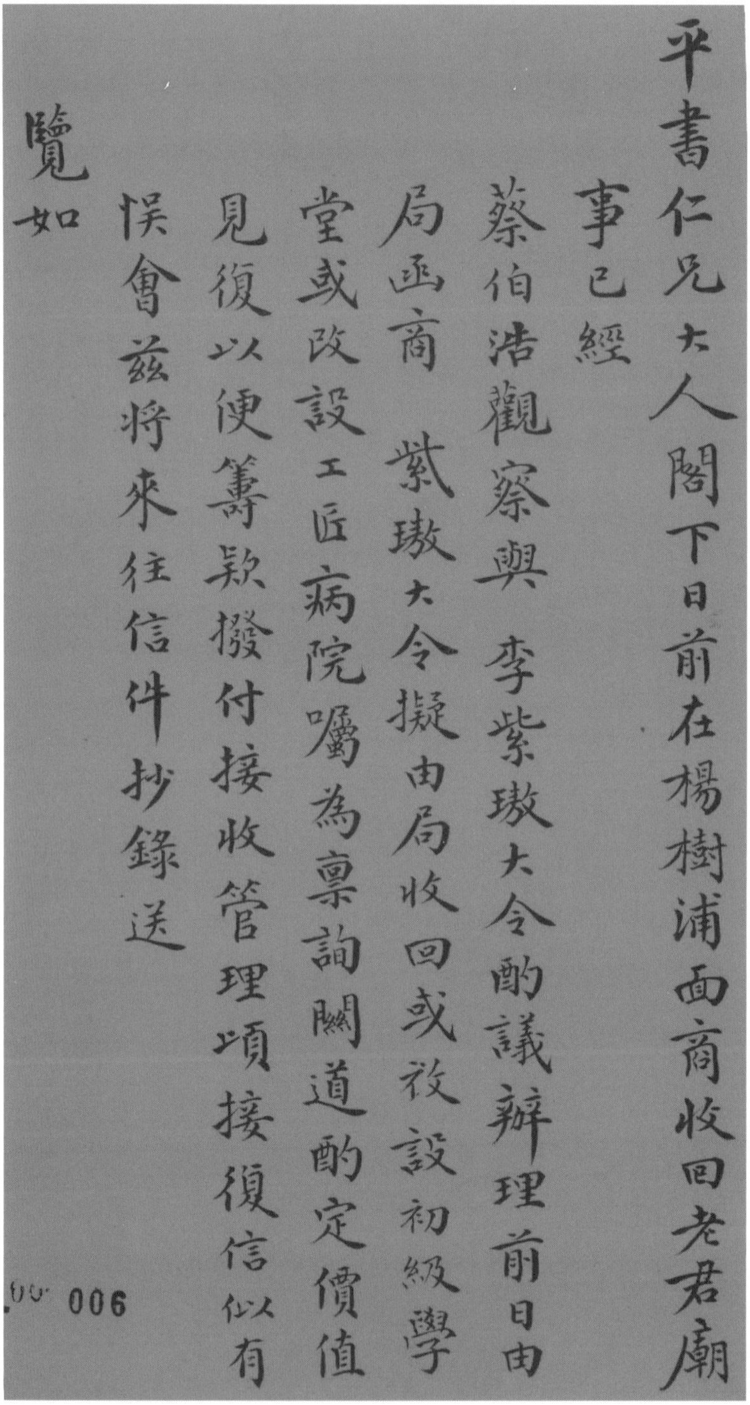
平書仁兄大人閣下日前在楊樹浦面商收回老君廟
事已經
蔡伯浩觀察與　李紫璈大令酌議辦理前日由
局函商　紫璈大令擬由局收回或設初級學
堂或改設工匠病院屬爲稟詢關道酌定價值
見復以便籌款撥付接收管理頃接復信似有
誤會茲將來往信件抄錄送
覽如
006

江南機器製造局總辦張士珩爲仍希將收回老君廟事一爲詳達蘇松太道或上海縣知縣并催其及早定案示以價值事致江南機器製造局提調李鍾珏（平書）函（1908年5月31日，光緒三十四年五月初二日）

執事晉謁 蔡觀察或與 李大令接晤仍希將此
事一為詳達並催其及早定案示以價值以便一
面籌款備付一面前往履勘將改設學堂病院
兩層斟酌定計緣現時已屆仲夏如設病院
則尤須及時布置也專此敬請
大安不具
附抄件
愚弟張士珩頓首
五月初二日

007

江南機器製造局總辦張士珩爲仍希將收回老君廟事一爲詳達蘇松太道或上海縣知縣并催其及早定案示以價值事致江南機器製造局提調李鍾珏（平書）函（1908 年 5 月 31 日，光緒三十四年五月初二日）

江南機器製造局公函稿

此件李提調來局當面接洽，辦事后即交伊帶去，作不再發

致 本局提調李
稟
復

一件 收回老君廟事已函商上海縣似有誤會希再催問定案 由

光緒卅四年五月初一日

送稿 判發 發行

平書仁兄大人閣下：日前在楊樹浦面商收回老君廟事，已經蔡伯浩觀察與李紫璈大令酌議辦理。前日由局函商紫璈大令，擬由局收回，或改設初級學堂，或改設工匠病院，囑為分詢同道，酌定價值見

008

江南機器製造局總辦張士珩爲收回老君廟已函商上海縣似有誤會希再催問定案事致江南機器製造局提調李鍾珏（平書）公函稿（1908 年 5 月 30 日，光緒三十四年五月初一日）

後以便籌款撥付、接收管理、現尚未得復信、頃接復信、似有誤會、若將
來往信件、抄錄送覽、如
執事如晉謁蓉觀察、或與李大令接晤、仍希
將此事一為推問詳達並催其及早定案、示以價值、以便一面
籌款償付、一面前往履勘、將改設學堂、病院
兩處斟酌定計、緣現時已屆仲夏、如設病院則
尤須及時布置也、專此敬請
大安、不一
弟張 頓
附抄件

江南機器製造局總辦張士珩爲收回老君廟已函商上海縣似有誤會希再催問定案事致江南機器製造局提調李鍾珏（平書）公函稿（1908年5月30日，光緒三十四年五月初一日）

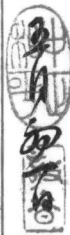

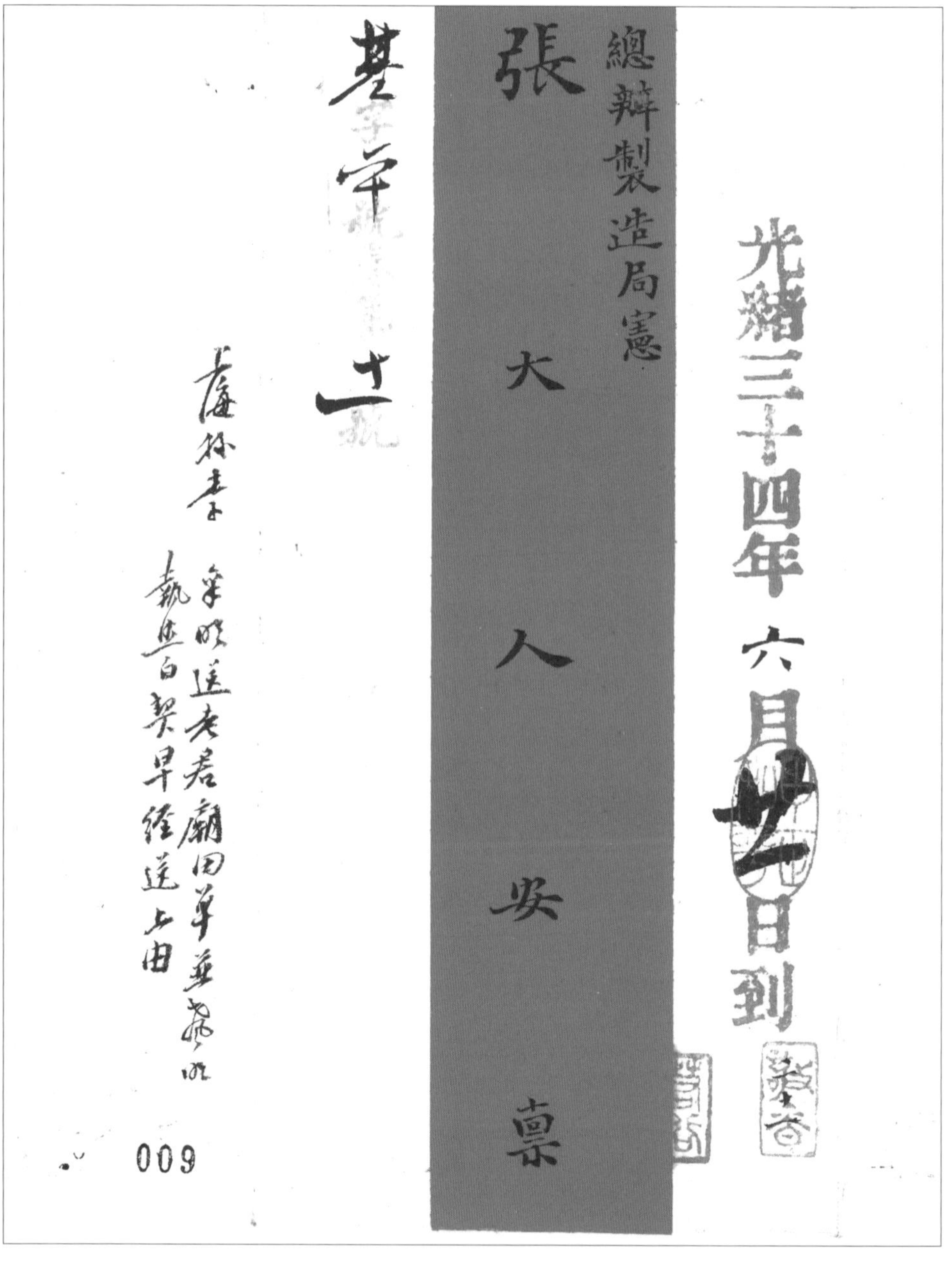
光緒三十四年六月廿一日到

總辦製造局憲

張 大人 安稟

上海縣李

稟明送老君廟田單并聲明執照白契早經送上由

009

上海縣知縣李超瓊爲稟明送老君廟田單并聲明執照白契早經送上事致江南機器製造局總辦張士珩稟文（1908 年 7 月 19 日，光緒三十四年六月二十一日）

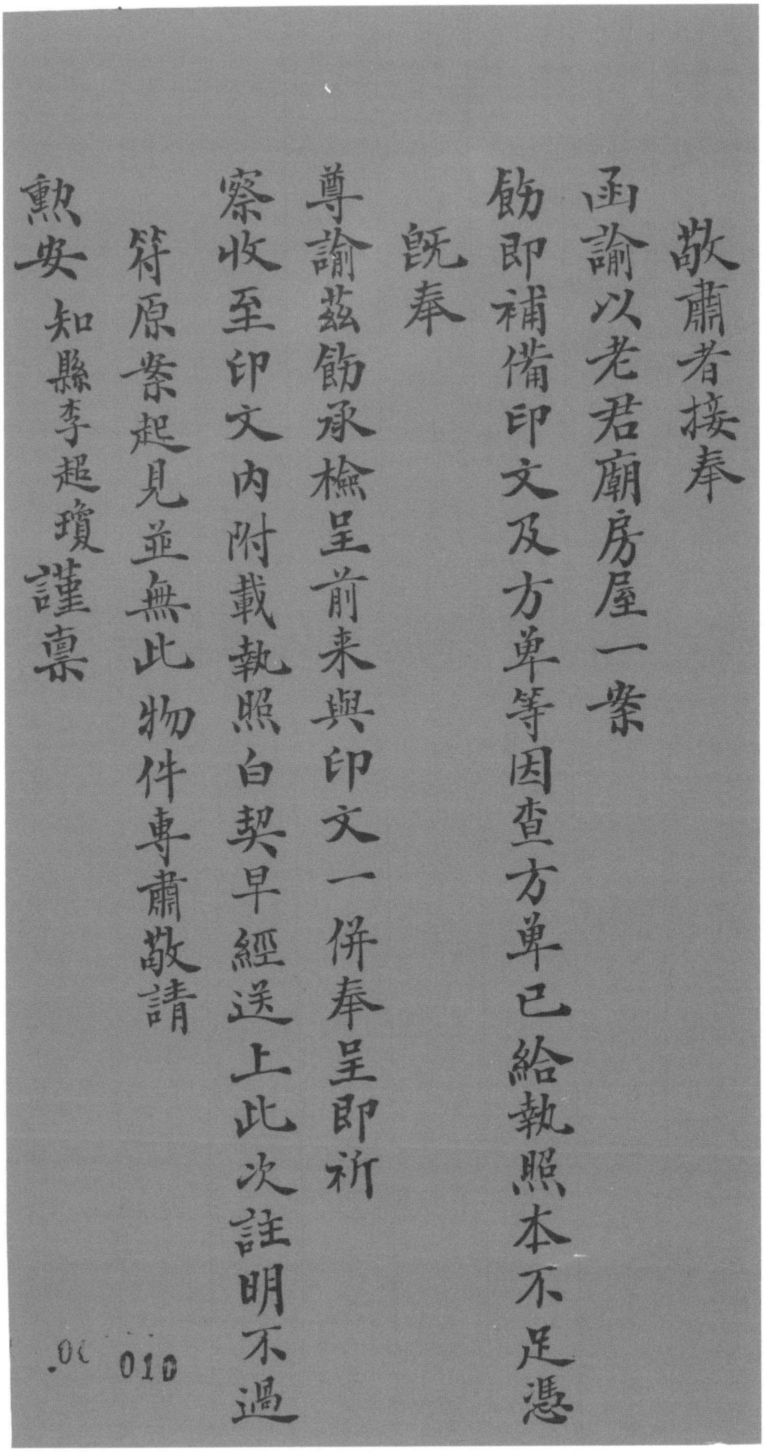
敬肅者接奉
函諭以老君廟房屋一案
飭即補備印文及方单等因查方单已給執照本不足憑
既奉
尊諭茲飭承檢呈前来與印文一併奉呈即祈
察收至印文内附載執照白契早經送上此次註明不過
符原案起見並無此物件専肅敬請
勳安 知縣李超瓊謹稟

上海縣知縣李超瓊爲稟明送老君廟田單并聲明執照白契早經送上事致江南機器製造局總辦張士珩稟文（1908 年 7 月 19 日，光緒三十四年六月二十一日）

上海縣知縣李超瓊爲申送老君廟案内田單契據事致江南機器製造局總辦張士珩申文（1908 年 7 月 19 日，光緒三十四年六月二十一日）

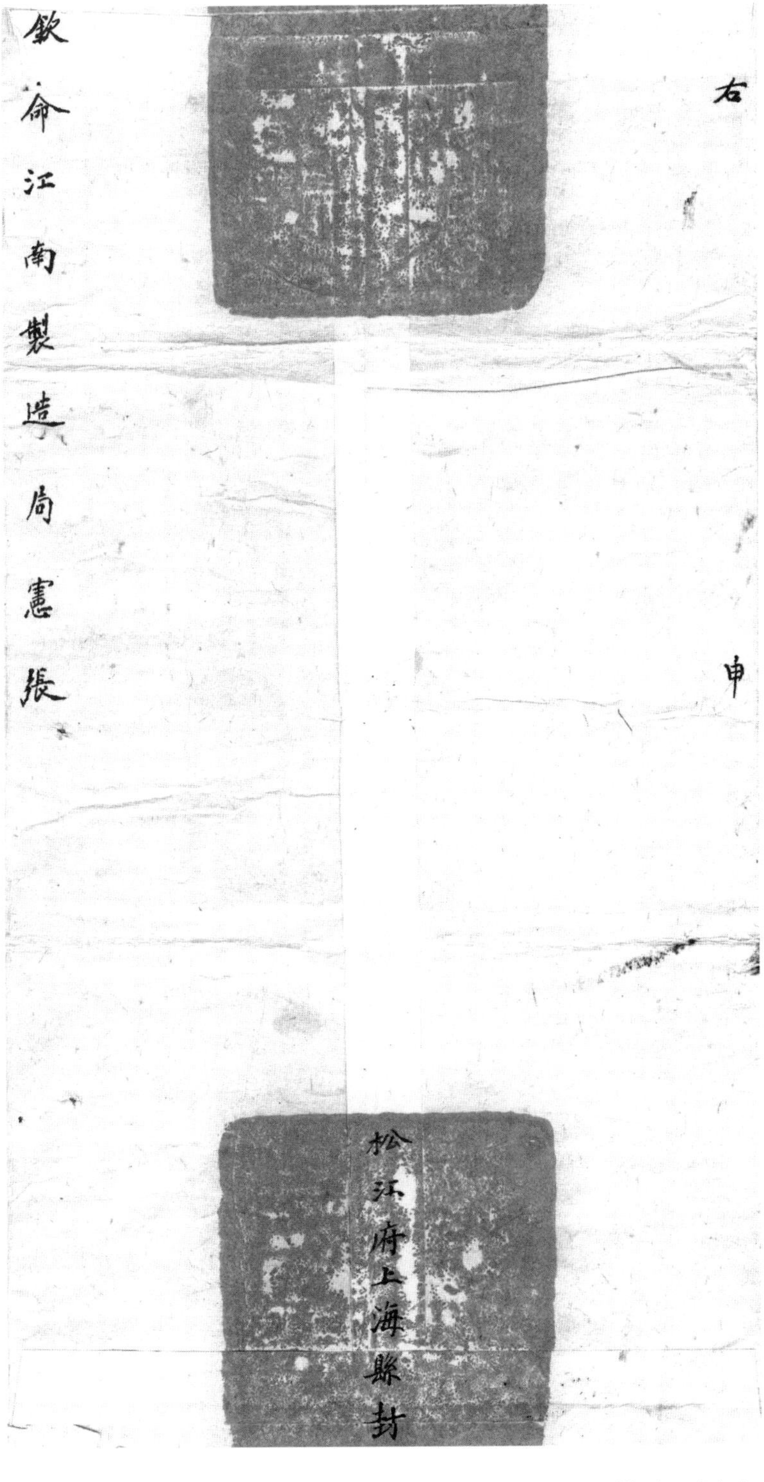
右　申
松江府上海縣封
欽命江南製造局憲張

上海縣知縣李超瓊爲申送老君廟案内田單契據事致江南機器製造局總辦張士珩申文（1908 年 7 月 19 日，光緒三十四年六月二十一日）

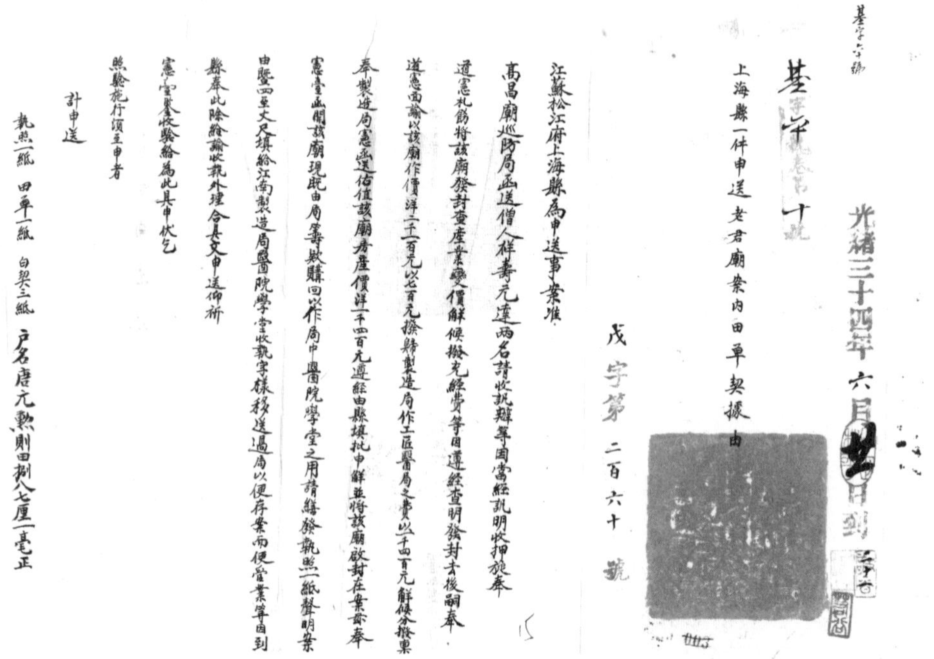
基字六十號
光緒三十四年六月廿一日到
基字 十號
上海縣一件申送老君廟案内田單契據由
戊字第二百六十號
江蘇松江府上海縣爲申送事。案准
高昌廟巡防局函送僧人祥壽、元達兩名請收訊辦等因，當經訊明收押，旋奉
道憲札飭將該廟發封，查產業變價解候撥充經費等因，遵經查明發封去後，嗣奉
道憲面諭以該廟作價洋二千一百元，以七百元撥歸製造局作工匠醫局之費，以千四百元解候分撥東
奉製造局憲函送估值該廟房產價洋一千四百元，迺經由縣填批申解，並將該廟啟封在案，嗣奉
憲臺函開該廟現既由局籌款贖回，以作局中醫院學堂之用，請繕發執照一紙，聲明案
由暨四至丈尺填給江南製造局醫院學堂收執，字樣移送過局，以便存案而便管業等因到
縣，奉此，除給諭收執外，理合具文申送，仰祈
憲臺察收，驗給爲此具申，伏乞
照驗施行。須至申者。
計申送
執照一紙 田單一紙 白契三紙 戶名唐元勲，則田捌分七厘一毫正

上海縣知縣李超瓊爲申送老君廟案内田單契據事致江南機器製造局總辦張士珩申文（1908 年 7 月 19 日，光緒三十四年六月二十一日）

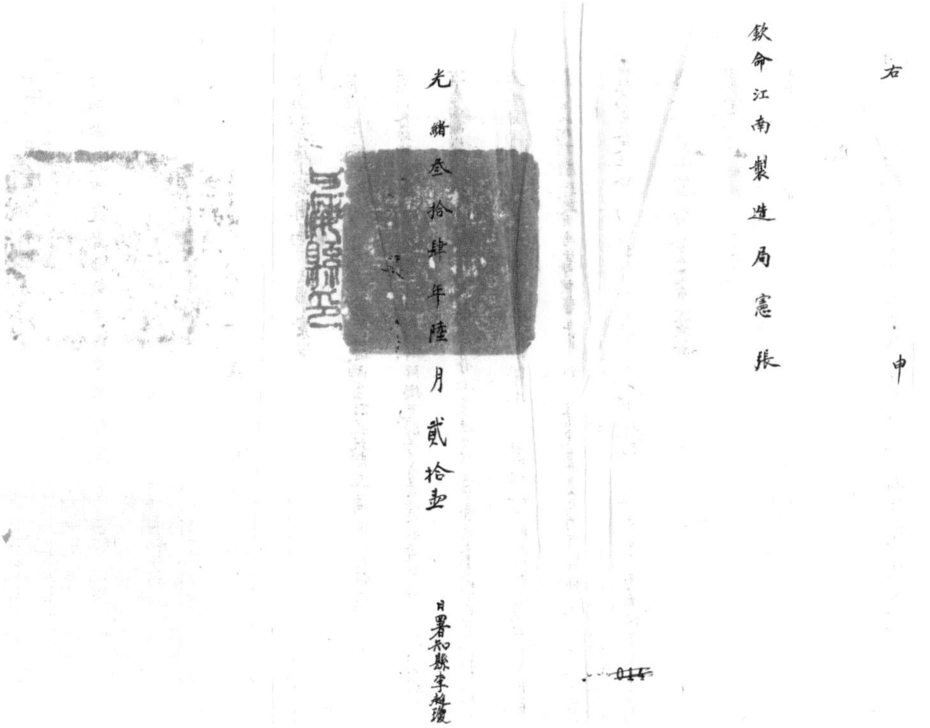

右 申

欽命江南製造局憲張

光緒叁拾肆年陸月貳拾壹

日署知縣李超瓊

上海縣知縣李超瓊爲申送老君廟案内田單契據事致江南機器製造局總辦張士珩申文（1908 年 7 月 19 日，光緒三十四年六月二十一日）

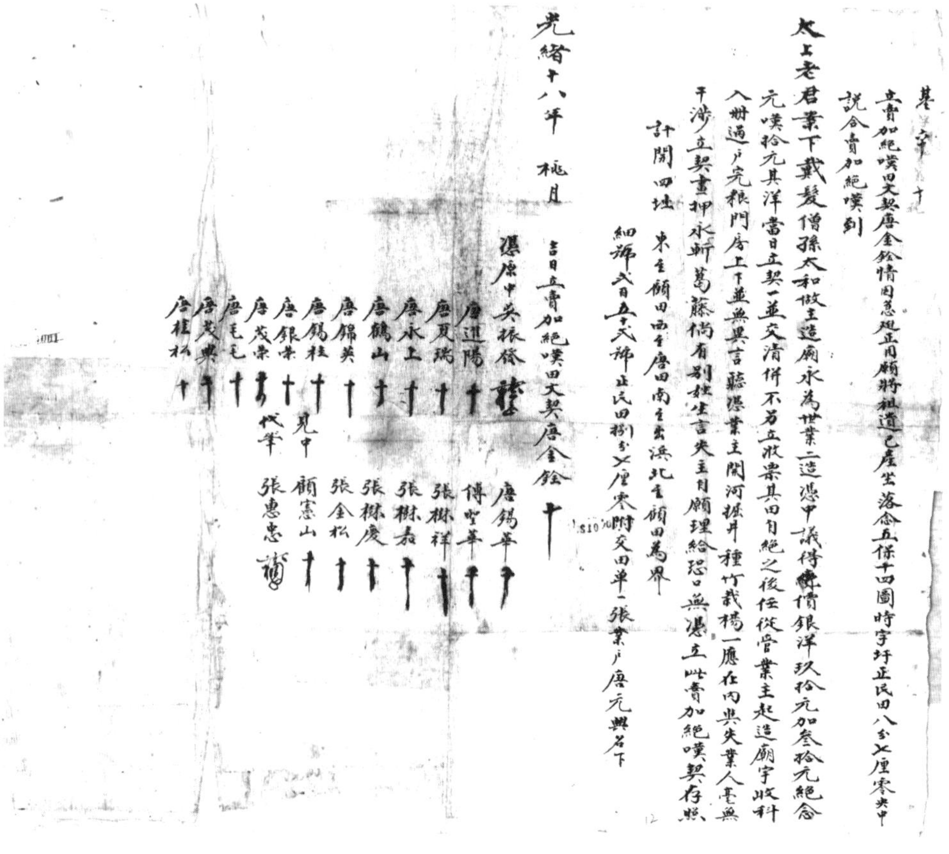
基字第 十

立賣加絶嘆田文契唐金銓情因急迫正用願將祖遺己產坐落念五保十四圖時字圩正民田八分七厘零央中

說合賣加絶嘆到

太上老君業下戴髮僧孫太和做主造廟永為世業三造憑中議得時價銀洋玖拾元加叁拾元絶念

元嘆拾元其洋當日立契一並交清併不另立收票其田自絶之後任從管業主起造廟宇收科

入冊過戶完粮門房上下並無異言聽憑業主開河掘井種竹栽樹一應在內與失業人毫無

干涉立契畫押永斬葛藤倘有別姓生言失主自願理給恐口無憑立此賣加絶嘆契存照

計開四址　東至顧田　西至唐田　南至出浜　北至顧田為界

細號弍百五十弍號正民田捌分七厘零附交田單一張業戶唐元興名下

光緒十八年　桃月　吉日立賣加絶嘆田文契唐金銓 十

憑原中　吳振發 押

唐進陽 十

唐夏瑞 十

唐永上 十

唐鶴山 十

唐錦英 十

唐錫桂 十

唐銀棠 十

唐茂棠 十

唐毛毛 十

唐茂興 十

唐桂松 十

見中　唐錫華 十

傅堂華 十

張樹祥 十

張樹森 十

張樹慶 十

張全松 十

顧憲山 十

代筆　張惠忠 押

唐金銓立賣加絶嘆田文契（1892 年 3 月，光緒十八年桃月）

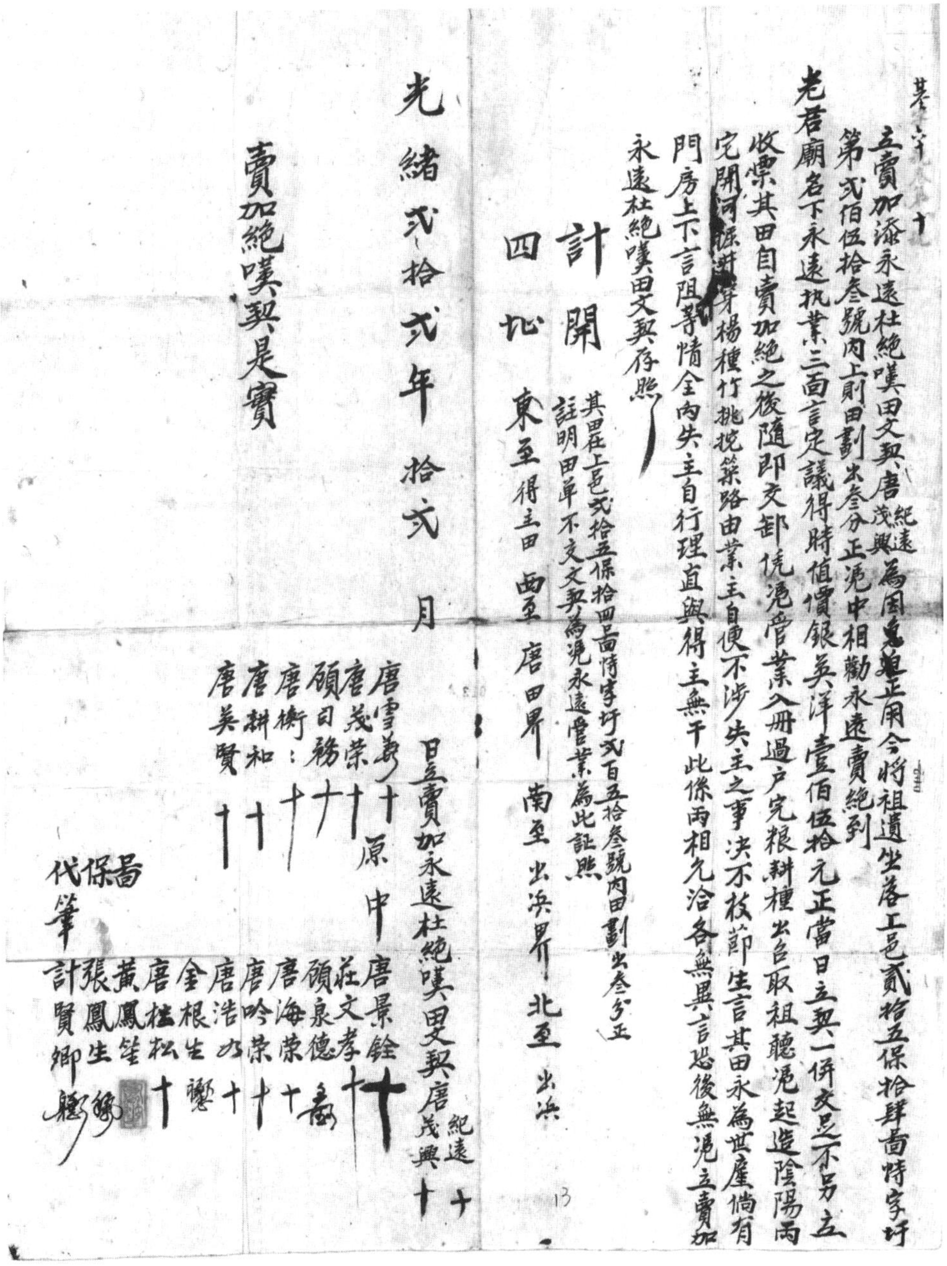

立賣加添永遠杜絶嘆田文契唐紀遠茂興為因急迫正用今將祖遺坐落工邑貳拾五保拾肆畝特字圩第弍佰伍拾叁號内上則田劃出叁分正凭中相勸永遠賣絶到

光君廟名下永遠執業三面言定議得時值價銀英洋壹佰伍拾元正當日立契一併交足不另立收票其田自賣加絶之後隨即交卸凭凭管業入冊過户完粮耕種出台取祖聽凭起造陰陽兩宅開河掘井栽楊種竹挑挖築路由業主自便不涉失主之事决不枝節生言其田永為世產倘有門房上下言阻等情全由失主自行理直與得主無干此係兩相允洽各無異言恐後無凭立賣加永遠杜絶嘆田文契存照

計開

四址 東至得主田 西至唐田界 南至出浜界 北至出浜

其田在工邑弍拾五保拾四畝特字圩弍百五拾叁號内田劃出叁分正

註明田單不交文契為凭永遠管業為此証照

光緒弍拾弍年拾弍月 日立賣加永遠杜絶嘆田文契唐紀遠茂興 十 十

原 唐雪舟 十 唐茂榮 十 顧日勝 十 唐樹 十 唐耕和 十 唐英賢 十

中 唐景銓 十 莊文孝 十 顧泉德 畫 唐海榮 十 唐吟榮 十 唐浩之 十 全根生 十 唐杜松 十 黄鳳笙 張鳳生

邑保 代筆 許賢卿

賣加絶嘆契是實

唐紀遠、唐茂興立賣加添永遠杜絶嘆田文契（1897 年 1 月或 2 月，光緒二十二年十二月）

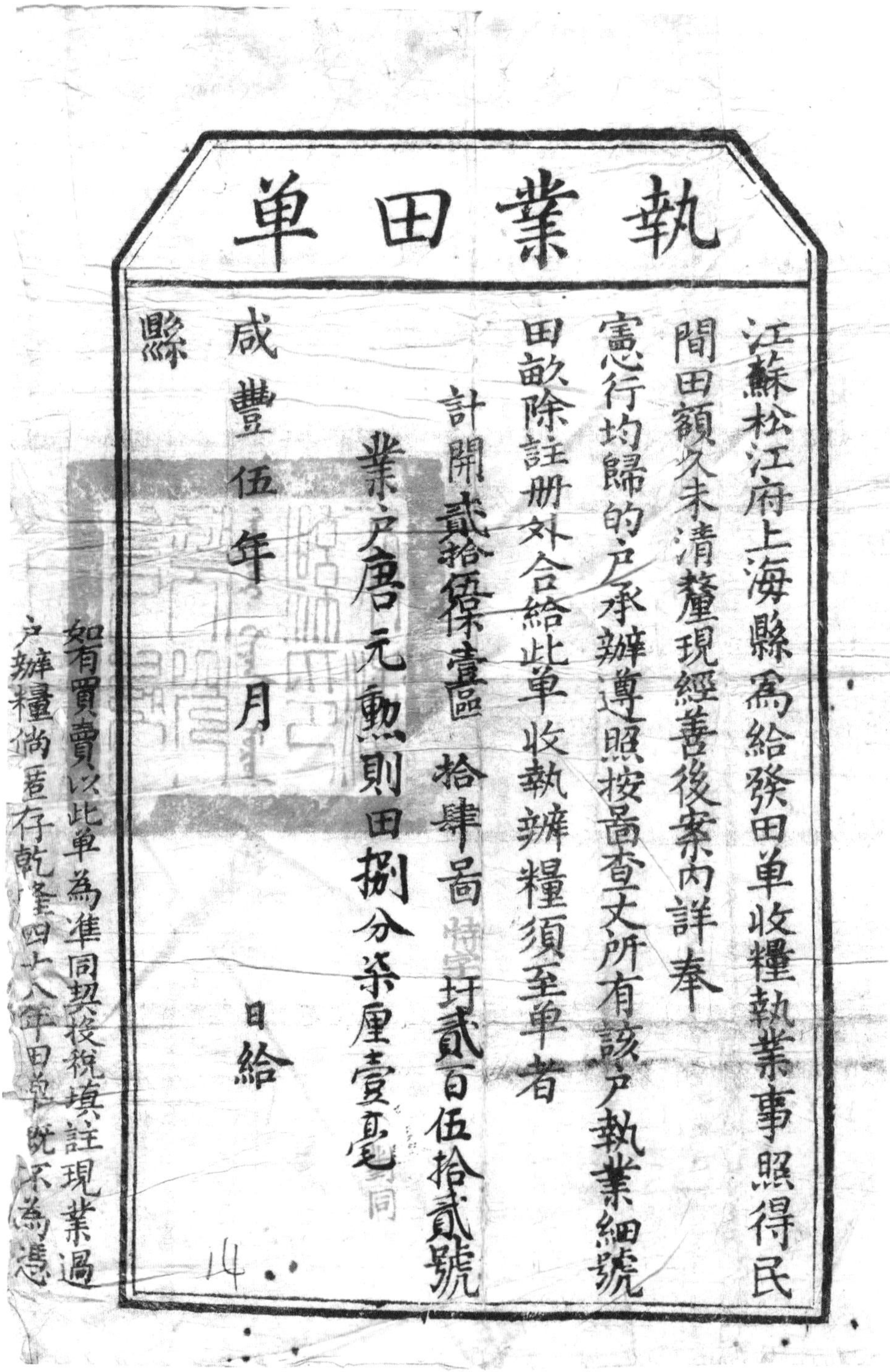

執業田单

江蘇松江府上海縣爲給發田单收糧執業事照得民
間田額久未清釐現經善後案内詳奉
憲行均歸的户承辦遵照按啚查丈所有該户執業細號
田畝除註册外合給此单收執辦糧須至单者
計開 貳拾保壹區 拾肆啚 特字圩貳百伍拾貳號
業户唐元勳 則田捌分柒厘壹毫
咸豐伍年 月 日給
縣

如有買賣以此单為準同契投稅填註現業過
户辦糧倘查存乾隆四十八年田单既不為憑

14

唐元勳執業田單（1855 年，咸豐五年）

基字九號

江南機器製造局公函稿

致
稟
復上海縣李

光緒卅四年六月 初九 日 送稿 判發
初十 發行

一件收到購回老君廟產執照並白契仍請補印文田單由

敬復者，老君廟產由局購回改作醫院一案，昨承
函送更正執照一紙、原白契三張到局，備悉壹是。查執
照一紙，前曾函請
貴縣備文移送過局，以憑存案，而便管業。緣將來廟
產改作醫院，執照須存院備查，局中應留印文，連同契

~~015~~ 16

江南機器製造局總辦張士珩爲收到購回老君廟産執照並白契仍請補印文田單事復上海縣知縣李超瓊公函稿（1908 年 7 月 7 日，光緒三十四年六月初九日）

擬存卷、茲承
備函送局、仍請
速補印文為荷、又查地產執業、應以田單為憑、
貴縣交到白契三紙詳加核閱、老君之廟所贖唐姓遠
等田三分、契上載明地係劃出、田單不交、自可印
以契紙為據、另贖唐金銓田八分七厘、契內載明附有
田單一紙、該廟僧於查封時、既將契紙呈出、其田單
亦當附繳、今廟產既由局中贖回、此項田單亦須
隨契交局收執、未承

16-2

江南機器製造局總辦張士珩爲收到贖回老君廟産執照並白契仍請補印文田單事復上海縣知縣李超瓊公函稿（1908 年 7 月 7 日，光緒三十四年六月初九日）

貴縣交下執照內未聲明，仍請
飭查，此項田單是否尚存
貴署，抑係廟僧漏未呈繳，如檔係尚存
貴署印布
飭承檢交敝局收執，若廟僧漏未呈繳，則此項田單似未
便聽其遺失，仍請
飭查追繳，免致異日別生糾葛，冒佔合業，除將送到執
照並白契暫飭收存，俟印文田單補交到局再行分別歸
檔存案外，專此敬請

0163

江南機器製造局總辦張士珩爲收到購回老君廟産執照並白契仍請補印文田單事復上海縣知縣李超瓊公函稿（1908 年 7 月 7 日，光緒三十四年六月初九日）

升安，惟希

朗照不宣。

愚弟張
江南製造局啓

六月初九日

16-4

江南機器製造局總辦張士珩爲收到購回老君廟産執照並白契仍請補印文田單事復上海縣知縣李超瓊公函稿（1908年7月7日，光緒三十四年六月初九日）

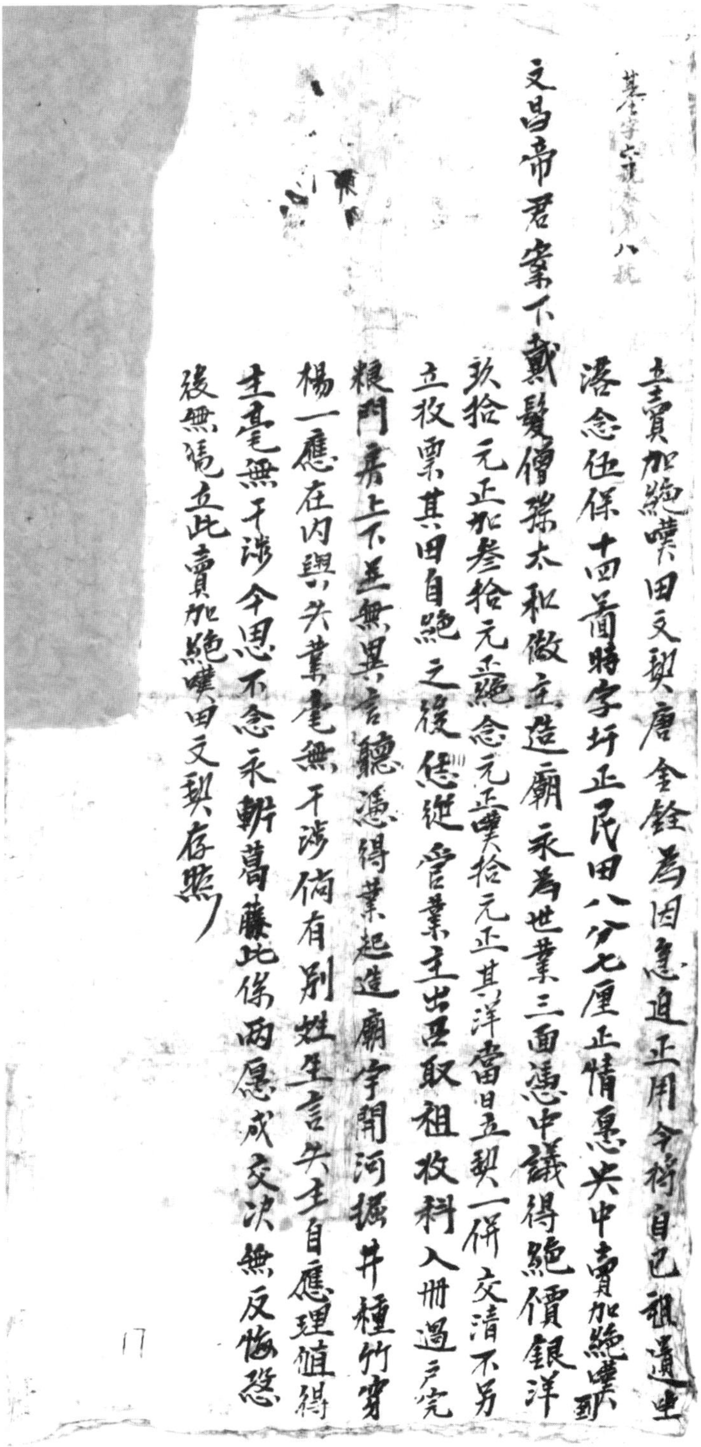
立賣加絕嘆田文契唐金銓為因急迫正用今將自己祖遺坐
落念伍保十四啚時字圩正民田八分七厘正情愿央中賣加絕嘆到
文昌帝君案下戴髮僧孫太和徵立造廟永為世業三面憑中議得絕價銀洋
玖拾元正加叁拾元正絕念元正嘆拾元正其洋當日立契一併交清不另
立收票其田自絕之後憑從管業主出召取祖收科入冊過户完
糧門前上下並無異言聽憑得業起造廟宇開河掘井種竹穿
楊一應在內與失業毫無干涉倘有別姓生言失主自應理值得
主毫無干涉今恩不念永斬葛藤此係兩愿成交決無反悔恐
後無憑立此賣加絕嘆田文契存照
17

唐金銓立賣加絕嘆田文契（1892 年 3 月，光緒十八年桃月）

計開　其田坐落在念伍保拾四畱時字圩細號弍伯伍拾弍號正民田捌毫正
正附交田單一張業戶唐元興名下
四址　東至出浜顧田　西至唐田　南至出浜　北至顧田為界
日立賣加絕嘆田文契唐金銓＋
原中　吳振發＋
唐進陽＋　唐夏瑞＋　唐禾上＋　唐鶴山＋　唐錦英＋　唐錫桂＋　唐銀榮＋　唐茂榮＋　唐毛毛＋　唐茂興＋　唐桂松＋
唐錫華＋　傅聖華＋　張樹祥＋　張樹加＋　張樹慶＋　張金松＋
見中　顧憲山＋
光緒拾捌年　桃月
憑鄉防局董
紳耆等公見
圖董　黃鳳生＋
張慶華＋
宋憲文（押）
陳加國＋
代筆張惠忠（押）

唐金銓立賣加絕嘆田文契（1892年3月，光緒十八年桃月）

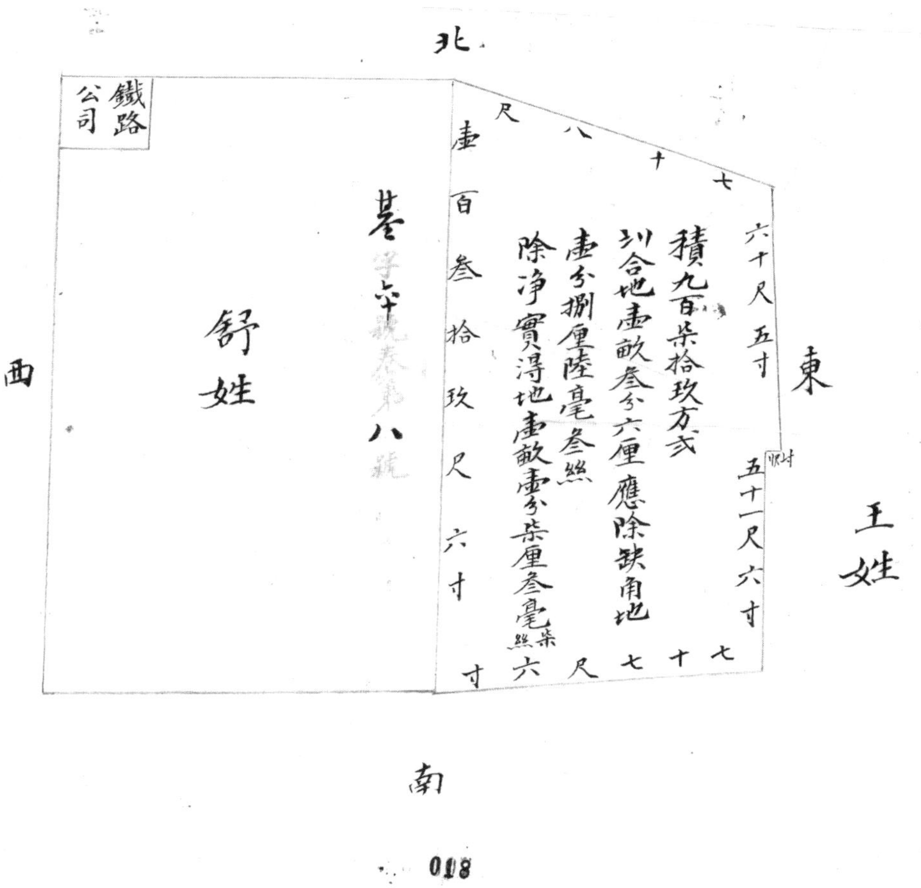

江南機器製造局購買老君廟地基地圖（時間不詳）

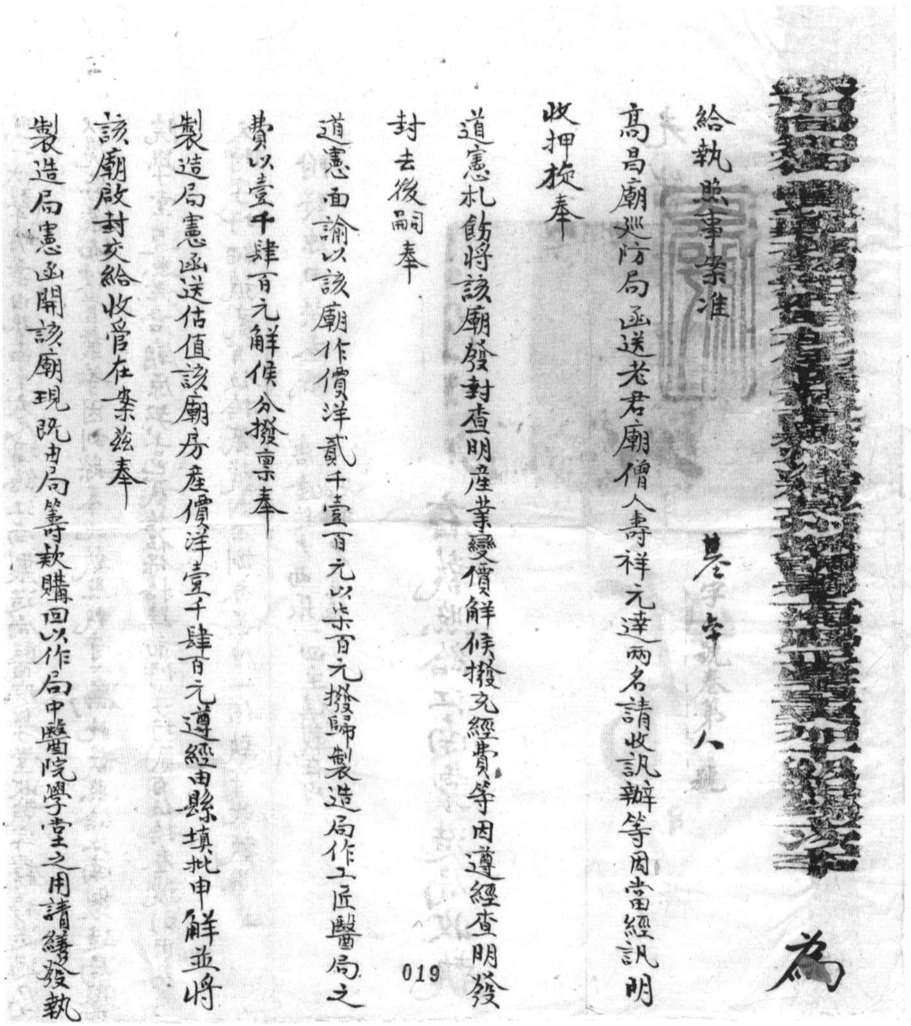
為
給執照事案准
基字第八號
高昌廟巡防局函送老君廟僧人壽祥元達兩名請收訊辦等因當經訊明
收押旋奉
道憲札飭將該廟發封查明產業變價解候撥充經費等因遵經查明發
封去後嗣奉
道憲面諭以該廟作價洋貳千壹百元以柒百元撥歸製造局作工匠醫局之
費以壹千肆百元解候分撥稟奉
製造局憲函送估值該廟房產價洋壹千肆百元遵經由縣填批申解並將
該廟啟封交給收管在案茲奉
製造局憲函開該廟現既由局籌款購回以作局中醫院學堂之用請繕發執
019

上海縣知縣李超瓊爲給執照事給江南機器製造局執照（1908 年 6 月 28 日，光緒三十四年五月二十九日）

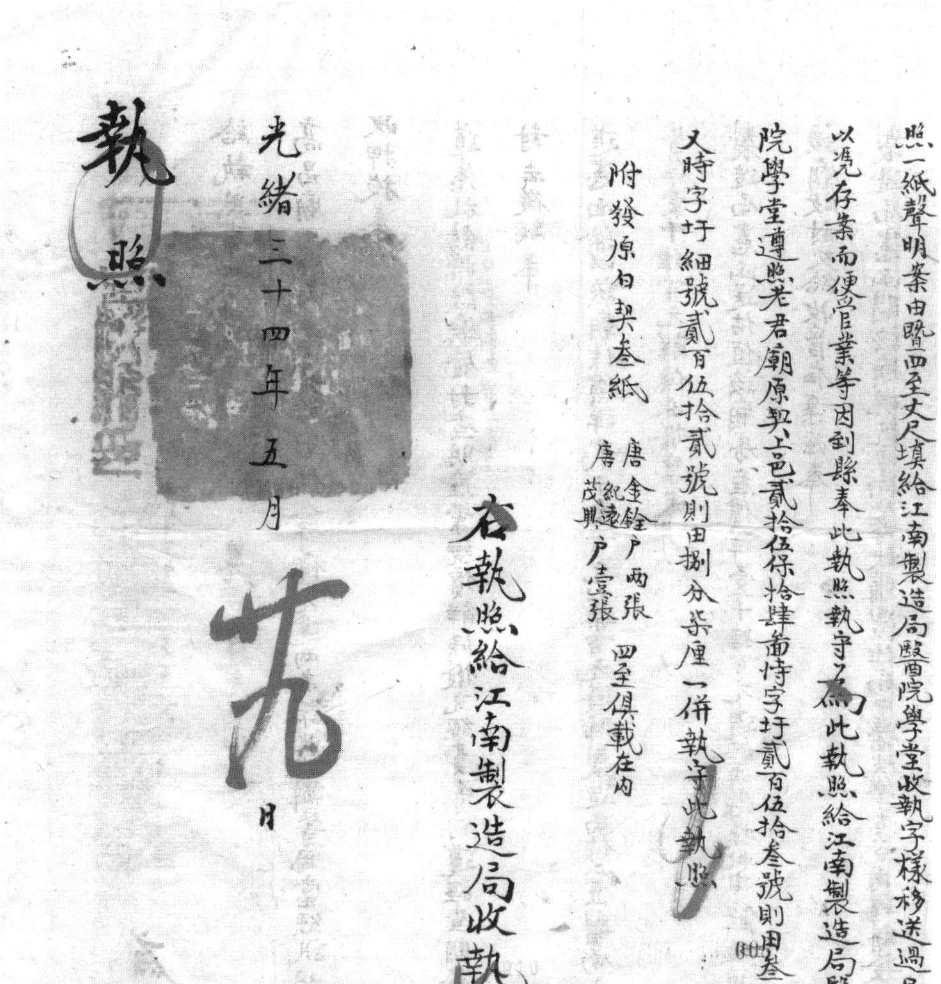
照一紙聲明案由暨四至丈尺填給江南製造局醫院學堂收執字樣移送過局
以憑存案而便管業等因到縣奉此執照執守為此執照給江南製造局醫
院學堂遵照老君廟原契上邑貳拾伍保拾肆啚侍字圩貳百伍拾叁號則田叁分
又時字圩細號貳百伍拾貳號則田捌分柒厘一併執守此執照
附發原白契叁紙
唐金銓户兩張
唐紀遠茂興户壹張
四至俱載在内
右執照給江南製造局收執
光緒三十四年五月廿九日
執照

上海縣知縣李超瓊爲給執照事給江南機器製造局執照（1908 年 6 月 28 日，光緒三十四年五月二十九日）

敬禀者前奉

鈞諭以老君廟變價充公現既由局籌欵贖回以作局中學堂醫院之用

飭即繕發執照一紙聲明業由暨四至丈尺填給江南製造局醫院學堂收執字

樣等因遵即飭承照繕執照一紙呈奉退回當經飭承更正相應連同原

白契三張一併呈請

詧收除仍飭過戶外合肅禀陳仰祈

大人鑒核敬請

勛安 知縣超瓊謹禀

020

上海縣知縣李超瓊爲稟送老君廟執照并原白契事致江南機器製造局總辦張士珩稟文（1908年6月28日，光緒三十四年五月三十日）

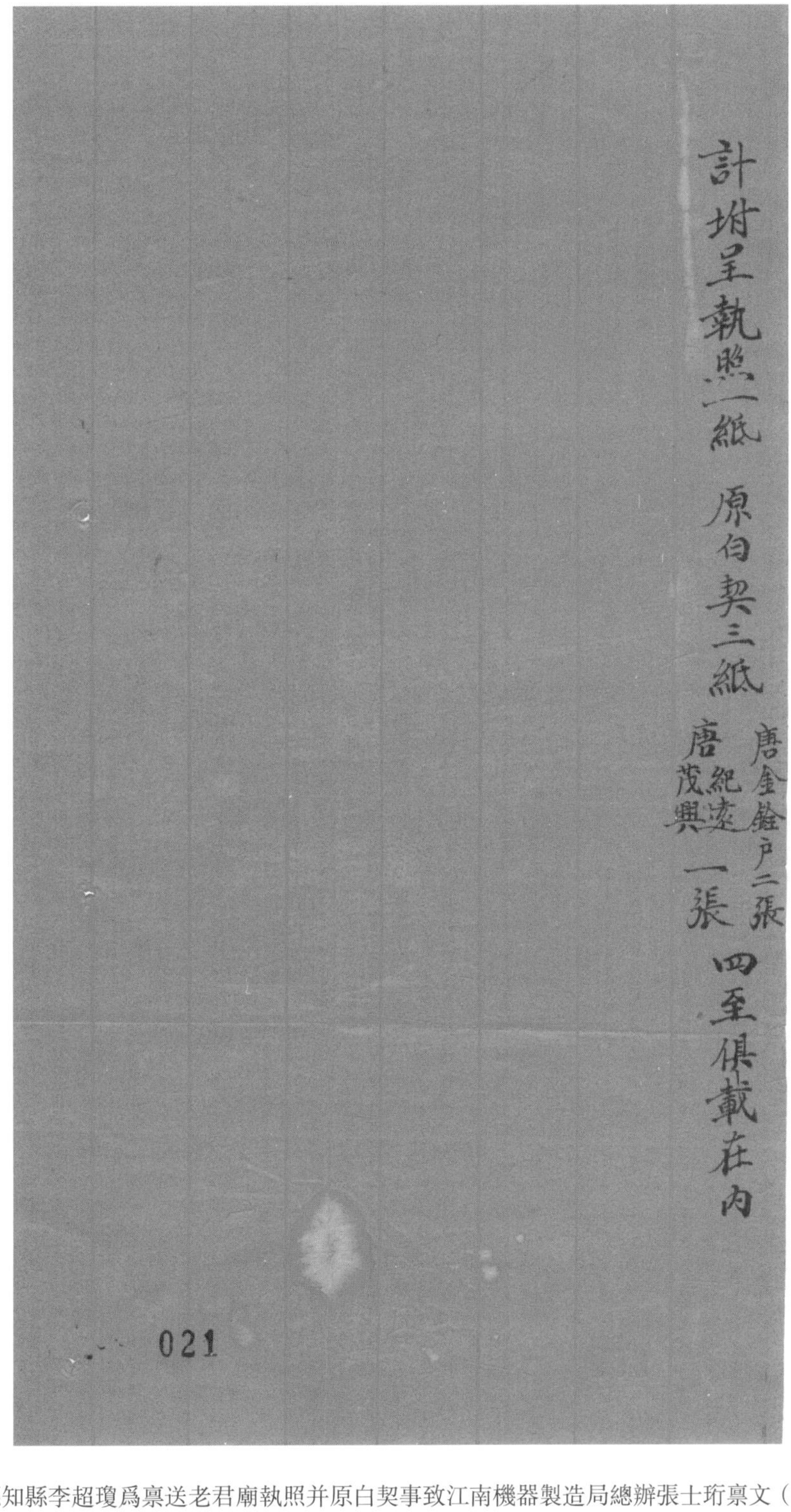
計坿呈執照一紙　原白契三紙（唐金銓户二張　唐紀遠茂興一張）　四至俱載在内

021

上海縣知縣李超瓊爲稟送老君廟執照并原白契事致江南機器製造局總辦張士珩稟文（1908年6月28日，光緒三十四年五月三十日）

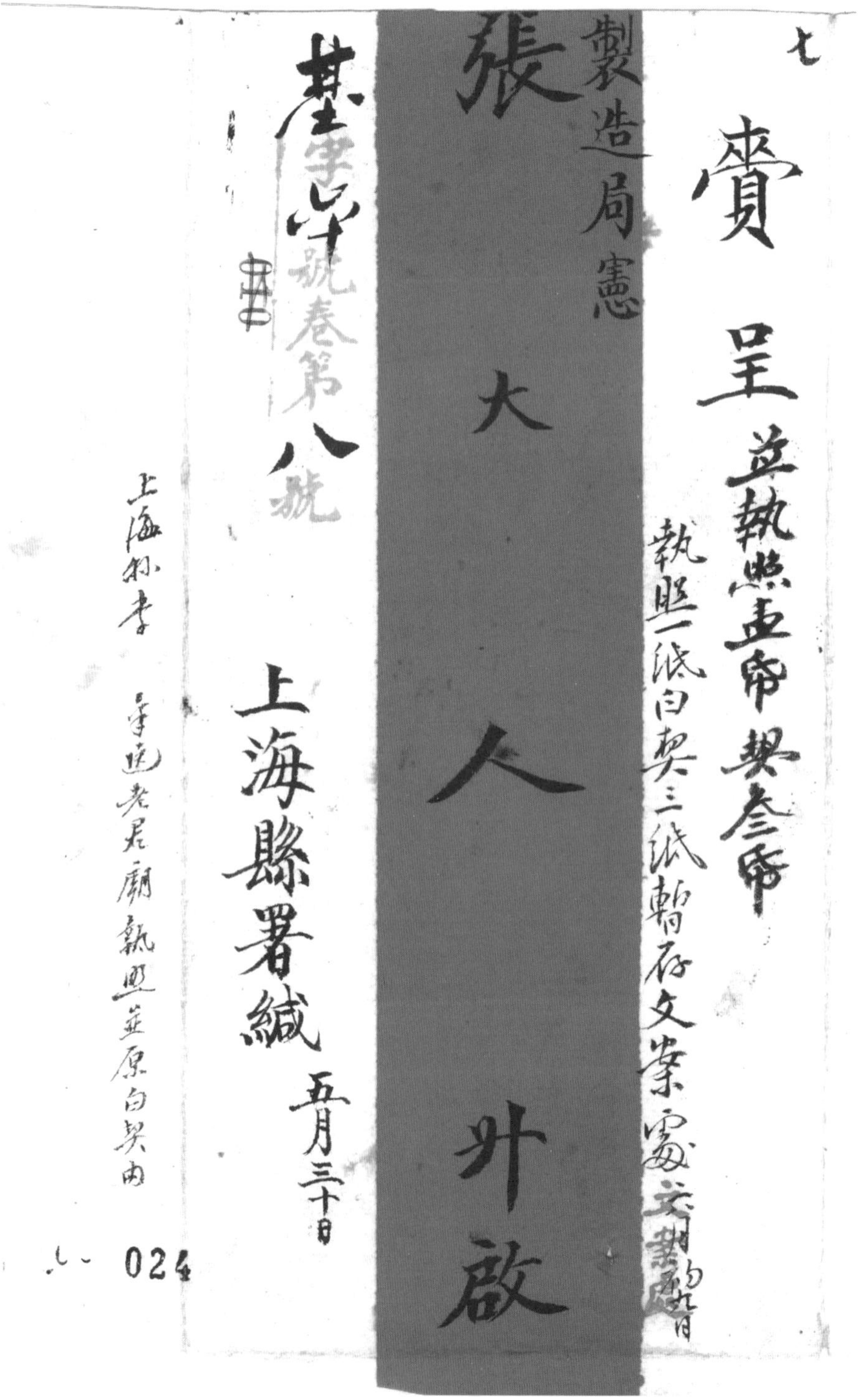
七

賫呈 並執照壹帋 契叁帋

執照一張白契三張暫存文案處

製造局憲

張 大 人 升啟

上海縣署緘 五月三十日

基字號卷第八號

上海縣李 申送老君廟執照並原白契由

024

上海縣知縣李超瓊爲稟送老君廟執照并原白契事致江南機器製造局總辦張士珩稟文（1908 年 6 月 28 日，光緒三十四年五月三十日）

弢樓仁兄大人閣下：昨展

惠函，以老君廟變價洋二千一百元，除提七百元作醫院經費外，其餘一千四百元已送縣轉解，屬即飭縣啓封，由局接收，並繕發執照，移局備案，其廟中傢具什物除有主者給主領回，無主者提存備領等因。並據上海縣將前項變價洋一千四百元稟解到道，除批飭迅即啓封知照

貴局派員接收並繕備執照逕送

022

蘇松太道蔡乃煌爲函復老君廟飭縣啟封知照局員接收事復江南機器製造局總辦張士珩（弢樓）函（1908年6月6日，光緒三十四年五月初八日）

貴局備案外至廟內什物業據該縣聲明除有主者給領
外餘仍變價充公自不在一併備領之列并以致明敬請
台安
愚弟蔡乃煌頓首
五月初八日

023

蘇松太道蔡乃煌爲函復老君廟飭縣啟封知照局員接收事復江南機器製造局總辦張士珩（弢樓）函（1908年6月6日，光緒三十四年五月初八日）

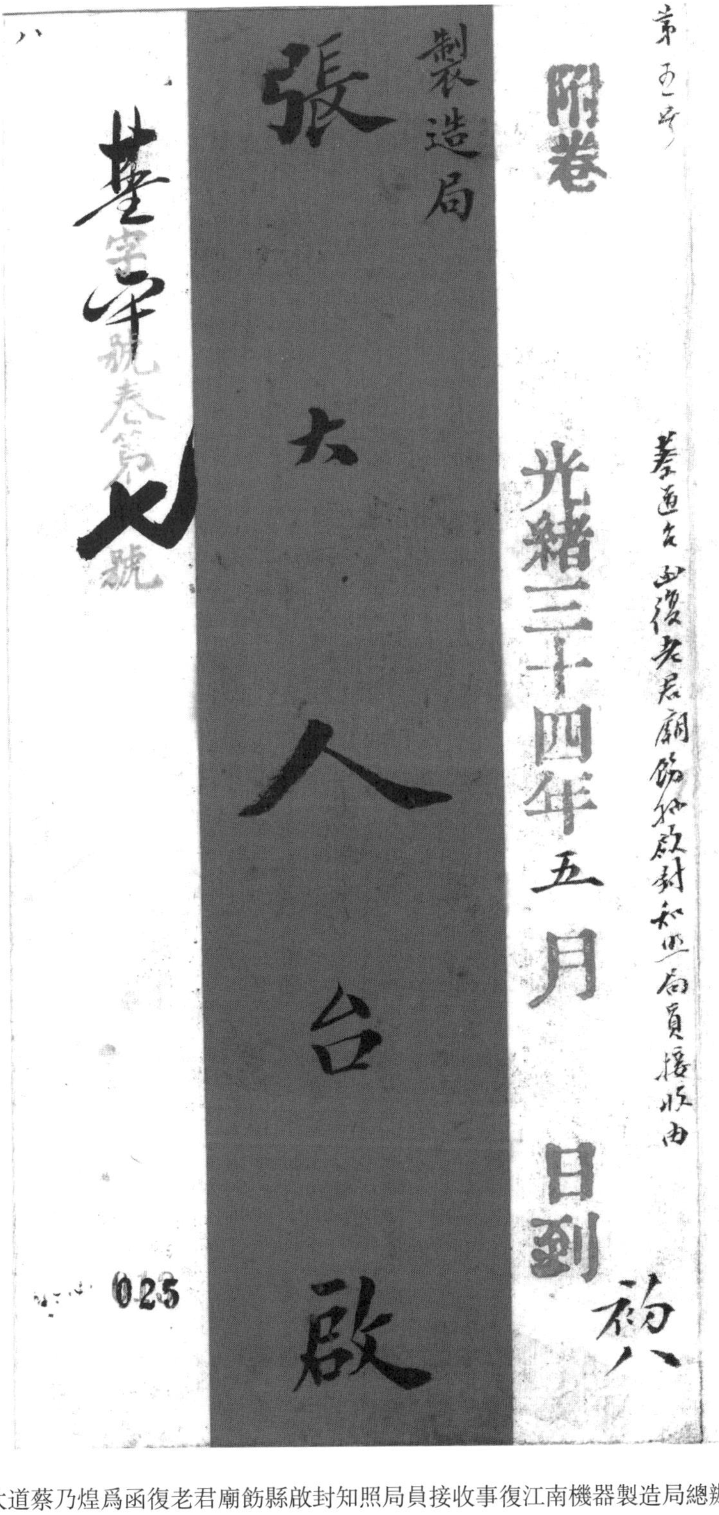

第五一號

附卷

蔡道函復老君廟飭縣啟封知照局員接收由

光緒三十四年五月初八日到

製造局

張大人台啟

基字第 號卷第 號

025

蘇松太道蔡乃煌爲函復老君廟飭縣啟封知照局員接收事復江南機器製造局總辦張士珩（弢樓）函（1908年6月6日，光緒三十四年五月初八日）

江南機器製造局公函稿　加即封

致

稟

復　虛府李

一件　老君廟價容即籌繳

敬復者頃奉

手書承

示老君廟作價二千一百元

茲道撥以七百元撥元澂局工匠醫院經費以一千四百元解

候另撥茅母具微

光緒廿四年　五月　初四　日

初四由丙發行

判發

送稿

由

026
014

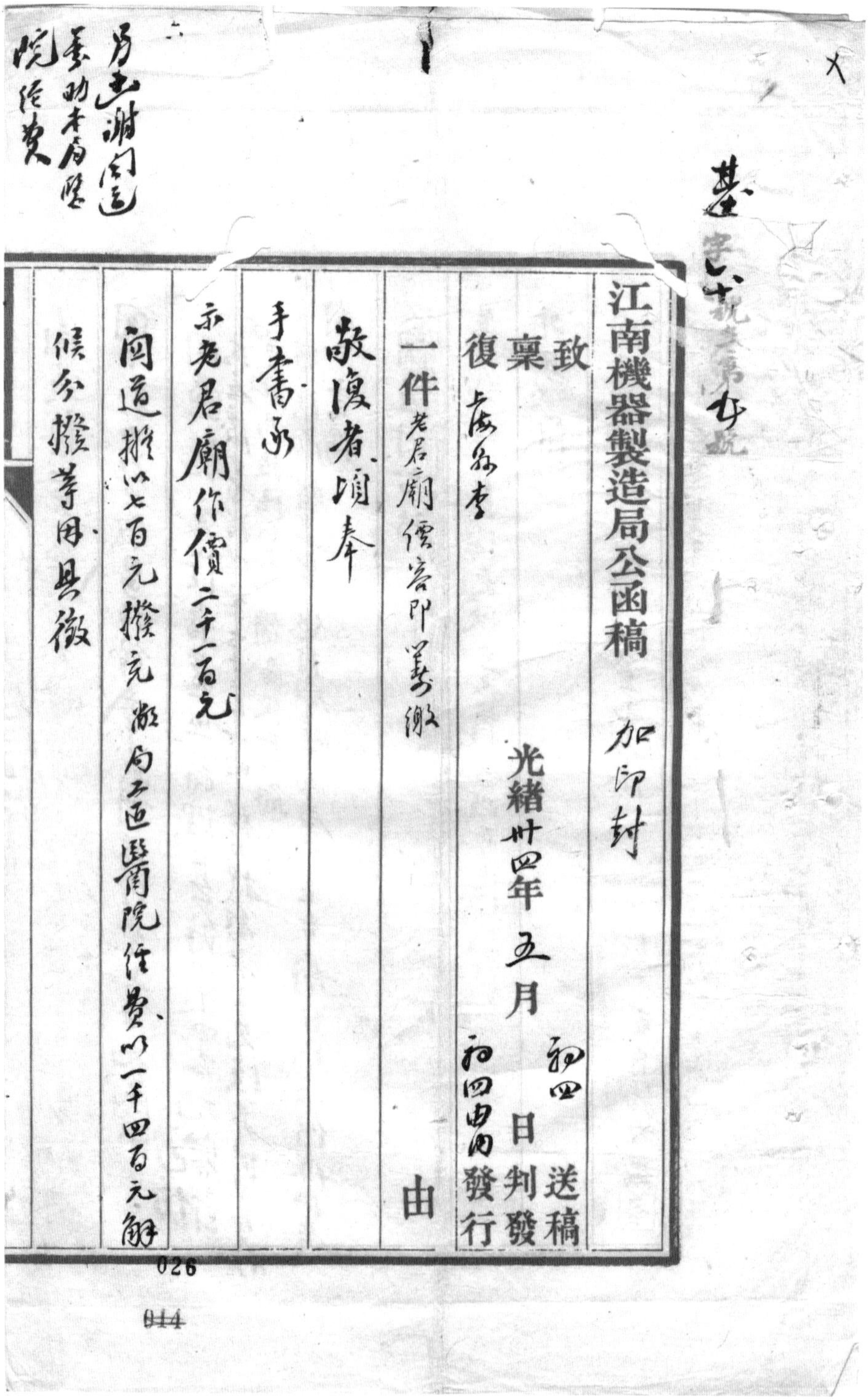

江南機器製造局總辦張士珩爲老君廟價容即籌繳事復上海縣知縣李超瓊公函稿（1908年6月2日，光緒三十四年五月初四日）

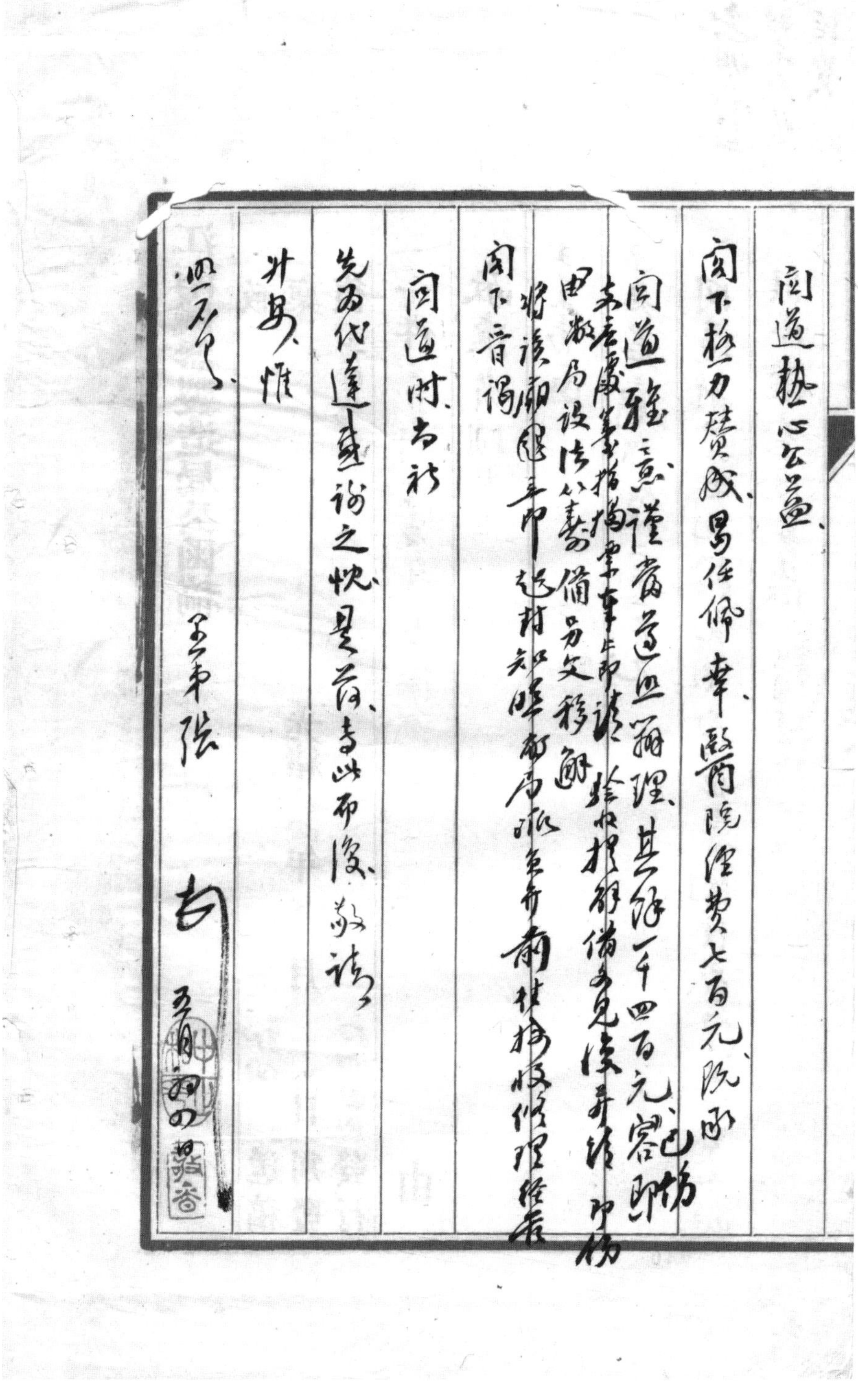
閣道熱心公益，
閣下極力贊成，曷任佩幸。醫院經費七百元，既承
閣道雅意，謹當遵照辦理。其餘一千四百元，容即[illegible]
[illegible]
由敝局設法籌備，另文移解。
[illegible]
閣下晉謁
閣道附片，
先為代達[illegible]之忱，是荷。專此布復，敬請
升安，惟
照[illegible]
愚弟張[illegible]頓
五月初四日

江南機器製造局總辦張士珩爲老君廟價容即籌繳事復上海縣知縣李超瓊公函稿（1908 年 6 月 2 日，光緒三十四年五月初四日）

敬再啓者該廟現既由局籌款購回以作
局中醫院學堂之用所有傢具什物有
主者應飭主領回無主者應提存封儲備
領撥請
台端核明辦理并請
繕發執照一紙聲明業由登四至丈尺填
給江南製造局醫院學堂收執字樣移送過
局以憑存案而便管業瑣瀆
清神統容面謝再請

江南機器製造局總辦張士珩爲請繕發執照一紙事致上海縣知縣李超瓊函稿（1908年6月2日，光緒三十四年五月初四日）

勛安

江南機器製造局總辦張士珩爲請繕發執照一紙事致上海縣知縣李超瓊函稿（1908年6月2日，光緒三十四年五月初四日）

江南機器製造局公函稿

致 滬道蔡

稟

復

光緒卅四年五月初四日送稿

初六判發

發行

一件 老君廟價已繳解縣署并謝助醫病經費 由

伯浩仁兄大人閣下：敬啓者，老君廟充公變價一案，前經面商，以該廟曾由局中員司工匠捐助造成，擬由局備價收回，改爲學堂或病院，當蒙允許。嗣經函致上海縣李令，請爲稟詢，以便籌款撥付接收。茲於五月初四日接李令復函，以二廟三產已

江南機器製造局總辦張士珩爲老君廟價已繳解縣署并謝助醫病經費事致蘇松太道蔡乃煌（伯浩）公函稿（1908年6月2日，光緒三十四年五月初四日）

尚祈

台端、撥作價二千一百元，以七百元撥歸敝局工匠醫院

經費，以一千四百元解縣備撥等因，具仰

執心公益，謹將

德意，當即分廠工匠感頌，因念醫院經費七百元，

既承

惠助，已飭文案處遵照，以其餘一千四百元趕緊

提出備本局醫院之用

籌措，即日備票，函送縣署轉解，仍請

轉飭立即起封，知照敝局，以便派員接收，並由縣繕發

28-2

江南機器製造局總辦張士珩爲老君廟價已繳解縣署并謝助醫病經費事致蘇松太道蔡乃煌（伯浩）公函稿（1908年6月2日，光緒三十四年五月初四日）

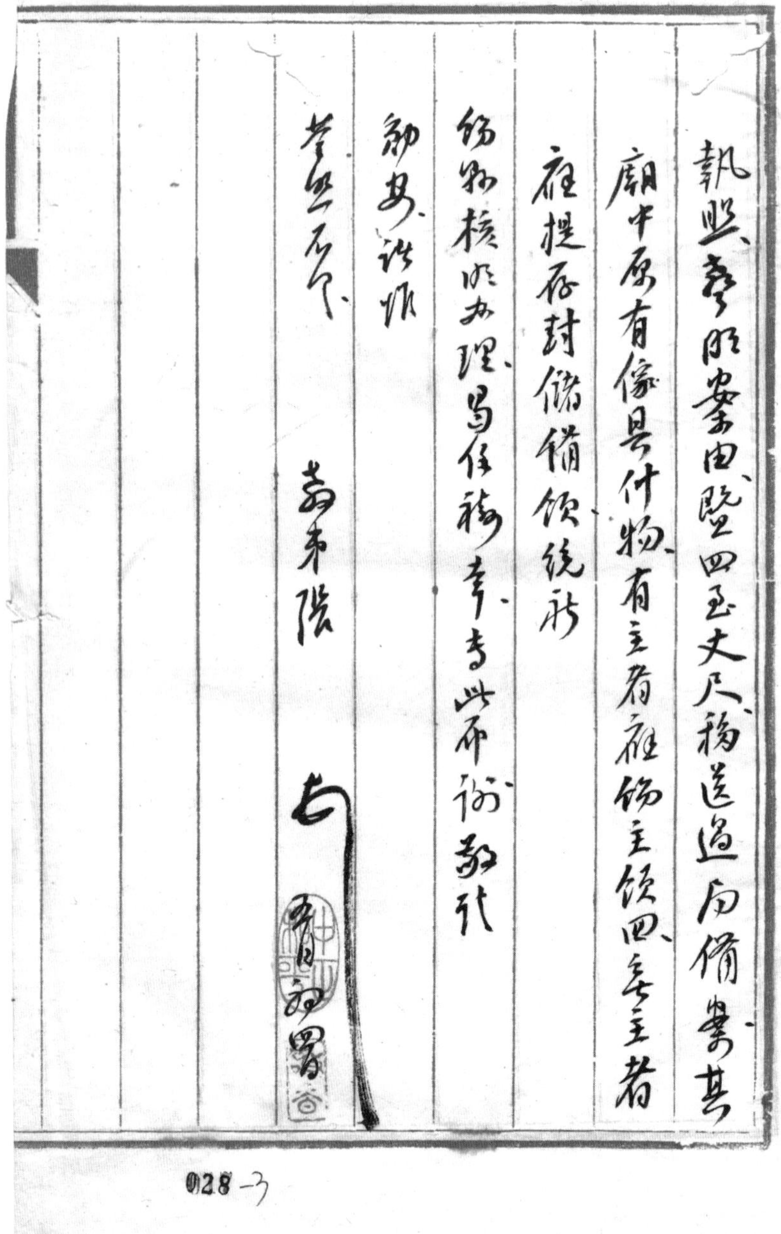
執照，並將此案由暨四至丈尺，稿送過局備案。其
廟中原有像具什物，有主者，應飭主領回，無主者
應提存封儲，備領後銷。所有
飭局檢收辦理，為禱。專此布謝，敬頌
勛安，諸惟
荃照不宣。
弟張頓首

028-3

江南機器製造局總辦張士珩爲老君廟價已繳解縣署并謝助醫病經費事致蘇松太道蔡乃煌（伯浩）公函稿（1908年6月2日，光緒三十四年五月初四日）

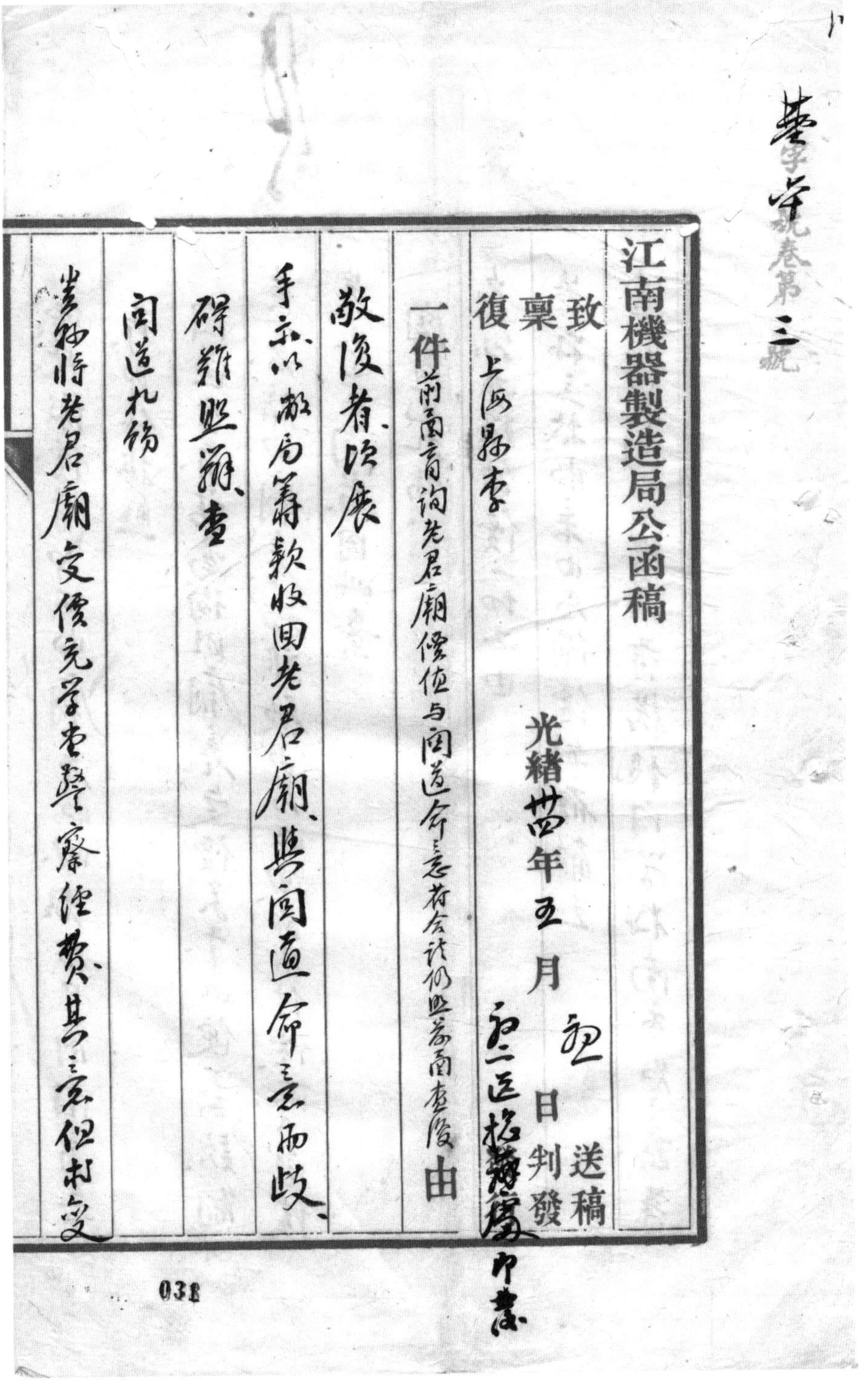
基字號卷第三號

江南機器製造局公函稿

致 稟 復 上海縣李

光緒卅四年五月初一日判發 送稿

一件前函商詢老君廟價值與關道命意符合請仍照前函查復由

敬復者，昨展

手示，以敝局籌款收回老君廟，與關道命意而歧，

礙難照辦，查

關道札飭

貴縣將老君廟交價充學堂經費，其意亦但求交

038

江南機器製造局總辦張士珩爲前函商詢老君廟價值與關道命意符合請仍照前函查復事復上海縣知縣李超瓊公函稿（1908 年 5 月 30 日，光緒三十四年五月初一日）

價，凡繳價者，即可將廟產收回，擬乃日前函商各
節，即係指此
關道宗旨，請爲詢明廟產定價若干，以便籌款解交
貴署，贖回廟產，初非欲由局收回，即不付價，所以函請
貴縣查詢者，因此案
關道已札飭
貴縣力理，估價一切，苟由
貴縣主持，將來由局備價，無庸解至
貴縣，轉解 道署，前據龍門學校南市警察等

江南機器製造局總辦張士珩爲前函商詢老君廟價值與關道命意符合請仍照前函查復事復上海縣知縣李超瓊公函稿（1908年5月30日，光緒三十四年五月初一日）

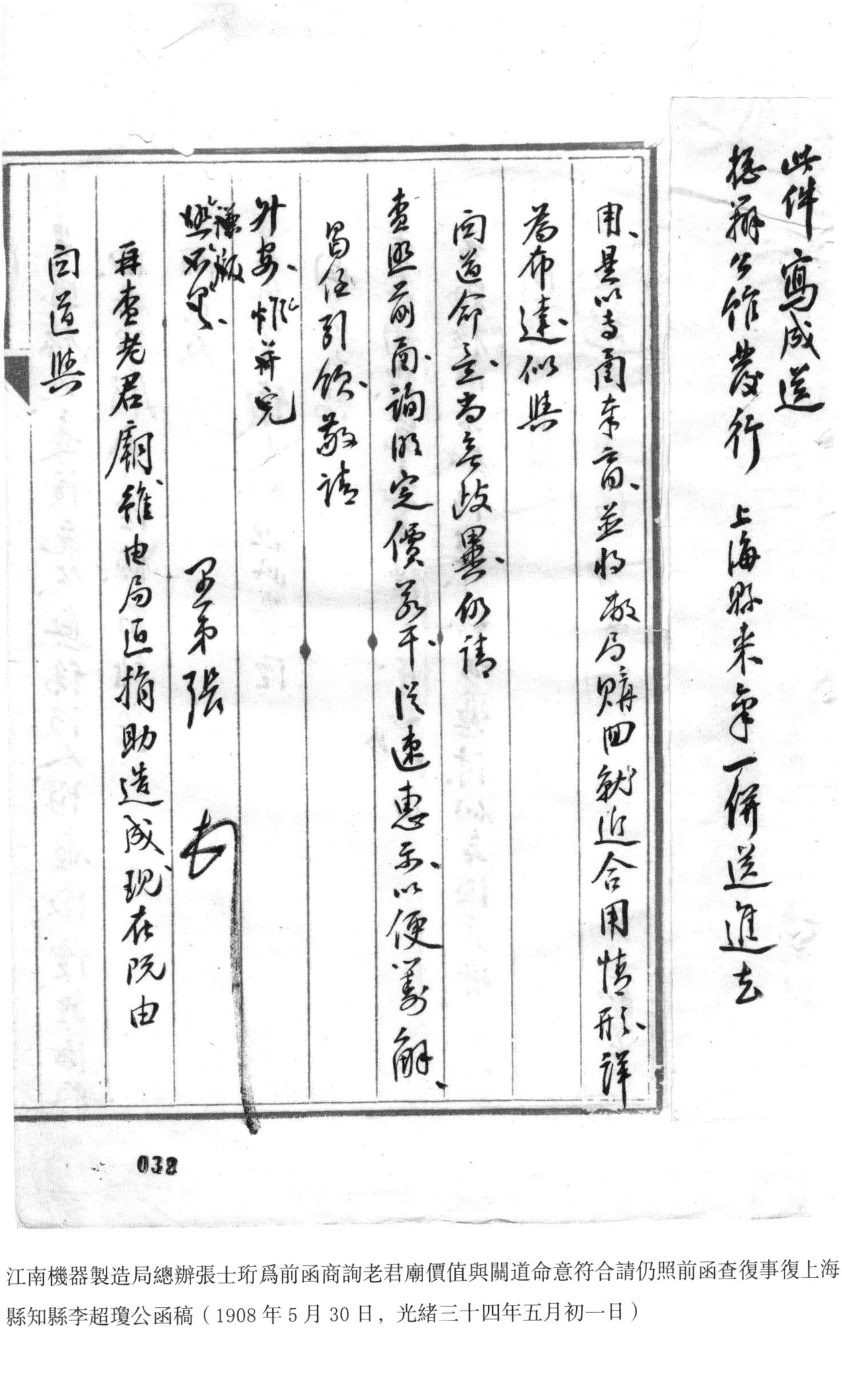

江南機器製造局總辦張士珩爲前函商詢老君廟價值與關道命意符合請仍照前函查復事復上海縣知縣李超瓊公函稿（1908 年 5 月 30 日，光緒三十四年五月初一日）

貴縣核定處價充公，無論何人，均應繳價，然後收
回此項廟產價值，前雖與
閣道及
貴縣籌議大略，但此案經
閣道札飭
貴縣辦理，究竟定價若干，必須由
貴縣核明示知作準，始卽可照付，似無須再咨
閣道也。再請
升安，鵠盼惠復。弟 又名

江南機器製造局總辦張士珩爲前函商詢老君廟價值與關道命意符合請仍照前函查復事復上海縣知縣李超瓊公函稿（1908 年 5 月 30 日，光緒三十四年五月初一日）

垂字第 號卷第二號

江南機器製造局公函稿

致 上海縣李

稟

復

光緒卅四年四月廿八日 送稿 判發

廿九 發行

一件 老君廟擬由局收回請稟詢關道定價示知籌繳 由

敬啓者，製局西柵外老君廟發封充公一案，查該廟從前建造時，敝局提調員司以至各廠匠目工匠等均曾量力捐助，各該匠目工匠等每歲必醵金酬神一次，從前廟祝由該匠等公延住守，後來查察稍鬆，以致年輕僧徒不知自愛，遂有引誘婦女情事，現

033

江南機器製造局爲老君廟擬由局收回請稟詢關道定價示知籌繳事致上海縣知縣李超瓊公函稿

（1908年5月27日，光緒三十四年四月二十八日）

將僧徒驅逐，廟産充公，以示儆戒，自是正辦。惟敝局
各廠工匠等，群以爲從前建廟之資，由局匠指集，
若居其多數，一旦歸公變賣，頓失歲時會聚之所，
各不無嘖嘖之私議，謀所以挽回之策。昨據合詞稟懇收
回，建設蒙小學堂，教育工人子弟。察核所稟，原屬可
行，但該工匠等既係指助造成此廟，自以不慎選經理
看守之人，任聽方僧容留婦女，該匠目等亦不能辭
疏縱之咎。事前既不能隨時防閑，事後又不即報請
懲辦，直至出案封多日，始行稟懇收回，亦殊不合，殊除

江南機器製造局爲老君廟擬由局收回請稟詢關道定價示知籌繳事致上海縣知縣李超瓊公函稿
（1908 年 5 月 27 日，光緒三十四年四月二十八日）

批示申飭，並令提調查復外，復思此項廟屋，
關道本擬充公變價，撥作學堂警察經費，敝局工
匠人等大率有家，附近居住，子弟讀書每苦無合
格學堂，數年以前，局中經協匠銀爲設初級學堂，
以爲局中兵工小學之預備，招選局中工匠及附近居民子弟
入內肄業，即借局中曾李二公祠堂暫作校舍，本屬
權宜之計，老君廟即在局外，相隔不遠，如由局收回作爲
全局工匠歲時報賽集衆會議之地，即將初級學堂
附設其中，或由各匠目自籌蒙小學堂，專教局匠子弟，

034

江南製造總局

江南機器製造局爲老君廟擬由局收回請稟詢關道定價示知籌繳事致上海縣知縣李超瓊公函稿
（1908年5月27日，光緒三十四年四月二十八日）

極爲相宜。局中工匠二三千人，衛生之術素不講求，每擬籌
寬空曠之區，創一病院，專爲工匠就醫養病之所。若果如修理，而另設
廟房屋高大，地亦僻靜，且又去局不遠，如不設學堂，即
以之改設病院，亦甚合用。以上辦法似與
閣道飭郭允公原意尚不違背。廟屋既由局匠捐款
爲多，又復離局不遠，由局收回，較爲合宜，且亦免致大衆觖望，嘵嘵不休，轉啓紛競
工匠等因此競爭滋事。惟應需地價若干，擬仰請
貴縣查詢
閣道核定示知，以便由局籌款撥付，接收管理，曷任

江南機器製造局爲老君廟擬由局收回請稟詢關道定價示知籌繳事致上海縣知縣李超瓊公函稿
（1908年5月27日，光緒三十四年四月二十八日）

貽致匠目稟詞照録送

覽并希

查照敬請

升安惟希

惠復不宣

附抄稟

江南製造局啓

四月廿八日

035 35

江南機器製造局爲老君廟擬由局收回請稟詢關道定價示知籌繳事致上海縣知縣李超瓊公函稿
（1908年5月27日，光緒三十四年四月二十八日）

具稟全局匠目李家臣等環稟

具憲大人台下敬稟者竊匠目等曾因此有製造局銅鐵工匠皆有公立廟宇供奉太上老君神像於上海製造

局工匠聚多而竟無此舉爰于光緒十八年各醵金貲創造老君廟一所于高昌廟地方特請有帶髮修

行之姚太和為人誠慤匠目等即延為廟祝詎該太和臨歿即嗾其徒黃陞往持此廟不料黃陞既收之

後復不守禪規又遇外來僧徒之匪類引誘致有窩留女子曖昧之事匠目等日事工作無暇問知

本月初三日有女子兩人在廟吸食鴉片為此局捕役所見當即連同僧人一併拘拿到局訊由巡

局申詳

道憲次日奉批飭縣將老君廟發封變價撥充城內學堂及警察經費之需要知此廟即係匠

目等捐資所創造自與地方廟宇由僧人自行募化而成者大不相同僧人犯戒驅之可也而與

匠目等供奉老君之廟宇垂十餘年締造經營一剎那間為他人所得毋有城門失火殃

及池魚之歎乎竊查高昌廟地方人烟有數千戶之多局中雖有藝徒初級學堂而未合

格未及歲未能遽入就學之子弟尤多果立一蒙學堂以教育之與地方不無裨益此意

匠目等蓄之已久苦無經費以建蒙學堂耳昨閱道批即以此廟充作城內及警察經費

而匠目等此蓄懸興學之意心不禁為之觸動覺城內大學堂也警察要政也得此區區何補于

事用特邀集同人籌商至再合詞環叩

具憲大人俯[illegible]下情憐其當年創造廟宇之艱難恤其此日建立蒙學[illegible]之經費為之[illegible]懇

道憲請其飭縣啟封即由匠目等收回自行撥費不用僧人住持開辦初等學堂俾工匠之幼稚

子弟得有就學之所則[illegible]

江南機器製造局全局匠目爲請收回老君廟房産以備學堂事致江南機器製造局總辦禀文（1908年5月18日，光緒三十四年四月十九日）

恩憲大人恩恩詳咨後雖將上下各款飭再飭局廠門永爲製造局工匠捐立之學堂不得

改爲他用合併聲明臨稟曷勝迫切之至伏乞

批示祗遵

鍊鋼廠匠目　林元　吳進卿　汪志

王春懷　劉松泉

卓乾山　王照　魯從祥

子藥廠匠目　張嘉奎　左森　楊棠生　陳錦楚

靳福　瞿炳棠　王祥林　沈松高

徐子勤　陸桂馥　李犀六　張珊生

張金帶

槍廠匠　秦竹書　劉慶雲

鄭奎寶　劉樹森　莊金發

瞿林杰

機器廠匠目　王炳笙　朱寶來　鄭世寶

陳偉揚　楊棠林　張治生

周阿文　程文壽

砲彈廠匠目　賈桂生　鄒文標

徐麟　顧保和　謝文生

徐世標　許斌

江南機器製造局全局匠目爲請收回老君廟房産以備學堂事致江南機器製造局總辦稟文（1908年5月18日，光緒三十四年四月十九日）

批全局匠目稟　　批發提調並懸牌

據稟老君廟係該匠等捐資創造，是否屬實，局中無案可稽，如僅僅捐助香火，或該廟建造時，該匠等曾量力佽助，此亦常有之事，不得遂認為自造之廟。所稟如果的確，何以既醵金資創造此廟，並不慎選經理看管之人，任聽不守清規之劣僧棲息其中，致令招引婦女入內吸烟賭博，為巡局捕役拏獲，牽道發封充公，殊不可解。且道批稱照發封充時，該匠目等並不置一詞，直至發封多日始出同具爭瀆請，其中不無可疑

037

江南機器製造局總辦爲批全局匠目稟事批文（1908年5月21日，光緒三十四年四月二十二日）

仰候將原稟發交提調、查明實在情形、會稟後核奪、

此批、

四月二十二日

光緒三十四年四月　日發　二九

江南機器製造局總辦爲批全局匠目稟事批文（1908年5月21日，光緒三十四年四月二十二日）

謹查執業以田單為憑今核老君廟所贖唐紀遠等田三分契上載明係劃出田單不交自可即以契紙為據至贖唐金銓之田八分七釐餘契上載明附有田單一紙該廟僧於查封時既將契紙呈縣其田單斷無不附繳之理今縣中僅將契稟呈而單是否存縣又未於執照內聲明設為不肖書吏盜出必致別生糾葛且恐賸售洋商清釐尤為不易再縣與局文向用申詳今查該縣稟呈執照後有右給收執字樣於体例似亦未合應否將執照發還飭令檢出田單申送以昭妥慎之處緣奉

飭核理合簽明伏乞

鑒裁

六月初五日經管房地租處謹簽

038

江南機器製造局經管房地租處爲應否將執照發還飭令檢出田單申送事簽文（1908年7月3日，光緒三十四年六月初五日）

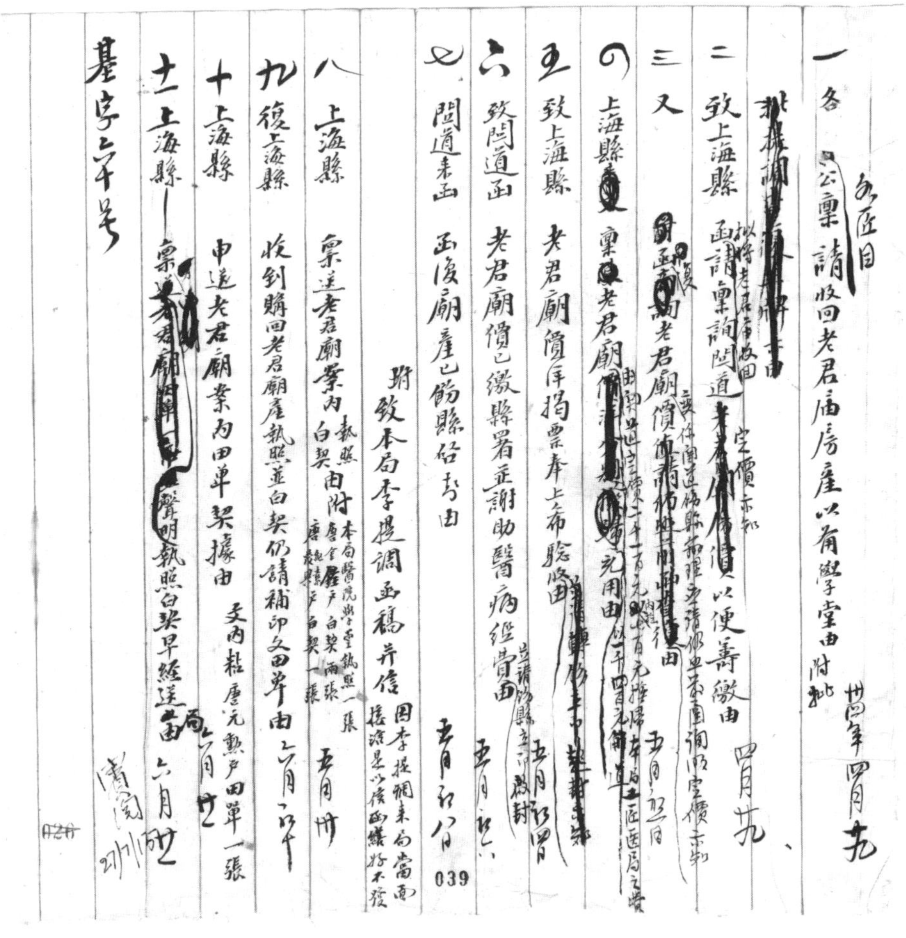
一 各公稟請收回老君廟房產以備學堂由 附批 卅四年四月十九
二 致上海縣函請稟詢關道……以便籌繳由 四月廿九
三 又
四 上海縣稟……老君廟……
五 致上海縣 老君廟價洋捐票奉上希驗收由
六 致關道函 老君廟價已繳縣署並謝助醫病經費由
七 關道來函 函復廟產已飭縣給示由
附致本局李提調函稿并信
八 上海縣 稟送老君廟業內執照由 附本局醫院學堂執照一張 五月卅
九 復上海縣 收到贖回老君廟產執照並白契仍請補印文由 六月初十
十 上海縣 申送老君廟業內田單契據由 田單一張
十一 上海縣 稟……聲明執照白契早經送局由 六月廿一
基字六十號
039

江南製造總局基字第六十號老君廟房屋基地由局購作醫院學堂等用卷目録（1908年，光緒三十四年）